GROUP WORK

PRACTICAL GUIDE TO
EVELOPING GROUPS IN AGENCY SETTINGS

團	體	工	作

機	構	實	務	指	導	手	冊

作者

Lupe Alle-Corliss & Randall Alle-Corliss

譯者

溫如慧　黃琇櫻　練家姍　鮑曉詩　鮑曉萱

國家圖書館出版品預行編目（CIP）資料

團體工作：機構實務指導手冊 / Lupe Alle-Corliss,
Randall Alle-Corliss 著；溫如慧等譯. -- 初版. --
高雄市：巨流, 2015. 04
　　面；　公分
譯自：Group work: a practical guide to developing
　　　　groups in agency settings
ISBN 978-957-732-501-3（平裝）

1. 社會團體工作

547.3　　　　　　　　　　　　　　　104003369

團體工作
——機構實務指導手冊

原　書　名　Group Work: A Practical Guide to Developing Groups in Agency Settings
原　作　者　Lupe Alle-Corliss & Randall Alle-Corliss
譯　　　者　溫如慧、黃琇櫻、練家姍、鮑曉詩、鮑曉萱
責 任 編 輯　邱仕弘
封 面 設 計　Lucas

發　行　人　楊曉華
總　編　輯　蔡國彬

出　　　版　巨流圖書股份有限公司
　　　　　　80252 高雄市苓雅區五福一路 57 號 2 樓之 2
　　　　　　電話：07-2265267
　　　　　　傳眞：07-2264697
　　　　　　e-mail: chuliu@liwen.com.tw
　　　　　　網址：http://www.liwen.com.tw

編　輯　部　23445 新北市永和區秀朗路一段 41 號
　　　　　　電話：02-29229075
　　　　　　傳眞：02-29220464

劃 撥 帳 號　01002323 巨流圖書股份有限公司
購 書 專 線　07-2265267 轉 236

法 律 顧 問　林廷隆律師
　　　　　　電話：02-29658212

出版登記證　局版台業字第 1045 號

ISBN 978-957-732-501-3（平裝）
初版一刷・2015 年 04 月

定價：550 元

致潔西卡和賈斯汀——我們最棒的孩子們。

我很驕傲你們都已長大成這麼極好的青年人。
願你們在精神上，智能上以及情感上都能持續地成長。
感謝你們接納支持的態度，
使得我們在此專業著作的工作上得以保持毅力加以
完成！

推薦序

　　「團體工作」這門課程是社會工作系很重要的一門實務操作與必修基礎課程，也是社會工作協助案主改善問題的處遇方法之一，團體工作的理論內涵、技巧運用與操作成為社會工作者必備的知識與技術。

　　學習團體工作的知識與技術，可以幫助社會工作者以團體介入的方式，運用團體工作技巧、強化團體的目標，並善用機構與社區的資源以協助具有類似問題的案主，維持與追求其健康與幸福，達成社會工作者助人的使命。

　　要培養可以勝任專業任務與使命的專業人才，專業養成教育的好壞就變得很重要。要有好的專業養成教育，除了良好的師資、教學環境與教學方法外，好的教材也是一項很重要的條件。近年來，社會工作專業在台灣快速發展，開始有一些有心的學者從社會工作實務角度來翻譯與撰寫中文教科書，為台灣的社工教育注入了一股新活血，使學習社會工作的莘莘學子有一個較正確而豐富的學習教材，作為一個曾在基層社工實務現場打拚，而今日忝為社會工作基層教育工作者之一的我而言，這實在是社工生涯中一件令人高興的樂事。

　　這本由溫如慧老師等人翻譯的《團體工作》教科書，也是屬於這種性質的中文教科書之一。本書作為一本「團體工作」的社會工作的教科書，除了具有上述的屬性外，它更具有下列的特點：

一、本書原文內容係以社會工作系學生而撰寫的團體工作，也因應不同機構的需求及對於團體成效的要求，本書以機構的視角看待團體工作的運用，也提供許多與年齡相關的治療主題，並介紹有關

的問題和統計數據之相關研究，使我們能夠透過本書的閱讀，瞭解團體工作的新觀點與發展趨勢，成為一個跟得上世界潮流的社會工作者，並期以最先進的知識轉化融合成自己的實務智慧，以提供服務對象最佳的服務品質。

二、本書提供了促進將理論直接轉換到實務的學習方式，從案例解說理論，並導入團體技巧的培養，使讀者在閱讀及學習團體工作的理論時，不會停留在抽象概念的囫圇吞棗，而能夠具體地瞭解理論是如何被實踐，社工具體服務行動背後的理論基礎又是什麼，這對於需要具有理論基礎而又必須有實際服務的社工專業實踐者而言，會是一個很好的學習教材。

三、除了融合團體理論與操作技巧，本書也討論了團體工作的實施與機構性質與制度的關聯性，使得社會工作者學習如何在不同機構背景下執行團體實務。這對專業社工的專業能力養成是很重要的，而這也是其他有關團體工作的著作較少提到及討論的。

四、本書亦包含倫理議題的討論，可以引發學生多方面的思考，對專業社工的養成也是非常重要的。台灣的社工界越來越重視社工倫理的議題，本書剛好符合這個時代的潮流與需求。

五、本書是由一批具有多年臨床實務經驗又有良好學術訓練的資深專業社工者所翻譯，因此對於書本內容中有關的實務案例所要傳達的精神與方法，有比較具體的掌握，而較不會停留在字面概念的轉譯而已。

總之，這是一本理想的「團體工作」教材，因此當溫如慧老師要我為這本翻譯書寫一篇序言時，本人不揣簡陋也不顧開學忙碌，仍然戮力地寫了這篇序言，希望它的出版有助於社工學生的學習及台灣社會工作專業教育的發展。

張振成
於台北輔仁大學

關於作者

關於 Lupe Alle-Corliss ：　　　　　　　　　　　　　　　　　　ix

　　Lupe Alle-Corliss 是一位擁有雙語／兩種文化背景的持照臨床社工師，並在不同的人群服務機構擁有豐富的工作經驗。與另一位共同執筆者（即 Randall Alle-Corliss）著作了兩本書，如右記：《人本服務機構：專業範疇之實務培訓》（*Human Service Agencies: An Orientation to Fieldwork*），第二版（2006），以及《人本服務機構之進階實務：議題、時勢與醫療觀點 》（*Advanced Practice in Human Service Agencies: Issues, Trends, and Treatment Perspectives*）（1999），以上皆為 Brooks/Cole 出版。她曾在南加州大學（The Universitypatrick cohen glossa of Southern California）完成社會老人病學大學學位（1978）。Lupe 持有的專業資格包括醫學社工、弱勢團體協調者、臨床醫生督導、畢業生實務工作督導、自營公司機構提供員工協助、照顧管理、外展服務／危機介入諮詢、團體領導以及大學講師。Lupe 服務過的機構範圍包括精神復健醫院、家庭服務中心、縣政府特約心理健康診所、縣政府行為健康部門、Kaiser Permanente 心理治療部門以及事務所。過去的二十三年來，Lupe 曾在南加大 Fullerton 分校的人本服務專案擔任過講師。截至目前為止，她也擔任了南加大社工研究所（San Bernardino 分校）的院所聯絡人（faculty liaison）和教授；並且參加南加大 Fullerton 分校的 MSW 課程發展專案。她也任教於南加大。目前 Lupe 是南加大位在加州 Ontario 為 Kaiser Permanente 設立的心理治療系所，擔任心理健康診

所之系所行政管理者。　此外，Lupe 持續地擔任兼職講師，並且仍在心理治療的臨床工作和開業事務所中活躍。她經常為不同的聽眾和機構提供不同主題的諮詢服務。

關於 Randall Alle-Corliss ：

　　Randall Mark Corliss 為擁有許多經驗的臨床社工師。他曾在許多不同的社區機構工作過，並輔導過許多廣泛的心理治療個案／案主（client）。在加州州立大學富爾頓分校，他取得心理學學士學位。在大學畢業之後，繼續在加州州立大學富爾頓分校修讀人群服務課程，此課程幫助他在從事團體輔導工作方面，相當多的專業訓練和經驗，成為日後研究的後盾。在郡暨州立心理健康中心擔任社區社工師多年後，Randy 進入到南加州大學社會工作系研究所，專攻研究心理健康領域。Randy 持有的專業資格包括社區社工、臨床治療師／臨床心理社工師 、弱勢團體協調者、外展服務／危機介入諮詢、團體諮詢、臨床社工師、畢業生實務工作督導、大學講師、社工直接實務工作督導。這些年來 ，Randy 服務人本服務部門以及社區實務工作協調者。他過去十八年服務於 Kaiser Permanente 的心理治療系所，為負責成人心理治療病患／個案的社工師，而他最近任職於加州 Kaiser Permanente 醫院 Fontana 醫療中心的心理治療部門，擔任行政管理。在 1995 年國立人群服務教育者機構之年度大會，他擔任男性議題和男性團體的專題講員。此外 ，為了應用治療理論方法更為心理病患／個案提供幫助，Randy 更是致力投身於人群服務教育之中。在過去二十四年來，他已經在加州州立大學，富爾頓分校大學部擔任教職。過去兩年曾全職教學。近日，他將一部分的時間致力於管理 Kaiser Permanente 位在加州 Fontana 區的心理治療系所行政管理，另一部分的時間致力於兼職講師和直接的臨床實務。

目 錄

推薦序　i

關於作者　iii

序言　vii

致謝　xi

§ **第一部分　導論**

　第一章　團體實務導論　003

§ **第二部分　培養團體技巧**

　第二章　團體工作原理　039

　第三章　認識團體發展　071

　第四章　團體工作的理論與實務　109

§ **第三部分　機構技巧發展**

　第五章　認識機構系統與多元個案　177

　第六章　機構中團體工作的倫理與法律議題　233

　第七章　如何在機構成功地帶領團體　283

§ **第四部分　應用團體與機構技巧**

　第八章　技巧的應用：生命週期取向　323

參考書目　391

名詞索引　421

序言

在許多人群服務機構中，社會團體工作已成為較被偏好使用的治 xi
療模式。這反應了最近強調以最具成本效益和有效率的方法，替個案
提供需要的治療服務的新興潮流。在機構財務緊縮以及不斷地必須刪
減預算的年代，同時機構須限制過高預算之下，許多機構都面臨了如
何提供一定品質和及時治療的困境，這些挑戰起因於壓力過大的機構
管理單位、和人群服務專業人士。雖然各有不同的影響，人群服務的
實務工作者，尤需學習培養健全的臨床和專攻的團體技巧。並且，如
果他們希望自己成為成功有效的輔助人員，則須在各式各樣的機構背
景下，學習成功引導他人的方法。

本書提供在機構的背景下，對於如何培養團體實務做實用地介
紹。本書的概念，起因於團體工作的幾個分類級別，提供給大學學士
本科系或研究所程度的人群服務系、或選修社會工作課程的學生選
讀，我們介紹的重點是以機構的視角看待的社會工作。此領域的學生
和教授都很欣賞我們的概念，並渴望能獲得關於團體實務的更多專業
資訊。這興趣包括我們在機構中的直接經驗。由於在機構中團體實務
的需要也不斷增加，驅使我們尋求在此領域的專業書籍。無疑地，有
許多傑出團體工作的教科書。然而，在機構實務領域和學術書籍之間
似乎存在很大的差距，這段差距影響我們去尋求補充既存學術文獻上
不足的方法。

執行一個成功的團體實務以瞭解現今我們所處的機構制度是不可

或缺的。徒具團體技巧的知識經常是不夠的；我們也必須考量機構生涯的多種面向，瞭解特定機構範疇——例如：機構組成、政策和歷史、近年的成員組成和身邊可能的政治問題、命令的正式和非正式、個案的人口統計、以及個案和機構本身的既存需求——對輔導人員執行檢視而言，都相對地重要和關鍵。

本書嘗試論述這些多樣的範疇，以提供剛入行的人群服務專業人士一個實際的引導：從如何獲取相關知識、技巧、瞭解到在不同機構系統下團體工作的諸多複雜性。

對助人工作者而言，想要成功地培養和維持一定水準的團體實務，瞭解策略計畫制定的價值是必要條件。當輔助人員學習如何有策略並積極地將他們本身、他們的機構、和鄰近社區中可取得的資源做最佳的應用時，就能強化所提供的有效團體治療目標。我們著重臨床團體技巧和理解機構制度兩者，因此最能符合快速上手和低成本照護的目標。此外，在大多數的機構首重如何在此經濟風暴下倖存時，為了提供一定水準的照護服務，其先決條件是需恪守道德職責。

本書整理了一個促進學習和如何將理論直接轉換到實務的方式。本書分成四個部分：（1）導論（2）培養團體技巧（3）機構技巧發展，以及（4）應用團體和機構技巧。正如我們所強調的，前兩部分著重於介紹團體工作的技巧。第三部分聚焦於強化機構制度的整體知識，以及學習如何在機構背景下執行團體實務。第四部分聚焦於技巧應用，以融合理論知識和實務技巧。最後一章藉由討論在每個主要人生階段的不同團體工作，以闡述生命全程發展方法論。在各個章節我們討論如何服務孩童、青少年、成人、和老年人，我們也簡述了病理性疾病，在各章節中我們研究了許多與年齡相關的治療主題並介紹相關的問題和統計數據。我們強調團體工作的益處來檢視常見的治療考量。我們提供了給團體的建議和整體的目標，以及治療團體聚會的概要，詳述了每次的團體目標

和活動。我們希望對年齡關聯（age-related）的主題提供寬廣的視角，讓讀者能夠理解團體工作的價值。本書最有幫助的是它的實用價值。由於我們以清楚、簡潔、相關案例來介紹本書內容，因此使讀者易於將多種概念、點子、技巧應用在實務上。此外，讀者可隨學隨用，因此更可以幫助個案和輔導人員。

　　鑑於許多機構選擇採用團體治療模式，我們提倡在人群服務機構工　　xiii
作的任何類型的輔助人員來使用本書。我們相信藉由學習機構制度下的團體工作，對將來希望成為專業輔助的人員來說十分實用。學生、剛入門的人群服務實務工作者、資深專業人士（如：個案研究員、藥物依賴心理諮商師、家庭心理治療師、人群服務的社工、婚姻／家庭／兒童諮商師、心理健康專家、精神科醫師、精神科護士、精神學家、學校諮商師、以及社工師），將能從學習此書中獲益。

致謝

特別感謝我們非常親愛的朋友及編輯—— Lisa Gebo 女士。過去我　xv
們常形容她為「仁慈且溫和的靈魂」，但事實上她更勝於此。Lisa 是位
富有勇氣和充滿關懷的女士，即便生命中總是充滿了許多障礙，她仍保
持剛強的毅力。我們讚揚她的勇氣、決心、對生命的熱忱、以及對我們
的支持和信心，使得我們得以堅持下去，完成此書的編寫。

我們也特別感謝許多 John Wiley & Sons 的員工為此書的內容貢獻
了他們在不同工作崗位上寶貴的經驗，包括 Rachel Livesey、資深編
輯—— Susan Moran、資深製作編輯——Sweta Gupta、專案編輯——
Stevie Belchak、編輯助理——Rose Sullivan、資深製作經理—— Debra
Manette、版權編輯、以及其他所有在幕後幫助我們完成此書的人。

我們還必須感謝，在這幾年的寫書時期中，所有支持鼓勵我們的朋
友和同事。雖然還有許許多多人要感謝，在此我們特別要感謝 Margie
Atkisson、Irene Bacus、Victoria Delgadillo、Debbie Sirignano、Susan
Stewart、Christine Williams 以及 Jeannette Wilson 。

我們也必須感謝曾一起工作的團體以及團體領導們，我們感到萬分
地榮幸。這些團體成員教導了我們非常多的團體實務，也正因為他們，
我們獲取了很多知識和技巧，並能寫在後續的章節中。同樣地，過去
二十五年來，我們也從學生身上學到了很多關於教學層面上的見解，
對於他們特別的貢獻，我們無以回報。我們謝謝 Susan Larsen 博士，在
本文內容中許多章節的特殊貢獻，以及 Gerald Corey 博士和 Marianne

Schneider Corey，謝謝他們正面的影響、熱心、和不斷的支持。

　　我們也特別感謝許許多多來自不同機構，願意給我們特權，讓我們進去參訪，以及願意分享經驗的員工們。他們幫助了我們，給予我們絕佳的個案學習環境。如果沒有某些主管和管理者願意相信我們的能力，培育我們的成長，並不斷支持和鼓勵，我們不可能在諮商、心理健康、以及團體工作上累積如此豐富的經驗；這些人包括：Bruce Hume、Leo Juarez、Glen Roberts、David Rodriquez 以及近日來 Larry Oliver 先生給我們的支持。

　　感謝我們的女兒潔西卡、兒子賈斯汀，感謝他們付出無條件的愛、耐心、以及幽默感。當我們極度頻繁地做研究、準備手稿、並且從事嚴格的校訂時，我們感謝他們對我們無窮的耐心。他們對高等教育的熱愛和支持，對我們而言是無比特別的禮物，我們希望在他們將來的職涯追求上，能夠繼續正面的影響他們。最後，感謝我們可愛的小狗狗：Sunny，牠來到我們的生命中，當我們在快要完成本書的時候，牠幫助我們瞭解，原來人類最好的朋友能如此地特別。

第一部分
導論

第 **1** 章 團體實務導論

1 CHAPTER
團體實務導論

當在幫助專業人士於不同類型的機構工作時，精通直接和間接的實 3
務是必要的。培養在個人、家庭、團體、以及社區工作的輔導
技巧亦是不可或缺的。在今日十分競爭的市場中，熟練團體工作實務
（group work practice）的技巧特別重要。實務工作者（practitioners）若
能在團體治療上擁有學識且富有經驗，將能以一種更具時間和成本效益
的方法，提供服務給多樣化的客群。在多樣化的機構背景中，團體諮商
（group counseling）是一種逐漸流行且被接受的治療方式。雖然團體工
作實務長久以來一直被使用在特定族群上，例如患有心理問題的個人。
即使在這些背景下，專業人員在預防及治療心理問題上仍充滿挑戰，他
們得培養出新方法來對應。事實上，提供個別治療（individual therapy）
的日子慢慢減少。在團體諮商以及團體心理治療（group psychotherapy）
領域中著名的作家也談及這個議題。比如，G. Corey（2004）主張：「團
體諮商提供了真正的保證以迎合現今的挑戰。團體諮商使得實務工作者
得以工作於更多當事人——在這個財務緊縮的年代，這是一個決定性的
優勢。——除此之外，團體過程（group process）也有獨特的學習優勢」
（p.3）。

團體精神治療如同個別治療一般，已經成為一種有效的治療法，用
來治療範疇廣大的精神問題。在心理健康設定環境下，具有治療效果的

團體的好處漸漸被認知，而團體治療（group treatment）相較於過去，現今已廣為使用。Yalom（2005）同意這樣的看法，並聲明：「某一聲譽卓著且據說服力的機構研究結果已經明確證明了，團體治療（group therapy）是一種具高度效力的心理治療模式，而且和個別治療法具有相同的能力以提供意義重大的幫助」（p.1）。

4

團體治療是一個力量強大的場所，能讓人成長和改變。不僅在面對相似問題時，成員間能良好地互相理解、支持和鼓勵，他們也在解決問題上獲得不同的看法、主意和觀點。大多數的團體成員，雖然在一開始時稍微感到不安，但都表示團體經驗遠遠超出他們所期待地幫助。

即便當團體諮商或心理治療（psychotherapy）成為實務工作者較喜歡的治療樣式，為了使其有效運用，實務工作者需要擁有團體理論（group theory）的專業知識和實務經驗。除此之外，必須要有創意且自動自發地在每天的現實生活中應用團體理論。在本章中，我們將會檢視團體工作（group work）裡所定義的種種不同方法。循著先前團體工作的歷史，我們探索了許多不同形式的分類法。團體工作的優點及缺點仍待描述，現今在專業領域的趨勢也待討論。

團體工作

團體工作的定義

對描述團體工作這個定義，有很多不同專門術語的同義字。經常可見的如：**團體實務**（group practice）、**團體治療**（group treatment）、**團體諮商**（group counseling）及**團體治療**（group therapy）都可互換使用。在 1959 年，Olmstead 著作的名為〈小團體治療〉（The small group）的文章，他定義「團體」為：

互相接觸的複數的個人，彼此注意，並意識到某種有意義的共通點。一種不可或缺的團體特徵是，團體成員必須有共通點，並且他們相信擁有這共通點使他們與眾不同。（pp.21-22）

有趣的是，儘管最近五十多年來團體不斷進化，這定義似乎仍然通用。更接近現在的定義是由美國團體工作專家協會（ASGW）所提出，也很相似：

廣義的專業實務是指：在團體機構中任務的達成上給予幫助。這牽涉到有專業能力的實務工作者，如何應用團體理論和過程協助互相依存的人們，來達到共同目標，這種目標可能是個人的、團體之間的、或是在本質上原本就具有目的性的。（1991, p.9）

根據 Toseland 與 Rivas（2001），團體工作定義為：「人數少的團體目標導向的活動，目標為尋求社會情感的需要以及達成任務。此任務是將個人或團體視為一個整體運用系統化的方式來進行輔導」（p.12）。

團體可被歸類為兩種主要的類型，**任務團體**（task groups）以及**治療團體**（treatment groups），其中又可再細分成更多特定領域。之後我們將會在本章詳述這些團體的區別。

任務團體是專為達成某一設定目標或任務的團體；他們「著重於計畫的完成或達成某成果的培養」（Hepworth, Rooney & Larsen, 2002, p.299）。根據 Hull 與 Kirst-Ashman（2004），在這樣的團體中，「相關的注意力會放在任務上，並且最重要的是達到期望的成果。這些目標不但決定了團體如何運作，並且也決定了成員在其中扮演的角色」（p.361）。

治療團體在本質上則較傾向臨床及治療取向，且「目標為透過供應社交技巧、教育、以及運用團體過程的治療法，來提高成員們的社會情

感及幸福」（Hepworth et al., 2002, p.299）。治療團體被認為是治療取向的團體（therapeutic groups），因為他們鼓勵成員做行為上的改變，幫助成員改善自我感覺以及瞭解他人，也幫助成員釐清他們想在生活中達到的改變。透過團體過程創造出一個能令人信任和接受的環境。在這裡，成員能夠實驗改變的新行為、承擔在健康範圍內的風險，並且接受具有建設性的回應，讓他們得以覺知自己在其他人面前是怎樣的。

　　治療團體由團體諮商和團體治療或團體心理治療所構成。團體治療和團體諮商最大的不同點是在於其目標。鑑於諮商團體（counseling groups）著重於成長、培養、加強、預防以及自我意識的加強，治療團體（trerapy groups）則通常著重於矯正、治療以及人格重建（Brabender, Fallon, & Smolar, 2004; M. S. Corey & G. Corey, 2006; Jacobs, Masson, & Harvill, 2006）。

　　當討論更多不同類型的團體時，我們將更進一步審視團體諮商和團體治療的不同點。一般來說，團體諮商主要著重於某一特定問題，無論是私人的、教育性的、社會性的或是職業性的；治療一般傾向於解決特定和短期的問題。團體治療也是一種社會心理治療（psychosocial treatment）的形式，小團體的成員們規律地集會、談話、交流互動或是和團體成員或小組長討論問題。團體治療的主要目標之一是提供成員一個安全且舒適的場所，在此可從事更多嚴重的精神上及行為上的問題解決。成員吸收他人的洞察並應用於自己的想法和行為上，並且給予他人建議和支持。此外，如有成員在人際關係上面臨困難，則能在此社交上獲益，這是團體治療經驗的基礎。團體心理治療則著重於意識的和無意識的覺醒，探索的是自身現在和過去發生過的問題，並在這些已發生的事件上給予重新教育。靠著治療團隊小組長的輔導並配合成員自身個性的本質，有些團體會比較著重於問題解決和技能的培養，另一些則可能更著重於深入行為和性格上的調整。

正因治療的目標可能更加複雜，團體治療在本質上比團體諮商（group counseling）傾向為一種更長期性的治療法，因為它處理深植於過去一些更嚴重的心理情緒問題。Brabender 等人（2004）補充說明團體治療是一種「設計，在成員和心理治療師之間，透過對認知以及情緒的探討，來促進心理上的成長和改善心理的問題」（pp.14-15）。

團體分類

現今所流行關於團體治療（group treatment）不同類型的文獻可說是範圍廣大。不同的作者所做的團體分類也各異其趣。如：美國團體工作專家協會（Association for Specialists in Group, ASGW）、美國心理治療協會（American Counseling Association）的國家部門，提供四種團體的訓練：（1）任務／工作團體（task/work groups）；（2）指導／心理教育團體（guidance/psychoeducational groups）；（3）諮商／人際關係障礙解決團體（counseling/interpersonal problem solving groups）；（4）心理治療／心理教育（psychotherapy/psychoeducational）。（M. S. Corey & G. Corey, 2006; Jacobs et al., 2006）。除此之外，在團體實務範疇中廣為人知的還有：支持團體（support groups）、焦點解決團體（brief groups）以及自助團體（self-help groups）。

任務／工作團體

任務團體（task groups）也稱作目標促進團體（facilitation groups），常見於許多組織和機構。這些團體設計於達成特定任務（task），例如輔導關於住在精神病房的病患、或解決多戶住宅中住戶之間的衝突，或是成員政策上的決定（Jacobs et al., 2006）。不同類型的任務團體包括委員會（committees）、計畫小組（planning groups）、

7

工作人員發展小組（staff development groups）、治療會議（treatment conferences）、社區組織（community organizations）、社會行動團體（social action groups）、特別工作小組（task forces）、討論小組（discussion groups）以及學習小組（learning groups）。

　　任務團體使用團體動力學（group dynamics）的原則和程序（process），以改進組織內的實務運行，並達成指定的目標（specified goals）。基本上，任務團體是要迎合當事人的需求、組織的需求、和社區的需求（Corey & Corey, 2006; Toseland & Rivas, 2009）。任務團體在符合下列九項特徵時，被認為最有效：

1. 團體目標明確。
2. （團體動力）程序和（資訊）內容兩者是平衡的。
3. 鼓勵建立起一種文化，且成員間能相互認知和欣賞彼此之間的不同處。
4. 相互合作、溝通，並予以互相尊重。
5. 衝突的發生能被充分地被注意到。
6. 相互交流明確並即時的回饋。
7. 在處理「此時此地！」（"here-and-now"）之類的小組議題，能即時地被關注到。
8. 鼓勵團體成員積極參與。
9. 小組長和成員都有足夠時間來思考他們的成果。（M. S. Corey & G. Corey, 2006; Gladding 2004; Hulse-Killacky, Killacky, & Donigan 2001）

　　任務團體在多種背景中都適用，如運動部門、僱用場景、企業以及諮商機構。任務團體在專業社會工作中用於解決內部或和外部的情況，利用團體來計畫和實行想法。尤其是社區工作者認為，將任務團體運用

在他們的日常工作上顯得十分重要。根據 G. Corey（2004）：

> 在社區內工作通常意指和一特定團體工作，或是在社區內，互相競爭或合作的團體間處理一個或一系列的問題時，大多數的社區社會工作者會以小組的方式來做改變，而組織任務團體的技巧則是相當必要的。（p.12）

　　團體社會工作者必須注意並瞭解社會政治的影響力會如何衝擊各個種族、弱勢族群團體。Arredondo 等人（1996）對下列的問題表示擔憂，包括移民問題、種族歧視、深植誤謬的種族刻板印象、貧困、以及無力感，我們將會在多元文化諮商一節中更進一步的討論。

指導／心理教育團體

　　心理教育團體（psychoeducational group），也被稱做指導或教育團體，是現今團體實務中強大的力量。這些團體的類型以一個中心主題建構，在本質上通常是短期性質，而且是預防性和指導性的。重點在於教導和學習。Neukrug（2008）指出：「心理教育團體透過宣揚心理健康教育的方式，嘗試增進成員的自我理解（self-understanding），促進個人內心與人際關係的成長，並且預防未來可能會發生的問題」（p.169）。藉由參與心理教育團體，成員們能在特定問題上獲得知識，分享共同的憂慮，在團體中接受和給予渴求的支持，學習必要的解決問題技巧，並且被鼓勵在團體外發展健康支持制度（healthy support systems）。既然這些團體在結構上具有教導性與自我成長性，故其在本質上是既具教育性又有治療功能的。我們經常可以在教育機構中找到心理教育團體，其他還有醫院、心理保健中心、社工服務機構以及大學院校（Jones & Robinson, 2000）。

　　心理教育團體目標很廣泛，如幫助參加者學習減低憂鬱的技巧，或處理潛在威脅，如愛滋病或末期病症；處理發展中的生活要事，如進入青春期或步入老年；或者應對立即的生活危機，如所愛的人過世或尚待解決的離婚問題。大體來說，心理教育團體包括提供心理輔導技巧和相關知識的專業訓練，其訓練偏重於預防心理健康問題或治療法。更仔細地說，這類型的團體在過渡時期提供整體的應對技巧和指導是很有效果的；減少焦慮、憤怒、攻擊性、和其他情緒緊張問題；改善人際關係技巧；以及強化學習技巧。總體來說，終極目標是提高成員的自我意識，並教導他們一套技巧以應對健康問題，讓他們在需要時能用得上。許多心理教育團體定基於學習基礎原型，合併行為方面與認知方面的技巧，如社交技巧訓練和建立自信心訓練法、壓力控管、認知治療法以及多重模式治療法（Gladding 2004）。Page 與 Jencius（2009）認為心理教育團體必須「強調團體的首要重點在教導和學習」（p.28）。在目標陳述中，伴隨著相關的資訊，Page 與 Jencius 鼓勵多使用「教導」和「學習」的字眼。以下是幾個團體目標陳述（group purpose statement）的例子：

9

- **兒童學習障礙支持團體**

  這是個長達八週的支援暨心理教育團體，著重於幫助有學習障礙的孩童們分享他們所掙扎的困難點，例如感到自己與其他孩子不一樣的地方；幫助孩子們學習如何建立起社交的技巧、辨識自己不適應社會的行為、且學習適當的應對技巧。

- **青少年憤怒管理**

  這是個長達十二週的精神教育團體，目標族群為有憤怒之心理問題的 13 至 17 歲青少年。本團體幫助有憤怒情緒問題的青少年學習如何以正面方式管理憤怒情緒的技巧。

・成人物質濫用支持團體

此心理教育團體幫助苦於物質濫用者瞭解上癮的機制、學習壓力管理、問題解決並預防勒戒失敗（固態復萌）。

・阿茲海默症照護支持團體

此團體目標為替阿茲海默症患者的照護者，提供一安全環境可發洩沮喪的情緒，作為照護者在工作中可能出現的挫折感和矛盾感的管道。教導照護者一連串關於阿茲海默症發病過程的照顧技巧、社區資源與自我照護。

・乳癌支持團體

這是十二週的心理教育支持團體，幫助最近確診為類似情形的乳癌女性。團體目標為幫助這些女性下列事項：學習如何應對由於癌症造成的生理上、情緒上、以及生活型態的改變；學習如何面對可能會很痛苦或造成心理創傷的醫療過程；幫助選擇合適正確的醫院和醫療；學習如何控制緊張、焦慮或憂鬱的情緒；在支持的環境下學習問題解決策略；幫助女性應對害怕復發的心理問題。

這種團體的重要進行程序著重於團體討論中，成員會將團體資訊內容個人化。通常在團體的一開始，團體成員會拿到一份問卷，來檢視他們對團體所關心的特定問題做得如何。有組織的練習、閱讀、回家作業為幫助團體成員學習，並練習特定技巧的典型方法。在團體中一起欣賞某些影片或是電影，尤其能有效地實踐將團體治療中提到的某些特定議題或是概念帶進真實生活中。例如：電影《凡夫俗子》（*ordinary people*, 1980）探討失去親人的議題；電影《克拉瑪對克拉瑪》（*Kramer versus Kramer*, 1979）說明了父母離婚對小孩的衝擊；電影《手札情緣》（*The Notebook*, 2004）說明了阿茲海默症是如何影響家人；除此之外還有許多類似電影。一些諮商師也可能會邀請客座講員進行團體課程，加強團

10

體學習的品質。比如說：可能邀請公共衛生組織的人員來對青少年演講說明高風險性的行為，如性病傳染或是使用毒品的危險；在孩童家長的支持團體中演說關於「注意力不足過動症」（ADHD），客座講員本身可能也是一位病童家長，分享他如何成功地在家中使用行為修正技巧；而在慢性病患的團體，可能邀請物理治療師來幫助病患教導物理治療，示範某特定運動可減緩其病痛。

現今流行的心理教育團體包括以下例子：

- 焦慮、憂鬱、兩極化團體。
- 喪親團體包括喪子或喪偶。
- 父母離婚或酗酒、家暴家庭之孩童支持團體。
- 亂倫倖存及創傷後壓力團體。
- 以兒童、青少年、男性、女性為對象的社會技巧和人際關係團體。
- 對 HIV 感染者或愛滋病患者、阿茲海默症照護者、乳癌患者之支持團體。
- 青少年懷孕或青少年父母團體。

顯而易見地，許多心理教育團體在主題和內容都各異其趣，能以許多不同方式建構，且也許最值得注意的是這種團體所提供的彈性機制，不僅能依照團體人數做彈性設計，也能依團體成員的需求量身訂做。而且，心理教育團體提供了有效且符合經濟效益的治療，使它成為今日心理治療員工之間，最為熱門的團體治療型態。

諮商／人際關係障礙解決團體

諮商團體，也被稱作人際關係障礙解決團體，努力幫助團體成員「提供支援並解決平常但經常是困難的人際關係問題」（ASGW, 1992,

p.143）。諮商團體和心理教育團體很類似，甚至有時兩者很難區分。通 11
常，團體諮商比心理教育團體在修正態度和行為上更直接。比如說：在
團體諮商中強調團體成員有影響力的介入；心理教育團體則強調成員
的認知理解。團體諮商普遍地經營在小而親近的背景／情境中：心理
教育團體則可能在大空間環境中經營（Gazda, Ginter, & Horne, 2001）。
此外，在團體諮商中團體成員的交流比在心理教育團體中更被重視
（Gladding, 2004）。

　　諮商團體也因目的和人數而各異其趣。私人性質的、教育、生涯、
社交和發展問題通常被強調。不像我們在下一節會介紹的心理治療團
體，諮商團體著重於「人際關係的過程和解決問題策略，強調自覺意
識、感覺和行為」並且「在特定短期議題上是解決導向的」，並非治療
更嚴重的心理和行為失調（M. S. Corey & G. Corey, 2006, p.12）。

　　參加諮商團體的成員往往因為在他們的生活中有特定問題。成員間
使用互動式的意見回饋，並且以「此時此地！」（here-and-now!）為中
心支援方法來幫助參與者處理發展問題（developmental concerns），或
是解決日常生活中的問題。團體成員可能處理處境的危機和短暫的衝
突，或可能正著手改變自我挫敗行為（self-defeating behaviors）。成員
經常決定團體著重點，並且跟隨著團體小組長的指導，成員被鼓勵幫助
彼此。成員普遍都是完善的個人，被鼓勵去探索內在資源和力量。前提
是幫助其他成員探索內在資源，和學習建設性地處理阻止他們最佳運作
的障礙。他們會學習人際關係技巧，這些技巧能幫助他們的既存問題和
未來問題。在支持的團體氛圍中，自我探索是被鼓勵的，成員可從事誠
實的自我探索。

　　諮商團體可因組織方式而不同；有一些是公開的，另一些則有特定
的著重點。關於這些團體該如何經營並沒有一致的共識。根據成員或小
組長的角色，意見可能非常不同，而使用適合的風格及理論取向。然

而，在諮商團體中通常有三個目標是共通的：

12
1. 幫助個人培養更多正面態度以及改進人際關係的技巧。
2. 利用團體過程促進行為改變。
3. 幫助成員轉換在團體中新習得的技巧和行為，並使用在日常生活中。（M. S. Corey & G. Corey, 2006, p.13）

　　本質上，團體小組長被賦予任務培養最佳的氛圍，使運作更有效能。創造一個開放且值得信任的團體環境，讓成員感到安心，得以給予和接收意見回饋，以及探索不同的解決問題方式。理想上來說，團體小組長指導成員將概括的目標轉變為具體的行為改變，並且鼓勵積極參與。當團體變得更像社會的縮影，團體過程能提供真實世界的例子。基本上，當人們在團體鏡像中體驗到他們在日常生活中碰到的衝突，團體成員能學習尊重彼此的不同，並認識到他們並沒有那麼不同。我們之後會提到，普遍性（universality）的概念提供了支持和希望。當這些情況符合時，團體成員感到能夠接受自己的情況，或者改變到更好的狀態。

心理治療／人格重建團體

　　心理治療團體因任務而不同，而心理教育和諮商團體經常在本質上是更長期的，且團體成員通常處理更嚴重的問題。心理治療團體有時也被稱作人格重建團體，取名源於他們強調幫助個人成員再調解深層心理問題（Gladding, 2004, p.252）。G. Corey（2004）主張團體治療和團體諮商的不同在於目標：

> 諮商團體關注成長、發展、強化、預防、自覺、以及釋放成長的阻礙，治療團體則通常關注再調解、治療和人格重建。團體心理治療是包含有意識和無意識自覺、且橫跨現在和未來的再教育方法。（pp.8-9）

　　美國團體工作專家協會（1992）指出，「由於心理困擾的深度和廣度是重要的，（人格重建團體）的目標是幫助每個人重建主要人格面向」（p.13）。

　　由於著重點在於幫助團體個別成員解決深植於內心的心理問題，治療可能要花很多時間。團體成員可能表現劇烈或慢性的情緒狀況。他們可能感到極端的情緒苦惱，以致危害到他們日常生活運作的程度。既然這個團體的主要目標是幫助個別成員重建主要人格面，重要性在於連結過去歷史到目前的問題。團體小組長使用人際交際和個人內心的評估、診斷、以及解釋來協助他們；他們通常是某些類型的臨床醫生（如：心理學家、擁有執照的心理健康諮商師、擁有執照的臨床社工），並且精通心理治療介入。

　　團體諮商師經常鼓勵追溯較早的經驗，要求探索無意識並再度體驗造成創傷的事件。理論上，當情緒抒發，這些過去經驗就在團體中重生，幫助團體個別成員獲得對過去如何影響現在生活運作的自覺和洞察。團體心理治療的主要特徵之一是對過去未完成的事情，努力去重建個人的人格。探索過去、潛意識領域，還有鼓勵新的行為模式、在團體成員和諮商師的行為上要求洞察和耐心，可能需要長期的努力。

　　在團體心理治療上可以使用的技巧有許多；最常伴隨著夢境的探索、抗拒的解釋、處理轉換的問題、以及協助團體個別成員和重要他人，在未完成的事件上，思考替代性的觀點。在團體心理治療上，介入需要專門的訓練，遠超過前述的任務團體、心理教育團體、諮商團體所需。關於變態心理學（abnormal psychology）、精神病理學（psychopathology）、診斷評估（diagnostic assessment）的深入知識是必須具備的。

13

其他團體

焦點解決團體（brief groups）和團體心理治療的區別在於，持續時間的長短和著重點的不同。**焦點解決團體療法**（brief groups therapy; BGT）指團體組織時間是有限的。在文獻中，對於短期療法團體的時間長短定義並無一定。在我們的經驗中，這樣的團體能持續二到四個月，並且組成八到十六週的集會。Mackenzie（1995）如此區分短期療法團體和短期（short-term）、有時限（time-limited）團體：短期療法團體集會最多八次，量身訂做幫助個人成功地交涉一個危機；而有時限團體的持續時間為六週到六個月，並且設計治療有更嚴重或複雜問題的人，或者改善他們的心理運作狀態到更高層次。

除了對短期療法團體確切組成人數有不同的意見外，一致同意的是在今日這個時代，管理照顧（managed care）、短期介入（brief interventions）和短期團體（short-term groups）都是不可或缺的。由於經濟壓力和資源的短缺，心理健康傳達系統可見顯著的改變。隨著管理照顧的到來，心理健康的趨勢傾向為較短形式的治療，包括團體治療也是如此。Piper 與 Ogrodniczuk（2004）倡導短期療法。除了具成本效益外，短期團體療法在廣範圍的當事人問題上，也比長期團體療法更有效且合適。同樣地，Rosenberg 與 Zimet（1995）發現證據證明，行為方法和認知行為方法用在短期團體療法上特別有效。特定族群用在短期團體療法治療上是很成功的，包括癌症病患、有生理疾病的人、人格障礙者、創傷反應、或適應問題；以及正在面對哀傷和喪親之痛的人（Piper & Ogrodniczuk, 2004）。除了這些積極發現，需要特別注意的是必須考慮到短期團體療法是為了所有類型的當事人存在的；某些個人則更適合長期團體精神治療。並且，短期團體療法的小組長必須在團體過程和短期療法這兩方面都受過良好的訓練。以一個步調快的、特定形式的治療

來說，短期治療要求小組長擁有專業技巧，以設定目標和計畫治療。

支持團體

　　支持團體由擁有共同特徵的成員組成，尋求規律的支持後盾。團體成員有相似的想法和感情，並互相幫助檢視問題和擔憂（Jacobs et al., 2006）。支持團體使成員能夠學習到，有其他人也苦於相同問題、感到類似的情緒、且擁有類似想法。Brabender 等人（2004）強調支持團體在治療疾病上的用處：

> 在支持團體的精神治療中，透過一般經驗，病患能有效地減少恥辱和孤立無援的感覺，這些感覺可能關聯到疾病。透過許多醫學診斷、結果研究證明，這樣的治療減少了精神病態的程度，有些則在早期病理階段能有改變。（p.267）

15

　　多年來我們可以證明附加的支持團體是有效的，包括員工團體（groups for staff member）、慢性病精神病患（chronically ill psychiatric patients）團體、以及精神病或生理疾病病患的家屬團體。事實上，當事人擁有相類似狀況，他們聚集起來尋求幫助時，支持團體就會產生。如同其他團體所敘述的，支持團體受益於專業團體領導的幫助。Brabender 等人（2004）、Ruten 與 Stone（2001）以及 Yalom（1995）都強調了團體領導的重要性。擁有疾病或徵狀病原學（etiology）知識、並理解複雜團體動力學（dynamics）的領導，通常比那些只具備特定人數或特定團體動力學治療知識的領導，更有效率。Yalom（1995）強調此實在的考量，當此環境可信任時，對於死亡的個人掙扎、與世隔絕、人生的意義以及自由，這些經常會成為某些支持團體的著重點。

　　Spira（1997）確認了在疾病的支持團體中，有三種基本的方法：

1. 演繹法，團體領導扮演健康教育者的角色，讓成員對他發問。
2. 互動法，團體領導介紹一個主題，並鼓勵團體成員討論這個主題。
3. 歸納法，發言權開放給團體成員來提出他們自己的主題。

今日許多支持團體在特定議題上為達到他們的目標，結合不同方法，以達到最好的效果（Abbey & Farrow, 1998; Allan & Scheidt, 1998）。

自助團體

自助團體在最近二十五年來逐漸變得更受歡迎。自助團體使擁有特定問題或生活議題的個人得以創造支援系統，鼓勵他們積極地改變生活。基本上自助團體是由一群外行人組成，這些人擁有相似的問題，尋求定期的互相幫助。也許最受歡迎的自助團體是匿名戒酒會（Alcoholics Anonymous; AA），它遵照十二階段的預定表，很多其他的自助團體遵照 AA 的模式，包括匿名戒毒會、匿名戒賭會、匿名暴食勒戒會。另外，藉由網路，個人可發展出線上支援網，提供他們所需的支援和認同。

自助團體和治療團體的概念相同，個人都苦於未能表達的情感，且能受益於將這些情感／想法抒發出來。這兩種類型的團體都聚集了擁有相同問題的人，提供鼓勵支持、強調團體連結、並竭力爭取改變。

除了這些共通點，自助團體和治療團體也存在相異點。根據 G. Corey（2004）以及 Riordan 與 Beggs（1987），自助團體專注於單一主題，如對某物上癮或是疾病。另一方面，治療團體則考慮到更多的整體目標，如全面改善心理健康、增加自我覺醒、或增強自信心和人際關係功能。更進一步的相異點是領導方式。自助團體的典型小組長通常是擁有相同問題的成員之一。而在團體治療中，小組長為受過良好團體實務訓練的專業人士，此小組長鼓勵成員在治療的氛圍下，透過團體諮商的方式來改變行為結果。

自助團體和治療團體都提供了極重要的功能。重點是需瞭解兩者扮演的角色及與當事人的運作方式。

團體工作之歷史根源

團體工作擁有悠久且有趣的歷史，這強調了團體實務不朽的品質。為理解當今團體實務如何演變至今，參照團體工作之歷史根源簡史是極有價值的。

簡史

在 19 世紀末，團體工作遵照慈善事業的早期案件工作。Toseland 與 Rivas（2009）記錄作為慈善組織的案例工作結果，團體工作最早出現在英格蘭和美國的睦鄰組織（settlement houses）。早期作者如 Brackett（1895）與 Boyd（1935）記載團體工作主要牽涉社會福祉團體的領導、成人教育團體、睦鄰組織與青年服務所中的休閒團體（recreation groups）。

在 20 世紀早期，其他各種的社會工作者：成人教育者、團康領導、以及社區工作者，率先發現團體工作的潛能，得以幫助個人參與社區活動，豐富他們的生活、獲得支持、並學習所需的社會技巧及解決問題的策略。第一個治療團體為波士頓的內科醫師 Joseph Pratt 和罹患結核病的病患。Pratt「因這團體互相影響的力量之深而銘感五內」（Brabender et al., 2004, p.2）。Pratt 被認為是團體工作領域的「開路先鋒」，並且替未來病理性團體治療開了一條先路（Gladding, 2004）。

約莫這時期，在美國州立精神治療機構（mental institutions）開始使用團體工作於病理治療目的。L. Cody Marsh 被交賦了任務，為苦

於精神問題的病患開發出一種團體治療模式。身為環境治療（milieu therapy）的創造者，Marsh「發現成員可以表現利他的行為、體驗接受他人、並享受團體精神，上述事項應能減低痛苦」（Brabender et al., 2004, p.2）。Marsh 也為使用心理教育技巧的團體治療開啟了舞台。在這期間，精神病學家 Edward Lazell 在治療精神分裂症和躁鬱症症例（populations）時使用了團體方法。Lazell、March 和 Pratt 為團體治療的先驅，他們相信追蹤成員的後續發展能有所幫助，再度映證了今日我們強調成功治療需有經驗證據支持的理論。

在 1920 年代，一名法國學者以學術名詞 *contagion*（**傳染**）來形容成員已準備好接受心理治療元素。就在此時 Jacob L. Moreno 亦將學術名詞 *group psychotherapy*（**團體心理治療**）引進心理諮商文獻（Gladding, 2004）。1921 年，佛洛伊德出版了《團體心理學和自我分析》（*Group Psychology and the Analysis of the Ego*），此書首重團體發展中領導的重要性。早在 1921 年，Alfred Adler 和他的同事，在他們位於維也納的兒童指導中心使用團體過程（Dreikurs, 1967）。許多這時期的實務工作者引進團體治療以節省時間，但立刻發現此法在鼓勵病患做改變上極為有用。例如：他們發現內心感受得以有效的在團體中被挑戰。團體本身變得在改變概念和價值觀上深具影響力，這些概念和價值觀則為社會及情感問題的根基。現今強調團隊領導技巧仍是普遍概念。認同的角色、心有同感、以及攻擊傾向也開始在團體關係中被探索。

在 1930 到 1940 年間，Kurt Lewin 的場地理論概念（Field theory concepts）帶領了英國 Tavistock 的小學習團體以及美國的訓練團體（T-group）運動（Gladding, 2004）。Kurt Lewin 有效地發展出團體生活轉移理論（metatheory）。他的見解是：團體諮商特質優於任何個人（Agazarian & Janoff, 1993; Brabender et al., 2004, p.10）。在 1930 年間，Louis Wender 指導了第一個精神分析團體，他強調認知與預知人際關係

學習、現今認知治療師使用策略是很重要的。Samuel Slavson 是使用團體治療治療孩童和青少年的第一人。他在團體諮商中評估成員的個人主義（idividualism），他相信治療必須為迎合個人的需要而量身訂做。這種聚焦於依年齡或主題分類的專門團體，至今仍普遍流行（Anthony, 1972; Brabender et al., 2004; Yalom, 1995, 2005）。

1943 年 Slavson 創立了美國團體心理治療協會（American Group Psychotherapy Association; AGPA），而此機構現今仍是非常重要的組織。並且在1940 年早期，Jacob Moreno 創立了美國團體精神治療暨心理戲劇公會（American Society for Group Psychotherapy and Psychodrama）。精神分析（psychoanalytic）和行為導正（action-oriented）等兩種方法於焉誕生（Brabender et al., 2004）。

1940 和1950 年代是團體治療的擴張時期。在這時期，團體工作帶給青少年犯罪和精神病患的復健等範疇正面的治療結果。在心療門診情境中，使用團體過程以因應醫療容量（curative capacity）的潮流仍蔓延至今。在這年代，團體的著重點有了改變，從前在睦鄰組織時聚焦於重建和教育，現在變成更洞察導向並聚焦在診斷和治療成員問題（Alle-Corliss & Alle-Corliss, 1999; Reid, 1981）。

在心理治療界，醫療團體（curative groups）的增加似乎可歸因於佛洛伊德的精神分析和自我心理學的發展，這些學說在這段期間迅速萌芽，而且也因為在二次世界大戰期間，能提供傷殘退伍軍人個人心理治療的人員十分短缺。Brabender 等人（2004, p.9）特別提到：「一次世界大戰，創造了大眾對團體心理學的興趣，二次大戰則促進了以團體治療作為主要治療模式的風氣。」

同時，團體工作的使用隨著兒童指導、心理健康、以及精神門診情境而成長。團體工作逐漸被使用在團康方面、教育方面、以及社區場景方面，譬如在猶太社區中心、女童子軍和 YMCA（基督教青年會）

19

等青年組織、以及在社區發展和社會行動領域。當大眾對團體工作的使用感興趣並逐漸推廣，對小團體治療的測試也蔚為風潮。在1950年代期間，恰當地促成了團體治療研究的黃金年代（Alle-Corliss & Alle-Corliss, 1999; Hare, 1976）。在這時期，許多團體工作的理論方法隨之擴展，團體過程的存在被賦予了附加意義。

在1960年代，我們能繼續看見團體工作在社區心理健康運動中成長茁壯，這促成了團體實務的普及。由於團體治療被認為是一種具成本效益的治療模式，和今日相同，許多未受專業訓練的人本服務專業人士開始指導團體，更通用而非專門的團體實務類型開始主宰市場，導致較少受過專業訓練的團體指導者也能執業（Toseland & Rivas, 2009）。在這段期間專業團體治療訓練顯然逐漸變得重要。

在團體治療運動（group movement）的這個成長階段，許多新的技巧和方法被採用。此時有些更非傳統類型的團體於焉誕生，如：訓練團體（T-groups）、敏感度團體（sensitivity groups）、會心團體（encounter groups）、以及馬拉松訓練團體。William Schultz 與 Jack Gibb 為另外兩位團體治療運動先鋒，強調以人文方法對應訓練團體而聞名於世，他們著重於個人成長，並將之當作合理目標（Gladding, 2004）。Carl Rogers 使用他的人文方法對應諮商和心理治療團體，他在1960年代以設計會心團體雛型而聞名，這也成為了後繼成長導向團體方法的模型（Corey, 2004; Day, 2004; Gladding, 2004）。所有的上述團體都傾向更著重此時此地（here-and-now），並且使用多樣的實驗性技巧，其中一些方法仍沿用至今日。

完形治療法（gestalt therapy）起源於1940年代。1960年代期間，以團體治療的形式被廣泛使用在知名機構——美國加州大蘇爾的依沙蘭靈修中心（Esalen Institute）。Fritz Perls 與他妻子勞拉，開發出「存在現象論」（existential phenomenological approach）並強調幫助當事人理

解個人與環境的互動（Corey, 2005; Day, 2004）。完形治療法源於場地理論（field theory），它假定：當人們覺知到內心狀態和所處環境的交互作用，人人都有自我校正的潛力。團體通常在本質上是短期的，某一位成員會坐上被稱作 "hot seat"（譯註：原指電椅，也指令人尷尬的局面，此為一語雙關）的椅子和諮商師互動，同時其他成員可就近觀察，且當諮商師點到他們的名字時可參與討論。甚至人們相信不願意發言的成員也可從「旁觀學習」（spectator learning）中獲益，當他們有機會辨識此互動，並覺知到自己內心對討論內容的響應（Day, 2004）。完形治療法亦鼓勵使用身體意識、實驗、角色扮演、空椅技術（empty chair technique）、夢程理論（dream work）、心理劇（psychodrama），這些理論和方法使親身經歷得以栩栩如生地表達出來，這相對於僅以言語抽象地描述情景，更能身歷其境地使其他成員體會。

　　1970 年 Irvin Yalom（2005）在他所著的著名論文《團體心理治療理論與實踐》（*the theory and practice of group psychotherapy*）中，介紹了人際理論（interpersonal theory），強調這理論能使得個人團體成員改善他或她的潛力，並能與他人擁有良好的人際關係。此外 Yalom 發明了專有名詞「**療效因子**」（therapeutic factors），意指團體固有的因素。我們將會在後續章節中闡述這個概念。在 1970 年代的結果研究在本質上變得更加嚴謹，並認為團體治療至少和其他心理治療方式相同有效（Brabender et al., 2004）。

　　自 1985 年至今，在社會救濟領域中將團體工作當作主要治療方式的趨勢持續成長。隨著管理照顧系統的問世，其控制了包括心理健康等健康照護服務的薪資水準，短期團體治療的前景一片欣欣向榮。基本上，由於團體治療在本質上較具成本效益並且治療期間較短，在今日財務緊縮的壓力下團體治療變得日益流行。於是，MacKenzie（1994）聲稱管理照顧業界高度關注團體治療，是由於此法符合節省成本的規定。

20

　　此外，由於使用此降低成本的治療法已成趨勢，使得實務工作者對他們的努力是否有用，須擔負更高的責任。從前「一些定義模糊的目標，以未具體說明的過程和測量來進行追蹤」，上述情形對現今的團體諮商師來說，已不可能再發生。「第三方付款人會要求清楚的治療計畫。目標須可人為操作的，治療方法須清楚地詳細描述，且結果能明確地辨認。現在我們要求團體諮商師使用經驗證為有效的方法來治療」（Brabender et al., 2004, p.13）。

　　今日關於團體治療規定的另一個顯著改變為：對多重治療法的支持。我們鼓勵綜合多重治療法的型態；實務工作者從多樣化的治療法中選取適用的幾種，並加上自身的努力，使諮商服務變得易於理解且有效。重點在實務工作者間，整合導向更共治的氛圍，但團體領導者的專業訓練仍有必要。針對成為團體領導者的訓練和取得資格認證的機會變得更多。例如：美國團體心理治療協會（2001），義務性增加提供上述訓練。關於一些合法且合乎道德的議題，被交付給團體工作處理的，皆被更留心地審議。此外，今日的重點還有多元敏感實務（diversity-sensitive practice），要求實務工作者考慮一些敏感議題，如：種族、文化、性別、信仰、以及地域性差異等。這些都是實務工作者在準備和施行治療時須格外考量的。

　　團體治療的發展乃為因應多樣化需求的結果。如：教育的、團康的、心理健康的、以及社工服務等的不同需求。它並不拘泥於同一基礎，並繼續在團體實務中培育它的普遍性。簡而言之，「團體治療持續在不同的精神症例和門診情境中廣泛應用」（Brabender et al., p.16）。

團體工作的優點和弊病

優點

團體工作的優點不計其數，Jacobs 等人（2006）問了一個基本問題：「團體諮商和個別諮商到底哪個好？」他們誠實且簡潔的回答也總結了我們的觀點。

> 這個問題是很難回答的，因為答案會因人或情況而異。有時兩者擇一治療效果較好，有時結合兩者同時治療效果最佳。對大多數人來說，團體治療可能較具優勢。對某些人來說團體諮商較好，因為成員需要他人的投入，加上其實聆聽能比訴說學到更多。（p.19）

簡單來說，為什麼團體治療奏效呢？想想每個人都是在團體環境中長大，莫不是透過家庭、學校、有組織的活動，就是透過工作。這些就是我們身為人類成長的環境，團體治療亦同。它也提供了一個能讓人聚在一起分享問題和擔憂，更能好好地理解自己的情況，並互相從他人經驗中學習。團體治療幫助個別成員學習關於自己，並且豐富人際關係。團體治療能因應孤立無援的感覺、憂鬱、焦慮、且能幫助成員做出顯著的改變，因此能感到生活品質的改善。

當個別成員進入團體，並能夠和其他團體成員自由交流時，經常能重建當初將他們帶來團體的問題。在團體領導有技巧的指導下，團體能夠給予支持、提供替代想法、或溫和對待這位成員。以此方法成員得以解決已有的困難、學習替代性行為（alternative behavior），且個人能培養新社交方法。在團體治療期間，成員經常感到不是獨自一人。既然有許多成員因他們的問題而感到自己是獨特的，因此聽到他人遭遇相似困

難的經驗，對他們來說是令人欣慰的。在團體提供的可信任氛圍中，團體成員能無所顧忌地彼此關心或互相幫助。

團體工作的優點對曾指導過團體治療，或是在工作上見證過團體過程（group process）的任何人來說是顯而易見的。在文獻中也明確指出這些優點。例如，Jacobs 等人（2006）指出領導團體的九項理由：效率、共通經驗、在資源和觀點上更具普遍性、歸屬感、技巧練習、意見回饋、替代學習、近似真實生活感（real-life approximation）（譯註：指團體如同社會的縮影，可在團體中練習新行為然後使用在真實生活）、以及承諾。

效率

「將數個擁有共通目的的當事人組成團體進行治療，能節省可觀的時間和努力」（Jacobs et al., 2006）。在許多情況下使用團體形式，更可周到地服務當事人。我們討論過的心理教育團體就是一個好例子，心理成長類團體、其他如指導兒童、青少年和老年人這些團體亦同。

共通經驗

典型的情況即為，當事人認為他們的問題是獨一無二的，而且是無助的、難以憑一己之力做出改變。團體治療幫助成員認知到在面對問題時，他們並不孤單，因為世上有其他人正因相同問題而掙扎。很多團體成員知道原來其他人也擁有相同焦慮和情緒問題，他們會感到安慰。這種領悟減少了經常感到的孤立感和羞恥感。「團體提供了一個形同實驗室的自然環境，在此示範給這些求助者知道自己並非孤獨無助，並且有希望能開創嶄新人生。」（M. S. Corey & G. Corey, 2006, p.5）

更多樣的觀點和資源

團體在本質上提供了更多樣的觀點和資源。「若不是他們分享資訊、解決一個問題、探索個人價值，就是發現彼此擁有相同感覺，整個團體的人能提供更多的觀點，因此就擁有更多的資源」（Jacobs, et al, 2006, p.3）。Shulman（1984）將這種在團體中分享多重資源的合作元素稱作「分享資料」；由於許多個人光靠自己能使用的資源十分有限，所以團體被證明是十分有效的。

歸屬感

許多在此領域的學術研究指出：強大的人類需要歸屬感（Adler, 1927; Berne, 1964; Kottler, 1994; Maslow, 1962; Trotzer, 1999; Yalom, 2005），而團體就提供這樣的歸屬感。這種需求對某些症例來說特別珍貴，例如退伍軍人；苦於物質濫用、飲食失調或精神疾病的人；或亂倫倖存者。「成員會經常彼此認同，然後感到自己是整體中的一部分」（Jacobs et al., 2006, p.3）。G. Corey（2005）附加說明：「團體提供了社會背景，在此成員能培養歸屬感和社群意識（p.113）。Sonstegard（1998b）寫到：團體參加者發現許多他們的問題在本質上是人際交往的，他們的行為擁有社會意義，在社會目的的組織中他們的目標最能被良好地理解」。

技巧練習

團體治療成員受益於在支持且保密的氛圍下解決個人問題，並且透過幫助他人來解決自身問題。當團體環境是安全且互相培育時，成員能在真實生活情況中使用新技巧和行為前，先在支持的環境中練習。團體實質上提供了一個安全的論壇，讓成員可以在此練習新行為。

學習去思考關係中的「程序」（process）以及成功地處理衝突，是

團體成員學到的極重要程序技巧（process skills）。許多團體成員迄今逃避衝突，並且不知道如何去解決關係中的衝突。結果，他們失去了親密行為、親密感、和承諾的能力。

Reiter（2008）強調：團體提供了技巧練習的機會。透過團體過程，成員能「理解別人是如何看待他，而且可以在當下學習培養更好的人際關係技巧。然後他們可以將人際交往的學習成果，應用於在治療室外的真實生活」（p.304）。

意見回饋

24　　團體治療提供機會讓成員給予和接收立即的意見回饋，這些回饋是關於影響成員生活的擔憂、議題和問題。文獻紀錄顯示，藉由幫助他人，同時也會幫助當事人感覺良好（Yalom, 2005）。藉由在團體工作中幫助他人解決問題，參加團體治療的成員經常能增強自信心。

　　團體意見回饋經常比個人意見回饋更強大的。一個人的意見回饋很容易被推翻，但當六、七個人說一樣的事，就不容易被推翻了。此外，有些成員在團體中的行為舉止和反應比在一對一諮商中更像真正的自己。團體治療的當事人從身為團體的一員這件事中，獲得某種認同感以及社會接納感。成員們學習如何在某一情感層面上訴說給同儕聽，而非只說給受過傾聽訓練的諮商師聽。在團體治療中，外部關係的轉換技巧更優於個體精神治療。

替代學習

　　團體治療透過積極參與和觀察他人，提供令雙方都獲益的機會。替代學習的機會在於：團體成員學習去觀察他人如何解決私人衝突。看見他人如何處理這些議題，可能提供成員自身問題新的解決方法，或是新的選項。

　　團體治療是一種人際學習的環境；當事人學習健康人際關係的實例。同儕示範了有效的溝通方式和健康行為。當成員學習這些更有效的模式，他們從同儕接收更加正面的意見回饋，而這些意見回饋增加了他們的自信心。有效的團體治療是一種團隊方法，亦是一種真正的努力合作。個人學習如何解決問題、信任同儕、以及群體精神（community spirit）。

近似真實生活感

　　團體治療將議題的探索設定在人際交往背景中，因此能更準確地反映真實生活。Yalom（1975）指出：對個人來說，團體治療是當事人人際交往世界的縮影。人際交往困難（意即投射和失真）可能呈現在成員和他人的關係中。通常在團體背景下，某位成員人際交往的慣常模式會被複製。這給予了團體機會去驗證和理解所發生的困難情形，並讓成員有機會去培養和建立嶄新的、更具建設性的交往模式。團體治療可能也仿效成員們的家庭經驗，讓成員討論家庭動力議題。當事人瞭解人際交往的困難如何對生活構成障礙，也許會感受到相關的人際關係議題需要解決。團體治療提供成員許多機會去觀察和反應他人的人際交往技巧；這也提供了整個團體機會，去培養一個親密的、社交的、互動的環境，而他們不需承諾團體外的人。一個有技巧的團體領導者能協助成員學習，教導他們把在團體中的互動情形，應用在真實生活和他人的互動上。前提是：個人在治療團體中應對其他成員的舉止態度，和應對其他團體（如：家庭、朋友和工作）時是相同的。

承諾

　　團體成員對目標的實現可能比在個別治療中更意志堅定。「支援的結合、隱隱約約的期望、以及不想讓團體失望的慾望，這些通常是促成

行為改變的強大動力」（Jacobs, Masson, & Harvill, 2006, p.5）。團體過程強化了授權和使命責任感。

除了我們之前論及的優點，團體治療對某些年齡層的團體而言特別有效，例如兒童、青少年以及老人。團體成員可以學習適當的社交技巧，並透過和同儕團體的互動培養認同感、自信心、和性格塑造。成長性質的任務在團體模式中最能被滿足。

團體治療可能是一種被矯正的情緒經驗，特別是如果很多過去的人際關係都是痛苦且困難的。個人經常會在成年後的人際關係中，重複童年期的模式。在團體治療中，成員經常變成社會的一部分，可能更像一個健康的大家庭，並有機會去體驗積極和療癒人心的人際關係。

除了這些界定明確的團體工作的價值外，當然也存在對團體工作的誤解。一些常見的誤解如下：

- **團體治療比個別治療需更多時間才能奏效，因為成員必須花時間和他人分享經驗**。有兩個理由說明團體治療可以比個別治療更有效率。第一、在小組討論中，即使成員沉默寡言，也能藉由聆聽他人經驗獲得治療效果。成員可能發現他們和其他成員有許多共通點，當他們嘗試解決某種擔憂，他們可以學習到更多關於自己的事情。第二、團體成員經常會提出能引起他人共鳴的議題，而這個議題其他人至今並未意識到或尚未提出。

- **個人成員將會被迫在團體中必須說出他們內心最深沉的想法、感覺、以及秘密**。理想來說，在團體諮商中沒有人會被強迫做不願意的事。在團體中每個成員都能自己掌握要分享什麼、分享多少或者何時分享。成員如果還沒準備好吐露心聲可以選擇不分享。成員可聆聽他人，並思考他人所說的如何適用於自己的情形。當成員感到團體足夠安全且可以分享，那麼團體很可能就是有幫助且肯定的。如果成員對吐露心聲感到有壓力，團體領導者應該適

當處理這個議題。

- **如果個別成員對發言感到有困難，他們將永遠無法在團體中與人分享。** 大多數的人都會對在團體中發言感到焦慮。不過在幾次小組討論後，幾乎無一例外地變得開始願意發言。團體成員記得在團體中哪些是新的資訊，所以他們很可能會給予新加入的成員很多支持，鼓勵新人侃侃而談。

在參加團體治療前，準成員（prospective members）經常得到說明團體優點的講義。這樣的講義可能提到：

團體治療能幫助你

- 組成目標。
- 增加自我意識和自信心。
- 洞悉他人眼中的自己如何。
- 發現有效的與他人相處模式。
- 培養令人滿意的人際關係。
- 藉由分享共同問題獲得心理支持。
- 學習如何將團體中習得的新行為，應用在團體之外。

團體治療之弊病

前述部分可見，團體工作對參加者來說可以非常有益。然而，團體治療或諮商並非萬應靈丹。根據 Gladding（2004）所述：「團體治療並非解決所有人問題的萬靈丹。團體治療亦有具體的限制和弊病」（p.250）。團體治療的明顯禁忌包括：

- 某些當事人的擔憂和性格不適於團體。

- 某些個人的問題在團體中被處理的深度不夠。
- 團體壓力可能迫使某位當事人必須在他們準備好之前行動，如自我揭露（self-disclosure）。
- 團體治療可能流於**從眾思考**（groupthink）心理，刻板印象的、防衛的、以及落於俗套的思維過程變成規範，並且創造力和解決問題能力被壓制。
- 個人可能嘗試利用團體來逃避、或是因自私的目的而破壞團體過程。
- 團體可能無法反映個別成員通常身處的社會環境。因此，習得的團體經驗可能不切實於主題。
- 如果團體未能成功處理衝突和發展階段，當事人可能變得一籌莫展且無法從事任何建設性的解決，更甚者會發展出破壞行為，如找人頂罪（scapegoating）、團體自戀（group narcissism）以及投射行為（projection）（McClure, 1994）。
- 主管機關命令可能要求當事人參加團體治療即使他們尚未有充分心理準備、或者甚至違背當事人意願。「沒有意願或尚未準備好的個人可能會破壞或傷害團體，因為團體壓力可能迫使他們做出違反意願的行動，或使他們在未有充分心理準備狀態下進行自我揭露（self-disclosure）」（Jacobs et al., 2006, p.19）。
- 由於時間限制，有時在團體背景下某一個別團體成員的擔憂並無法充分處理。

現今的發展趨勢

在今日，團體工作已在多種助人行業中被廣泛使用，並且變成對某些症例來說最有效的治療模式。

　　這趨勢反映了現今在人本服務領域，強調提供當事人最具成本效
益且有效方法的服務。在這資金緊縮、預算被刪隨時可能發生的年
代，許多組織面臨困境，或者許多組織因高預算的案件被限制，無
法提供較佳品質和適時治療。（Alle-Corliss & Alle-Corliss, 1999, p.194）

28

　　過去數十年人本服務機構面臨必須尋求節約方案的景況，結果在管
理階層和人本服務專家的努力下，發現更具經濟效益的治療法。團體
工作擁有豐富的歷史。事實證明團體工作在一系列的背景下，能關鍵地
提供健全的治療服務，包括教育的、醫療的、社區心理衛生的、勒戒的
（rehabilitative）、以及精神疾病的背景。Cosby 和 Sabin（1995），在一所
大型的健康維護組織（health maintenance organization; HMO）中進行實
務，他們在著作中寫到：提供品質良好的專業治療十分具挑戰性，由於
必須以持續縮減的資源，應對不斷增加的當事人數量。他們的 HMO 實
質上面臨了和所有的組織一樣的問題：必須以有限的預算服務廣大數量
的症例——對心理健康服務要求的增加，以及令人無法接受的一長串的
等待清單。其中一個策略是追求「加強門診病人日程的效能和有效性，
以增加治療團體的使用度，特別是有時限團體（time-limited groups）」
（Cosby & Sabin, 1995, p.7）。這計畫不僅僅為更多的當事人提供了所需
的服務，而且具經濟效益。他們的工作以及其他研究員的治療結果，反
映了團體治療變成治療法中的主要選擇。

　　Piper 與 Ogrodniczuk（2004）認為效能、適用性、以及具成本效益
為團體治療的主要優點：「鑑於團體治療和個別治療同樣有效，只需較
少的諮商師時間，這似乎是更合乎成本效益的治療法」（p.642）。

　　團體治療被設計成能使用在許多不同類型的背景和個案的團體。簡
明而短期方式組織的團體使用在某些特定的症例上似乎是很流行的。既
然趨勢似乎朝向有時限團體，由於他們更具成本效益，他們可能擁有較

狹義的目標。焦點可能在於「症狀的緩解、教導參加者解決問題的策略和人際技巧，促進個人的改變」（M. S. Corey & G. Corey, 2006, p.5）。

　　某位研究成員講述團體工作未來的許多可能性（參照 Gladding, 2004; DeLucia-Waak, 1996; LaFountain, Garner, & Eliason, 1996; Shapiro, Peltz, & Bernadett-Shapiro, 1998）。他更加強調基於一特定理論培養和團體工作的新方式。例如，著重解決方法的諮商和短期治療團體漸漸增加，有別於問題解決導向團體「重視改變的信念、抱怨的信念和創造解決方法」（LaFountain et al., 1996, p.256）。同樣地，創造更多的預防類型團體也成為趨勢。

　　Brabender 等人（2004）收集了豐富的經驗證據，提倡「在大多數的案例下團體治療和個別治療介入同樣有效，在某些案例上團體治療甚至更為有效。只是團體治療更具成本效益，當治療必須受限時，團體似乎成為較佳的治療模式」（p.181）。

　　Jacobs 等人（2006）提到診斷標準的具體問題領域，適時發現團體治療最利於解決這些問題。這些問題包括憂鬱和焦慮、哀傷治療、物質濫用、飲食失調、童年期遭受性虐待、以及精神失調。在發展類型議題上，某些特定族群使用團體治療可能是相當有效的，如兒童、青少年、老年人個案，以及苦於相同症狀的病患如心臟病、癌症、以及腸胃道疾病（pp.165-174）。如前述所言，對某些特定族群和問題／議題而言，團體可能是最佳的治療模式。

　　和個別治療不同，團體治療提供「同儕的投入、多重的回饋意見、有效運用治療師時間、以及旁觀學習」（Sharf, 2008, p.605）。因此團體治療對今日的實務工作者而言仍是極具吸引力的治療選項。

在團體工作中使用整合取向治療法（Integrative Approach）

　　鑑於現今的管理照顧系統，其治療服務受限於危機和短期治療，發展整合取向治療法（integrative approach）以因應救助是不可或缺的。根據 G. Corey（2009, p.448）所述：

　　1980 年代早期以來，精神治療法的併用（integration）已發展至一清楚勾勒的領域。現今我們所公認且尊敬的運動是基於結合不同導向，故能明白描繪出更臻完美的理論模型，且發展出更有效的治療。

　　許多作者主張使用整合取向治療法，體現若干理論模型的面貌。「綜合焦點包括從各種系統中選擇一些概念和方法以創造一種模型，其在某種程度上最適於特定類型的當事人，並且符合主管機關對短期治療的要求」（Alle-Corliss & Alle-Corliss, 1999, p.106）。

　　下列我們引用八項推廣併用心理治療法（psychotherapy integration）的動機：

1. 有更多的治療法可以被使用。
2. 事實上，並沒有任何一種理論模型能充分因應所有個案的需求和問題。
3. 保險公司和健康照護公司要求短期治療的限制。
4. 短期間（short-term）治療法、透視與聚焦問題治療法（perspective- and problem-focused）的流行。
5. 這氛圍給予臨床醫生可以實驗許多的治療法的機會。
6. 既存治療法中效能的不足。
7.「治療共通性對決定治療結果十分重要」的意識的增加。

8. 專門團體的發展培育了併用治療法運動。（Dattilio & Norcross, 2006; Lazarus, 1986; Norcross, Beutler, & Levant, 2006; Norcross, Karpiak, & Lister, 2005）

總之，以一個主要原因總結併用精神治療法的趨勢：「我們認為無單一理論足夠全面地說明人類行為的複雜性，尤其當考慮到個案類型的範疇和他們特定的問題時」（Corey, 2009, p.450）。

在實務中，我們發現勝任的實務工作者偏好以不同的型態和實務使用併用治療法。併用治療法讓實務工作者能採用多種理論的面向，並且採用他們認為最有效的治療模式以因應特殊的個案；有更多機會可以量身訂做治療法以符合特定個案的需求；使用他們認為最舒適且有信心的模式。在第四章我們將全面檢視現今團體諮商師最常用的治療法。

結語

31   本章介紹了團體實務。我們以具體的團體分類介紹了團體工作的定義，包括：任務、諮商、心理治療、短期、支援、以及自助團體。我們簡述了團體的歷史，討論了團體的優點和弊病，並且介紹了併用治療法的優點。自第二章起，我們將講述第二部分「培養團體技巧」。

第二部分
培養團體技巧

第 2 章 團體工作原理

第 3 章 認識團體發展

第 4 章 團體工作的理論與實務

2 CHAPTER
團體工作原理

瞭解團體工作的原理是成為一個有效能團體領導者的先決條件。　35
本章將說明關於團體工作的各種重要議題。我們將會回顧前述
的團體動力學和團體過程，並詳述團體工作的治療面向（therapeutic
aspects）。團體領導技巧被認為伴隨著協同領導者（co-leadership）的價
值、以及顧問和監督的必要性。在本章終結，我們鼓勵實務工作者培養
自身的團體領導風格。

瞭解團體動力學和團體過程

團體過程和團體動力學

團體過程（group process）和**團體動力學**（group dynamics）兩個
專有名詞乃指團體成員和領導者的態度和交流。某些作者將這兩個專
有名詞定義為不同名詞；而其他作者則認為這兩個名詞可以互換使用
（Posthuma, 2002, p.7）。

團體過程指在團體中個人和其他成員的相互交流。**團體動力學**則意
指某特殊動力，使團體成員和團體本身合而為一。Yalom（2005）定義
過程（process）為「互相交流的個人之間的關係的本質；包括成員和諮

商師」。並且繼續推敲各成員的內心精神世界的重要性、人際之間的交流、團體合而為一的動力、以及團體臨床環境，這些對理解團體過程都是很重要的（p.143）。M. S. Corey 與 G. Corey（2006）提出相似的觀點：

> 一個團體自始至終，發展的所有基本元素構成了所謂的團體過程。
> 涉及團體動力學的團體過程，如管理團體的規範、團體中的凝聚
> 力的程度、信任如何生成、抗拒（resistance）如何表現、衝突如
> 何出現並應對、療癒的力量、成員間的相互反應（inter member
> reactions）、以及團體發展的各種階段。（p.5）

36

當從事團體工作時，瞭解團體過程是很必要的；理解成員和團體領導者間的互動和能量的交換，是成為有效能的團體領導者的關鍵（Jacobs, Masson, & Harvill, 2006; Reiter, 2008）。Gladding（2004）同意此觀點：「在團體治療開始前，必須告知團體 成員和領導們有關團體過程儘可能詳盡的資訊」（p.258）。他以衝突的不同將團體區分為：同質團體（homogenous groups）（團體成員較相似）和異質團 體（heterogeneous groups）（團體成員較不相似）。通常在同質團體，衝突和風險較少，取而代之的是經常有更多的凝聚力、支援和較好的出席率。在異質團體中，通常衝突和風險多於支援和凝聚力。Donigian 和 Malnati（1997）、Gladding（2004）、Kraus 和 Hulse-Killacky（1996）、Merta（1995）、Nelligan（1994）都強調團體過程的重要性：「這是團體的過程，不是內容、重點或目的，那終究會決定團體是否成功」（Gladding, 2004, p.258）。事實上，在這領域的權威主張成功的團體，「過程和內容是平衡的。比起諮商師努力幫助人們改變，團體過程本身可說更有幫助」（Schaefer, Johnson, & Wherry, 1982, p.4）。

團體過程在改變團體成果上很重要。特定療效因子的存在對成功

的團體實務來說非常關鍵。Yalom（1975）在他的經典論文章〈團體心理治療理論與實踐〉中，首次提倡11個主要的「療效因子」，表示「改變過程的不同部分」（pp.3-4）；這些包括：希望重塑、普遍性、傳遞資訊、利他主義、早期家庭關係的矯正重演、提高社交技巧、行為模仿、人際關係學習、團體凝聚力、情感宣洩、以及存在主義因子（Yalom, 1975, 2005）。如同我們將看見的，這些因子是互相依存的。雖然它們存在於每個團體，但它們的相互影響和重要性卻在每個團體中都不同。

團體工作的治療面向

關於團體工作治療面向的文獻十分豐富。在本章我們將檢視Yalom 的療效因子；MacKenzie 的治療範疇；Corey 的療效因子；以及 Jacobs、Masson、Harvill 的治療原動力。

Yalom 的療效因子

Yalom 考慮到經常發生在團體中，能成為治療原動力的十一種療效因子，對促進積極改變是很重要的。

1. 希望重塑

• 根據 Yalom（1975, 1985, 2005）指出，幫助當事人的關鍵因素之一為團體領導者相信他們的工作是有價值的，以及團體的力量。希望的重塑和維持不管在哪種精神治療中都是關鍵的。不僅僅希望將當事人留在治療中因此其他療效因子得以生效，而且在一個治療模式中信念本身就是有療效的（Yalom, 2005, p.4）。鼓勵積極改變的團體領導者從一開始就會設定一個充滿希望的氛圍，在成員和他人內心，如同見證者一般跟著他們共同成長。希望重塑被視為基礎，且為任何治療嘗試的核心（Donigan & Malnati,

2006）。

- **案例**：確保治療有效可能表現在團體領導者如何和他人互動、設定基本規則以及強化過程。

2. 普遍性

- 我們已經論及了覺得自己並非獨自一人處理問題的重要性。「普遍性的概念——人並非與世隔絕、孤立無援——可能對當事人來說是很強大的領悟」（Reiter, 2008, p.305）。通常當一團體開始進行，成員發現他的問題的共通性；這個發現鼓勵凝聚力、情感宣洩的產生，最終獲得療癒。

- **案例**：領悟自己並非獨自一人、特殊的、或不正常的。大學學生的青年團體曾成功幫助成員認知其他成員也苦於相同問題，如親近感問題和孤獨問題。

3. 傳遞資訊

- 傳遞資訊給團體成員是十分關鍵的。無論是直接或是間接，團體領導者經常和成員分享資訊，這在本質上是療癒的。知識就是力量，而且可導向覺醒並成為改變的原動力，無論是單獨的或是集體的。

38
- **案例**：有關心理健康和問題解決的指示。例如在焦慮團體中，當事人可被教導焦慮如何在生理、心理上影響他們。這資訊之中或資訊本身，就是幫助成員有效學習管理焦慮的原動力。

4. 利他主義

- Yalom（2005）相信「成員互惠地一來一往，不僅僅從接收（接受幫助），並從付出（幫助他人）行為中獲益」（p.13）。接收和付出行為對個別成員來說是很令人滿足的。「身為團體中活躍的成員，他們理解到自己不僅致力於的正向改變，並且幫助許多其他成員」（Reiter, 2008, p.306）。

- **案例**：和他人分享經驗和想法、付出自己以幫助他人、致力於互
  利的好處。在男性團體中，成員樂於幫助他人並且受益於支持他
  人的過程。

5. 早期家庭關係之矯正重演團體

- 治療團體經常在多種面向類似一個家庭。例如：有管理者／家長
  形象、同儕／兄弟姊妹形象、深刻的私人關係、強烈的情感、
  深刻的親密感、以及有時敵對有時又相互競爭的情感（Yalom,
  2005）。既然許多來參加治療的個人原生家庭都有問題，治療團
  體可被視為早期家庭關係之矯正重演團體。

- 在團體領導者的帶領下，個別成員得以藉由重演早期家庭模式，
  「體驗更積極的人際關係的方法，這方法從未在當事人的家庭中
  發生過」（Reiter, 2008, p.306）。理想上來說，一個健全的團體諮
  商師能辨識在團體中各種家庭的重演，並幫助團體成員處理舊情
  緒僵局和未完成的家庭問題（Donigan & Malnati, 2006）。

- **案例**：重演早期家庭衝突並解決它。在持續一週的團體治療經驗
  中，經由和一男一女的協同領導者互動，協同領導者對辨識童年
  未解決議題是有幫助的，團體成員最終能和父母處理議題。

6. 提高社交技巧

- 個人從互動中學習社交的過程。這種社會學習是「一種運作於所
  有治療團體的療效因子，即使技巧的本質被傳授、且過程的明確
  性因團體治療類型不同而大異其趣」（Yalom, 2005, p.16）。藉由
  在團體中學習和練習社交技巧，團體成員最終可以在團體外的日
  常生活中實際運用這些技巧。

- **案例**：在社交環境下和他人互動並學習社交技巧和更多有關自己
  的事。在13-19歲的青少年支持團體，成員能藉由和他人互相地
  直接接觸，在社會化中學習技巧。團體工作處理注意力欠缺過動

症的兒童時，也讓團體領導者直接見證這些他們可以特別關注的社交技巧問題。

7. 行為模仿

- 在團體成員間一個常見的現象為行為模仿。其中一種個人學習社會技巧的方法是藉由觀察並模仿他人在團體環境中的行為。團體治療師和其成員喜歡仿效能對其他成員造成影響的某些行為。當習得的行為是正向的，個人和團體就可能邁向成長。
- **案例**：仿效其他團體成員正向行為。在婦女支持團體中，一個較積極的團員可獲益於觀察其他較有決斷力的成員在團體中的互動。

8. 人際關係學習

- 之前我們提到團體成為社會縮影對成員的價值。團體治療中最重要的療效因子之一為人際關係學習的轉換：將在團體中發生的人際關係應用到團體之外。本質上，當團體成員在團體中展示他們一生當中經常出現的問題行為，團體領導者和其他成員能提供具建設性的意見回饋，這些建議能鼓勵成員著手改變在真實生活中造成適應不良的方式。
- **案例**：透過過去經驗獲得瞭解和更正過去經驗。在成人支持團體中，一位擁有受虐歷史的成員能夠處理早期經驗並理解不是所有關係都是受虐的。

40　9. 團體凝聚力

- 藉由團體，成員和團體領導者同心協力發展「我們性」（we-ness），使他們感到一種心靈相通感（sense of connection）。藉由屬於團體的一部分，個人成員也能感到和團體外的其他人更能心靈相通。當團體凝聚力使成員感到足夠的信任時，會願意讓他人以有意義的方式來瞭解他們。形成凝聚力通常需要時間，因此通

常團體若不到一定的工作階段，凝聚力就不明顯。一般來說，團體越有凝聚力，治療結果就越成功。

• 許多作者指出團體吸引力整體來說與凝聚力有關（Cartwright, 1968; Henry, 1992; Zastrow, 1985）。凝聚力是由成員對彼此的吸引力、團體成員一起從事的活動、或者團體努力的目標而發展（Henry, 1992）。凝聚力也可能形成外部壓力使成員維持在一起。Zastrow（1985）討論成員關係之間的回報和付出成本，他認為這對確定團體吸引力是有幫助的。可能的回報有：友誼、達到個人目標、聲望、享受、情感支持等例子。付出成本可能包括：必須和自己討厭的人在一起、花費時間和努力、接受批評、令人反感的任務、和無趣的聚會。真正的金錢付出也可能是個阻力，特別是當事人有經濟困難時。明確地說，當付出成本過高，則凝聚力有較高的可能性會被限制或無法真正成長，結果可能導致團體解散。

• **案例**：和團體其他成員形成羈絆。在女性亂倫倖存團體，成員間的羈絆可能很強大並且利於自我價值感的改善。

10. 情感宣洩

• 情感宣洩是一種療癒的能力，使個人能夠自由且外向地表達他們的情緒、表現情感。Yalom（2005）總結如下：

情感的公開表現對團體療癒程序來說是重要的；缺之，團體則退化成枯燥乏味的學究式演練……情緒表達的強度是高度相關，並且必須被鼓勵，不是從領導者的視野而是從各個成員的經驗世界來理解。（p.91）

• 除非情感表現伴隨著相關類型的認知學習，否則光是表達情感並不足以構成改變。邏輯上來說，情感宣洩和凝聚力似乎是相關　41

的；當團體成員能夠放開心胸表達他們自己，這反映了可信任的氛圍已經形成，換言之，增進了凝聚力的成長。

- **案例**：體驗並表達感受。在男性團體，學習如何表達受傷和失望的情緒對男性而言很重要，並且對構築凝聚力很有幫助。

11. 存在主義因子

- 存在主義因子和凡人性及個人責任議題有關。基本上，每個人都對他或她自己的行動負有責任，並且在團體中我們鼓勵每個成員對自己的感受和行為擁有主控權。雖然個別成員可能會從團體中的其他成員尋求意見和支持，但這是每個人為了面對生活中的痛苦、和為了在生活中做出改變、變得更好而鋪路。

- **案例**：接受人生的責任──因生命中時有會有與人隔離並孤立的時候，理解自己不過是凡人，並且人的存在是無常的。激勵團體強調選擇和責任的重要性。成員學習到最終他們是唯一能改變他們生活的人。

MacKenzie 的治療範疇

Brabender、Fallon 與 Smolar（2004）在他們的論文《團體治療要素》（*Essentials of Group Therapy*）中，也討論了團體實務中固有的療效因子。許多在此文中敘述的療效因子，都是最初 Yalom 曾發表過的。Yalom 的這些療效因子加上附加因子，MacKenzie 更進一步地編成目錄（1990）；概要請見表2.1。

Corey 的療效因子

G. Corey（2004）曾發現許多他相信是必要的因素，以確定團體將會變得有凝聚力和具生產力。這些因素在團體的運作階段特別重要（我們將會在第三章中詳述）。有些因素在之前就被發現了，並且（或）在

我們討論團體過程時已經提及，這些療效因子包括：信任和接納、同情和關心、親密感、希望、實驗的自由、情感宣洩、認知重建、投入改變、自我揭露、衝突、以及從意見回饋中獲益。

表2.1　MacKenzie 的治療範疇

範疇	元素	目的
支持因素	希望重塑	幫助成員找尋他們擁
	接納	有的心理技巧
	利他主義	
	普遍性	
	凝聚力	
自我發覺因素	自我揭露	包括分享情緒資訊
	情感宣洩	
從他人學習的因素	模仿	提供教育性的焦點
	多樣化學習	
	指導	
	教育	
心理運作動力	人際關係學習	捕捉團體生活的特點
	瞭解自我	

資料來源：摘自 Brabender et al. (2004), p.104; MacKenzie (1990)。

Jacobs、Masson 與 Harvill 的治療原動力

　　Jacobs 等人（2006）舉出團體領導者需考慮的十五項重要動力。這些動力可以是正面或是具治療性質的、中性的、或是負面或不具治療性質的。Jacobs 等人相信在一個成功的團體中，大多數的動力都是正面或是中性的；而在不成功的團體中至少有一個或更多的負面動力存在。

42

1. **目標明確性**：團體領導者和成員都需明確理解團體目標。

2. **目標關聯性**：團體目標須和團體成員的需要和欲望具關聯性。

3. **團體規模**：團體規模需適合目標、每次療程的時間長度、可利用的環境、以及領導者的經驗值。

4. **每次療程的時間長度**：必須有足夠時間讓每位成員能夠表達自己，但不至於太長而導致無聊。

5. **集會的頻率**：目標和團體構成將會決定團體多久需集會一次。

6. **設置的充足**：方便性、隱私、舒適性、以及適當的物理性安排都需慎重考慮。

7. **選擇在一日中的哪個時間集會**：選擇一個對大多數人都方便的時間，是很重要的。

8. **團體領導者的態度**：在團體過程中抱持一種意願和積極信念的正向態度，對於支持氛圍的型塑是很重要的。

9. **封閉或開放團體**：為了決定團體以開放或封閉性方式哪種較為恰當，確定團體的目標和需接受團體服務的人數是很重要的。

10. **自願或非自願性成員**：決定讓成員成為自願性參加或者被指派型參加是必要的。

11. **成員的投入程度**：在發展團體結構和活動時，團體領導者必須評估成員的投入程度。

12. **信任程度**：在大多數的團體，信任程度增加或減少視團體凝聚力的發展而定。團體領導者必須對信任程度的改變保持警戒，並做好準備探索可能相關的原因。

13. **成員對領導者的態度**：一個被視為積極正向的團體領導者是被信任和尊重的，會對團體過程和成功產生極大的影響。當對團體領導者的負面感覺存在時，理解領導者在這個團體動力中可

能的角色是很重要的。

14. **領導者帶領團體的經驗**：無疑地，較老練的團體領導者會較有
自信。具有個體諮商和團體諮商兩方面的經驗是很重要的，如
同擁有不同類型諮商的理論知識一般。

15. **協同領導者相輔相成**：當協同領導者彼此同步時，團體會恰如
其分地順利運作。若團體領導者彼此有衝突的話，較可能會造
成負面氛圍。

促進人際關係

　　人際關係學習對團體工作而言是關鍵的療效因子，並且在我們的實
務中是最有效的。團體提供當事人絕佳的機會在安全且支持的環境中學
習人際關係，這環境在團體之外可能並不存在。當團體凝聚力強時更是 44
如此。

　　在鼓勵當事人在團體內和團體外建立健康的人際關係時，打擊與世
隔絕感會有明顯的幫助。許多成員感到孤單或與世隔絕，團體可提供對
真實世界的必要連結，提供他們希望和鼓勵以克服恐懼感，並願意擔負
適當的風險和他人接觸。

　　團體工作亦使成員能夠培養有效的人際溝通技巧，這些是堅強且健
康的人際關係中必要的元素。溝通無論是口語或非口語的，都是任何團
體的必要組成元件，並極大地影響了治療結果。清楚的溝通模式能在團
體中培養。團體做決策的方法與在團體中如何溝通有密切關聯。一般來
說，成員必須溝通表達他們的想法、信念以及觀點，以在相同目標上達
成共識。特別是團體成員之間的溝通，將決定怎樣的議題會、或哪些議
題不會在團體集會中被採用。個別成員在特定背景設定下如何溝通，會
影響未來的團體集會。在團體中什麼能溝通而什麼不能，也可能影響成

員決定他們願不願意相信某些事能安全地坦白說出，而某些事不能。

為了有效輔導，團體領導者必須擁有健全的溝通技巧。

團體領導

在我們討論團體過程和團體動力學時強調了這個概念：在成功的團體實務中，強大的團體領導技巧是必要的元素。在團體中強大的凝聚力和有效的溝通技巧，與團體領導者是否精通指導團體有密切關係。

一個專業的團體領導者富有技巧能指導團體發展和其成員。為確保團體合為一體且每位成員能達到他們的特定目標，領導者需表現地像機長一般領導大家。雖然成為有效能的團體領導者，精通基本的領導技巧是必要的，但最重要的是團體領導者的人品。

團體領導者的人品

在人群服務的任何領域中，輔導人員的個性和自我，對整體成功和任何治療給予的結果來說都是不可或缺的。身為專業輔導人員，我們通常是幫助當事人最佳的工具。我們和團體成員建立穩固關係的能力，與我們的做人處事直接相關。M. S. Corey 與 G. Corey（2006）同意以下觀點：「領導團體的專業實務和諮商師的做人處事緊緊結合。的確，領導者在團體中與他人建立穩固關係的能力，可能是他擁有的最重要的促成團體過程的工具。」（p.27）

團體領導者是團體中的第一人，因此將他們的個人素質（personal qualities）、價值觀和人生經驗帶到每次的團體集會。此外，當團體領導者示範一個不斷進行的自我意識投入時，他們將此作為團體成員的榜樣。這個榜樣也許是在輔助過程中最強大的面向。因此，認知和對我們自己的人品負責，在我們的工作中是具療效且道德的。

自我意識　雖然自我意識對任何實務工作者都是重要的，但在團體背景下工作時，團體領導者的自我意識甚至是更重要的，這是出於一個簡單的事實：這裡有更多的個人會觸發反轉移作用（countertransference）問題。同樣地，勝任問題對團體領導者來說更是關鍵，這僅僅是因為團體動力的本質，使其更難以隱藏或忽略某人的情感以及自我認知（self-perception）。自我意識如果不被認知，當指導團體時，局面失控（overwhelmed）或不知該往哪個方向進行下去的狀況很常發生，且會傷害領導者和團體過程。對自身的情感、想法、行動，對我們所指導的團體發生的影響保持覺知，對於更瞭解我們自己和個案來說是關鍵的。無論就情感上、專業上、道德上，自我意識在成長進行過程和成功的舞台上都扮演關鍵角色。這些專業人士仍投入於自我檢視，並在團體過程中，對自己扮演的角色負責，他們通常較有效能，且對自己所扮演的領導角色極具熱誠。

價值觀　內省（introspection）的發生通常引起價值觀的認知，它幫助專業人士發現他們可能沒注意到的事。無庸置疑地，我們自身的價值體系會影響團體工作；價值觀影響我們的介入型態、我們使用的技巧和當事人對這些價值觀的反應、甚至我們設定的目標、以及我們為達到這些價值觀所使用的方法。即使在領導者極為放任和非指導性的案例中，他們的無為而治亦反映了他們的價值觀並顯示了他們的為人。

根據 Morales 與 Sheafor（1995），團體領導在團體中的行為受先後關係、當事人價值體系、以及工作者自身的價值體系的影響。各種背景源頭所形成的價值觀背景是由一般社會價值觀、贊助機構的價值觀，以及專業輔導員的價值觀所組成。再者，既然每位成員帶來個人的價值體系，每個團體就是個獨特的成員價值觀薈萃。最後須一提的是，團體領導者的個人價值體系，無論是有意識或無意識的，不但不能幫忙反而會干預治療環境。在下列狀況中領導者的個人價值觀可能被聽探，包括：

46

當團體領導者對討論某些價值乘載（value-laden）的話題感到不快時，他們可能會巧妙逃避話題；或無意識地將自身價值觀加諸團體；或為了那些與自己不同的價值觀陷入一場論辯。由於任一狀況的本質對團體有潛在地壞處，實務工作者必須有自覺並感受敏銳地思考自身的價值觀如何影響他們領導的團體。當團體領導者在他們實務的某些價值乘載方面感到窒礙難行時，我們提倡尋求監督（或）諮詢。

有效能的團體領導者的個人特質　隨著瞭解自己、意識到自身的問題、以及認知到我們的價值觀對工作的影響，文獻另外舉出了對團體領導者有效能的人格特質；關於這些人格特質我們將會在下面部分概述。這些個人特質的持續存在是很重要的。沒有人可以百分之百擁有所有的這些特質。在檢視這些項目時，注意你可以養成的力量、和那些你可以努力著手的限制。

勇氣　有勇氣的領導者向成員演示他們在日常人際關係中的勇氣：他們誠實、在乎他人、能承擔風險、平和且恭敬地面對成員正如成員所需要的，與團體分享他們的感受和直覺，並願意承認他們的不完美。

在場　就情感上來說，「在場」意指為了團體成員而「感同身受」（being there），無論是身體上或情感上。會被他人的痛苦、掙扎、快樂影響的領導者更能在他們的回應中有移情作用和關心。「在場」也要求對在治療時間外的其他議題保持感受和想法。

47　　**願意作為榜樣**　團體領導者應作成員的榜樣。領導者的行為和態度有助於營造一種積極正面的共同努力氛圍。希望以身作則領導的團體領導者，可將諸如「開放的心胸、認真或意圖、他人的接納、尊重價值觀的多樣性、擔負風險的願望等團體規範設為榜樣。行為誠實、合宜、以及適時的自我揭露，可以是作為榜樣的領導方法」（M. S. Corey & G. Corey, 2006, p.29）。

個人力量　藉由推廣一個正向成長和改變力量的概念，團體領導者

的個人力量直接關聯到全團體成員。有自信和能鼓勵他人改變的團體領導者在他們的角色上最具效能。我們這裡提倡的個人力量並非指集權統治或剝削；而是透過誠實、熱忱行為和態度投射，反映能量，感受到自己是活著的。

善意、真誠、和關心　基本的人文素養如真誠和關心是任何型態幫助的基礎。一個有效能的團體領導者展現溫情、關心、支持，並且知道什麼是適當的時機平和地面對成員。在一個正面和肯定的背景下較能形成較強的團隊信任和凝聚力。

相信團體過程　成功的團體領導者相信在團體過程中，扮演一個有益的角色是必要的。當領導者對使用的方式和自己都具有信心時，團體成員就會願意訴說。同樣地，當領導者不相信團體過程，這種感覺傳達到團體就會造成阻礙進步的疑惑感。

熱忱　由領導者散發出來的熱忱是具感染性的，且能營造一個鼓勵團體成員相信團體過程的積極氛圍。當某些領導者是漠不關心甚至是發怒的，這會直接影響成員們如何看待團體。

創造性和有創意　相對於在團體工作中變得封閉和死氣沉沉，有創造性和創意的領導者更易於成功鼓勵團體中的創造力。若總是依照相同的預先計畫辦活動，領導者和團體都無法獲益於新的、新鮮的、創新的點子和處理生活議題的方法。

48

開放心胸　團體領導者對其他人的意見、新點子抱持適當的開放態度，並在團體中培育開放心胸的氛圍。再次強調，團體領導者營造的氛圍影響團體整體的運作。

應對批評的非防禦性處理　團體領導者經常被視為專業形象。因此，他們可能對某些團體成員感到挫敗感，並表現出來。例如：常見的是，在團體中以專業形象和許多當事人一起處理未完成的事情。結果，他們可能將怨氣遷怒於領導者。在此狀況下，有益的處理方式是：領導

者需持續保持客觀，並不對這些投射作反應。屢見不鮮地，領導者必會接受一些合理的批評和負面意見回饋。無論是哪種狀況，非防禦性的回應是最合宜的。一個機靈的領導者能掌握先機，將一誠實、公平有決斷力的意見作為楷模。

意識到自己的文化　為提供對差異性的敏銳感，我們需意識到自己的文化如何影響並相互作用於和自己不同的他者。一個接納差異性的團體領導者，可能對團體較寬容且心胸開放，換言之，他能創造更值得信任的團體氛圍。團體成員間的差異性可能也相當具挑戰性。

願意尋求新體驗　一個心胸開放、願意體驗不同情緒的團體領導者，較能對當事人產生同理心。封閉情感的團體領導者將會非常難以理解當事人、並難以讓當事人願意分享他們的感受。

幽默感　為緩和團體中沉重的氣氛，通常健康且合宜的幽默感是需要的。笑通常是對抗壓力的良藥。幽默幫助我們放鬆並充分享受我們的工作，也能緩和情緒緊張的狀況。

有些學者認為笑是一種「內在慢跑」（internal jogging）的形式，說明笑也提供了精神上的目的。Vergeer（1995）研究笑促成的精神狀態改善；這些包括分泌腦內啡、降低心率和血壓、促進呼吸活動和換氣、並增強免疫力和內分泌作用。

幽默感更讓我們抽離情緒感官，察覺生活中的矛盾。我們可將自己從令人煩惱的事件中抽離出來，並且可能獲得更實用的觀點。

「真實的幽默感可以療癒人心。笑對心靈有益」（M. S. Corey & G. Corey, 2006, p.33）。能夠自我解嘲的團體領導者會助長一種輕鬆且圓融的氣氛。幽默感幫助我們以一個新視角檢視人生。

個人奉獻和投入　對任何有效能的輔導實務工作者來說，奉獻和投入乃必要的組成。全心投入的專業者通常是謙遜的、專注專業領域的動向、參加專業研討會、並會閱讀專業期刊和書籍充實知識。

持久力　為維持團體運作良好，團體領導者必須在生理上和精神上擁有持久力。無法保持高度精力的團體領導者可能會屈服於團體帶來的壓力。由於對領導者在團體中的表現通常有很高要求，所以毅力是必要的。

願意面對自己（自我意識）　最後要介紹的人格特質是「願意面對自己」，如我們在先前章節談到的「自我意識」。簡單地說，自我意識是眾多領導者特質中最重要的，這些領導特質我們已在前段談過（G. Corey, 2004; M. S. Corey & G. Corey, 2006; Gladding, 2004）。

其他在此領域的專家（Gladding, 2004; Kottler, 1994; Osborne, 1982; Yalom, 1995, 2005）都舉出附加的成功領導特質，包括關心的態度和「意向」（intentionality）。領導者的部分意向被認為很重要；一個可以預知團體走向的團體領導者，較能備妥團體的需要。其他基本的輔助特質有彈性、溫情、客觀性、值得信任、誠實、有力量、有耐心、以及觀察敏銳（Cormier & Nurius, 2003; DeLucia-Waack, 1999; Egan, 2002）。

另外的重要領導特質和特徵包括下列元素：與自己他人都能相處融洽；勝任專業形象的角色；對自己的領導能力具有信心；對他人的感受、行動、心情、話語有同理心；保有健康的精神狀態；有強大的計畫和組織技巧；瞭解人類基本的衝突和困境，如罪惡問題、害怕失敗、自我價值、父母、憤怒管理、戀愛關係和死亡；以及願意從經驗中學習避免重蹈覆轍。

50

圖2.2 團體領導技巧

技巧	定義及目的
主動聆聽	專心注意語言和非語言的溝通。決定此溝通方式是否合適，並且言外之意也都清楚地傳遞了。 目的：鼓勵信任，增進案主自我揭露與探索。讓成員們感到自己的話被聆聽，並且增加誤會冰釋的機會。
重述	重述法是指將自己說過的話用別的字辭再闡述一遍，以釐清之前說過那句話的意思。 目的：幫助認清說過的話是否被正確地解讀了，並提供澄清語意的機會。
澄清	包含藉由簡化案主的說明，以強調所要表達的核心訊息；捕捉所要傳達的重要訊息，不論是情緒或認知層面的。 目的：幫助團體領導者與成員解決衝突和困惑的感覺，以導向有意義的理解和溝通。
摘要	重述要點、濃縮、使表達的話更具體化。 目的：為每個溝通小節提供方向、連續性、和具體意義。防止斷斷續續的隻字片語造成表達不清，所以做一個摘要，使要表達的中心思想和強調的重點都能更加清楚明確。
評估	評估行為問題的能力，能適切的處遇和轉介。 目的：能判斷合適的處遇和轉介。
提問	使用開放性的問題來幫助問題的探索，或使案主的情緒能更廣泛地表達。 目的：引出更進一步的討論，蒐集更多的訊息、刺激思考、釐清不夠清楚的語意，促進更深一層的探索，並減少因沒有得到承諾而造成的強烈情緒。

釋義	提供某種假設與某些特定行為、情緒和想法的新參考架構。目的：鼓勵更深層的探索，在審視和理解問題上，提供新的觀點和選擇方案。
面質	使團體成員誠實檢視自己的一種強力溝通方式，有效指出想法、情緒和表達上的不一致處。目的：鼓勵誠實的自我探索，它能提高案主的自我意識，以新的方法探索解決問題的能力。
感覺反映	傳達對情緒內容理解的同理心。目的：確認案主的心聲確實被聽到與理解。孕育更進一步的接觸和介入，並增強自我意識。
支持	藉由仔細地傾聽和心理的呈現，領導者提供了鼓勵和強化。目的：提倡相互信任的團體氛圍，讓正面的影響力強化想要建立或矯正的行為，並提供學習新行為的機會。
強調	在一個充滿關愛與開放的環境可以攫取案主內心的主觀世界。藉由假設相關參考框架，與案主一起辨別其內心的主觀世界為何。目的：在心理諮商的關係上培養信任、同理心，並鼓勵更深一層的自我探索。
促進	通過主動的聆聽和關懷，領導者在團體中打開了清晰而直接的溝通管道，以此鼓勵成員參與其中和培養更多的責任心。目的：促進成員間有效的溝通，鼓勵在團體中更多主動的參與，給予達到成功目標的支持。
發起	藉由引導方向、提出架構和建議團體活動，鼓勵團體更主動的參與。目的：防止疏於團體管理、增快團體的步調、幫助成員找出衝突點，進而解決衝突。透過這些議題的運作，聚焦於達到各自目標的使命。

設定目標	藉由處遇技巧，對成員提出必要的挑戰，促使成員擬定清楚明確、有意義和實際的目標；計劃明確的階段性小目標和團體過程。 目的：提供團體活動的方向，幫助成員設定個人目標。
評價	領導者對個體和團體動力學持續評估。 目的：促進自我意識，對團體過程、團體動力和團體動態有更深一層的瞭解。誠實的評估團體運作，允許思考改變的可能方向是必要的。
反映	基於直接行為觀察上的溝通，誠實地做出反應。 目的：給予各團體成員，關於他人是怎麼看待自己的洞見，以增進自我瞭解。
建議	為成員提供建議和資訊；鼓勵提出修正行為的方向和點子。 目的：藉由提供訊息和適當的建議，培養成員找尋其他替代解決方案的能力和行動。
保護	保護成員免於因為攻擊或衝突，造成不必要的心理和生理上傷害的風險。 目的：把參加團體治療可能碰到的各種風險降至最低。
自我坦白	有技巧地揭露在團體中個人對團體過程／此時此地事件的反應。 目的：當團體領導者適切地自我坦白一些事情，有助於創造團體彼此的信任，成為團體自我坦白的模範，且有助於成員間更深一層的互動。
樹立模範	展示理想的模範行為（如透過團體中的行動表現出誠實、相互尊重、坦白、勇於承擔風險以及決斷力。） 目的：提供團體看見關於理想模範行為的具體典範，鼓勵培養正面的人際關係技巧。

使用緘默	治療過程中有需要時，可暫停語言和非語言上的溝通。目的：適當地使用緘默有助於讓團體成員省思和吸收，幫助凝聚焦點，重新整合強烈的情緒因子，並促進團體之間的互動和工作。
連結	當有適當時機時，將團體主題與特定團體或成員的議題進行連結。目的：促進成員之間的互動，鼓勵他們一起工作。
暫停和阻止	領導者以一種直接、敏銳、且具心理治療專業的態度，進行處遇，阻止團體成員間會導致不良後果的溝通方式。目的：防止團體成員間對彼此不公平也不恰當的相互攻擊，建立起適當的溝通和決斷力的榜樣；增進團體過程的流動。
中止	在適當的時機，將團體主題與個別團體或成員的議題進行連結。目的：幫助成員學習如何因應面臨「喪失」、「失去」、「中止」的議題。在他們離開治療團體並開始面對現實世界的時候，提供一套建議：如何將在治療團體裡學習到的技巧運用到現實生活中會面臨到的問題。使之有效地評估和檢討團體治療的效果，並有助於未來計畫。

資料來源：摘自 Alle-corliss & Alle-Corliss (1999); Brabender et al. (2004); G. Corey (2004); M. S. Corey & G. Corey (2006); Gladding (2004); Jacobs at al. (2006); Kottler (1994); Reiter (2008); Spitz & Spitz (1999)。

　　對團體領導者而言，探索自己具備或缺乏了哪些團體領導的技巧，能幫助團體領導者探索更多的學習機會。　53

　　Brabender 等人（2004）藉由以下五大類別，發表了他們對團體領導的看法：

1. **與成功的治療法有關的方式和態度。**這些態度包括：相信團體治療是一合法且有效的治療法，對任一方法取向抱持樂觀的態度；具同理心與關懷且仍保有自我意識；有能力處理自戀和羞恥，注意到多種不同層級的互動關係，以及管理恐懼和焦慮，這些都是團體領導者可以自我精進的方面。

2. **創造一個治療法的框架。**一個治療法框架提供了能使團體工作充分運行的架構，也使團體領導者能瞭解到外在（會員制、時間、在團體內外不健康的小團體聯盟，以及資訊）和內在（治療師和團體之間）的界線，得以創造一個安全的環境。

3. **認知框架。**「認知框架」鼓勵成員「要持續且定期地整理自己的經驗，並使之能與現今的世界觀協調一致」。這將會幫助找到行為和所歷練經驗的意義，特別是針對自身的行為問題（Brabender et al., 2004, p.117）。最有效的方法就是透過教育、反思、澄清、面質、和釋義。

4. **訂定領導結構。**在團體剛發展時，就應該設定好此團體是屬於單一領導制還是雙領導制。

5. **治療師─自我監督（自我意識察覺）。**這種自我意識幫助治療師瞭解主觀與客觀的反轉移型態十分重要，並與成員一起認定。

在2000年，團體工作專家協會發展出一套「**團體工作的核心競爭力**」，此為培訓團體工作治療師的專業標準。其中明定了兩大類的核心能力：（1）知識背景的目標；（2）專業技巧上的目標。

在考量如何習得團體領導技巧時，人性是很重要的，我們如何認知自己的力量，在成長和改變時仍維持開放和進取，並保有人性化？團體領導力非常關乎於對「人」的付出。

54

不同的團體領導風格及方法

　　有效率的團體領導有助於達到團體及個人目標，並且可以守成。每一個團體都是獨特的，因為每個領導者都會將自己的風格和個性帶進團體裡面，而領導風格絕對會對整個團體的運作有深刻的影響。團體領導者帶進了他們的個性、價值觀、偏見、獨特的技能，理論上他們會傾向偏愛自己領導的團體。這些特質會增強團體凝聚力，以及鼓勵成員的投入，包括了接納、回饋、以及自信。相反地，那些態度比較中立、保持一定距離、專業態度的領導者在達到團體凝聚力上，就比較不那麼成功。最後，創造一個令人信任、公開、且公平的團體環境，對於正向的治療成果有極大的助力。領導者若較獨裁或被動，效果都較不佳。

　　團體的型態和角色大體上依它的目的而定。最近的辯論著眼於團體領導者應如何具積極性、指導性和架構性。Jacobs 等人（2006）相信：「積極的領導風格，對大多數的團體來說都能達到最佳運作。」如「多數團體的成員均需要一些架構、組織和方向」（p.22）。Reiter（2008）贊同此觀點：

> 對團體來說，通常積極一定比消極來得安全，消極的領導風格可能讓團體失焦混亂。積極的團體領導者一開始可採用較多的規範，之後再一一鬆綁這些規範，以及他們在團體治療過程的積極指導態度。要將消極變成積極往往是更困難的。（p. 315）

　　對指導短期團體的領導者來說，具積極性、指導性、注意時間限制、以及能夠臨機應變是非常重要的。

　　另一個關於領導風格的議題是有關使用的方法，「領導導向」與「團體導向」。第一種方法是：團體領導者瞭解成員的需要，以及架構符合需求的團體；後一種方法是：領導者將團體交給成員，讓他們自己決

定方向和內容。無論哪種方法都有助益；這取決於團體領導者的整體素
質和團體本身的組成。

55　　　領導風格有人際導向和內在導向兩種。人際導向的領導者多聚焦
於將團體合為一體、此時此地（here-and-now）、個別成員間的互動、
持續的群體動力、以及阻礙團體領導有效的事物。反之，內在導向的
領導者主要著重於個別成員的需求和擔憂（G. Corey, 2004; Jacobs et al.,
2004;Reiter, 2008）。兩種風格都是有益的，然而，若能取得平衡則最佳。

對差異性的敏銳感以及勝任團體領導

團體實務本質上來說是將許多不同（彼此不同且和團體領導者也不
同）的人聚在一起。瞭解差異性是身為專業輔導人員的先決條件。如
Brill 與 Levine（2000）強調的：

從事人群服務的工作，人文差異性是重要的因子。這不僅僅是個人
和社會作用的決定因素；也影響了人群服務實務的每個面向。只有
社工對人們的差異性觀察敏銳、對成因和影響富有知識、並有認知
與輔導的經驗時，實務才會有效。（p.67）

Alle-Corliss 與 Alle-Corliss（2006）指出：「要成功的幫助具差異性
的案主，不僅僅需要渴望和願意幫忙，並且要對差異本身觀察敏銳。」
（p.132）

信念和態度的意識、知識、與在文獻中提到的技巧（Lum, 2004;
Sue, Arredondo, & McDavis 1992; Sue & Sue, 2003）為勝任輔導與我們不
同案主的關鍵。根據 Pack Brown、Whittington-Clark 與 Parker（1998）
指出，文化勝任的團體領導者將是：（1）能意識到個人的偏見、刻板印

象與歧視。(2)對團體成員十分瞭解。(3)能夠實行對案主的人生經驗而言適合的技巧。

　　以下我們將對這三個領域做簡短介紹。

自我意識的需求

　　希望能有效地輔導不同背景的人群時,培養自我意識是非常重要的元素。所謂的「自知之明」(self-knowledge)要求「自身對基於人種膚色、族群、性別、和其他因素差異性的知覺」具有意識(Lum, 2004, p.5)。M. S. Corey 與 G. Corey(2006)補充說明:「有效能的團體諮商師必須對自身及其案主的文化條件有一定程度的瞭解,並對他們所屬的社會政治系統具有意識」(p.41)。當我們學習欣賞彼此的差異性,並瞭解它如何影響我們對他人的看法時,我們才能學習接受並欣賞他人的不同(Alle-Corliss & Alle-Corliss, 2006)。本質上,輔導人員必須瞭解他們自身的文化,以對擁有其他文化背景的個案能觀察敏銳,並且認知到自身的偏見和種族中心主義信念。

　　DeLicia-Waack 與 Donigan(2004)提倡,為了培養團體領導者勝任多元文化,建議可依循以下的八個基本步驟。

1. 釐清個人的價值觀、信念,以及如何以有建設性的方式看待人們的互動。
2. 意識到團體工作理論取向中的固有價值觀。
3. 學習哪種團體介入方式對特定文化團體最為有效。
4. 確認特定案例中,個人或理論的價值觀、觀點、信念可能和擁有不同背景個案的價值觀相反。
5. 戒除施加個人世界觀於團體成員。
6. 認知因個人或文化價值觀的衝突,而必須指涉個案的情況。
7. 對於處事中可能帶有的偏見,認知到需尋求監督或諮詢。

8. 整理出一份清單，上面列舉與團體工作有關的不同文化和潛在衝突的資訊。

正如 M. S. Corey 與 G. Corey 所言（2006, p.42），團體工作者具有勝任多元差異的信念和態度也非常重要。成功的團體領導者能夠：「認知並理解對其他膚色人種和族群的刻板印象，以及先入為主的觀念」，並且致力於接受和尊重他人的不同。一個心胸開放和接納的氛圍適於輔導不同價值觀導向的案主。同樣地，我們提倡為了保持自我意識，作為團體領導者需不斷地接受諮詢、監督、和持續地吸收新知。

培養穩固的知識基礎

57　　伴隨著有關文化、價值觀的自我意識和知識，與輔導不同文化的個案所帶來的衝突，對團體領導者來說，重要的是盡可能學習將成為他們案主的相關知識。這意味著瞭解壓迫、種族主義、歧視以及刻板印象的群體動力，並意識到機構的限制，其經常阻礙了少數團體取得需要的服務。

此外，稱職的實務工作者致力於瞭解案主的世界觀，知悉他們的歷史 背景、傳統、和價值觀。瞭解少數族群家庭結構、社會階層價值觀、信念、和溝通型態的不同，都是同等重要。培養關於個案知識的穩固根基是團體動力的過程；誠實且願意不斷汲取新知的輔導人員，較可能會成功。「對文化差異團體的知識越深廣，就越可能成為有效能的團體工作者」（G. Corey, 2004, p.43）。

技巧應用

「**技巧應用**」（skill application）一詞意指培養適於所服務案主團體的介入策略和技術。「**技巧應用**」指將提供的服務結合意識和知識。當輔導方法取向和定義的目標與案主的人生經驗與文化價值一致，作用於

多元案主群體的效用就會增強。「因為團體和個人彼此不同，因此以同一技巧應用在所有狀況是荒謬不可行的。因應不同狀況使用不同方法是必要的」（Sue & Sue, 2003, p.45）。舉例來說，可能不適合鼓勵某些案主將他們的行為做成日誌、紀錄、或圖表、或自讀心靈成長書籍、或自行使用認知重組技巧。同樣地，某些案主可能無法接受自我揭露、或一種積極或直接的方法。領導者必須注意瞭解不同的溝通型態，並願意探索替代的方法以幫助他所服務的團體。在團體中，對成員間的差異性觀察敏銳、並予以尊重尤為重要。

Cormier 與 Hackney（2005）和 Sue（2001）都提到了文化勝任並強調其重要性。他們也建議領導者需學習自身的文化背景和相關知識、以及這些背景知識如何影響他們在團體中的工作。學者也建議諮商師應該：

- 願意學習與自身不同的文化。藉由沉浸在其他文化，取得與來自不同文化的人互動的機會。 58
- 保持誠實，並對自身的經驗範疇和可能的限度保持開放的心態。
- 瞭解關於權力、特權、貧窮的議題，以及這些問題會如何影響不同的族群團體。
- 負起責任汲取關於案主的各種文化和差異性的知識。

M. S. Corey 與 G. Corey（2006, p.44）相信：「勝任差異性的團體諮商師持有一廣泛的技巧，他們可以將之運用於具差異性的案主群體。」他們鼓勵領導者應邀請團體成員公開地討論差異性，如：人種和族群。Cardemil 與 Battle（2003）贊成提供成員機會去公開地討論差異性，以強化治療關係和促進更好的治療結果。

協同領導的價值

　　雖然許多團體實務工作者持續地辯論關於協同領導的價值，根據一個調查發現，協同領導仍然利多於弊。支持協同領導的團體實務工作者舉出以下優點：

- 協同領導提供領導者更多支持的來源、回饋以及專業成長的機會。

- 協同領導同儕間的督導較不會破壞保密性，協同領導比較容易理解彼此，因為他們都是同時在一個團體裡做同樣的事，相互傳遞的議題也能夠立即討論。

- 協同領導藉由提供較多參考架構有助於領導者更客觀。

- 協同領導可能會讚美對方，彼此間也可以互補。

- 協同領導過程可以藉由一位新手領導搭配一位資深領導，來幫助訓練那位較沒經驗的新手領導，藉著這方式可以有效地減緩新的領導者領導團體的緊張焦慮感。

59

- 協同領導塑造了對團體成員而言一種最適切的溝通和互動方式，以及給予解決衝突的良藥。有些領導者還可能會故意創造一些衝突發生的模擬情境，讓成員目擊和學習。當領導者示範如何成功地解決衝突情況時，團體成員就學到了一課寶貴的知識。

- 領導者可更容易地做角色扮演、模擬情境、在協同領導者的協助下一起籌劃更多的活動。

- 協同領導能提供成員同時聽到來自兩位領導者的不同回饋意見。因此，團體成員可從兩位心理治療師分享的生活經驗和觀察遠見中獲益，即使兩位領導者的看法不同，也能從互補中獲益。

- 協同領導有助於補強團體背景的不足及架構團體經驗。由於多了一位領導者，實有助於當場面或團體成員失控，需要另一位組長的協助支援或引導時。

- 協同領導有助於減輕領導人員的耗損率，有兩位領導者就能互相幫忙應付令人心神耗費的組員，並可結合應用兩位領導者的經驗。領導者可以並肩一起著手準備和籌劃未來集會。
- 協同領導讓團體能繼續集會，儘管其中一位領導者缺席。
- 協同領導讓兩位領導者能夠相互學習，就像團體成員間的學習一樣。

　　顯而易見地，「為了連結成員、促進成員間互動，以及團體的協調順暢，當協同領導敏銳且和諧地共同合作策劃團體走向時，存在許多的可能性」（M. S. Corey & G. Corey, 2006, p.48）。但儘管協同領導有許多益處，我們必須知道它也有許多限制：

- 協同領導較昂貴且耗時。
- 在非集會時的溝通對兩位領導來說可能是個問題，當兩位領導極少見面且不協調時。
- 兩位領導者可能處不來，雖然他們大致上同意如何指導團體。
- 兩位領導者可能在看待團體過程和從事團體實務上的觀點迥異，分歧的意見可能對團體有不利影響。
- 兩位領導者互不信任或不尊重的互動經常造成團體不好的氛圍。
- 團體成員可能偏愛某位領導者，因此造成衝突和分歧。可能發生兩位領導者暗中較勁和敵對的情形，這會增加團體的壓力。某位領導者和成員組成一陣營，和另一位領導者唱反調，將會導致團體動力方面的嚴重問題。
- 團體成員可能企圖挑撥離間，使兩位領導者互鬥，將附加的壓力加諸團體領導者使其詭計成功。
- 兩位領導者若私交甚篤，可能會不經意地嘗試在團體中解決他們私下交往的問題，或因兩人的關係有嫌隙而變得和團體疏遠或冷眼旁觀。

60

這些短處較常見於當兩位領導者互不尊重也不認同彼此的時候。理想上來說，風格和性格互補的協同領導將會是最佳的。不論協同領導是相似型還是互補型，創造和維持一個有效率的合作關係是最關鍵的。在籌劃團體相關事宜之前就要定期地開會，團體開始進行之後的固定例會一樣重要。

Roller 與 Nelson（1991）提倡透過「五 Cs」的理論來檢視協同領導的兩難。「五 Cs」為：兩位領導間的競爭、反轉移（counter transference）、混淆、卻乏溝通、缺乏一致性。兩位學者特別建議指出，應在團體進行之前或剛組成時，就花點時間先預想一下可能會有的困難點。

尋求諮詢和督導

不間斷的自我意識對所有助人的專業者而言是很重要的。團體實務的複雜性和不斷變化的本質增強了對自我意識的需求。剛開始從事團體工作時，持續的督導是必要的。團體動力學和團體過程的相關議題是需要討論的，就像領導團體的過程中，會浮現關於個性本質問題的顧慮。督導的提供對時程性的實務工作人員而言雖非絕對必要，但保持開放心態尋求諮詢則是絕對推薦的。有時候，即便最資深的人員，也會變得相當陳腐和狹隘，可能需要有人分享曾經如何掙扎努力過來的經驗，以刺激新的想法。特別對獨自一人領導團體，且鮮少有機會接觸其他回饋意見的領導者更是如此。

發展您自己的團體領導風格

61　　每位實務工作者和團體領導者必須發展他們自己的個人風格。這需要整合領導者的個性、經驗、知識、技巧至各自的獨特風格。G. Corey（2004）說道：「瞭解您自己並且發展出一套適合您個性的領導風格」

（p.51）。Alle-Corliss 與 Alle-Corliss（1999）也是如此推薦：

> 藉著多熟悉一些基礎理論將有助於尋找到屬於您心中的那個——或
> 更可能地說，綜合些許不同的理論——來找到那個最適合您的。同
> 樣重要的是，多留心注意理論的取向和治療法，特別是對不同的個
> 案或議題特別奏效的。（p.132）

　　學習廣泛不同的理論觀點有助於引導團體實務，決定哪種治療方式
對某些人來說是最佳的，這對發展個人風格也相當重要。

　　團體領導風格也取決於團體領導者計畫帶領一個短期或是長期的團
體。短期團體節奏快且要求團體領導者必須積極、直接、和注意時間和
限制。擬定一個架構是必須的，並且領導者必須幫助成員釐清個人問題
範圍並設定特定目標。

　　和培養團體領導風格同樣重要的是，需以一個理論基礎為出發點，
此理論和個人自身的價值觀一致，並符合自身的特殊才能和性格。G.
Corey（2004）也同意此觀點：「您培養的理論立場必須接近您的價值
觀、信念和個人特質」（p.51）。Alle-Corliss 與 Alle-Corliss（1999）提出
三個主要範圍，關聯到團體領導者如何培養風格和方法。

> （1）自我意識；您的行事風格和做事方法多少會被您自身的個性和
> 興趣所影響。（2）您的工作背景；您的執行方式多少必須遵照您所
> 工作的機構而定。（3）您的經驗水平；您的經驗一定程度地主宰了
> 您採用何種方法。（p.132）

　　對任何實務工作者或團體領導者來說，附加的訓練、督導、或協助
有時是必要的；尤其是對資歷尚淺的輔導人員來說。我們必須知道，成

為一個健全的團體領導者無法一蹴可幾，而是一個持續進化的過程。表
2.3 為實務工作者提供了如何培養自身輔導風格的導引。

表2.3 培養自身輔導風格的步驟

步驟一：考量您的個人價值觀和對人的看法。

步驟二：檢視團體諮商、心理治療的主要理論，並且決定哪一種（幾
　　　　種）理論最接近您個人的價值觀和信念。

步驟三：深入研究您選擇的理論，並參加可加入的工作小組。這讓您
　　　　有機會在有人督導的環境下，練習使用相關的技巧。

步驟四：當您輔導個案時，開始運用您所學到的，注意需將您的焦點
　　　　放在案主的興趣。

步驟五：當您習慣於您所選擇的理論，仍需保持開放心態，願意採用
　　　　其他可能符合您理論基礎的理論。

步驟六：保持開放心態，學習瞭解和輔導個人和團體的新方法。屆時
　　　　您將變得更能察覺自身的風格。

資料來源：摘自 Alle-Corliss & Alle-Corliss, 1999 (p.133), J. Harrow, M.
　　　　　Nelson-Brambir, & G. Harrow (1996)。

結語

62　　　本章討論團體過程和團體動力學、文中舉出了團體工作治療的面
向、深入探索了團體領導者的面向，並提供了如何培養自身輔導風格的
建議。在第三章，我們將聚焦於如何瞭解團體發展。

3 CHAPTER
認識團體發展

身為有效能的領導者，認識必要的團體動力及發展技巧，正是成為一個成功領導者的根本之道；同樣地，瞭解團體發展也是團體計畫與團體實務不可或缺的。本章我們將從團體計畫開始，詳述團體工作的階段，探索團體初期、中期、運作與結束階段，並提出共同議題與重要事項。

63

團體的階段

有關各團體階段的資訊，文獻記載相當多（Brabender, Fallon, & Smolar, 2004; G. Corey, 2004; M. S. Corey & G. Corey, 2006; Gladding, 2004; Jacobs, Masson, & Harvill, 2006; Yalom, 2005）。雖然對於團體的時期或階段，以及每個階段確實的狀況特性有各種不同觀點，在團體前期、開始、中期與結束卻有一致的共識。表3.1 顯示各作者如何界定團體階段。

一般說來，表中可見各種不同階段模式，對於團體發展的觀點兼具廣度與實用性，包含團體前期、初期、中期／運作與結束期。我們在此將簡要概論團體前期主題，有團體計畫及團體形成，並進一步於

第七章詳述機構中如何成功的執行團體實務，本章的重點將針對團體前期與之後的團體工作階段。

表3.1 團體階段的不同觀點

研究者	階段
Jacobs, Masson, & Harvill	開始、運作、結束
Tuckman	形成、衝撞、規範、完成
Donigan & Malnati	定位、衝突與對抗、凝聚、運作、終止
Brabender, Fallon, & Smolar	團體形成、權威與權力議題、親密、爭議處理、終止
G. Corey; M. S. Corey & G. Corey	團體形成、團體初始期、過渡期、運作期、最終期

團體前期

團體計畫與團體形成

64　　團體計畫是一個有效率團體的根本，Toseland 與 Rivas（2009）指出「團體工作的計畫模式」七步驟，提供了團體發展從開始至結束的架構：

　　1. 建立團體目的。

　　2. 決定團體潛在的贊助與成員。

　　3. 招募／吸引團體成員。

　　4. 團體組成：團體形成。

65　　5. 邀請成員進入團體。

　　6. 契約。

　　7. 團體環境預備。

團體開始階段

　　第一次聚會顯示團體的開始，在「定位及探索」階段，成員「決定團體架構、逐漸瞭解發現成員的期待」（G. Corey, 2004, p.90）。第一階段的主要任務之一是「包容與認同」，藉此，團體成員得以努力找尋自己在團體中的定位，並且決定自己的參與程度。Tuckman（1965）指出：第一個「形成」階段的重點在於幫助成員覺得自己是團體的一部分，並且發展出信任與包容。Yalom（2005）視這種「初始期」為定位的一部分。下列為第一階段時領導者應該考慮的重要因素。

第一階段應考慮的因素

- 團體開始
- 協助成員認識團體
- 創造正向的氛圍
- 釐清目的
- 說明領導者的角色
- 解釋團體的領導方式
- 協助成員以口語表達期待
- 引導成員在第一階段說話
- 在第一階段運用練習
- 查看團體的舒適度
- 說明團體規則
- 說明團體期限
- 評估成員的互動方式
- 對於多元文化／差異性以及可能出現的團體動力保持敏銳
- 在第一階段中斷成員

- 內容聚焦
- 指出問題
- 使成員相互關注
- 其他第一階段應該注意的事
- 第一階段結束

初始期

66 　　不論團體領導者如何做好萬全的計畫或是成員已經有所預期準備，團體初期聚會經常充滿了興奮與不安，成員們經常會焦慮的觀察別人，並且評估他們自己在團體中分享的舒適度。G. Corey、Schneider-Corey、Callanan 與 Russell（2004）指出「成員們對於能否適應、如何自我揭露、認識陌生人以及在新環境中如何自處等呈現出很明顯的焦慮」（p.70）。Reid（1997）提出他的觀點如下：

　　第一階段開始的特徵是成員表達遲疑、笨拙的停頓、反覆回答先前的問題，很顯然的，成員只專注於自己勝過團體事務，他們跟其他團體成員的連結也相當有限。（p.191）

　　M. S. Corey 與 G. Corey（2006）的觀點有些類似，他們指出剛開始團體成員逐漸互相熟悉並且找到團體運作方式，也是引導團體行為發展表達與規則的時機，理想上可能是促成健全規範的時機。成員們自覺的或不自覺的探索他們參與團體的恐懼與希望，同時，澄清他們的期望，最終假若團體足夠安全與舒適將會讓成員們決心持續下去。

　　我們一致同意 Reiter（2008）所認為「好的開始」是非常重要的，「團體訪談的最初決定了這個聚會如何進行以及後續又將如何持續」，

案主們與其他成員一起認識治療者，並且去判斷在此多重人際狀態要如何安全的自我開放（pp.315-316）。誠如許多學者（G. Corey, 2004; M. S. Corey & G. Corey, 2006; Jacobs et al., 2006; Yalom, 2005）提過，我們主張在最初階段容許成員公開的表達他們的期望，關心的事情，以及焦慮。在這個時期，整體而言，團體領導者應該澄清團體過程中的任何誤解；G. Corey（1996）視這個最初階段「有點像初到外國的前幾日，必須學習新語言及不同的自我表達方式的根本道理」（p.95）。

　　先前文獻已強調過團體初期的引導帶領，領導預備的重要性。我們承認對於團體領導者而言，要緊的是允許成員暫時停留在團體初期，讓他們去經歷必然的笨拙及猶豫遲疑，而不是一味地迫切促成一個每個人都有正向感受的完美氛圍，無論如何那是不可能的。團體初期的基本目的是促使這些共同事項成為日後團體運作的基礎。團體領導者必須有技巧的處理，不只要對團體開始時的典型焦慮有高度靈敏，同時一開始就應該對個別成員的動力與需求有所認知，然後加以整合為共同事項。

　　邏輯上，第一階段通常是最困難的；Jacobs 等人（2006）指出領導者必須「要處理難纏的動力與運作：團體開始，向成員介紹內容要意，並觀察監測成員對於團體開始以及內容的反應」（p.85）。在第一階段必須考慮許多因素：團體如何開始、協助成員熟識彼此、建置一個正向的氛圍、澄清團體的目標、解釋領導者的角色、團體如何被引導走向、檢查成員在團體中的舒適度、評估成員的反應模式、對多元文化／差異觀點具敏感度；此外，多演練、聚焦在重點內容、中斷成員不適當的發言、提出成員的問題、讓成員在團體中互相打招呼以及結束時應考慮是否有其他額外的議題。

團體結構

　　大多數團體初期，成員依賴領導者引導與熟識團體，Reid（1997）

主張團體領導者可以藉著重申先前團體訪談的資訊與回顧團體全面的目標、期望的方式，以協助減輕團體成員的焦慮與提升成員的託付。在最初階段，團體成員很容易顯現焦慮，並且對於團體的期待感到困惑，此時，結構式團體就顯得特別的重要。

68　　當成員覺得有隱密感，就達到團體最主要的功能了（Gladding, 2004, p.260），先前在篩選前會談提及保密，在此時刻也是相當重要；Corey 等人（2004）贊同在團體初次聚會時應強調保密性，也是之後團體聚會的基本規則；Shulman（1999）認為初期數次聚會的結構應該達到下列項目：

- 團體成員互相介紹。
- 以簡潔有力的開場白，說明機構舉辦團體的原因，讓成員提出他們自認為最重要的問題及事項。
- 當成員說出自身需求與機構所提供給他們的處遇觀點之間是否相符合的感受，鼓勵團體成員回饋呼應。
- 釐清團體領導的角色與方法。
- 直接處理團體出現的任何阻礙。
- 鼓勵成員之間互動，這有別於個別成員與團體領導者之間的討論。
- 創造成員間具安全及信任感的支持性環境。
- 支持成員建立一個同時滿足個人與團體需求的嘗試性議程。
- 確認機構及團體成員的共同期待。
- 對於團體如何進行取得共識。
- 提倡成員誠實回饋團體所帶來的效益。

69　　這些事項在團體初期有部分很容易就達到了；然而，有些則需要給成員多點時間建立足夠的信任感，才能說出他們的觀點。團體會隨著初期的開始與結束的特徵而變更，例如，某些團體一開始便致力於公開誠

實的交談，創造一個信任舒適的環境，允許團體快速進入運作期；典型的團體至少會經過幾次的聚會來凝聚與發展出一個運作環境。某些團體從未達到此運作階段，在初期領導者必須要謹慎勿讓團體停留太長的時間，要不然可能會導致無聊、挫折以及提早退出團體。然而，領導者如果太快將團體帶到運作期，也可能導致成員感到挫折、困惑、甚至可能憤怒。

團體結構應該考慮到正向的團體規範（group norms），團體規範是指「一種共同信念，可以使團體有效地建立期望的行為」（M. S. Corey & G. Corey, 2006, p.149）。在團體歷程中早一點建立團體規範，對整體成功影響很大；假若引領團體行為的準則不清楚，團體很容易產生焦慮；倘若明確說明團體規範，成員就能夠更清楚的瞭解自己被期待的事項。同樣地有時會產生含蓄隱諱的規範，假如領導者以自身經驗示範，因為過度寬鬆的團體互動關係，成員們很可能會有誤解。

團體結構與特徵

另一個團體工作初期的重點是團體特徵，第一，團體成員可能有不同類型的反應，有些成員對團體可能表現出猶豫以及模糊不解、不耐煩、遲疑且不參與，或者似乎渴望尋求快速解決問題的方法。團體領導者必須知道如何處理每一種類型的反應，並努力去發展團體的凝聚力。

在團體初期大部分成員或多或少都會經歷某種形式的阻力，成員們可能會躊躇、質疑、或是陷入文化規範強調保守家庭隱私的掙扎。成員經常會抱怨聚會的時間地點或其他不合理的事情，然而這些抱怨可能隱藏著潛在的恐懼與焦慮。「雖然成員對於團體總有些特別的恐懼，分享意味著喪失個人與自主性，以及與他人連結失去隱私」（Brabender et al., 2004, p.145）。一個更能勝任的團體領導者對於這些反應會很敏銳，且幫助成員釐清及討論這些害怕；有時候分享恐懼剛好有助於成員們開

始互相凝聚並且承認他們有類似的懼怕。

隱藏在檯面下的意見經常是團體初期的困擾，某些未被公開討論的議題卻經常影響團體的進行方式。

> 假如不去鼓勵面對這些議題，團體過程會陷入動彈不得的泥沼中，因為封閉的、謹慎的以及防衛的規範會取代開放的規範……低信任度、出現人與人之間的緊張、成員們小心謹慎不願意冒險、領導者比成員更辛苦，並且這種曖昧不明的感覺會使重要的事不具意義。（M. S. Corey & G. Corey, 2006, p.135）

很顯然的，假如團體容許檯面下的意見且未對此提出質疑，最嚴重可能導致團體被解散；為了避免這種情形發生，團體領導者應該持續不懈的評估及發掘潛藏在檯面下的議題。

團體開始時，成員會普遍的談論別人，並且將焦點放在團體以外的人事物，避免自己成為焦點；「初期的內容經常聚焦在團體之外，屬於明顯的外在表現」（Brabender et al., 2004, p.145）。

儘管這是一種正常反應，團體領導者應該小心看待成員的焦慮，持續鼓勵他們去面對自己並且探索自己對他人的反應。假如領導者延遲不去處理，不討論個人的議題可能成為團體的規範。

團體工作初期應同時顧及「此時此刻」及「當場立即」，有人說「成員們會刻意避免面對此時此刻」（Brabender et al., 2004, p.145）。儘管成員可能希望將重點放在團體外的問題，卻被鼓勵將這些重點跟自己的經驗連結；理想上，當成員能夠瞭解他們在團體中的行為可能就像個人生活裡，成員們就能得到最多益處。既然團體成員在團體內的行為正是他們如何在團體外與他人互動的表徵，即是透過團體提供了有價值的人際學習。此時處遇之目的在鼓勵成員去察覺此時此刻的經歷，透過關心他

71

們此刻的想法、感覺、行動，激發成員們承認這些與他們日常生活裡與他人的互動是多麼類似。「成員越是能夠專注於此時此刻，越有機會提升他們日常的人際關係的品質」（M. S. Corey & G. Corey, 2006, p.139）。

團體凝聚力（Group Cohesion）

　　缺乏凝聚力的團體難以有效運作，凝聚力是團體團結一起的黏著劑（Coyle, 1930; Henry, 1992）。有效的團體運作普遍將凝聚力視為不可或缺的一部分，是一種「容許成員有足夠親密感，彼此都能展現自我個體的連結」（Henry, 1992, p.13）。

　　團體對成員的吸引力或歸屬感越大，成員也就越發覺自己的參與是極其重要的，成員也就會更願意「冒險」參加，並且對團體有所貢獻。（Donigan & Malnati, 2006, p.44）

　　凝聚力同時也與「一種對團體歸屬或吸引的感覺」有關（Donigan & Malnati, 2006, p.44）。就某個觀點而言，有凝聚力的團體，其成員會持續留在團體，而且他們也會覺得自己屬於團體，與其他團體成員也能相處融洽。Zastrow（1985）主張凝聚力是「成員留在團體的所有影響變動的總和，當團體正向的吸引力大過於成員受到的任何負面遭遇時，就是凝聚力的存在」（p.21）。這個概念有點類似真實生活中正向大過負向時關係才會持續。例如：因為整體來說是好的，許多人才能夠克服困難維持長期關係。

　　Yalom（2005）將凝聚力看成類似個別治療的關係，亦即是，團體凝聚力是「被視為在個別治療中治療同盟的團體代理人」（Brabender et al., 2004, p.93）。

　　Cartwright（1968）早期曾提過凝聚力，他說發展凝聚力最基本的

72 是「團體吸引力」；他在自己的書中歸納出四個決定團體成員吸引力且相互影響的變項，Alle-Corliss 與 Alle-Corliss（1999）將這些變項摘要如下：

> 1. 需要及聯合，認可與安全。
> 2. 團體的激勵與資源，例如成員的名聲、團體目標、團體方案活動、以及運作方式。
> 3. 成員對於團體利弊影響的個人期待。
> 4. 團體經驗的比較。

其他促進團體凝聚的類似原因有：成員相互吸引，團體成員一起活動，或是朝向目標邁進（Henry, 1992）；Zastrow（2009）談到對成員而言，影響團體吸引力的好處與成本，可能的好處有：友誼、達到個人目標、聲望、樂趣及情感支持；可能的成本有：跟不喜歡的人在一起、時間與努力付出、批評、討厭的差事、以及平淡的集會。當成本太高時，凝聚力就很有限，而且也會危及團體的存續。

團體內部逐漸發展出凝聚力，同時也可能受到團體內外部發生的事件所影響，甚至改變；如果團體有凝聚力，且成員們個人的目標與團體相符合，那麼團體就能更有成效且持續更久。正因為凝聚力對於團體成功不可或缺，很重要的，領導者必須經常評估團體當下的凝聚力，並做必要的調整以增進溝通。Donigan 與 Malnati（2006）相信應該要激發「成員的行為」以產生團體的凝聚力，也就是說，成員應該要積極主動參與分享他們所關心的事情以及表達他們的情感；因此，鼓勵團體領導者介入處遇以促進成員公開討論並與他人自由互動。

創造成員之間，以及成員對領導者的信任

信任是任何成功團體的核心，「不僅只是在初期階段，自始至終，

信任都是一個團體發展的重要因素」（Reid, 1997, p.64）。不論任何團體，早期發展信任可以為未來建立健壯的根基；否則「團體互動將會只是表面的，很少有自我揭露，彼此之間也缺乏建設性的異議，並且團體運作也會處於隱藏情感的不利狀況」（G. Corey, 2004, p.91）。

　　信任感存在標準有二：（1）成員對團體領導者信任，（2）成員之間彼此信任。Long（1996）指出信任與默契的相關：

> 在助人關係裡，信任是一種可以達到預期效果的經驗，它出自默契並且建立於公認的認知信念；特別是個人有權做自己且擁有自己的感受、思想與行動的信念。（p.81）

　　有許多影響團體信任發展的因素，領導者的準備與計畫會顯示出對團體過程的興趣及關注，結構性的團體會減少團體初期共同的焦慮與不確定性；介紹保密協議及說明團體規則、責任、以及期望可以早些創造一個信任的氛圍。鼓勵各不相同的成員互相尊重也能激起信任，正向的領導者會對於各個成員的幸福展露出真誠不做作的關注，同樣也會產生信任；鼓勵成員分享初始的害怕及關心的事也會促進信任；當別人也能互相分享類似的經驗，成員開始覺得他並不孤單。

　　一旦產生了信任感，團體領導者必須繼續尋找維繫信任的方式；若發生允許團體成員插話給建議，而非問題解決的情形，可能會產生不信任與不安。同時，若對其他成員或團體領導者有了負面情感，未能適當的處理，信任感可能會瓦解。Brabender 等人（2004）、G. Corey（2004）以及 Donigan 與 Malnati（2006）一致認為假如能把爭論導向公開的，並以非防衛性方式傾聽負面感受，就更有可能解決。

　　重要的是，務必記住團體裡的信任度是動態；信任度可能隨著團體發展有所改變，成員開始形成親密情誼。然而，團體初期建立一個信任

74　的氛圍，得以為後續團體艱難過渡時期與運作階段建立更信任的環境。

團體目標及個別成員的目標

　　建立信任與默契之後，就如同團體一般，領導者必須轉而聚焦在協助成員確立及釐清目標。根據 Reid（1997）所提出的易管理的目標有下列四點：

1. 集中成員的注意力與行動，提供成員一個他（她）努力方向的願景。
2. 激勵成員的能量與努力。
3. 促進成員的持續度，也就是說能夠努力參與以及持久。
4. 激發成員的行動，遠離漫無目標的行為。（p.198）

　　對某些成員來說，訂定實際可行的目標是一件頗為簡單的事；這些人通常很清楚他們的問題，能夠明確表達他們的期望，並且能訂立達到目標的策略。而且，他們先前曾接受諮商輔導，更熟悉於設定目標的過程；反之，非志願性個案更難建立目標，有些人搞不清楚參加治療的原因，有些人則認為治療是為了與他人和解（如重要他人、學校、職場等）。最初個案總是將目標訂得很空泛、不切實際、且難以衡量，此時領導者必須更積極努力去協助他們形塑具體實際的目標，假如領導者不願意或缺乏能力介入處遇，去釐清確認具體目標，團體可能會徒勞無功且漫無目標。

　　確實可行的目標應包含以下元素：

1. 目標必須訂定明確期限以及具體成果。
2. 團體期限必須兼具實際可行且可達成的。
3. 團體目標應是可衡量及驗證的，容許成員（與領導者）能衡量其進步。

4. 案主真正擁有自己的目標，並非他人（包含團體領導者）所迫。

　　當案主全心投入治療過程，成功的可能性就更大一些；同樣的，團　75
體領導者應該謹慎勿製造出一個完全目標導向的團體，其緊繃與死板將
會讓團體的美好與自由經驗盡失。DeShazer（1991）確認可行的目標有
七項特質，有些觀點先前提過：目標應該小而非大，對案主是顯著的，
具體說明，具體行為方式，以及在案主實際生活環境可以達成的。此
外，目標應該「被視為案主能夠瞭解目標用來解決生活困難，被視為
『某種開始而不是某種結束』，以及包含新的行為而不只是停止或中斷現
有的行為」（p.112）。

　　除了具體可行之外，也必須將目標排定優先順序；團體成員經常
會提出不只一個議題，當他們要同時處理太多目標時，就會很混亂。
Reiter（2008）解釋「案主訂定目標應以強烈程度為基礎，包含那些對
案主而言更重要及更有意義的目標」（p.155）。他深信團體領導者有責
任協助成員決定哪些是第一優先、第二及第三目標。當目標很明確且排
定優先順序，成員們更容易見到目標的完成實現。

　　一旦成員確認他們個人的目標，團體領導者需要設立契約以鞏固這
些目標，讓成員更明確，鼓勵成員對他們治療採取負責積極角色，並且
有責任感。再者也可以運用團體練習與家庭作業，不論在團體內外，成
員對於他們的目標都能更努力。

　　同時也應該考慮到團體目標，一般可以分成兩類：團體整體目標與
團體過程目標（M. S. Corey & G. Corey, 2006）。團體整體目標因團體不
同而異，主要建立在團體的目的；例如，就亂倫受害者團體而言，目標
在協助成員解決過去的事件，讓他們走向更滿足的生活。

　　團體過程目標適用於大部分的團體，例如，某個男性團體鼓勵成員
們勇於表達他們感受與想法；疼痛管理團體，其成員學習減輕疼痛的技
巧。一般來說，團體過程目標的內容有：

- 保持在此時此刻。
- 互相激勵。
- 健康的冒險。
76
- 給予及獲得回饋。
- 積極傾聽。
- 誠實與明確的回應。
- 願意處理衝突。
- 開放面對處理團體裡所產生的情緒。
- 對於團體的焦點相互意見一致。
- 依據新的洞察而有所領悟。
- 在團體內外演練新的行為。

這些原本就有的過程目標正是信任與接納、促進適度自我揭露、鼓勵健康冒險的產物，既然這些目標是為了整個團體，就應該清楚說明，領導者必須努力確保每個成員瞭解及接受這些目標。

團體中期

當成員重心放在團體目標時，他們就進入了團體運作「中期」，將團體發展階段比喻人生發展時期：初期（兒童期）、中期（青年期）、運作期（中年）、以及最終期（晚年）。Reid（1997）指出：

由於每一個團體成員對於其他成員、工作人員以及團體過程逐漸產生信任感，團體階段進入中期或成年期，很明確的從兒童期典型的嘗試性參與進展到很棒的承諾感。（p.230）

從某個時期進展到另一個時期就是一個過程，雖然通常是從一個時

期導向另一個，但是並不總是順利發展；在中期大部分團體經常發生許多事，因此這個階段常被分成二個時期：「過渡期」與「運作期」。

過渡期（Transition Phase）

很常見的，從團體過渡期到中期，成員們開始致力於更深層的各類事項；此階段特徵有焦慮、建立信任、防衛、抗拒、為控制而掙扎、成員衝突、對抗、挑戰團體領導者、以及出現難相處的團體成員（G. Corey, 2004; M. S. Corey & G. Corey, 2006; Corey, Schneider-Corey, Callanan, & Russell, 2004）。

為了能夠順利成功的進展到之後的團體運作階段，這些事項需要被適當的確認及處理；假如時間不足以認知與處理成員的感受或關切的事項，團體中的真誠開放與信任將可能會降到最小，並且最終可能會抑制了更強烈真實的治療工作。

焦慮與防衛

在這個時期，當你考慮到目前團體成員正準備要鬆懈心防，允許其他成員們看到他們的真面目，焦慮與防衛是預期中的。當我們在不完全確認的狀況下要展開新的冒險，大部分的人都會感到焦慮，這也正是許多團體成員開始新領域的經驗。這個階段焦慮的可能來源有很多，例如，某些人的焦慮來自他們在公開場合如何表現，根據少許的想法，讓別人以不同的觀點看待他們；有些人覺得焦慮單純因為缺乏團體結構或明確的目的、目標或經驗；有些人害怕表現笨拙或不同、或被誤解或孤單感、以及被拒絕。對大部分的個案而言，焦慮時人們的常態反應是防衛與抗拒；面對新環境時焦慮是很平常的，G. Corey（2004）堅決主張焦慮起因於「害怕被批判與誤解，需要更結構化，缺乏明確的團體目標、規範以及被期待行為」（p.98）。團體領導者必須要敏銳與接納，特

別要謹慎小心不過度催促那些較難以自我揭露的案主，根據案主的診斷與他們的危機程度，鼓勵他們揭露可能並不是治療。尊重案主的情緒狀態，同時和緩地鼓勵他們前進，這是件棘手的問題，團體領導者應該不斷的檢視。

抗拒

當團體成員進入中期時常會有高度焦慮，同時也會出現真正的抗拒；防衛性的反應是焦慮的結果，可能被視為某種抗拒的形式。Corey 等人（2004）認為抗拒「是避免我們冒險陷入人際衝突或痛苦情感的行為」（p.181）；正如防衛可以保護我們免於焦慮，抗拒則是團體不可避免的正常過程；因為抗拒經常被誤解，所以我們在此更進一步深入探討。

依據 Brammer（1998）所說，任何治療性處置剛開始時都會遭受到抗拒，這意味著案主「意識或潛意識不願意開始一段助人關係，而且在先前進行的過程中，隱藏性的阻礙會談的目標」（p.52）。Egan（2002）相信案主通常不願意，並且對於必須做些不舒服的改變有矛盾情結。所以抗拒是抑制案主探究個人問題或任何程度痛苦情感的任何行為，確切而言，是一個「案主用來阻擋治療的障礙物」（Meier & Davis, 1993, p.15）。成員並不總是清楚表達抗拒，例如「我不想要繼續深入」；從公開的敵意到被動抗拒行為，各樣的形式都可能出現。如果未能認知或探究抗拒，就可能會阻礙了團體進行。實際上，抗拒經常是導致團體更有成效的重要關鍵；而且，個別成員的防衛可能與其在團體之外的人際關係有關。Ormont（1998）深信抗拒經常與害怕親密有密切連結，會以不同型態呈現，例如衝突、分離、不信任或開玩笑；潛藏在這些行為之下的是害怕「更親近與易受傷的暗示」（Corey et al. 2006, p.181）。

團體領導者應該試著去瞭解抗拒的隱藏原因，Alle-Corliss 與 Alle-

Corliss（2006）舉出抗拒的原因是一種防衛機轉，主要來自於害怕改變、文化因素、權威議題、沮喪，以及非志願性案主。

　　此外在這個過渡期還有一些讓團體成員害怕的經驗，包含：表現得像呆瓜、拒絕、空虛、失控，以及自我揭露。預料中的抗拒有助於讓成員不致變成防衛，關注抗拒的團體領導者將會更有創造性的瞭解並且正視之，以下我們提供一些面對抗拒的有效處置方式。

抗拒處置的重要事項

- 強調發展信任關係的重要性，建立正向的氛圍。
- 表現接納並努力發展尊重，抗拒可能成為有用的目的。
- 公開檢視自己與抗拒有關的議題。
- 抱持希望去探究抗拒的意涵以及其內部動力。
- 直接且具同理心的開放成員表達抗拒。
- 在適當的情況之下運用建設性的面質技巧，即以關心關愛的方式來正視問題，這些方式應是描述性、明確具體以及符合時宜的。
- 承認處理抗拒可能導致正向改變及成長的機會。
- 避免催促自己的議程，並非人人都能接受改變或嚴格規定。抗拒的出現或許是不需要的。
- 視抗拒可能是溝通不良或潛藏沮喪的結果。
- 以彈性、創造性來處理抗拒，不要對抗它。
- 願意去放鬆傾聽案主，可能會讓自己獲得新的洞見與察覺。

（摘自 Alle-Corliss, 1999, p.64）

衝突、控制與面質

　　就像抗拒；衝突也可說是過渡期可能會出現的，此時期權力與控制的掙扎似乎達到最大；團體成員可能公然消極的、批判的、評斷的、或 79

者安靜的觀察團體動力並判斷誰會獲得權力。依據 Yalom（2005）所主張，此時期是成員之間以及與領導者爭取權力的時期，「每一個成員企圖建立他或她所想要的主動權及權力；然後漸漸的出現一個像社群等級的控制階層」（Yalom, 2005, p.314）。雖然權力的爭鬥可能以不同方式顯現，卻顯然存在於每個團體。Yalom（2005）提出「這種權力掙扎是每個團體的一部分」以及「總是會出現，有時候靜止沉默，有時候悶著，有時候全面爆發大災難」（p.314）。團體成員可能變得競爭的、嫉妒以及批判其他團員，而且可能超越責任分界及決策程序，並挑戰團體領導者（G. Corey, 2004; M. S. Corey & G. Corey, 2006）。

與控制密切關聯的議題出現時，最好是予以確認並公開討論，如果忽視這些行為可能產生進一步的問題並且阻撓團體的凝聚力；而且，如同抗拒，控制議題可能是成員在團體外有類似的衝突議題，應該進一步探討。任何團體衝突都是無可避免的，當成員引發衝突時，領導者應秉持開放及意願去處理，衝突是團體發展的重要面向，不應迴避。

衝突是挑戰或面質團體成員必然的結果，然而，因為有負面的意涵，太頻繁過度的衝突會令人害怕、忽視或逃避；儘管如此，為了讓團體更有效能，領導者應優先確認衝突的存在，並努力去探討當下的潛藏動力。

Toseland 與 Rivas（2009）將**任務衝突**（task conflict）及**關係衝突**（relationship conflict）做區隔，任務衝突，又稱為有幫助的與實質的衝突，主要是：

> 成員對於團體運作任務的概念、資訊與事實有異議，關係衝突（又稱為情感的、社會的或是過程的衝突）主要與成員們在團體內外的情感以及人際關係有關。（p.323）

　　任務衝突可說是發展及維護團體凝聚的助力，關係衝突則對團體過程更不利。除了瞭解不同型態的衝突，團體領導者必須覺察某些與有效及無效衝突相關的個人特質。雙贏目標及彈性與有效衝突相關，反之，零和目標及僵化則與衝突擴大有關（Jehn & Chartman, 2000; Wall & Nolan, 1987）。

　　毫無疑問的，團體成員與領導者兩者對待衝突的態度將會決定團體如何看待及處理衝突；Fisher、Ury 與 Patton（1997）建議團體領導者 81 針對四項衝突解決的步驟來教育成員們：

1. 將個人與議題或衝突加以區隔。
2. 重視衝突的利益或屬性勝過團體成員在這個議題上的立場。
3. 決定如何繼續之前提出的各種可能選項。
4. 堅持決策須根據客觀標準而非主觀感受。

　　實務工作者必須慢慢讓團體能夠接納衝突，讓成員瞭解衝突是人際關係自然的一部分，幫助他們學習如何建設性的處理衝突。如此，成員不僅敬佩領導者，也會瞭解比起迴避，經過衝突確實更有療效及有益於心理健康。G. Corey（2004）將衝突處理的重點歸納如下：

　　　衝突的認知、接納與處理方式對於團體進行有關鍵性的影響，假如處理不好，團體可能會倒退而且無法發展至有效的階段；如果以開放與關愛的方式去面對，成員會發現他們的關係禁得起誠實的挑戰。（p.98）

　　在過渡時期，如果成員感到信任、安全，他們也會有勇氣去挑戰與團體領導者的衝突；團體領導者應該能夠區辨挑戰與攻擊之間的差異，並且以非防衛性及肯定的態度去回應。團體成員對領導者正向挑戰的能

力是很重要的一步，可以增強他們自立的能力；當成員能夠大聲說出且
順利被聽見所要表達的意涵，團體即發展到信任的程度；當然這得看團
體領導者如何有效面對權威挑戰，以及控制他們自己的憤怒。如果領導
者自己有很多未處理的憤怒，將會發現很難有效回應；同時領導者必須
考慮到如果傾向以照護與救援來避免衝突，這樣的行動不僅抑止團體發
展而且阻礙塑造有益的衝突解決。

　　在團體過渡期也經常出現面質的情形，若能有技巧的運用面質，將
有助於團體成員克服抗拒及激勵他們繼續進行。文獻可見，將面質視為
釐清、檢視與挑戰行為的力量，可以幫助團體成員克服行為、思想、情
感的扭曲變形（Egan, 2002; Toseland & Spielber, 1982）。

　　Toseland 與 Rivas（2009）發出警告，儘管面質一直以來都是「強
而有力的且情緒的指控」，領導者必須要有堅強的回應以及在進行「直
接、徹底面質」之前願意先瞭解隱藏的情緒（p.116）。他們進一步提出
「雖然面質通常與指出成員的缺點及弱點有關聯，也會被用於協助成員
確認強項與有利條件」。在「具關愛的面質與不適當的面質」之間有所
不同，亦即教導案主有關面質的意涵，以建設性態度挑戰成員彼此與領
導者的適當方式，這些都是領導者的責任。

　　面質不應該是「草率的駁倒他人；以負面的回饋打擊他人然後逃
避；有敵意且針對性地傷害他人；告訴他人他們錯在哪裡；攻擊他人的
正直」（M. S. Corey & G. Corey, 2006, p.188）。更確切來說，具關愛的面
質被視為「建設性的回饋，是一種參與的邀請，假如成員們有意改變，
可以藉此觀看成員的人際風格或生活」（M. S. Corey & G. Corey, 2006,
p.188）。透過具關愛的面質，助人者可以指出成員的思想、情感與行
動的不一致，這種面質必須時機合適，態度真誠，而且必須清楚具體
（Alle-Corliss & Alle-Corliss, 1999, 2006）。

　　團體領導者必須持續評估團體裡的面質形式，努力去瞭解隱藏的意

涵,並試著確保僅使用具關愛的面質;正確使用面質有助於成長並促進改變。

問題行為與難搞的成員

在過渡時期團體成員及領導者常發現某些成員的深層問題;此外,某些問題行為更容易於出現在本時期。從文獻記載與本人自己的團體領導經驗發現,領導者在這個時期會面臨沉默與缺乏參與、情慾、獨斷行為、編故事、質問、勸告、掩蓋問題、敵意行為、依賴、假裝高傲、偏見小氣、社會化、理智,以及情緒化。Jacobs 等人(2006)證實團體成員有不同的類型,包括喋喋不休或饒舌的成員、支配型成員、心煩意亂型成員、拯救型成員、負面成員、抗拒的成員、試圖依賴領導者的成員等類型。我們提供問題行為或案主的處遇建議,請參考表3.2。

表3.2 問題行為/案主

案主類型	建議處遇
饒舌的案主	察覺案主可能有害怕、憤怒、焦慮感,指出其身體語言,以非批判性態度討論自己的反應。
不知所措的案主	忍住自己的不知所措,探索案主不知所措的原因。
非志願性案主	小心不要有愧疚或防衛心,重視案主的責任。
沉默或退縮的案主	察覺可能的沉默目的:自我保護、不瞭解助人互動、文化因素、或受迫。
「是,不過」案主	這類案主很少會滿足,你會發現自己很難跟他們相處;在此時,將責任回歸案主身上,指出行為,案主否認自己需要協助──避免試圖說服案主他們有問題。

83

指責型案主	將責任與焦點回歸案主。
過度依賴的案主	去探索自己助長案主依賴的可能性，以支持態度鼓勵案主獨立與分離。
說教的案主	協助案主瞭解他們的批判會影響人際關係，可能會與他人越疏遠。
	告訴案主注意他們沉溺於說教，已經形成嚴厲的批判，這也顯示有可能合併有嚴厲的父母。
理智的案主	認清理智經常是一種防衛機轉，人們必須將他們內心深處隔絕所產生的，讓案主不再堅持，碰觸內心情感，進一步逐漸鼓勵案主勇於表達他們的情感。
情緒化的案主	這些案主就像理智型的案主也是對內心深處情感的防衛，因此就卡在他們痛苦的泥淖動彈不得。
消極抵制的案主	發覺隱藏的動力，察覺案主的行為如何影響你，分享你的回應但避免行為的批判。

資料來源：摘自 Adapted from Alle-Corliss & Alle-Corliss, 2006; G. Corey, 2004; M. S. Corey & G. Corey, 2006; Corey, Schneider. Adapted from Corey, Callanan, & Russell, 2004; Donigan & Malnati, 2006; Jacobs et al., 2006; and Yalom (2005)。

轉移與反轉移（Transference and Countertransference）

84　　在過渡時期也會出現轉移與反轉移的議題，轉移是一種潛意識的過程，「案主藉以將他們生命中重要他人的情感或態度投射在治療者身上」（M. Corey & G. Corey, 2003, p.143）。轉移經常引發的情感範圍有愛、慾望、諂媚奉承，以及關於憤怒、矛盾、仇恨、與依賴。

轉移 在每種關係中普遍存在某種程度的**轉移**，然而，情感如此強烈巨大，以致失去客觀，案主開始將治療者或團體領導者視為他或他人生中的重要他人（Cormier & Cormier, 1998, p.49）。轉移可能是正向的，負面的，或中立的；再者，它可能是容易辨認的或詭譎難以捉摸的，而且難以確認。團體裡有可能同時存有多種轉移，使得辨認更加複雜。「成員不只投射到團體領導者，可能也投射到其他成員」（M. S. Corey & G. Corey, 2006, p.211）。如果不能適當的處理轉移，很可能嚴重妨礙助人過程，團體領導者應該更聰明地去辨識轉移的徵象，然後決定有什麼該和案主討論，以及討論到什麼程度。團體領導者應持續評估轉移是否繼續存在著，是哪種類型的轉移，然後進一步衡量探討轉移的利弊。對於轉移的探索取決於這麼做對團體的益處有多大及其目標。少數實務機構及一些心理教育團體，其團體領導者可能更能察覺轉移；另外有些治療性團體，可能需要深入討論與面對。總之，「注意案主的感受可以讓領導者瞭解案主在他們的社會階層裡如何與他人互動」（Alle-Corless & Alle-Corless, 1999, p.59）。

反轉移 **反轉移**被界定為助人者對於案主的情感，可想而知任何投射都會妨礙團體過程，團體領導者也應該加以辨識引導，因為許多案主有可能觸發領導者的情感，所以反轉移的可能性很高。當團體領導者認知到團體成員所引發的情感，且努力去瞭解他們，傷害危機會大大減少；然而，當團體領導者忽略或未能察覺反轉移，可能產生更嚴重的問題。

Cormier 與 Cormier（1998）指出未能及早處理「有害的反轉移」，將會危及治療過程；這樣的反轉移很可能是團體領導者（1）漠視對重要領域的探查；（2）聚焦自己的議題勝過案主；（3）利用案主「替代或真正的滿足」；（4）使用「曖昧的暗示」引導案主；（5）未能針對案主有興趣或重要的議題進行處遇；（6）「扮演案主老劇本裡想要他們扮演

85

的角色」（Alle-Corless & Alle-Corless, 1999, p.60）。

團體領導者未能解決衝突以及／或壓抑需求可能嚴重妨礙團體過程以及權力濫用（G. Corey, 2004）。因為團體成員一定會觸動領導者的情感，特別是那些過去或當前的傷口，這種觸動可能會影響案主與工作者的關係，領導者應該小心警惕。在與案主工作過程中還有些常見的議題例如分離、失落、憤怒與自信的處理、或是性的否認等。Chiaferi 與 Griffin（1997）表示：「常見的反應包含贊成、認同案主，對案主有性以及／或浪漫的情感，有可能迴避面質，或是救贖案主的強迫性需求」（p.50）。

當這些反應「是強烈的、反覆持續及具強迫性」時，可能不利於案主以及團體領導者。團體領導者應該學習辨認這些議題以及保持危機意識，並且持續自我察覺。有時候自我察覺就已充分足夠了；但有時候團體領導者可能需要深度處理，尋求其他督導或諮商的協助。例如當領導者直接面對團體，而這種情況可能觸動了難熬的情感與反應；重要的是知道如何以不防衛的方式來反應，並致力於適當的自我反省。

表3.3 從文獻摘錄一般反轉移處置的指導原則：

即使團體過渡時期有這麼多的情況發生，新的團體領導者可能覺得不知所措與害怕，新領導者對於如何掌控問題行為感到茫然，何時該鼓勵成員冒險，如何設限，或者是處理他們自己的反轉移；帶領團體的任何時期都應該樂於接受諮商。

86

過渡時期是個挑戰性階段，並為之後的運作期定位；倘若本階段所有困難都能辨識並且適當處理，團體就能夠平順的繼續進行，否則團體過程將會受到影響，嚴重的話會長期阻礙團體進行。

表3.3　反轉移處置指導方針

- 對於有關案主或自己本身的重要訊息，努力接納自己的感受。
- 切勿評斷或漠視自己的感受。
- 願意適當的運用自己的情感及反應以增強助人過程，坦然檢視自己的反轉移情感以自我省察。
- 假如你自己的情感已經干擾到與案主的工作關係，願意向專業同儕尋求諮詢督導；較客觀的觀點有助於引導你與案主的正確方向，有時候也是必須的，有時候最恰當的行動是轉介。
- 假如持續有強烈的反轉移反應，應該準備接受諮商或治療，假如某些特定的案主或議題一直持續出現，也應該尋求治療。

資料來源：摘自 Adapted from Alle-Corliss & Alle-Corliss, (1999, p.62)。

運作期

　　運作期這個標題顯示，這個時期正是整個團體發展架構的關鍵階段；視為「團體過程的核心，是成員從團體中獲益最大的時期」（Jacobs et al., 2006, p.30）。團體裡的不確定感常會消失，過渡期的不適及焦慮的特質出現，並伴隨衝突及抗拒，這個時期成員應該準備好他們的議題，凝聚力也逐漸增強，團體效益也漸漸提升。Reid（1997）建議成員應該更加願意認同他們的目標與問題，及更坦然承擔改變的責任；成員會更加投入冒險行動與行動導向的行為，並且更誠實的自我揭露。當成員感到團體過程的舒適自在，也能夠更自由地開放自己強烈的情感。「比起之前，成員更願意直接與其他成員對話而不只是跟領導者，而且他們似乎更安心，因此較少擔心其他成員及領導者的期待」（Reid, 1997, p.230）。這個時期因為成員更願意投入，該深度探索的議題是團體規範。

　　凝聚力　本時期典型特點是出現凝聚力所必備的歸屬感、包容與團 87

結。初步試探結束，團體成員及領導者之間更加互相信任。此時團體成員發展他們共有的歷史，透過情感、想法、經驗及自我揭露，他們更瞭解與欣賞彼此，讓團體更有凝聚力。

成員不可能總是一致的，有時候也會發生衝突，偶而也會測試一下彼此的信任感，然而對團體的存在而言，不像開始階段凝聚力很弱，此時已不再是個威脅。家人及互相幫助的感覺顯示團體已經發展到可以處理深度議題的階段。「凝聚力提供團體前進的動力，是團體成功的必要條件；缺乏團體感的團體是片斷的，在成員們防衛的背後是冷漠的，而且他們所做所為無可避免的只停留在表面」（G. Corey, 2004, p.107）。Yalom（2005）主張團體凝聚力允許其他的治療性因素存在，且有助於促進行動導向的行為，包含直接、親密、面質、冒險、以及將內在想法轉為行動。

本時期團體成員逐漸形成共同的議題，並且發展出對團體的歸屬感；例如：成員們更加覺得被瞭解、可愛的、有能力改變、有希望的、也更願意與他人分享及親近。成員們可能將幼年或青少年時期的痛苦經驗揭露出來，而且更能察覺自己的需求、害怕與愛。成員也會表達他們壓抑的情感，且更努力去尋找生命的意義；此時也會注意及更接納成員們的異同。成員們對於過去的錯誤與怠惰感到罪惡感，並且渴望與他人做有意義的連結，以及尋求他們自己的定位。

然而光是凝聚力並不足以讓團體成功運作，有些團體可能會因團體凝聚狀態感到舒適及安全，因而拒絕進一步的挑戰；當成員不再挑戰往前進行，這個團體可能就到達穩定停滯期。團體領導者須負責持續鼓勵成員注意到他們的共通性，並且強調他們之間共同的連結；在這種狀況下，為了避免產生被動或惰性，領導者必須鼓勵成員確實努力邁向目標及挑戰。

邁向目標實現　信任及接納、同理與照顧、希望、自由體驗、協議

改變、親密等都是本時期很重要的共同治療因素，成員們的情緒宣洩或潛在情感表達，以及自我揭露等情形更加普遍，案主們從相互回饋感到被接納而獲益良多，並且很重視這個治療過程。比起稍早階段，此時期更預備好要朝向目標實現了。

有效運作期的特徵　有效的團體運作應該將重點放在目標認定與實現（Corey et al., 2004）；強調此時此刻，成員本身很容易認同的目標及關心的事項。成員們應該學習負起責任去訂定、達成他們的目標，以及讓期望更清楚；他們也更願意在團體之外練習以改變行為，進而實現目標。他們會完成家庭作業而且更願意分享他們在團體外碰到的困難，即便不像團體中其他成員那麼積極活躍，大部分的成員感到包容；在這個時期，團體領導者必須去激勵那些退縮表現冷漠的成員去面對處理他們的問題，成員們認同他們自己有責任去自我成長，假如他們有任何不滿，他們必須積極評估自己的滿意度，致力於必須的改變。

領導責任

團體領導者的主要責任是持續激勵團體成員主動參與，若是有動力的團體就很容易，要不然團體參與度可能就很有限了；遇到這類狀況，領導者必須儘快瞭解評估可能潛藏的原因，以提升團體參與。

團體領導者也應該持續做出與團體過程同步，且不斷的評估個別成員及團體整體的動力，領導者應該選擇前進的方向。依據 M. S. Corey 與 G. Corey（2006）的論點，在此階段某些選擇可以協助形塑團體本身的未來，包含有：公開對匿名、坦率對表面、自發對控制、接納對排斥、凝聚對分裂、負責對責難；我們同意他們的信念：「成員解決這些批判議題的方式將會形塑團體的認同」（p.237）。團體領導者必須察覺，而且開放探討處理每項議題的最佳方式。

倘若缺乏適切的處理，衝突或憤怒出現、再出現，這些難題將可能

困擾團體，團體領導者必須真誠的察覺任何既存的衝突與憤怒，並且努力去面對處理，如此一來，衝突與憤怒可能對團體也是有效益的。

　　角色模式　領導者的角色自然就是案主的模範，他們常要訂定團體討論的主題、感受與待處理的衝突，透過口語及非口語的管道，領導者傳達他們的價值、偏愛以及哪些是可接受及不可接受討論的議題。

　　自我揭露　領導者的風格與自我揭露程度也會影響團體動力，本文所提到的自我揭露是指領導者對團體成員的個人揭露，這樣的揭露可能是自然的口語或非口語的表現，且也許不是故意的。Cormier 與 Hackney（2005）發現四種自我揭露的形式：（1）透露助人者自己的問題；（2）透露真實的助人者角色；（3）透露助人者對案主反應；以及（4）透露助人者對於助人關係的反應。Danish、D'Aguielli 與 Hauer（1980）將自我揭露分成兩種型態：自我專注以及個人的自我揭露。

　　Alle-Corliss 與 Alle-Corliss（1999）認為自我揭露是：

> 自我專注的表達，包含在助人關係期間，助人者對案主的個人反應等訊息的表達……個人自我揭露的訊息與那些努力或助人者當下面臨或過去曾經處理過類似案主的問題有關。（p.45）

　　「自我專注表達是低風險的，反之個人自我揭露訊息」可能較有問題。團體領導者必須對於個人本質的揭露審慎判斷，若過度揭露不但導致逐漸損害團體對領導者的信任，成員也可能在過程中分心。

　　領導者如何適度運用自我揭露，思考原則如下：

1. 決定揭露的目的。
2. 考慮揭露團體是否有益。
3. 決定領導者的私生活分享程度。
4. 假如有些議題顯然需要進一步探索，應負起尋求諮商的責任。

　　總而言之，以自我揭露來協助團體是恰當的，但若因領導者的需求為優先，自我揭露將可能弊多於利。

　　其他的領導功能　最終，領導者必須察覺及準備好去探索團體中的議題，並且促進共識，讓成員們一起努力以追求共同的目標。領導者必須細心專注以強化及進一步發展團體規範，並且持續開放及願意協助成員深刻瞭解其行動。

　　當團體目標達成時，就該做好團體最後階段的準備，即結束過程。

團體結束（最後）階段

　　團體最後、結束或終止階段是用來明確的終止團體，在此階段要鼓勵成員分享他們學習了什麼，向他們說明如何改變，然後如何運用所學；此外成員們準備道別及處理團體結束。Toseland 與 Rivas（2009）提出各種關於團體結束的一般任務：

- 從成員學習。
- 維持與歸納改變的努力。
- 降低團體吸引力、促進個別成員獨立運作。
- 協助成員處理結束的情感。
- 計畫未來。
- 轉介。
- 評估團體的成果。

91

　　雖然沒有特定時間討論團體應該在何時結束，然而「聚會次數越多、過程中更深入個人且更具分享性，結束期就越長」（Jacobs et al., 2006, p.362）；對於結束團體領導者本身也很矛盾，可能會迴避這個議題直到最後幾次聚會；就專業而言這不僅不適當，也可能製造對領導者的敵意且妨礙真正的結束。

回顧與合併彙整

回顧 回顧是團體過程最後結束階段的重要部分，邀請成員進行團體經驗回顧；鼓勵他們討論在團體過程學到什麼、轉折點、喜愛厭惡分享，以及思考方式等。回顧可以作為結束過程的開頭，同時也是有意義的評估工具；同時要求成員們具體明確的分享，以及自由表達心中所想的。至於回顧的方式因團體而異，有些由領導者決定。

> 這項回憶特定時刻的技巧可能讓成員想起團體中的真實衝突事件、親密與溫暖，或是幽默與愉快、痛苦或緊張與焦慮；成員越是能夠以口語表達他們的經驗，就越能回想起真實發生的事情，並更能融合在團體裡，對於所學也能運用的更好。（Corey et al, 2004, p.171）

Brabender 等人（2004）主張藉著回顧成果，團體成員得以為未來做好準備：「有時候回憶重要事件對成員是有幫助的，團體中的一個事件意義很深遠，因為它成功的承擔了一個壓力源」（p.155）。

92 在我們的團體，我們發現回顧過程相當重要，可以幫助成員瞭解他們的力量，對於治療過程也能有正向的觀點，並且賦予認知的意義，在團體結束之後帶走。假如在本時期以簡潔具體方式付出與接受概要回饋，將會特別有益處。我們設計了一張「個人卡」以收集個人的支持及建設性回饋，作為團體具體的紀念物品，每個成員都有一張他或她專屬的卡片，在最後階段在團體裡將卡片傳下去，每個成員及領導者皆在卡片上署名並且寫下正面的情感與希望；這個練習是用來讓團體成員得以帶走一些有用的回饋或支持性意見。當團體結束時，每個成員都能得到一張寫滿正向肯定與希望的卡片；這張卡片可以當成團體過程的提示，增強個人的耐力與潛力。

大部分的團體都有些未完的議題，結束期正是討論許多可能存在卻

未完成議題的絕佳時機；有時候，對於成員甚至是團體，這種討論正是團體最令人懷念的一部分，因為當團體即將結束時，自然的走向分離，領導者必須提醒成員小心表達任何可能存在的未完成議題。

然而不該在最後階段才開始處理煩憂的議題，如此可能會對於某些需要額外支持的成員引發危機。Corey 等人（2004）同意「領導者應該瞭解討論新議題的時機，並小心勿於團體即將結束時鼓勵成員深入討論」。

強化學習效益　回顧團體經驗，成員們要挑戰的是強化學習，對團體成員及領導者而言，這是個重要的歷程，讓成員將其在團體所學推展到外面世界。為確保團體成員完成強化所學的任務，領導者應該早點進行；從一開始領導者就必須告知成員團體終將會結束，及非常具體明確且合理的團體期限；特別是團體快接近終止時，也需要定期提醒；儘管結束本來就很難，如果好好準備我們深信成員將有較好的回應。

在結束期，很重要的是團體成員應該檢視團體對他們的影響，當團體成員有機會以語言表達他們從整個團體經驗所學的，他們就能夠開始放手（團體結束）的過程。領導者應該鼓勵成員盡可能明確具體及開放的敘述他們所學習到的；如此能夠加強他們記住及運用那些被選擇的能力。為了讓這些學習得以持久，領導者必須提供成員架構，幫助他們回顧與吸收。

當團體成功之後，幫助成員確認他們的成長及目標的達成是很令人激勵的；團體領導者會感到精力充沛且滿足於這個過程，很高興有機會幫助成員確認他們的進步；然而若成員未能完成目標或整體來說團體效益不彰，就很難強化成員在團體中所學習到的事物。由於並非每個團體都會成功，領導者對於處理此種情況須有所準備。我們建議應鼓勵成員探索哪些是不成功的以及為什麼，有時候這個過程具有正向效果，讓成員感覺還是有些收穫；事實上，大多數的團體都是成功與困難參雜的。

93

在團體結束時期領導者並非沒有反應，Fortune、Pearlingi 與 Rochelle（1992）以及 Rivas（2009）列出許多團體領導者面對團體結束常有的強烈反應：

- 對案主的成功感到驕傲與成就感。
- 對自己的治療技巧感到驕傲。
- 對治療過程賦予新的意義。
- 對於不能跟案主一起工作感到悲傷、失落感或矛盾。
- 對於案主獨立運作的進步或能力感到懷疑或失望。
- 再次體驗自己的失落。
- 對於治療效益感到安慰、懷疑或罪惡感。

預先計畫 誠如我們所見，通常在最終階段，協助成員思考如何將獲益運用到日常生活，協助的過程最重要的是必須具體清楚且實際可行的。在此重要時刻我們提倡運用預先計畫，此預先計畫包含成員未來將要轉變的目前真實狀況，鼓勵成員運用他們在治療中所學的；因為這個過程有助於堅定成員的成長與學習，是個運用於最終期的好技巧。實質上，在最後結束階段，「領導者協助成員從團體轉向其他社會環境」（Donigan & Malanti, 2006, p.43）。

結束議題

當成員察覺到結束的重要而且可能不願意終止，學習的回顧與強化經常是很震撼的；當成員覺得團體即將結束而感到沮喪灰心，某些人會避免提出新的想法或阻礙任何未了結的問題；當成員瞭解團體即將結束，他們經常開始疏遠團體，傾向迴避檢視他們所學以及對團體之外行為的影響。應該鼓勵成員直接面對他們的失落感，有些成員對於團體的失落可能已經感到悲傷，以致不願意投入；為了預防過早的分離感受，領導者必須提醒成員並且鼓勵成員公開分享失落感。雖然悲哀與憂傷是

很普遍的，重要的是提供成員一個支持性的氛圍，允許他們自由體驗這些情感。

最終階段越接近，某些成員為了避免更深的情感而不願參與，學習處理失落及結束關係是重要的人生課題。

謹慎小心處理隱藏情感對領導者也是一種挑戰，團體的結束可能會引起其他的失落感必須去面對處理；如引發與失落及遺棄連結的議題，領導者應趁此機會協助成員坦然輕鬆面對這些情感。

有些成員沒有結束的困難，他們對團體沒有或只有很少的依附感，單純認為團體的結束是一種目標達成；倘若團體尚有衝突未能適當解決，而團體即將結束，有人會覺得鬆了一口氣；相反的，凝聚力強及存在衝突的團體成員將會發現很難結束團體。無論是哪一種團體，重點必須放在團體即將結束所引起的情感，不論有多痛苦都要探索這些情感，如此將有助於帶給團體適當的結束。

團體最後階段最棘手；面對這個階段，團體領導者及團體成員皆會感到憂慮，「每個人在處理結束、悲傷、失落、分離及孤單等感受時，會因為憂慮進而引發不同的反應方式。團體可能會有極端的反應，從感到悲傷到興奮異常都有可能」（Donigan & Malnati, 2006, p.77）。即使感受與反應有所不同，團體領導者還是該負起責任確定以有效方式來處理結束。若是團體領導者沒有充分處理與結束攸關之既有議題，結果將比預期更困難。某些領導者可能提早結束以規避他們的情感；其他則會無限期的延遲結束。若一個團體是情感上很親密，或有很強的凝聚力，抑或團體成員在過程中很努力的達成個人目標，這些團體在結束階段將會感到特別痛苦。

協同領導者議題與結束　對於如何與何時結束，領導者們必須步調一致；協同領導者必須做好準備並支持領導者不再提出新議題，免得妨礙了團體的終結。此時為確認團體領導者們是否同心合作，下列議題是

95

他們必須一起討論的：

- 他們自己對於分離與結束的感受。
- 關注個別的團體成員。
- 需要從頭到尾分享看法。
- 計畫如何協助個別成員，回顧他們在整個團體過程的成長，並且能夠將學習融入日常生活。
- 如何幫助成員融入過程的想法。

團體經驗的整體評估

不論團體結束階段有多困難，對於成員及領導者提供了一個評估團體效益的機會；雖然評估從治療開始就展開，同時在整體過程持續進行，但是完整的檢驗還是得等到團體結束。就像是回顧，成果評估包括確定治療過程的成果、案主滿意度評估、確認是否成功；成功的成果評估應該要檢視最初的目標，以及目標達成狀況。當治療順利進行，過程令人滿意，案主的力量就會是有效的，他們參與團體的勇氣被讚揚，以及他們持續承諾改變增強。

為瞭解團體成效，進一步檢視未預期結果也是很重要的，特別是當結果令人討厭的；許多對過程不滿意的案主，可能早期就退出治療，他們可能對自己的能力感到不安，或質疑治療的價值，如此一來，這些成員們在未來更可能會逃避求助。

> 評估不完整，目標不明確或不具體，對於助人過程有不切實際的期望，以及助人者與案主的不協調等會導致令人失望及不成功的結果。（Alle-Corliss & Alle-Corliss, 2006, p.120）

不論對於案主或助人者，顯然評估過程並非是愉快的，但對於治

療過程回顧卻會產生新的正向觀點；而且透過評估所獲得的回饋能提供助人者有用的資訊，例如哪些技巧或介入處遇最有效，哪些需要密切審查。在評估過程中，重要的是領導者需以非防衛態度及願意客觀看待每一位成員；結束時，建議領導者應相互並與成員一起討論他們自己的經驗。

協同領導者評估　結束也讓領導者有機會得到協同領導者的回饋，並且強化他們自己的學習；本階段回顧重點在於從團體學習的相似點與差別為何，「最佳實務指導方針」（Best Practice Guildelines）（ASGW，1998）贊同在團體進行中，領導者必須與自己、團體成員、督導、及其他同事合作；每個團體領導者需要花點時間將團體工作做摘要，有助於領導者互相回饋，確認感受與認知。

追蹤　雖然是個鼓勵團體成員維繫治療目標及個人生活運用的不錯方式，正式團體治療計畫之後的追蹤聚會並非強制性。理想上，

> 追蹤聚會可以增強成員維繫改變的承諾，提醒成員從開始治療之後的生活改變，成員可以分享關於維繫改變、試圖將改變推及新情境的困難經驗以及新的生活經歷。（Toseland & Rivas, 2009, p.389）

Gladding（2004）指出「追蹤係使用於團體結束之後與其成員保持聯繫，以及瞭解個人與團體目標進展如何」（p.262）。再者，ASGW「最佳實務指導方針」（1998）提到團體工作者應於團體中止後斟酌狀況再予追蹤，或成員要求提供追蹤時才進行。

對團體領導者與成員二者而言，追蹤有助於評估他們的學習獲益及是否還有其他未竟事項。總結來說，追蹤可以讓團體經驗的效益最大化，並且增強成員繼續實行當初個人與團體的目標（Jacobs, Harvill, & Masson, 2002）。此外，研究發現當成員在團體結束其認知到有後續追蹤計畫，他們更願意持續執行目標（G. Corey, 2001; Gladding, 2004）。

以下是一個十二週的近親性侵害受害者女性支持團體範例，指出如何有效追蹤：

- 建立追蹤程序，可以瞭解團體經驗的長期價值，並列入考慮作為未來團體改善參考。
- 將追蹤聚會列時間表，協助成員從每週例行團體聚會轉變為成員個人自己安排時間，信任新發展的支持網絡。
- 追蹤的額外目的是增強所學及重新給予支持。
- 此外還有評估後問卷量表，要求成員針對以下問題回答「更好」、「更糟」或「相同」：
  - 工作
  - 友誼
  - 家人關係
  - 親密關係
  - 對性的感受
  - 對自身的感受
  - 保護與照顧自己的能力
- 根據許多團體實行追蹤發現，顯然一個良好發展團體透過適當篩選來格式化，以產生有效益的團體經驗；當團體允許案主被一般看待，就能夠大大增強亂倫受害者處遇效果，並且提供治療的必要後續支持。
- 團體追蹤證實許多成員發展出強力支持系統，讓她們堅強有勇氣去面對解決過去近親性侵害事件，克服陳舊的負面型態，建立健康挑戰性的未來目標。成員所獲得最大的分享是「覺得自己不錯且該擁有豐富人生是她們應得的」。

98

結論

　　本章重點在認識團體發展，概述團體前置、開始、中期／運作期，與團體最後階段；與團體各階段有關的重要議題如團體結構、組成、凝聚力、信任、個人與團體目標的建立、焦慮與防衛、衝突、控制與面質、問題行為與難搞的團體成員、轉移與反轉移，以及領導者責任。第四章即要探討團體工作的理論與實務。

4 CHAPTER
團體工作的理論與實務

本章開始探討各種理論觀點，這些理論能作為團體實務工作指南，以及決定某些特定族群的最佳治療模式。我們將探討的理論有分析學派、經驗與關係導向、行動論、以及系統觀點，包括心理動力與阿德勒學派（Adlerian）、個人中心與完形學派（Gestalt）、認知行為與發展學派／生命週期。同時也將討論危機理論，主要強調危機干預及短期治療。在討論主要概念及一般理論策略之後，探討團體適用性，接下來是簡要的團體實例，最後以整合性討論結束。

99

理論定位與觀點

成功的治療不能不瞭解理論與實務之間的關聯，理論是任何治療的基礎，不論是個案工作，聯合婚姻或家族治療；或團體工作。實際上，當前大部分團體工作的基本理論來自個人諮商，之後為團體工作採用。理論定位可以提供團體領導者一個普遍性架構，以瞭解團體動力並且形成特定的治療策略。

Jacobs、Masson 與 Harvill（2006）強調這個假設：

至少應有一門理論觀點作為實務工作知識，否則常會帶領出非常
膚淺的團體；也就是說團體將無法深入互動與分享。假如成員未
能更加投入，缺乏理論基礎的領導者常會感到不知所措。（p.20）

M. S. Corey 與 G. Corey（2006）以比喻的方式來強調理論對於實
務的重要性：

> 帶領團體卻缺乏明確的理論基礎就像開飛機沒有飛行計畫——雖然
> 你可能會抵達，你也很可能精疲力竭。假如你的理論空白，就無法
> 利用理論支持你的介入，你的團體可能無法達到有效階段。（p.8）

理論的必要性在於決定使用哪一種方法，「否則，每個人可能
會『只做他們自己的事』以及毫無理由的個案處遇」（Neukrug, 1994,
p.57）。雖然大部分團體領導者有一個或數個喜愛的理論觀點，我們相
信對當代主要理論應有普遍性瞭解，以決定選擇何種概念技巧最適合
領導者的性格、價值與領導風格。學習不同理論可以協助領導者發展
出他們自己的個人領導風格，Gladding（2004）贊同應注意「多樣化理
論模式可以帶領團體豐富與多元」（p.333）。

我們鼓勵團體領導者保持開放心態探索許多以理論為基礎的各式
助人面貌，不論是透過新理論的學習或是更新，當前的知識基礎，我
們都更能以創新的方式來幫助案主。

團體實務思考：建立基礎

在闡述任何理論之前，應該先認識個案工作核心的一般系統理論
與生物心理學方面的概念，然後從中建立基礎。

系統理論（Systems Theory）

大部分團體實務工作的主要理論基礎為系統理論，試圖將團體解讀為一個互動元素的系統；根據一般系統理論，系統中的互動關係及其次系統，以及系統中部分的改變將會影響整個系統。根本上「一般系統理論重點強調個別互動如何影響整體系統的運作」（Gladding, 2004, p.224）。系統觀點對於瞭解家庭系統與小團體相當有幫助，針對團體而言，系統理論提供團體領導者一個概念化的方式，即如何將團體當成一個系統，以及改變團體中的一部分將會影響其他每個部分。

這個迂迴因果關係的概念說明了與團體中一個成員互動將會影響其他成員，也影響整個團體。Donigan 與 Malnati（2006）相信

> 系統思考的團體治療者相信：只有看到團體成員中某一單獨成員的議題，領導者與整個團體將是短視的……系統思考的領導者不單是看到團體內發生的事件，還要觀察他們的相關性，以及隨後每個次系統引發的仿效反應。（p.3）

以這種一般系統原理來看團體有助於治療計畫及真實團體互動，「系統分組可以促進關係建立，確認問題、評估、介入處遇與結束，以及提供一個概要性架構將互動關係概念化」（Lum, 2004, p.89）。再者，領導者採用系統理論較少強調精神病理學，而更重視案主與環境內其他各種系統互動之影響。

生物心理社會觀點（Biopsychosocial Approach）

提倡運用生物心理社會觀點，強調透過生態學觀點瞭解案主的重要性，考慮到所有社會環境的系統。精神醫師 George Engel（1997）首先提出生物心理社會模式，他批判由醫學主控的生物醫學模式，「在

101

其架構中不容許疾病的社會、心理與行為面向」。Alle-Corliss 與 All-Corliss（2006）指出生物心理社會觀點係：

> 強調人與其身體、社會環境……生態模式同時關注內部與外部因素……評估三個主要領域（生物、心理及社會），並視為一起的一個完整圖像。（pp.104-105）

102　　　Lum（2004）接著分享生態理論「重視人與環境的相互關係，強調兩個實體之間交互的結果，自然導致了改變或修正」（p.90）。

依據 Brooks-Harris（2008, p.233），「生物心理社會模式係心理健康發展的關鍵，受到健康照護機構的社會工作者所擁護，並且針對精神醫師所認為的診斷重新定義」。生物心理社會模式鼓勵個人照顧他們的生理與情緒健康，減少環境中的壓力，同時對預防醫學產生影響。

將此種模式運用於團體工作也很重要，團體領導者將面臨考驗，亦即必須從這三個面向個別評估團體每位成員，並且考慮他們在團體中的角色。生理心理社會觀點「強調研究、診斷（評估）以及個人與其社會環境溝通互動的治療」（Goldstein, 1995, p.1948）。一個近親性侵害受害者團體就是很好的案例，團體成員過去曾經遭受性侵害與性騷擾且深受影響，某些成員可能心理創傷與沮喪，有些可能憤怒與偽裝，還有些成員則可能隔絕自己決定再也不信任。每種反應都從過去影響到現在，內部（生理與心理）與外部（社會）皆有。這些反應正是團體治療應該處理的關鍵問題，在團體過程中，好的團體領導者必須瞭解與每一個成員過去連結的特定問題，領導者如果忽視過去可能會錯過與案主目前功能相關的重要線索。也就是說，案主的過去很可能影響他們如何與團體及他們的社會環境互動，因此必須持續性評估。

一般理論觀點

可供選擇的理論觀點非常豐富，在此我們將著重在那些對於團體實務最有用的理論，為了便於呈現，我們以下列方式加以歸類：

- 分析學派：心理動力與阿德勒治療（Adlerian therapies）。
- 經驗與關係學派：個人中心與完形治療（Gestalt therapies）。
- 行動學派：認知行為治療。
- 系統學派：發展／生命週期治療。
- 其他：危機理論與危機介入。

103

分析學派（Analytic Approaches）

心理動力學派（Psychodynamic Therapeutic Approach）

心理動力學派的基礎是佛洛伊德（Sigmund Freud）的心理分析理論，可追溯到 1800 年代，當時佛洛伊德從臨床實務假設發現身體的問題源自心理，於此之前大部分身體的症狀都被視為器官的問題，截至今日，佛洛伊德這個「心理分析的始祖」，他的論點堪稱人類發展最完整的理論之一，此外他也對於人性本質提出獨特不同的看法，佛洛伊德的方法備受爭議卻影響至今。許多理論家借用佛洛伊德的概念為基礎已發展他們自己的理論觀點，事實上許多關於人性本質的新理論與發展直接來自心理分析理論，心理社會理論以傳統心理分析為根本，人本學派則與心理分析持對立的立場。

基本概念

佛洛伊德強調瞭解行為動力、自我防衛功能、潛意識、性心理發

展階段、過去對現在的影響等重要性（Briiks-Harris, 2008; G. Corey, 2004; Sharf, 2008）；傳統心理分析實務雖然一樣受到許多理論家與實務者尊崇，但耗費成本及時間，對當今案主眾多之趨勢難有助益。然而由心理分析理論發展出來的心理動力學派（psychodynamic approach）卻更能夠快速的與短期治療結合。

心理動力學派主要信念有三：

1. 驅力刺激人類行為。
2. 這些驅力至少有些是潛意識。
3. 更重要的，「我們兒童時期的知覺以及早年發生的事件連同驅力，對我們發展為成人的影響極大」（Alle-Corliss & Alle-Corliss, 1999, p.92）。

Sharf（2008）補充說明**心理動力**：「一般而言，意指情感想法、潛意識動機、或是驅力潛意識影響人們的行為以及用來減輕緊張的防衛機轉」（p.61）。

依據 Neukrug（2002），「心理動力治療的目的係為了協助個人瞭解他或她的早期經驗，這些經驗又如何與個人驅力、當前個人動機等結合在一起」（p.38）。Brooks-Harris（2008）贊成：

人們察覺人際關係的方式可能被過去痛苦經驗所扭曲，心理動力的心理治療目的即是幫助案主面對過去事件，以減少人際扭曲，讓他們更確實的適應人際關係。（p.279）

檢視影響一個人如何與他人互動的關係模式也是心理動力學派固有的，事實上，當案主最重要的事似乎與重複的關係模式有關聯，就可以運用心理動力學派給予直接治療。許多當代心理動力治療強調不

但確認外顯的過去與現在人際關係模式，還有案主與心理治療者的關係（Brooks-Harris, 2008; Loborsky, 1984; Strupp & Binder, 1984）。

常見策略

　　實務工作上發現，不論是個別或團體治療，最大助益在於協助案主將當前重要的事與過去連結；若案主得以瞭解他們現在如何和重要他人互動與過去有關，那麼他們就更進一步成長了。Brooks-Harris（2008）鼓勵治療者靠近傾聽「案主描述他們與重要他人互動的方式及共同期待的議題」（p.279）。Loborsky（1984）推行一種特定的方式稱為核心衝突關係主題（core conflictual relationship theme; CCRT）以說明當前的人際模式，為採用 CCRT 方法，治療者必須更貼近描述許多不同的**關係事件**（relationship episodes）且確認三項不同的組合：

1. **案主的希望**：案主想達成的人際目標或希望是什麼，你想要從　　105
其他人獲得什麼特別的互動？
2. **他人的反應**：從案主願望名單的其他人得到什麼實際或預期反應？
3. **自己的反應**：基於他人的反應，隨後自己的反應（情感的與行為的）又是什麼？

　　心理動力觀點聲稱個人傾向在新關係裡扮演舊的行為模式，參與團體治療會使領導者與成員看見這些反覆的關係模式，並且在團體裡討論。更仔細檢視這些模式後，團體領導者能夠確認每個成員值得進一步探討與介入的人際主題；再者藉著學習更多案主的過去，領導者在計畫治療介入時也能更有前瞻性。Brooks-Harris（2008）從心理動力（Loborsky, 1984; Strupp & Ninder, 1984）以及人際的（Teyber, 2000; Weissman, Markowitz, & Klerman, 2000）觀點，制定了 16 個心理動力的

關鍵策略以進行心理治療；並分成四類：「強調過去」、「潛意識的思考與情感」、「目前的關係」、及「助人者與案主之間的治療關係」；參考表4.1。

表4.1　心理治療之心理動力——人際關係策略

強調過去
- 尊重抗拒
- 探索兒童期經驗
- 面對過去衝突
- 確認依附型態

潛意識思考與情感
- 傾聽敘述
- 鼓勵自由聯盟
- 夢的解析

目前的關係
- 確認關係主題
- 詮釋人際關係
- 修正關係相互影響
- 習慣於人際關係失落或爭論
- 鼓勵新關係

助人者與案主之間的治療關係
- 觀察治療關係
- 傾向主觀反應
- 解決治療關係裡的衝突
- 從結果學習

資料來源：摘自 Brooks-Harris (2008, p.284), Loborsky, 1984; Strupp & Binder, 1984; Teyber, 2000; Weissman, Markowitz, & Klerman, 2000。

　　Erik Erikson（1963）以佛洛伊德某些理念為基礎，擴展自己的理論，他強調兒童期之外的心理社會發展觀點，對心理動力學派有重要貢獻。從原先跟佛洛伊德合作，最後 Erikson 發展出自己的人類發展模式，有關 Erikson 的心理社會理論，稍後我們會在「發展／生命週期治療」（Developmental/Lifespan Therapy）章節，進一步討論。

團體運用

　　雖然運用在個別心理動力治療，剛剛概述的策略及思考運用在團體也會有效；當然領導者必須精通於心理動力理論，且對於潛在難題感到自在；即使對團體諮商者而言，許多心理動力技巧效果有限，某些分析概念有助於瞭解個別團體成員及整個團體兩者的動力運作。

　　誠如我們所見，心理動力學派重點在探索過去以全盤瞭解目前行　106
為，而團體正是理想的地方；因為團體中許多議題與未解決衝突起源於兒童早期經驗，忽略過去的影響可能會限制團體經驗，團體功能可能停在表面層次。然而協助團體成員瞭解他們過去的影響，就更能控制當前的行為。

　　心理動力團體治療者可能也關注潛意識對行為的決定因素，係基於過去經驗。Rutan 與 Stone（2001）、Sharf（2008）、Wolf（1975）以及 Wolf 與 Kutash（1986）建議對於團體治療而言，許多心理動力概念觀點採取驅力—自我的心理學觀點，反之團體治療者傾向抑制性與攻擊驅力，如同他們在團體行為中影響個人的心理過程（Sharf, 2008, p.67）。

　　團體領導者必須確認團體內的自我防衛機轉，經常是因應焦慮的　107
表面涵意；領導者應尊重這些防衛機轉並確認他們如何在團體互動裡發展及產生。G. Corey（2004）發現「以防衛對抗焦慮為團體工作提供有用的架構，成員有機會去面對一些他們自己的防衛策略，以及學習

以不防衛的溝通方式，同時也學到新的回應方式」（p.171）。

　　抗拒也是團體治療中另一個重要的心理動力概念，通常抗拒來自探索過去或參加團體的潛在害怕；Wolf 與 Kutash（1986）指出領導者會遭遇到不同型態的抗拒：「相愛」或先依附領導者再依附其他團體成員；扮演父母角色試圖掌控或引導團體；冷眼旁觀對抗參與；分析別人以逃避內省。Shart（2008）特別指出「所有這類案例，從病人自我心理過程的覺知與應努力面對的議題轉移了注意力」（p.68）。團體治療者必須察覺抗拒是何時與如何產生的，並且知道如何介入。

　　既然轉移與反轉移是心理動力理論之核心，對團體領導者而言，辨識與瞭解他們在團體的表現是很重要的；經驗豐富的團體領導者可以藉著探討團體內某些情感有效處理投射。大多數時候，對領導者或其他成員的投射是很有價值的線索，可能與成員自己生活中未解決的衝突有關，應該好好處理面對。

　　最後，既然團體可能成為成員原生家庭的再造物，重要的應該去瞭解早期經驗並且將成員所表達的情感與過去連結（G. Corey, 2004; Rutan & Stone, 2001; Shart, 2008）。例如，許多成員傾向在團體裡尋找象徵性母親、父親、手足與重要他人，提供更多進一步探索的資料。

　　團體範例：有一個兒童期受虐經驗的成年團體是很好的心理動力團體例子，團體探索成員過去童年創傷且連結到現今運作；並鼓勵成員面對過去情感努力繼續往前進，並且能夠活出更豐富的人生；把目標從受害者轉化為一個生存者，甚至是一個成功者。

108

阿德勒心理學（Adlerian Psychology）

　　阿德勒心理學也以個體心理學聞名，大約 1912 年由阿德勒（Alfred Adler）創立。阿德勒學派諮商是認知的、目標導向的、社會的心

理學，既關心個人思想與知覺，也對個人行為受到他人影響有興趣
（Milliren, Evans, & Newbauer, 2003）。阿德勒也支持心理動力學派，某
些學者認為他是新佛洛伊德（neo-Freudian）；如同佛洛伊德，阿德勒相
信人過去的知覺與早期事件的解釋對他們現況功能有影響。他們的相
同點是兩者中心思想都認為早年經驗（6 歲以前）形成日後的個人人格
（Sharf, 2008, p.112），但阿德勒有別於佛洛伊德的觀點是他主張「精神
官能症起因於個人藉著表現自衛或防衛症狀，得以從生活中必須執行的
任務退縮，以避免自己主觀認為的生活失敗」（G. Corey, 2004, p.177）。
阿德勒認為個人對於早期事件的解釋大部分是有關係的，但不確實發
生。他強調鼓勵每個人精益求精，以達到他或她的最高發展潛力。

基本概念

努力追求完美是阿德勒學派治療的主要概念之一，他著重成長心
理學與佛洛伊德強調不正常人格與病態有很大的不同，阿德勒認為個
人主要係由社會關係所激勵而非性慾，他主張行為是有目的，目標導
向的，而且強烈認為個人有選擇與責任去追求成功成就與完美。

依據 Capuzzi 與 Gross（2003）所說：「個別心理學提倡社會平等，
雖然每個人與生俱來有所差異，但都應互相尊重，這並不是技巧，而
是廣泛的人生哲學」（p.91）。阿德勒注重對人最好的瞭解就是把個人視
為有他們的個人歷史，用他們獨有的方式形塑他們的人格。

Ferguson（1984）強調阿德勒學派有三個最主要原則：（1）目標導
向的行為；（2）人類根本上是社會性的，希望歸屬以及作為平等人類的
價值；（3）個人是不可分割的以及人格的一致性。Milliren 等人（2003）
指出個體心理學的觀點與其他學派相較之下很獨特，以**目的性、社會
興趣、及整體論**信念描述人追求其完整性，朝向自我選擇目標，思考
歸屬感及社會貢獻的人的價值（Capuzzi & Gross, 2003, p.91）。Gladding

（2004）表示阿德勒學派強調社會興趣及目的性的行為以及建立健康生活型態的重要性（p.195）。

阿德勒相信人的本質是努力成長與擴展的，有目標、目的的生活，並對未來有期望。他的人性重點是個人受社會興趣所激勵的哲理，簡單來說，社會興趣是對他人的福利互助與貢獻的能力（Milliren & Clemmer, 2006），Mosak（2000）說明社會興趣觀點有兩部分：

1. 與社會連結並成為整體社會一部分的感覺，需要主動積極興趣以及同理他人。
2. 具有貢獻社會利益的需求及意願。

Gladding（2004）補充說明「社會興趣必須負起他們自己與他人的責任，並且持有正向的心理健康」（p.196）。阿德勒以社會興趣的概念來衡量心理的健康：假如一個人的社會興趣很少，這個人是自我中心，貶損他人，而且缺乏創造性目標（Sharf, 2008, p.117）。阿德勒對於幫助罪犯與反社會族群特別有興趣，顯示他們的社會興趣發展是有問題的（Ansbacher, 1977）。

整體性也是阿德勒學派的重心，阿德勒強調應努力瞭解人的整體性；Day（2004）如此解釋阿德勒的整體性與存在主義核心：「他的整體論是指應該將每個人視為一致性的一個整體，而非部分的總合或是與他人精神架構爭鬥的戰場」。G. Corey（2009）補充說明視個人為一個「社會系統完整的部分」，強調治療焦點「人際互動因素勝過自我因素」（p.179）。

110　　　　阿德勒相信未來目標與過去二者都會影響個體，他不像佛洛伊德那樣強調基因遺傳，而是主張人格發展過程中，兒童時期與家人的相處，在影響每一個人**生活型態**所扮演的重要角色。「**家庭氛圍**」（family atmosphere）的定義是「家庭成員之間的關係氣氛」，反之，「**家族系**

統排列」（family constellation）是指「家庭團體的社會結構，人際關係自我察覺發展的系統」（G. Corey, 2004, p.183）。Day（2004）補充說明「整個心理學的家庭特質會影響每個孩子所建立之生活型態」（p.121）。阿德勒主張這種**生活型態**或**生活方式**是「兒童早期建立的社會脈絡……（而且）作為適應任務與生活挑戰的藍圖」（Frew & Speigler, 2008, p.109）。其實對於阿德勒學派的支持者而言，家庭角色是相當重要的。觀察個人的方法有下列五項相互關聯的任務——自我發展、心靈發展、職業、社會與愛——同時也與他們所追求的生活方式有關聯（Ansbacher & Ansbacher, 1956; Mosak & Maniacci, 1999; Sharf, 2008）。Sharf（2008）舉例說明一個兒童期曾被霸凌，之後成為保險經紀人的生活方式，「勸說與說服他人，亦即提供一種服務去協助那些處於困難失敗的人」。

　　家庭環境：阿德勒相當重視出生**排行分析**（birth order analysis），「將人格特質歸諸於家庭出生順序的分類系統」（Day, 2004, p.121）。Mosak（2005）指出出生順序對於孩子如何與社會關聯以及如何發展他或她的生活方式有很大的影響。基本上，那些共同出生位置的人，例如長子女們，被認為比起家庭其他手足有更多的共同之處。關於出生順序論述很多，通常以五個順序或心理學的位置來描述：長子女們、老二、中間子女、老么與獨生子女（Adler, 1964; Capuzzi & Gross, 2003; G. Corey, 2004; Day, 2008; Dreikurs, 1967; Gladding, 2004; Sweeney, 1998）。雖然出生順序很重要，但在家庭中被認知的角色更加關鍵；G. Corey（2009）強調「出生順序並非決定論的概念，而是增加個人擁有某些特定經驗的可能性。真正的出生順序並不比個人家庭地位的詮釋來得重要」（p.103）。

常見策略

111　　成功治療的核心是情感的角色，阿德勒學派認為這是動力的元素，「缺乏情感，就不可能有強烈的行動」（Dreikurs, 1967b, p.213）。情感是激勵一個人成就目標的必要刺激：

> 情感可以幫助個人「行動」以生活方式與其當前目標一致的方式前進……情感並非用來控制個人，而是個人學習如何運用情感追求目標。（Capuzzi & Gross, 2003, pp.109-111）

「藉著收集家族系統排列的資訊與案主早期記憶……鼓勵案主發展社會興趣以檢視與改變家庭生活方式」（Gladding, 2004, p.197），治療者持續進行評估，阿德勒學派工作目標宗旨在協助案主發展健康、全人的生活方式。治療者與案主一起建立的詮釋及洞見將是行為改變的關鍵。

Robert Dreikurs 在阿德勒死後表示「最有意義的意涵就是將阿德勒學派心理學帶到美國」（G. Corey, 2009, p.98），Dreikurs 確定治療過程的三階段：**瞭解**案主、以有意義的方式**詮釋**案主的行為、**強化社會興趣**，即諮商或治療的適應過程。另外有些學者認為在剛開始時加上**建立關係**的步驟，在治療過程中發展心靈的信任、尊重及融洽一致是相當重要的（Ansbacher & Ansbacher, 1956; Capuzzi & Gross, 2003; Dreikurs, 1967; Milliren, Evans, & Newbauer 2003）。直到現代這四個阿德勒學派治療的主要階段包含：

1. 建立適當的治療關係。
2. 探討影響案主的心理動力（評估）。
3. 鼓勵發展自我瞭解（洞悉目的）。
4. 協助案主做新的選擇（重新定位與再教育）。

Day（2008）將阿德勒學派治療者慣用的技術區分成三類：再組織、行為實驗、以及發展資源。這些技術詳見表4.2。

表4.2　阿德勒學派技巧

再組織：改變慣常的思考方式，以新的正向思考取代之。

疑問：假如能夠立即奇蹟似的完全消除你的症狀，你的生活會有什麼不同？

按鈕：想像按壓一下按鈕，然後回想過去細節，愉快的經驗，同時注意所產生的正向感受；相同的技巧運用在想像不愉快事件與負面情緒的經驗，重複運用這項技巧，讓案主從愉快到不愉快反覆轉換，努力讓案主瞭解他們的內心可以控制他們自己的感覺。

角色扮演：藉著演出不同性格者的痛苦事件，以鼓勵案主從不同的觀點角度重新審視自己的情況。

集思廣益：確認過去思考的錯誤，鼓勵案主集思廣益其他替代想法，然後加以討論。

幽默：鼓勵案主去看生活的輕鬆面，治療者示範如何運用適當的幽默感。

行為：積極主動實驗，鼓勵運用外界的諮商課程。

行動：「似乎」鼓勵案主似乎他們心理已經好過一點了。

任務指派：指派案主家庭作業協助他們執行自己的議題，在社會興趣活動參與更多。

掌握自己：鼓勵案主**掌握**自己習以為常的思考與行動方式，藉著更加察覺顯露這些慣用的思考與行動方式，然後簡化避開。

相反建議：逆向操作的方式，要求案主去增加或加強某些他們希望消除的型態。

補償：要求案主編列自己的優點，與治療者共同發覺運用的方法。

夢想：鼓勵案主以夢想去解決他們所經驗的問題。

面質：意即治療者挑戰案主去思考他們私人的理由，與他們有權力改變自己的行為。

吐嘲案主：治療者指出案主某些特定行為，然後摧毀他們行為的報償。

資料來源：摘自 Capuzzi & Gross (2003); G. Corey (2004, 2009); S. X. Day (2004); S. T. Gladding (2004); and J. Frew & M. D. Speigler (2008)。

團體運用

112 　　對阿德勒學派而言團體治療十分理想，將大多數個人問題視為社會本質；團體提供完美的社會背景，促進團體成員的社會共同歸屬感；藉著參與團體，案主們得以看見許多問題本質是和人與人之間的相處有關，而且他們的行為具有社會意涵。

　　　與個別工作相比較，阿德勒學派團體治療者「認為團體的基本意涵

113 是促進平等及人與人之間的關係」（G. Corey, 2004, p.185）。而且團體領導者充當角色示範，最重要的是強化他們的行動。Sonstegard（1998b, p.184）提出團體領導者重要特質包括：風度、接納、關愛、傾聽、信心、危機處理、角色示範、信任團體治療、自信、幽默感與合作。理想上，團體治療者必須非常清楚他們自己的性格、信念與情感，而且知覺這些特質都是成長的必要條件。

　　　依照 Sonstegard 與 Bitter（2001）的見解，阿德勒學派之團體領導者必須要精通以下事項：促進團體成員參與及互動、提供架構、協助確認目標、實施評估並解釋，及引導團體評估。Sonstegard（1998b）

將阿德勒學派團體領導者四項基本任務摘要如下：（1）建立與維繫團體關係；（2）檢視團體成員之行動及行為的模式與目的；（3）公開個人追求的目標以及支持這些目標的私人理由；（4）再教育以強化社會興趣。表4.3 列出符合這些任務的團體階段。

　　Dinkmeyer 與 Sperry（2000）提出阿德勒學派團體領導者使用教育與創造性之方法來執行這些任務，阿德勒學派常見團體類型包含生活方式團體及目標分析研習會。生活方式團體之成員「建立一個微型生活方式，包括家庭關係、手足比較、早期記憶」（Sharf, 2008, p.141）；領導者之責任是將錯誤的知覺、長處及每個成員的目標予以摘要，一旦完成之後團體可以檢視每個成員的生活方式，並且與個人的信念與目標連結。

表4.3　阿德勒學派團體階段

第一階段：建立與維繫成員的凝聚關係
第二階段：分析與評估（探討個人動力，包含家族系統排列、早期記憶與整合摘要）
第三階段：察覺與洞見
第四階段：重新適應

資料來源：摘自 G. Corey (2004, 2009); M. A. Sonstegard (1998b); M. A. Sonstegard & J. R. Bitter (2001) 。

　　目標分析研習會有些類似，鼓勵成員相互幫助以發展改變之策略與目標，活化他們的社會興趣，以達成有效的人際關係參與。研習會結合文獻探討，主題有社會興趣、生命任務與挑戰、以及鼓勵與勇氣；針對每一個主題練習，可以協助成員改善溝通技巧（Sharf, 2008, p.142）。練習時機通常在第二次或第三次聚會，甚至整個團體過程都可

運用。

Moreno 的心理劇技術也被用在完形治療，阿德勒學派治療者也將其修改運用（Blatner, 2000, 2003）。團體領導者與成員將問題扮演出來，個別成員能夠「在他們之前看見被扮演的問題，然後就能洞察與新的策略以面對他們的問題」（Sharf, 2008, p.142）。

合作努力與主動傾聽的重要性正是阿德勒學派的根本，也是接下來即將討論的個人中心學派的重要論點。

團體範例：阿德勒學派哲理是瞭解孩童與青少年行為的最佳模式，其概念例如社會興趣，錯誤目標，蓄意的行為等對於廣泛的青少年問題相當有用，此外阿德勒學派的概念運用在高危險青少年團體，協助其面對有關於性、課業問題、學習過程、青少年犯罪與藥物濫用等也相當有效益。

經驗與關係學派（Experiential and Relationship-Oriented Approaches）

治療關係之重要性是建立於經驗與關係學派，最著名的觀點是個人中心，也是助人工作的根本。

個人中心學派（Person-Centered Approach）

個人中心學派以人本觀點為基礎，興起於 1940 年代，視為對於心理分析（心理動力）及行為學派二者的反動，需要訓練有素的專家，利用明確的治療技巧與技術，形成案主決定性的改變。人本及存在學派心理治療在 20 世紀嶄露頭角，並且成為繼心理分析與行為主義之後第三勢力而揚名（Brooks-Harris, 2008, p.195）。

基本概念

人本主義觀點不同於心理動力與行為學派二者，它強調正向的助人關係，而且深信此為促進案主行為改變最具有影響力的因素。Alle-Corliss 與 Alle-Corliss（1999）陳述：

> 內在心理動力治療的決定論，及強調精確簡化概念的行為論，此二者皆因源自存在主義與現象學的人本學派興起，而倍受挑戰。（p.94）

Neukrug（2004）補充說明人本學派「強調個人的能量長處與正向觀點，駁斥早期經驗或環境刺激增強決定個人之概念」（p.73）。

人本主義學派也將我們可以選擇創造自己生活方式的概念融入，這個理論強調成長與潛能存在於人類精神，再者他相信每個人有實現的意向；我們每個人都有能力超越目前現況去朝向更滿意及和諧；擁護人本主義觀點的實務工作者應努力瞭解案主主觀現實，並幫助案主自我實現。

非傳統的人本學派觀點的知名支持者包括 Carl Rogers、Rollo May 與 Abraham Maslow（Brooks-Harris, 2008; G. Corey, 2009; Day, 2008; Gladding, 2004; Sharf, 2008）。在 1940 年代，他們有關人類本質與治療之觀點與其他學派意見分歧，引起精神醫學領域革命。直到現今這些學者受到高度尊崇，許多助人專業也極力提倡人本學派，例如運用在教育及治療環境，其特色是以非指導性與樂觀觀點助人。

個人中心治療最初以**非指導性治療**（nondirective therapy）聞名，隨後為**個案中心治療**（client-centered therapy）。實質上，「這個由 Carl Rogers 發展出來的治療學派對個人採取正向看法，相信人們願意成為充分負責的人」（Sharf, 2008, p.87）。此學派深信人類生來就有一些「自

116

我實現傾向」或成長力。Neukrug（2004, p.74）描述這種自我實現傾向意味著「個人有能力超越他們當前現況達到滿意協調的人生」。

常見策略

個人中心實務者對於案主相當有自信，相信「所有人都有內在動機以正向方式成長，並且有能力進行成長過程」（Capuzzi & Gross, 2003, p.160）。由於正向的人性本質觀點，鼓勵案主是助人關係之指導方式與內容的最主要方式。與人有關的正向人性觀點立基於四個重要信念：

1. 人是**可信任的**。
2. 人與生俱來走向**自我實現**與健康。
3. 人具備**內在資源**可以朝積極方向前進。
4. 人會對於他們**獨特察覺的世界**做出回應（現象學世界）。（Capuzzi & Gross, 2003, pp.160-161）

Corey（2009, p.169）提出一個此學派之共同議題，假如適當的情況促進成長，應該信任案主的能力，可以朝積極態度前進，此學派的中心假設主張個體本身有廣大的資源得以自我瞭解與更改他們的自我概念、態度與行為；它相信在積極的氣氛中，這些資源大部分都可以被開發以促進改變過程。

Rogers 提出三項促進成長氛圍的特別情況：

1. **真誠、真實或一致**。當一個助人者是真實可靠的，案主才有可能改變及積極成長。

117
2. **表現接納、照顧，與無條件的積極關心**。當助人者秉持正向積極、非批判的、接納態度對待案主，將會提升案主改變的潛力。

3. **同理性瞭解**。助人者應正確理解情感與案主所經驗之個人意涵，
溝通接納並瞭解案主（Brooks-Harris, 2008; G. Corey, 2009; Day,
2008; Gladding, 2003; Neukrug, 2004; Rogers, 1986; Sharf, 2008）。

　　不像心理動力與阿德勒學派二者，「人本學派的提倡者著重改變過
程中專業者的個人特質，助人者運用非指導性觀點，深信這些特質本
身是案主成長之關鍵」（Neukrug, 2004, p.76）。

　　　個人中心學派治療的目標強調協助案主自我實現，而非解決他或
她的問題；Rogers 認為治療的主要目標係藉著教導案主更多適應技巧，
因應現在或將來的問題，以協助案主的成長過程。更進一步，Rogers
強調一個充分發揮的個體會發展出對於自己或他人極大的接納，而後
成為一個此時此刻更好的決策者（Gladding, 2003, p.201）。

　　　總而言之，個人中心治療之基本目標就是協助案主能夠認同運用
與整合他們自己個人的資源與潛能（Boy & Pine, 1989; Gladding, 2003;
Miller, 1996），方法即協助培養積極的案主－治療者的關係，「包含但
不應該被侷限，主動與被動傾聽、確實反應想法與情感、澄清、摘
要、面質，與一般性或開放性的引導」（Gladding, 2004, p.201）。

團體運用

　　Rogers 是團體動力的信仰者，存在不同種族或國家團體，那些
為個人成長而設計的以及那些為減緩衝突而設計的團體（Sharf, 2008,
p.213）；*Carl Rogers on Encounter Groups*（1970）指出 Rogers 相信個別
團體成員有權力透過團體過程互相幫助，對於每個成員而言，團體領
導者的角色是推動者與同伴。理想上，團體領導者將自己視為團體內
部期待改變的工具，可以引導建立一個治療性環境，以鼓勵團體內真
誠與有意義的互動。如同 Rogers 所言，領導者的角色係推動核心狀態

使個人可以成為更真誠，接納，與相互同理，如此一來領導者的指導性就變得不那麼必要（Sharf, 2008, p.214）。

　　Rogers 相信促進這些個人中心治療的核心狀態，是任何團體成功的根本；因此，領導者必須擁有這些技巧：主動傾聽、接納、瞭解、尊敬、回應、澄清、摘要、分享個人經驗、回答吸引團體中的其他人、給予肯定以及突顯每個成員的自我決定能力。Rogers 相信應該讓團體自然進行，他反對指導團體過程。

　　信任也是個人中心治療學派最先考慮的，發展信任的氛圍被視為一個過程；首先，案主可能覺得困惑，拒絕分享他們個人的議題，害怕被責難。當成員開始透露過去情感，信任就開始產生了；且引領成員開始分享更多的個人情感與經驗。因此團體成員變得更開放，更多個人的揭露，他們彼此互動更頻繁且有意義。此種積極氛圍促進誠實，深入溝通，及更真誠，團體成員之間的情感更積極與親近，最後更容易產生行為改變。然後案主對於他們的問題產生新的想法，變得更能察覺與他人的不協調，以及尋找更有效的方式去面對。

　　Rogers 非常鼓勵自我揭露與自我發展，他減少技巧、技術以及領導方法的掌控（Bozarth & Brodley, 1986）。Boy 與 Pine（1999）強調此觀點：

> 個人中心學派的團體諮商更強調將諮商者視為一個人，而非強調諮商者的知識以及使用特殊技巧及預設流程。它把諮商者的出席視為基本催化劑，以激勵團體參與者進步。（p.150）

　　Rogers 對於促進一個信任與開放的治療氛圍非常清楚，他擔心某 119 些特定的功能與程序會產生不良的結果，包括：

- 鼓勵案主朝向目標但卻陳述不清。
- 利用練習激發某些情緒。
- 在團體內鼓勵與計畫戲劇性的表演。
- 允許成員間相互攻擊與公開敵意。
- 壓迫參與團體練習。
- 頻繁的說明成員的動機與行為。
- 對於團體過程解釋評論。
- 忠告。
- 強調團體工作診斷與評價的重要性。
- 表現情感冷漠與匿名以隱藏專家領導者的角色。

　　僅管 Rogers 對於他的學說與團體工作動力相當有自信，他承認有危機與危險；他擔心積極改變無法持久，且團體若缺乏明確與共享的架構就無法前進；此外他承認某些團體成員曝露於分享深層情感及想法時，可能感覺易受傷害，然後團體就無法持續。他擔憂在團體內培養正向溫暖的人際關係會威脅到團體外的親密關係。雖然有這些擔心，Rogers 還是認為個人中心團體治療的優點遠比潛在危機及缺點更重要（Rogers, 1970; Shart, 2008）。

　　團體範例：一個運用個人中心學派的悲傷支持團體，非常適合以團體提供失去所愛者支持。成員在團體中自由分享他們的感覺，並獲得支持、接納、確認與無條件的正向回應，治療者主要提供支持並協助發展面對失落的因應技巧。

完形治療（Gestalt Therapy）

　　完形治療被認為是一種經驗性的治療，它的重點是探討案主過去所經歷的事件；「治療過程並非僅是討論問題；案主……對所經歷

120

的問題進行內在感受的探討，並將它說出來或演出來」（Sharf, 2008, p.219）。

完形治療起源於1940年代對於心理分析與行為主義的反動（G. Corey, 2004; Gladding, 2004; Sharf, 2008），歸功於 Fritz Perls 創立完形治療，發展出這個過程基礎學派假設個人必須不間斷瞭解他們與環境關係的脈絡（G. Corey, 2009, p.198）。完形治療強調人們如何運作他們的全部；治療者關心全部個體，勝過其行為的總和（Perls, 1969）。Gladding（2004）補充說明完形心理學家相信人類為全部及完整的生命而工作；每個人透過與環境的互動並開始自我察覺，朝向自我實現（p.204）。

基本概念

完形治療以現象學為基礎，所用的方法重視人類經驗並強調案主與治療者的真實經驗（G. Corey, 2009; Sharf, 2008）。完形學派同時也是存在主義的，因為此學派根本概念是人總是在成為、再造與重新發現自己的過程中……它特別關注個人經歷的生活方式，堅稱憑藉人際關係接觸與理解，人有成長與療癒的能力（G. Corey, 2009, p.198）。

此學派注重個人的責任，而且鼓勵案主們帶來的議題既非過去也非將來而是現在。如同個人中心學派，就人的本質觀念，完形治療者強烈認為案主努力追求健康及豐富的生活。Sharf（2008, p.219）指出完形治療的一般目標是自我察覺，察覺他人及環境，然後造成個人的成長與整合；有些特定目標則是強調此時此刻，語言與非語言表達，並著重決策的概念。

對於完形治療者，**現在**的世界非常有意義，Perls（1969）本人創立一個準則來突顯其本質：

現在＝經驗＝察覺＝真實。過去已不存在，將來還沒到，只有現在。（p.14）

Gladdings（2004）評論完形治療並總結要點如下：

121

完形學派強調協助案主解決過去變成融合，目標包括實現心靈成長，它強調個人情感、認知及行為觀點的結合，其主要焦點是接納個人的兩極化。（pp.205-206）

常見策略

在完形治療裡，區分其技術、練習與實驗之差異是重要的。Covin（1997）認為練習是現成的技術，例如幻想制定（enactment of fantasies）、角色扮演與心理劇。這些技巧常被用來引起案主的特定反應，如憤怒或悲傷（Gladding, 2004）。G. Corey（2004）補充說明：「技術屬於練習或程序，通常會用來引發案主的行動或互動；在當下的這些反應通常都不是案主虛構的，且是案主整合過程的一部分」（p.312）。相反的，實驗則是治療師與案主互動之下所產生的。實驗並非事先計畫的，而是自發性的事件，用以邀請案主試驗新的行為。實驗是以現象為基礎，「以成員（們）在當下的狀況加以延伸發展，通常是來自於成員們所經驗到的困境」（G. Corey, 2004, p.312）。

對完形學派治療者而言，**身體覺察**（body awareness）相當重要，深信「心靈與身體兩極的對抗是最容易造成混淆的……[Perls] 認為每一種情緒都有心理的成分」（Day, 2004, p.209; Perls, Hefferline, & Goodman, 1951）。正視身體的徵象是瞭解受壓抑的衝動與壓抑的關鍵。身體覺知即是讓身體自己說話，例如：緊咬下顎、淚眼、緊繃肩膀、手顫抖等都是，它們又說了些什麼？

　　從身體來表達情感是很普遍的，完形學者們鼓勵案主對於他們如何及為什麼這樣做更多瞭解；更進一步來說，情緒也可能存在身體的某處，完形學派治療者經常問他們的案主感覺：「你在怎樣情況感覺你的悲傷、憤怒、恐懼等？探索情緒相連結的身體感受可以調整對情緒的覺察，也比僅僅討論更有效益。例如，你可以想像一下憤怒的經驗，頭部發火與胃痛是不一樣的」（Day, 2004, p.210）。

122

　　誇張（exaggeration）也是與身體覺察有關的練習，要求案主誇大身體症狀直到察覺意義：「我注意到你一直搓你的手，搓手真的很難受，你在怎樣情況會搓手？」（Day, 2004, p.210）。依據 Gladding（2004, p.206）所述，「案主無意間突顯做出的動作或姿勢，使得這些行為的內在意涵變得更加顯而易見。」

　　具有戲劇背景的 Perls，鼓勵使用**實驗策略**（experimentation），Beisser（1970）指出此實驗策略與改變的弔詭理論（paradoxical theory）有關。Day（2004, p.210）補充說明當個人在相同的模式裡卡住，最好應該嘗試新的方式看看感覺如何，可能會提升情感或察覺。

　　角色扮演（role playing）也是治療關係中案主以不同觀點表演出來的一種實驗，其目的是為了處理未竟事務，並將激起情感、發現需求、轉移觀點等分歧予以整合（Day, 2004, p.212）。此外，鼓勵案主運用他們的想像，以不同觀點去演出那些自己向來都轉移或壓抑的情感。

　　角色扮演是完形**夢工作**（Gestalt dream work）之重要特色，Perl（1969）表達夢工作的價值：

> 在完形治療我們不會打斷夢，我們對夢更加有興趣，我們想要把夢帶回生活裡而不是分析及摧毀夢……我們發現我們都需要在夢裡，或者周圍都有夢的環境。存在的困難，人格缺失的一部分，

它們都在這裡。（pp.68-70）

　　基本上，案主詳細表達他們的夢，然後夢的每一個部分都被導向經驗，「此技術即是一種戲劇化的自由連結，案主更能夠探討自己的內在世界」（Gladding, 2004, p.206）。

　　心理劇（psychodrama）是由 J. L. Moreno 發揚光大的重要技巧，完形治療團體的成員透過角色扮演所完成（Day, 2004; Moreno, 1972）。

> 取代獨演方式，團體各成員被指派分配，以指導再扮演方式去演　123
> 出重要個人的過去經驗，被演出其經歷的案主則擔任導演，配合
> 治療者去告知與引導其他角色演出動作與反應。（Day, 204, p.214）

　　而且，有時候案主可以打斷插話及體認其他可行之行為方式，也就是將過去帶到現在（Korb, Gorrell, & Van de Reit, 1989）。

　　排練（rehearsal）實驗是指案主將腦中所想的大聲說出來，通常用來加強覺察，很顯然的當案主溝通感應有阻礙時大多是有效的。藉著大聲說出來，案主

> 變得更能察覺使用他們所預備的意涵，得以增強他們的社會角
> 色；他們也變得更明白如何滿足他人的期待，以及他們想要被
> 贊同、接納、喜歡的程度，想得到怎樣的接納。（G. Corey, 2009,
> p.217）

　　排練對於當案主被期待即將的面質也很有助益。

　　完形治療者早就使用**面質**（confrontation），最早可以追溯到 Perlsian 式的 "boom-boom-boom therapy"，這個技巧在當時非常盛行

（Yontef, 1993）。在這個年代期間，完形治療是劇場，感人的面質，與強烈情感淨化之例證。1960 與 1970 年間，無奇不有的環境非常普遍；此後完形治療模式產生了比較溫和親切、同情與支持的風格。Yontef（1999）指出這種趨向「結合持續性且具同理的面疑，以及清楚且有意義的察覺焦點」（p.10），G. Corey（2009）建議：

> 以案主合作的方式進行面質，特別當他們被邀請檢視其行為、態度與想法；治療者可以鼓勵案主去討論某些特定的不一致，特別是他們的語言及非語言表現分歧。再者，面質不必針對其弱點或負面特質。（p.215）

戲劇化（dramatizing）是另一個體認，帶來先前的痛苦回憶，想起引發焦慮的遭遇，角色扮演某人的雙親，建立兩個自我的對話，注意一個被忽略的姿勢，或者誇大某些姿態；因為某些實驗可能令人不知所措且潛在性情緒上的危險，治療者需要予以敏銳關注（Polster, 1990）。

124

練習

空椅子（empty-chair）技巧是一項普遍且有效的技巧，1920 年代始於歐洲戲劇表演實驗性劇場，創立者是 J. L. Moreno，Perls 運用得十分卓越。其要點是使用兩張椅子，每張椅子賦予一個性格、態度、情緒或特質，案主在兩張椅子之間來回移動，交替討論每個觀點（Day, 2004, p.212）。透過這個程序案主可以討論他們各部分的性格（如被動／積極，順服／控制，勝犬／敗犬）。在這樣的對話裡，案主理性與非理性的部分更明確清晰，案主不僅看到這些面向而且也能夠去面對二分的自我（Gladding, 2004, p.206）。

　　反向練習（reversal exercise）是一項實驗性作業範例，需要從慣常方式反向操作；反向技巧背後的理論是讓案主陷入令他們焦慮與恐懼的事件，他們先前的反應是壓抑、隱瞞或否認，此技巧將幫助案主開始接納他們不承認的某些個人特質。

　　兜圈子（making the rounds）是一種團體例行使用的練習，當治療者相信討論個別案主所壓抑的某個特定主題或情感，會使全部成員都獲益。通常此練習會要求每個團體成員說些他們通常不用語言溝通的，努力提高內部情感的自我察覺。此練習是彈性的而且也包括正向情感的表達。

　　我承擔（I take responsibility）鼓勵案主陳述他們的觀念，講完時以我負責句子終結。藉著練習，案主可將自己的觀念與行為整合。例如：「我對你很生氣而且我承擔這個情緒」。

　　語言練習（language exercises）對完形治療者相當重要，認為語言模式與人格之間的關係很重要；Passons（1975）建議既然說話方式有時會表達我們的情感、思想與態度，重視案主外顯的說話習慣可以增加自我覺察。完行團體工作常用的語言練習包括：

　　它（IT）：鼓勵案主把它改成我或我是，協助案主為自己所說的多負點個人責任。

　　你（YOU）：鼓勵案主將你改成我來陳述，有助於案主更可靠與有責任。

　　疑問（questions）令人沮喪，會讓成員感覺困擾而且容易使他人存有戒心。

　　合格者與放棄者（qualifiers and disclaimers）：「但是」（but）一詞對案主而言很重要，因為他們常會輕忽自己的感受。「合格者會更貼近自己所表達；藉著關注合格者，成員們可以覺察到自己如何

125

削弱來自訊息的力量」（G. Corey, 2004, p.316）。在團體中，可以鼓勵案主多關注地使用不同合格者與放棄者技巧所帶來的影響。

以「**將不**」（won't）代替「不能」（can't）將會更精確與誠實，當成員勇於為自己的選擇負責，他們就能夠向前行進。

「**應當**」（should）及「**應該**」（oughts）試圖讓案主瞭解他們有多麼的無助，鼓勵案主將「我應該」（I should）、「我必須」（I have to）改成「我選擇去」（I choose to），努力協助他們讓自己有能力做選擇。

團體運用

歷史上完形學派有許多團體工作處遇的支持者，團體領導者也許鼓勵成員為他們的行動負責，但相信積極運用實驗及練習可以幫助成員充分發揮潛力。完形治療領導者為了強化關係，幫助團體成員更自我覺察及更徹底體認其衝突情緒，因此鼓勵積極參與，自我揭露，促進親密感，並建立一個滋養環境等，這些都很重要。完形治療者相信發展新方式協助案主經歷他們的情緒，將會幫助他們獲得新的認識並且走向正向的改變（Strumpfel & Goldman, 2002）。一個滋養環境會讓成員自我揭露過程自然產生，而感覺不安全的氛圍則會隱藏此過程（Fender, 1994）。積極參與治療，案主需要安全的環境，讓他們得以感覺有足夠自由以新方式去實驗存在及行為（Yontef, 1993）。

完形治療者使用許多練習與實驗來促進改變與成長，對團體領導者而言，重要的是通用技術發揮作用；完形治療通常富有創造力，自發的，帶有些戲劇性的令人舒服。完形治療者無疑被視為一個創造新生活的藝術者（Polster & Polster, 1973），但要小心不要一味追求創新以致忽略治療的過程。

Zinker（1978）主張富創造力的治療者應有豐富的生活，所以能夠將此示範給案主；Zinker（1978）相信其他技巧也很重要，包含：

- 能夠確認成員的能力，而且知道如何及時且以適當方式以說明介紹實驗。
- 以彈性且開放的態度探索新領域可以顯現更多動力。
- 有意願與勇氣，知道何時該溫和的推動及面質團體成員，何時該停止。
- 協助成員表達他們的感受的能力，且能加強他們自實驗所學。
- 允許成員歷經困惑以尋找自己的方式。

Kepner（1994）說明完形治療團體三階段模式如下：

第一階段（初始期）：認同與依賴。團體開始時，成員取決於其他成員及領導者如何看待他；領導者致力於鼓勵成員更明白他們在團體裡的身分認同，領導者需要建立信任的氛圍，以促進互動與體認。

第二階段（過渡期）：影響與反依賴。此時期團體正面臨解決影響力、權威及控制的議題，團體領導者作為促進者之角色，努力激勵成員認同他們的差異與角色適應。

127

第三階段（運作期）：親密與互相依賴。在歷經不同的問題後，此時期團體成員已經預備好真實的交流及更深入運作；領導者變得主動性較少，更多經驗資源或諮詢。領導者帶領團體走到團體結束並且協助成員確認團體中尚未完成的事項（G. Corey, 2004, p.312）。

在1960至1970年代，完形治療者創造三種盛行的團體類型：

1. **困境團體**（hot seat groups）是指個別成員與治療者一對一治療，其他人當觀察者，之後再請成員說明他們所觀察的，如此一來整個團體成員會感覺到從他人學習獲益。

2. **過程團體**（process groups）誠如名稱所指：關注目前團體過程，經常由團體成員說出他們日常生活核心問題，這些團體模式相當有效。

3. **過程－主題團體**（process-thematic groups）是指團體以過程與主題並容方式進行，此類團體也很有效，而且需要一個有技巧的、敏銳的、尊重人的領導者。

　　表達練習（先前已討論過）及**心理劇**是完形治療團體常用的，重要的是不要太快挑戰成員的表達能力，在探索表達形態之前應該先建立信任及安全感，心理劇也是，團體領導者應該特別留心。

　　因為完形團體工作通常強烈推薦給經驗更豐富的治療者，初開始的治療者最好從參與其中學習，然後共同領導團體。

　　團體範例：完形治療技巧可以運用在許多不同類型的團體，我們曾經成功的使用在男性、女性、青少年、焦慮及憂鬱團體，試圖指出成員的身體語言以及所連結的生活事件或深沉的情感。至於仍然為了未處理問題而苦惱的成員，可以使用空椅子技巧來討論他們的過去；還有某些想要練習堅持技巧的成員，則可以運用角色扮演或角色排練。

128

行動學派（Action Approaches）

認知行為學派（Cognitive-Behavioral Approaches）

　　認知行為治療基礎有行為論及認知治療，當代大部分採用本學派的實務工作者都是整合此二學派理論；依照 Alle-Corliss 與 Alle-Corliss（1999）所提，「認知行為策略建立一個平衡的方法，以瞭解及治療生

活問題」（p.98）。本學派有二個基本假設前提：「（1）能夠檢視個人看待他們與其環境的觀點（認知）及（2）他們面對環境的方式（行為）」。簡而言之，認知行為治療的主要目標是藉著協助案主修正他們適應不良的想法以及／或行為，以闡明正向積極的態度並持續改變。

行為治療（Behavior Therapy）

行為治療技術是認知行為治療的基礎，從歷史觀點來看；行為論的出現帶來心理世界的改變。Brooks-Harris（2008）指出：「行為論的興起意味著心理學關注焦點的轉變，從人類意識內省（如心理動力及阿德勒理論所見）轉變到直接外顯可觀察的行為」（p.151）。

基本概念

文獻顯示當代三個主要的行為治療派別：

1. 新行為學派刺激反應中介模式（the neobehavioristic mediational stimulus-response model）
2. 行為分析理論（applied behavior analysis）
3. 社會認知理論（social-cognitive theory）

此三學派在運用認知概念及程序的範圍不同，在連續體的一方（at one end of the continuum）被運用於行為分析，只強調可觀察的行為，拒絕所有認知中介過程；另一方則是社會認知理論，以認知理論為主。（Corsini & Wedling, 2008, p.224）

新行為學派刺激反應中介模式　行為治療之主要假設係由以古典與操作制約聞名的 Pavlov 與 Skinner 所提出，20世紀初期，俄羅 129

斯科學家 Ivan Pavlov 實驗發現，當一隻飢餓的狗看到食物時會分泌唾液，假如重複出現食物且伴隨一個聲響，狗就學習到對此聲響分泌唾液（Neukrug, 2004, p.70），此即日後稱為**古典制約**（classical conditioning）。這項觀察導致一項至今仍然相當重要的假設，亦即個人經常會對於某些刺激或生活事件產生可預測的反應方式，其原因即是經驗或相關連結的學習。

1920 年代，有一位實驗心理學者 John Watson 研究**古典制約**的原則，他以人類嬰兒的情感反應可以被制約及一般化為例；1958 年，精神科醫師 Joseph Wolpe，同時也是行為治療的先鋒，將古典制約廣泛應用於系統減敏感的臨床處置（Brooks-Harris, 2008; G. Corey, 2009; Day, 2009, 2008; Gladding, 2003; Neukrug, 2004; Roger, 1986; Sharf, 2008）。這些技術與其他應用古典制約的技術共同成為**行為治療**（behavior therapy）而聞名。實際上，Wolpe（1990）聚焦於消除焦慮適應不良的制約反應之發展性策略，以挑戰主流佛洛伊德學派而有影響力。行為治療確保心理治療領域之技巧立基於科學性原則，是可以被考驗與證實的（Brooks-Harris, 2008, p.151）。

「刺激反應學派之特色是運用古典制約原則，且源自 Pavlov（及其他人）學習理論……刺激反應理論者（S-R theorists）對於焦慮研究相當有興趣，系統減敏感法及洪水法的技巧常被用來減少或消除焦慮」（Corsini & Wedding, 2008, p.224）。

行為分析學派之運用　Corsini 與 Wedding（2008）指出行為分析學派應用是 Skinner（1953）激進行為主義的直接延伸（p.224），在 1920 年代，心理學家 B. F. Skinner 提出論證補充 Pavlov 之研究，亦即當目標行為被增強，動物會學習特定的行為。此項發現產生了**操作制約**（operant conditioning）理論，其基本論點是行為改變經常是正向與負向增強的結果。當某個個體呈現一項刺激且伴隨一個期望的行為，就

130

產生正增強；相反的，移除刺激導致一項行為增加這就是負增強。基本上，個人行為被視為受偶然事件所控制，得到報償或增強的行為將會重複，且個人將因此學習他或她的經驗（Alle-Corliss & Alle-Corliss, 1999, p.99）。據稱 Skinner 有關動物的操作制約研究也運用到心理治療，基本策略為增強理論，之後成為知名的**行為修正理論**（behavior modification）（Brooks-Harris, 2008, p.151）。

行為分析學派的基本治療方法是外顯行為與其結果的關係改變（Corsini & Wedding, 2008, p.224），傳統做法有增強、處罰、消除以及刺激控制。

Skinner 在行為心理學的創舉，最重要的結果是適應不良行為是由學習而來之假設；Skinner 強調環境情境與個人行為之間的因果關係，同樣他發現身體與社會環境決定人類行為。

社會認知理論　在 1970 年代，臨床心理學家 Albert Bandura 提出**社會學習理論**（social learning theory），即聞名今日之**社會認知理論**（social cognitive theory），強調心理功能的思想與形象角色（Sharf, 2008, p.259）；Bandura 運用觀察學習將古典及操作制約加以結合，環境對行為的影響被認為是透過認知過程決定如何看待環境影響，以及個人如何詮釋（Corsini & Wedding, 2008, p.224）。

社會學習理論被視為一項「新的學習典範，其基本原則是示範模仿以及自我控制」，並且「提供一個學習的認知詮釋」（Brooks-Harris, 2008, p.125）。此學派堅持人類有能力自我引導行為改變，人是行為改變的執行者（2008, p.24）。也許更重要的，Bandura 開啟認知行為治療整合模式之門，稍後我們將會詳述；特別是這種「認知與行為學派的混合體」，正是「當前實務工作更具代表性的」（Sharf, 2008, p.259）。

近代行為治療之發展

131 　　依據 Haynes、Follette 與 Linehan（2004）所言，行為治療的發展分成三波：

　　　第一波行為治療主要強調修正外顯行為，第二波強調認知因素，因此衍生出知名的認知行為治療（cognitive behavior therapy; CBT）……「第三波」包含概念與基礎技術重疊的團體治療模式。(p.226)

　　此學派團體包括辯證行為治療（dialectical behavior therapy; DBT）（Linehan, 1993）及接納和承諾治療（acceptance and commitment therapy; ACT）（Haynes, Luoma, Masuda, & Lillis, 2006）。

　　DBT 於 1990 年代出現於 Linehan 著作中（Brooks-Harris, 2008; Corsini & Wedding, 2008），DBT 係由精神醫學及行為科學的精神醫師與教授 Marsha Linehan 所創，以協助因倔強或極端思想所苦惱的案主，發展一個更平衡的方式。DBT 是特別用於治療邊緣性人格的一種整合性治療模式。此學派主要目標在於協助案主承認與克服經常會導致不穩定關係與立即性情緒反應的極端思考（Brooks-Harris, 2008, p.135），Linehan（1993）表示：

　　　運用辯證推論時，個人必須採取主動積極角色，放開將邏輯性推論及智力分析視為真理的唯一途徑，並且吸收接受經驗性知識……辯證治療者協助病人達到綜合對抗，而不是強調證明任何一方的對抗爭論。治療者協助病人從「不是……就是……」轉為「不僅……而且」。(p.204)

　　Corsini 與 Wedding（2008, p.226）堅稱 DBT 具體特色是它強調

平衡的傳統行為改變帶有接納的益處，以及兩者之間關係的重要性，Linehan 視為治療的主要辯證法。Wilson（2004）建議祈禱文訊息——「神啊，請賜給我平靜，接受不可改變的事；賜給我勇氣，改變可以改變的事；並賜給我分辨差異的智慧」——顯示平衡接納改變正是 DBT 的核心。Corsini 與 Wedding（2008, p.226）強調依照 Linehan，「接納」不應該被解釋為「放棄」或順從聽命於生活問題，而是「自我肯定的有效過程」。

132

　除了運用傳統行為治療技術之外，DBT 也重視運用注意的鑑別治療策略，包括五項主要技巧：

1. 痛苦時，不要試圖終止，而是觀察或注意這個情緒。
2. 想法或情緒的描述。
3. 非批判的。
4. 停在當下。
5. 強調一樣一樣來（注意一樣）。（Corsini & Wedding, 2008; Linehan, 1993）

Segal、Teasdale 與 Williams（2004）指出**注意**（mindfulness）的方法：

> 注意被視為……替代的認知方法，強調在展現的情況下的處理程序而非概念，其中差異並不是原先的處理主題，傳統上將注意視為「存在」而非「行動」。（p.53）

　注意訓練強調幫助案主認清他們扭曲且有時出現的痛苦想法「只是想法」並不是真實（Kabat-Zinn, 1990），Linehan（1993）則強調注意訓練在「觀察、描述及參與」的重要性。

觀察……致力於事件、情緒、以及其他行為反應，即使令人困擾……描述事件與個人反應包含針對行為及環境事件應用語言符號的能力……無自覺的觀察，完全進入當下的活動，不是將自己從持續的事件與互動中抽離出來。（pp.145-146）

注意訓練有三項優點：

1. 案主致力於經驗「較少情緒化的反應」。

2. 「減少批判思考，因為那可能導致認知功能不彰的主因」（Brooks-Harris, 2008, p.138）。

3. 案主從容的以開放及接納的態度面對不愉快（Segal et al., 2004, p.53）。

雖然最初被用在治療邊緣性人格，後來發現以 DBT 的接納與注意概念治療許多其他臨床症狀也相當有效，例如焦慮及飲食失調（Corsini & Wedding, 2008; Hayes, Follette, & Linehan, 2004）。

DBT 之外，接納和承諾治療（ACT）是一項行為治療的新方式；Hayes 等人（2006）聲稱，ACT 運用傳統行為主義再加上更創新的後史金納行為科學理論（post-skinnerian）之語言、認知及精神病理學；ACT 的主要核心是經驗迴避（experiential avoidance），意即「試圖迴避負面或隱蔽的憂傷經驗，例如想法、感受、記憶與知覺」，最終什麼也不做可能「讓事情更糟糕」（Corsini & Wedding, 2008, p.227）。Corsini 與 Wedding 為 ACT 三項基本技術做了最佳定義（2008, p.228）：

1. 鼓勵接納。教導案主經驗迴避是沒有用的，他們應該學習如何接受那些他們曾試著擺脫的想法與感覺。

2. 認知的拆解就像是「區隔思想與實體對象，以及區分思想者與思想」或者是「不把思想視為自我的內在觀點或必然有效之真

實的反射」。這個概念的基礎是「假設學習如何拆解語言以促進接納並且處於當下，因此案主就可以克服心理問題」。

3. 承諾「有關對於何者生命的重要事項，以及你會做些什麼努力讓生活更有價值等注意的決定；所提供的治療為協助病人選擇他們最珍視的價值，設定目標，然後執行具體步驟以達成目標。」

Corsini 與 Wedding（2008）對於為何 ACT 成為普遍且聞名的行為治療技術，其論點相當具有說服力：

廣受臨床醫師歡迎的原因之一是它主要的治療準則關聯到心理學　134
技術，而且運用到各樣不同精神疾病。它強調共同性的技巧可普
遍運用在臨床精神疾病，並且其基本治療技巧之學習更容易些。
臨床醫師很容易以多元及創造性方式去執行使用這些基本準則。
（p.228）

Brooks-Harris（2008, p.152）補充說明 ACT 是新發展的行為學派之一，注入新活力且重新定義行為心理治療，未來指日可待。

常見策略

誠如所見，許多現代行為技巧立基於早期 Pavlov Skinner 的努力，常見策略包括：

- 自信與人際關係訓練。
- 系統減敏感法，通常運用於焦慮、慢性疼痛及恐懼症的治療。
- 行為修正，用於治療兒童期之行為疾病，提供有效的親職訓練。
- 增強技巧及代幣制，通常用在學校及精神醫院。

所有這些行為技術的重點是假設治療與評估有相關，因為他們經常同時發生；最初重點是改變特定的行為，稍後介紹傳統處遇策略。

行為評估（behavioral assessments） 對行為治療者而言，行為評估非常重要，Sharf（2008）表示「行為評估的特徵是評估特定行為勝過評估概括的特性或特質，重點是決定案主問題及情境的獨特細節」（p.265）。基本上，行為的評估包含運用一組程序以蒐集某些有關資訊，「將引領形成為每個案主量身特製的治療計畫，並能評量治療的成效」（G. Corey, 2004, p.361）。Day（2004）認為應該在適合時機尋問相關問題，如「行為何時發生、發生頻率、行為發生前後通常會出現什麼、案主在想什麼或感覺到什麼、案主做了哪些是來解決問題」（p.252）。Speigler 與 Guevremont（2003）指出一般行為評估程序可分成五個重要特質如下：

1. 目的在收集案主所呈現問題之相關資料。
2. 重視目前功能與生活情況。
3. 經常檢視案主的行為以瞭解案主的正常功能。
4. 聚焦小範圍勝過廣泛。
5. 治療的一個重要部分。

偶發事件管理（contingency management） 就偶發事件管理，「偶發事件發生在兩個時機：行為之前與之後，許多行為治療係由情境操作運用組成，即行為之前與之後的情境」（Day, 2004, p.262）。也許**增強**（reinforcement）是最著名的行為策略之一，「每當某個行為的結果提高這個行為重複發生之可能性，那就是增強；增強的結果被稱為增強物，通常是愉快或厭惡的」（Frew & Spiegler, 2008, p.292）。Capuzzi 與 Gross（2007）對**正增強**與**負增強**予以區分：「正增強是某些行為增加隨後有某些報償的過程……負增強是消除某些嫌惡的以增加行為」（p.252）。

處罰（punishment）　處罰意即「改變一個行為的結果，使案主較少再重複出現那個行為」（Frew & Speigler, 2008, p.294）。Corsini 與 Wedding（2008）附加說明：「處罰，一個反應之後伴隨一項嫌惡的事件，其結果是降低了那個反應」（p.235）。**區別性增強**（differential reinforcement）是降低不希望的行為最適合的方法，當案主不再做出不希望的行為時就給予報酬；換句話說，當不希望的行為出現時**撤除反應**（responses are withdrawn），就如同使用「暫停」（time out）（Day, 2004, p.263）。

消除（extinction）「消除是一種用來減少問題行為的行為介入……移除過去行為之後的增強物，然後問題行為就會減少」（Capuzzi & Gross, 2007, p.252）。簡單來說，消除就是一種反應的停止或移除。

136

過度糾正（overcorrection）　意即「糾正案主行動的結果並且立即練習適當的替代行為」，用來操縱討厭的結果（Frew & Speigler, 2008, p.296）。

嫌惡治療（aversion therapy）　因為使用處罰可能引起潛在危機，比起其他行為治療技術較少使用，嫌惡治療主要運用在當案主希望去戒除他們自己不喜歡的習慣，例如戒菸、戒酒、藥癮、或暴食。在這些情況下，案主有負面行為之後，產生嫌惡的結果。

刺激控制（stimulus control）　刺激控制是針對先前的偶發事件加以分析與操作，基本上，刺激控制是藉著修正提示或修正環境事件來修正（控制）先前的（刺激）（Capuzzi & Gross, 2007; Day, 2004）。**提示**（prompts）是「提醒或指示我們形成行為」，包括環境的，語言的，以及身體提示。**環境事件**（setting events）是指可能影響案主從事特定行為之當前立即性環境（Frew & Speigler, 2008, p.291）。

塑形（shaping）　塑形是行為管理的漸進過程，是一種**連續漸進法**（successive approximations）的過程，治療者獎勵行為朝希望目標越來

越接近；這項行為介入通常用在逐漸增加行為的品質，通常運用於新技巧指導（Capuzzi & Gross, 2007; Day, 2004）。

代幣制（token economy） Frew 與 Spiegler（2008, p.298）表示「代幣制是一種促進案主達成想要行為的制度，且抑制嫌惡的行為。案主獲得像撲克籌碼或點數作為代幣增強物，當他們出現適應不良行為時會失去代幣」。Watson 與 Tharp（1997）建議代幣或點數主要用於「縮短形成希望行為與得到增強物之間的時間延遲」（p.222）。

137　　**反應性**（reactivity） 鼓勵案主記錄特定行為所導致的現象稱為反應性測量，只是瞭解某些讓個人行為不同的線索。

心理教育（psychoeducation） 治療者成為行為管理準則的教育者，讓案主瞭解他們如何回應線索或他們提供或獲得的增強物，案主應該提供真實的訊息，有助於幫助自己更加瞭解他們自己的行為，並且找出改變的方法。

揭露治療（exposure therapies） 揭露主要用在治療案主的負面情緒，例如焦慮、恐懼及憤怒，「透過小心控制及安全情況之下揭露那些讓他們焦慮的任何事」（Frew & Speigler, 2008, p.298）。**系統減敏感法**（systematic desensitization）、**洪水法**（flooding）及**內爆法**（implosion）都是這類著名的行為介入方法。

系統減敏感法係 Joseph Wolpe 所創立以治療恐懼症，是一項很普遍且廣為研究探討的行為治療方法（Emmelkamp, 1994），依據 Wolpe（1958）所提倡的理論：

> 當一項與焦慮相互矛盾（例如放鬆）的反應搭配一個引起焦慮的刺激（不論案主描述任何引發的焦慮），引發焦慮的刺激與焦慮之間的連結將會減小……因此案主的害怕就減少了。（Capuzzi & Gross, 2007, p.245）

系統減敏感法步驟有二：

1. 教導案主使用漸進式放鬆以達到完全放鬆。
2. 與案主共同討論將引發焦慮的刺激分級，從初期最小排到後期最大，治療者鼓勵案主以想像每個刺激，同時持續使用放鬆技術。（Kalodner, 1998）

事實上運用這項技巧必須小心排序焦慮及放鬆以確定焦慮消失（Day, 2004, p.267）。

洪水法的使用假設與減敏感法相同：「不去面對它將會增強逃避接觸恐懼的情境……洪水法假設是延長或重複暴露在此情境，並且未出現令人嫌惡的結果，焦慮就不會持續下去；對此情境的恐懼與逃避將會減少或消除」（Day, 2004, p.269）。

洪水法技巧也用於「內爆治療」，不論如何選擇一個嫌惡的情境已是常見心理分析觀點。事實上，「內爆治療者主張藉著完全徹底令人恐懼的想像的曝露，真實狀況卻沒有產生嫌惡的結果，以達到情緒放鬆；將可排除此情境對案主的影響以及放鬆」（Day, 2008, p.337）。

模仿治療（modeling therapies）　模仿治療範例如**社會技巧訓練**（social skills training）與**自我肯定訓練**（assertion training），此二者是當代行為團體治療最普遍使用的模式。

技巧訓練即運用各種技巧，例如：模仿、直接指導、激勵提示、形塑、增強、矯治回饋、行為排練，以及角色扮演。運用技巧訓練可教導案主以因應技巧之不足，社會技巧訓練包括教導「社會技巧」——意即「成功的與他人互動之必要的人際關係能力，是日常生活不可或缺的功能」（Frew & Speigler, 2008, p.309）。許多社會技巧訓練計畫模式運用在不同族群，最顯著的是那些用於兒童的（Spence, 2003）以及精神病人（Tsang & Cheung, 2005）。

　　另一項行為技術自我肯定訓練，用以幫助那些難以開口要求滿足需求（被動）以及那些以不適當的侵略挑釁方式（挑釁）表達需求的案主。Young（2001, p.248）指出「『肯定訓練』於1970年代廣為流傳，並探討一連串廣泛運用於提升自尊及有效面對情緒之社會技巧」。肯定包括「堅持捍衛個人權利，以及表達想法、感受、間接的信念、誠實及不侵犯他人權利的適當方式；要旨是：『這就是我所想的；這是我所感受的；我如何看待這個情境』」（Lange & Jakubowski, 1976, p.7）。Alberti 與 Emmons（2001）主張區隔被動、肯定與攻擊性行為之間的不同，他們相信堅持肯定的行為不只是自尊，也是一種尊重他人的表達。重要的是教導案主先尊重自己，然後才能有權利獲得自信肯定；

139　同時，尊重他人的權利也很重要。總而言之，「肯定是一種尊敬的溝通技巧，可促進相互親密關係與妥協，並維繫個人的基本正直」（Alle-Corliss & Alle-Corliss, 2006, p.76）。

　　自我管理方法（self-management methods）　**自我管理方法**意即將行為策略運用到個人生活，因為行為介入非常容易瞭解，許多案主藉著閱讀自助手冊就可以學習，例如 *Mastery of Your Anxiety and Worry*（Craske, Barlow, & O'Leary, 1992），以及 *Feeling Good: The New Mood Therapy*（Burns, 1999）。這些書及類似的書都能按部就班指導案主行為治療步驟，部分案主可自行學習自我管理技巧，其他人則需要個別或團體心理治療者加以引導方有助益。

團體運用

　　團體行為學派越來越盛行，並加強重視指導案主自我管理技巧；由於行為治療是一個非常指導性與結構性的過程，團體領導者必須仔細專心且以問題導向的方式，以及舒適自在的擔任教師角色。因為經常是短期治療的，目標必須恰當，注意是否受限與具體可行性。G.

Corey（2004, p.363）發現對於成員而言，時間限制可能是（事實上）發揮團體時間達到目標的催化劑。

　　領導者通常為案主示範角色，並在團體中安排角色扮演；團體領導者運用正向增強以鼓勵新發展的行為及技巧；不論所達成的有多微小，都予以鼓勵肯定以持續努力達到目標。

　　雖然行為學派強調改變的計畫，不論團體內或治療之外，治療者鼓勵案主積極參與；改變的第一步是**覺察與洞見**，第二步是**行動**。領導者協助成員瞭解以語言表達及洞見並不足以造成改變，還需要增加他們適應行為的技能，並促使成員在團體內努力嘗試以及練習家庭作業（G. Corey, 2004, p.364）。

　　行為治療團體是一個連續性過程：初期、運作期、結束期。

　　團體初期針對預期的成員採取接案及團體前會談，初步評估及引導成員進入團體並盡可能從中獲益，與成員重新探討目的及期待以確認承諾。一旦團體組成及定位，每一個階段開始，所有團體成員需報告家庭作業及任何進度，並且促使成員去確認是否有其他想要努力的議題或事項。凝聚力及信任的氛圍是極其重要的，行為治療者應負部分責任去營造；領導者於初期較多指導性及努力維繫成員對團體過程的吸引。

　　下個階段運作期「**治療計畫與運用技術**」，持續性評估個別的團體成員，領導者更加能發展出個人化的治療計畫，並確認最適合可能達成行為改變之程序（G. Corey, 2004, p.366）。當個人與團體都有實質的動力，就會持續改變；因此行為治療者須持續再評估適當的治療計畫，且運用特定策略；增強、偶發事件契約、模仿、行為排練、訓練、家庭作業、回饋、認知再架構、問題解決、及使用夥伴制度影響改變。

　　社會技巧訓練方面，通常透過角色扮演讓成員學習社會技巧；意

即要求成員確認他們的某個問題情境，之後角色扮演，要求每個成員針對當週情境發生的事寫日誌，在團體進行時可以幫助成員建立處理特定情境的目標，以角色扮演方式示範處理困難情境也是團體過程的重點。有時候團體領導者或同組成員會使用輔導訓練提供建議，還有透過家庭作業讓成員在真實的世界練習新學到的行為。Sharf（2008）強調團體治療的益處：

> 因為指導、示範及模仿等行為策略運用於團體就如同用於個人般容易，特別是團體治療之社會技巧及肯定訓練特別適合；成員有機會與其他成員作情境演練，並且可從許多人得到回饋而非只有一個；同儕的增強如同領導者同樣非常有效。（p.294）

141 　　當團體來到結束期，團體領導者強調幫助成員從團體內轉換改變到外面世界，鼓勵成員在團體內以及與生活中之重要他人練習及排練新行為；同組成員予以真實測試、回饋、與參與計畫等都很重要；有系統的規劃聚會使新行為逐漸融入日常生活（G. Corey, 2004, p.371; Rose, 1989; Rose & Edleson, 1987）。

　　團體範例：行為治療對於兒童及青少年非常有效，針對 ADHD 的社會技巧訓練團體，為人格發展潛伏期兒童規劃具體可衡量之目標，努力完成家庭作業，遵守學校及家庭的規則，以及其他相關事項。使用代幣制實施正增強，團體成員的正向行為可以獲得獎勵，並且指導他們完成家庭作業與管理學校行為，團體領導者是積極主動的且具指導性。

認知學派（Cognitive Approach）

　　認知學派比行為治療更晚發展，與行為學派都是目前實務運用的有效方法，此學派重視個人如何思考，特別是認知如何影響我們的行為，以及我們如何感覺（Neukrug, 2004, p.76）。認知學派最初被視為革命性的創新，臨床實務從行為觀點轉變到認知（Baars, 1986）。隨著時間，這兩個學派的技巧搭配使用，因此發展出認知行為學派，至今廣為運用。

基本概念

　　認知理論首創先鋒是 Albert Ellis 與 Aaron T. Beck，興起於 1960 至 1970 年代。

認知重建理論（Cognitive Restructuring Therapies）

　　認知重建理論認為應促使案主確認其認知失調與思考模式，意即「疾病的型態及妨礙目標追求與達成的」（Gravold, 1994, p.20），然後應協助案主修正這些模式。認知重建與其他認知方法合併使用將會發揮更大效果（也就是思考中斷法、內隱減敏感法、引導想像）及行為方法（也就是行為排練、技巧訓練、深層肌肉放鬆）。

　　自我對話（self-talk）聽起來像是：當人們思考時對自己說什麼，是認知重建治療重要的一步，包含自我對話之察覺，學習監測自我對話，辨認失靈的自我對話，以及「適合的自我對話取代失靈的自我對話」（Frew & Speigler, 2008, p.320）。

　　中斷思考（thought stopping）是認知重建治療類型之一，用於「減少頻率、期間、持續程度、干擾性思考」，由兩階段形成：(1)中斷干擾性思考，然後(2)以非干擾性思考取代干擾性思考」（Frew &

142

Speigler, 2008, p.322）。

理情治療（rational emotive therapy）也許是認知重建治療最負盛名的類型之一，用來幫助案主改變那些導致精神問題的非理性思考；源自臨床心理學之 Albert Ellis 以發展理情行為治療（rational-emotive behavior therapy; REBT）著稱，

> 假設人生而具備理性思考之潛能，但可能成為不理性接納或不理性信念的受害者；行為改變的基礎是思考、評價、分析、質疑、執行、練習及再決定。（Alle-Corliss & Alle-Corliss, 1999, p.100）

如 Ellis 所言，常見的不理性信念來自關於世界與自我的錯誤推論或邏輯誤導（Bernard & DiGiuseppe, 1989; Ellis & Bernard, 1985）；支撐不理性信念的方式有三項：絕對性思考（兩分法）（非黑即白思考）、過度推論、與災難化。

REBT 是一種教導性與指導性的模式，將治療視為一種信念再教育的過程；意即針對個人自我陳述的重建，以重建對應的行為。基本上，REBT 的目標是為了修正不理性的信念，首先確認不理性信念的想法，隨後加以挑戰，最後以理性信念取代不理性信念（Freww & Spegler, 2008, p.324）。

認知治療是一種著名的認知重建治療，創始者是 Aaron Beck（Beck, 1963, 1976），Back 的認知學派源自精神醫學領域，興起於1970年代。Beck 對於認知學派的研究及治療應用頗負盛名，被視為認知治療的創始者。Beck 與 Elllis 想法一致，認為認知是決定我們如何感覺及行動的主要決定因素。他主張案主內在的對話扮演他們行為的重要角色（Brooks-Harris, 2008; G. Corey, 2009; Day, 2004; Gladding, 2003; Neukrug, 2004; Rogers, 1986; Sharf, 2008）。

　　基本認知治療的主要假設是，人常常有適應不良的思考模式，應該加以瞭解才可以產生正向的改變。重要的是，這項治療最主要的重點是改變失功能的認知（想法）、情緒、及行為；因為某些個人有適應不良的思考模式，認知治療的主要目標即是確認負面且扭曲的習慣性思想，這些想法在相對上是各自獨立存在的，但是當個體處於一個特定的情境中或是喚起他或她過去事件時就可能會產生。

　　Neukrug（2004）附加說明運用認知學派技術的專業人員相信個人的思考受到制約，開始於兒童早期。更甚者，他們相信這些思考方式是因個人生活的增強，並且與他如何行動及感受有關。

　　認知治療的目標包括「（1）糾正案主錯誤的訊息過程；（2）修正造成案主適應不良的行動與情緒的不理性信念；（3）提供案主技巧及經驗以培養適合的思考 」（Frew & Speigler, 2008, p.329）。案主與治療者的緊密合作關係對於幫助案主完成目標非常重要（Beck & Weishaar, 1989; Burns & Nolen-Hoeksema, 1992）。

　　由於認知治療強調改變負面思考，對於憂鬱及焦慮這兩類案主是很好的治療抉擇；因為這些個人歷經許多負面與害怕的習慣性思考，以致影響他們且產生痛苦情緒反應，最好的回應技巧是挑戰他們的悲觀看法。認知治療幫助案主發現那些伴隨情緒憂傷的不理性與有問題的思考方式。

　　認知論的學者相信我們的感受是思想的直接延伸，而我們看待生活事件的方式大大的影響這些感受；因此，假如案主能夠改變想法或思考過程，他們同樣也能改變感受。為了幫助案主生活更加豐富滿意，治療策略集中在協助案主偵測他們的錯誤，並且發展理性的思考方式（Brooks-Harris, 2008; G. Corey, 2009；Day, 2004; Gladding, 2003; Neukrug, 2004; Rogers, 1986; Sharf, 2008）。許多典型認知扭曲的案主抱有寧為玉碎、不為瓦全的思考，個人化、忽略證據及過度推斷。

144

認知行為適應技巧治療

問題解決治療（problem-solving therapy） 這是一種「認知情感行為過程，個人（團體）試圖確認，發掘或發現有效的或適應日常生活所遭遇問題的方法」（D'Zurilla, 1988, p.86）；運用認知重建、社會技巧與自我肯定訓練、自我控制技巧及適應技巧訓練等方法，將會對此過程改善增強。

自我教導訓練（self-instructional training） 自我教導訓練包含自我告知以引導一項任務，技巧或問題解決過程之完成；透過一步一步的自我陳述，案主能夠幫助自己變得更加有能力完成特定任務以及目標技巧。這個方法背後的假設是在一個刺激與反應之間加入一項適應的自我陳述，可以避免適應不良行為；即打破刺激／反應鍊，然後就可抑制適應不良反應的發生（Meichenbaum, 1975）。

壓力免疫訓練（stress inoculation training） 這是另一種處遇方法，由 Meichenbaum（1977, 1985）所創，協助案主學習適應技巧，然後面臨引發壓力的事件時就可以練習運用（Frew & Speigler, 2008, p.341）。Poster（1970）、Poster 與 King（1975），以及 Speigler（1980）等人將壓力免疫比喻成生物學的免疫，意即像人體的免疫系統可用來抵禦致病的微生物。

常見策略

接下來，我們要從各種不同思想學派觀點到心理治療回顧認知行為的策略，包含但不侷限於認知治療、理情治療、認知行為矯正與辯證行為治療。

1. **確認想法**。確認習慣性（通常是負面的）想法及自我對話，哪些會影響目前認知模式的覺察。

- **澄清想法的影響。**幫助案主瞭解他們的負面不理性及錯誤思 ¹⁴⁵考如何影響他們的行為，且可能產生許多心理障礙。
- **挑戰不理性思考。**鼓勵案主挑戰或質疑他們的不理性思考或不正確信念。
- **闡明核心思想。**協助案主探討他們思想模式的意涵，以澄清何者才是他們的核心思想；有時候這些核心思想被稱為**適應不良假設**，以習慣性思考主題呈現。
- **評估證據。**鼓勵案主和治療者合作，以檢視他們的想法與信念，及測試在真實生活的有效性。
- **假設測試。**除評估證據外，應激發案主去預測及測試他們信念系統的根本假設。
- **修正信念。**一旦判定案主不理性，錯誤的信念，應該鼓勵案主努力修正為更有功能且良好適應的信念。
- **增強適應的認知。**假若建立適應良好的思考方式，應該予以增強，並努力消除那些適應不良的認知。
- **鼓勵正確的察覺。**依據 Glass's（1965）的真實治療，激勵案主誠實的審視自己的生活情境，本著對真實的正確察覺，做出有效的抉擇。
- **支持辯證的思考。**幫助案主走向綜合思考勝過單一思考方式。
- **培養警覺的意識。**運用辯證行為治療時，治療者應對案主小心觀察瞭解，並努力幫助他們活在當下勝過評斷他們。
- **運用意象。**透過運用意象、隱喻象徵與故事減少負面想像，激勵案主設想適應的想像，並且吸收正向象徵。
- **腦力激盪法。**鼓勵案主成為積極參與問題解決的一份子，以腦力激盪出另一個代替負面觀點的解決方法。

- **提供心理教育。**指導案主相關議題，且從理論研究中提供資訊以促使有效改變。

146

- **支援書目。**推薦相關的書籍文章幫助案主有效學習。

2. **假設或「如果發生什麼我會怎麼做」技術。**此項技術可以幫助案主對於害怕的結果有所準備。

3. **重新歸因。**此技術在於思考其他可能導致事件之因素，以檢測慣性思考及假設。

4. **重新定義。**此技巧讓問題更加具體明確，也可以用來鬆動案主認為自己無法掌控思考的信念。

5. **家庭作業。**給予案主運用認知技巧及練習行為改變的機會，「典型的家庭作業重視自我觀察及自我監測，有效安排時間，執行具體情境處理程序」（Corsini & Wedding, 2008, p.286）。

6. **行為排練與角色扮演。**此項技巧係透過模仿及角色扮演，通常運用於真實生活情境。

7. **轉移技術。**使用身體活動、社會接觸、工作、遊玩及視覺心像以協助案主減少強烈情感及負面思考。

8. **活動列表。**協助案主對每次活動的掌握及愉快經驗評分，激勵他們繼續努力進行想法及行為的改變。

9. **漸進式任務指派。**治療者鼓勵案主從毫無威脅程度的活動開始，然後治療者再漸進式增加指派任務的困難度。

（Beck, 1967; Beck, Rush, Shaw, & Emery, 1979; Beck, 1995; Brooks-Harris, 2008; Corey, 2009; Corsini & Wedding, 2008; Day, 2008; Frew & Speigler, 2008; Capuzzi & Gross, 2007; Gladding, 2004, and McMullin, 2000.）

這些認知及行為技術已被證實有效運用在廣大的案主群，特別是過動衝動及攻擊性兒童、被社會孤立的人、考試焦慮的大學生、老年

人以及精神疾病者。此外也發現其他的行為介入方法促使行為病理學的逆轉，並影響認知功能；例如活動列表及漸進式任務指派。

近年來認知治療廣為所用，究其原因在於簡明且短期；且證實對於憂鬱及焦慮治療也相當有效，因此，已經是當前心理治療最普遍探索類型之一了。

團體運用

認知與行為技術很適合用於團體治療，G. Corey（2004）指出REBT（理情治療）目標是提供團體成員減低或消除不健康情緒之技巧，讓他們可以過著更豐富且滿意的生活（p.400）。Sharf（2008）表示：

REBT 目標在於呈現案主如何評價、責難及咒罵自己的行為，團體也努力試圖幫助成員停止貶低他人，以及只評價行為而非他自己或其個人特質。（p.329）

團體領導者可以運用各種方法協助成員確認他們的不理性思考，瞭解背後的信念，並且多些理性思考。團體治療提供確認案主背後錯誤信念的實用方法，例如信念的關鍵性評估，以調換成創造性信念（G, Corey, 2004, p.400）。

團體治療者持續指導團體成員為自己的情緒負責，同時刺激他們關注自己的負面自我對話，以更理性且具體之替代品取代之；經過成員及團體領導者給予回饋，案主更加能夠瞭解察覺他們的主要信念，以及這些信念如何對他們的生活產生負面影響；領導者的任務是教育成員如何挑戰自己的假設並且停止責難他人的惡性循環。

REBT 團體治療使用許多認知及情感的技巧，向來是一項非常有效

的治療（G. Corey, 2004; Ellis, 1996; Ellis & Dryden, 1997; Sharf, 2008）。團體治療者應該開放對成員不停的質疑及挑戰以確認他們的不理性思考，並利用計畫及自發性構思設計等練習以促進瞭解與察覺。

148　　　一旦成員瞭解他們的錯誤思考，團體領導者應該激勵他們主動嘗試新的思考方法、情感及行動。領導者應該非常嫻熟各種認知行為的基本技巧及練習，並且願意鼓勵成員適當的使用。理想上，團體領導者扮演老師，合作者及良師益友的角色，受到案主的尊敬，是支持、鼓勵的。

　　　REBT 團體領導者應主動積極指導理論模式，提出適應方法，教導成員嘗試新行為的策略。他們也要鼓勵成員積極參與，不論團體內或團體外。結構式團體領導者能讓團體活躍起來，結構的重要在於確保沒有成員受忽略或獨占團體。團體領導者主動討論「個別團體成員是否進步，以及先前指定家庭作業有否完成」（Aharf, 2008, p.329）；整體來說這項技術用於協助團體就如同用來治療那些在團體所呈現的個人問題。基本上，提供團體成員日常生活能夠使用的方法，可以提升他們的自尊及能力，以學習更多適當的因應之道。

　　　團體範例：運用於焦慮及憂鬱的心理教育團體是典型的認知行為團體。重點在於教導團體成員有關認知行為治療與認知重建；因為焦慮與憂鬱情感根源於負面思考，激勵成員改變負面與不理性想法為更積極正向且理性；隨著時間過去，團體成員就能夠逐漸能正向思考並較少焦慮或憂鬱。

系統觀點（Systems Perspective）

　　　先前我們有討論過系統理論對個案工作之重要性，在此提供全面性觀點，讓實務工作者瞭解案主互動及受影響的各個系統。

發展／生命週期治療（Developmental/Life-Span Therapy）

　　Ivey（1991）建議諮商治療及所有助人的介入處遇，其目的在促進人類終其一生的發展（p.18），就個人的發展階段而論，顧及更完整瞭解個案，使用發展策略可以協助個人達到他們潛能發展極致（Alle-Corliss & Alle-Corliss, 1999; Ivey, 1991）。

重要概念

　　發展理論認為依附與分離在整個生命週期中重複，John Bowlby（1969）強調對於發展取向觀點之瞭解，相信瞭解體察案主的依附分離問題，助人者必能確認他們自己的發展連結與分離，此外，助人者必須能夠瞭解他們的努力並鼓勵他們做必要性的改變以改善生活；若未與他人連結，基本上改變是不可能的（Alle-Corliss & Alle-Corliss, 1999, p.102）。Ivey（1991）如此說明連結的議題：

> 連結像分離一樣重要……在我們的發展進程中有雙重任務。為了生存，我們必須依附他人但也是分離的；關係、連結與依附是信任與親密的基石；當我們走過自立與認同的發展任務，我們必須確認自己與家人及他人的界線。（p.158）

　　為了獲取案主的信任與和諧關係，助人者必須示範他們自己發展歷程的自我察覺方式。

團體運用

　　帶領團體時，領導者必須評估（1）個別的團體成員處於何種特定的發展階段；（2）在那個階段他們如何適應特定的心理社會危機或衝

突。通常治療性介入重點是幫助團體成員達成他們發展階段特定任務或是找出哪些因素干擾他們順利進入下一個階段的能力。

運用發展架構可能不如它所顯示的簡單，領導者必須做完整的評估以判定案主的發展程度與最佳的行動方針。發展觀點適用範圍非常廣泛，能快速納入最重要的治療學派。

許多類型的發展議題都適用團體治療，例如，依年齡及生活技巧而定的兒童團體（潛伏期兒童之社會技巧團體），同樣的還有許多類青少年團體，為此人生階段的認同及同儕議題而努力；成年人則加入年齡相關團體，例如青年團體或中年危機團體，而老年人的生命末期議題則有回憶或支持性團體。

團體範例：如強調發展性議題的青春前期發展的生活技巧團體及青年團體；青春前期團體為協助青少年面對其相關發展議題，同樣的，青年團體主要目標是幫助成員瞭解他們發展階段的孤單與親密危機。

其他學派

愛力克森的心理社會理論（Erikson's Psychosocial Theory）

誠如佛洛伊德，愛力克森（Erikson）關注人格之內在動力；他認為心理社會的力量是個人終其一生發展的主要動力，並且相信個人有能力克服他們的問題。愛力克森提出透過系統性改變逐漸形成人格，並且重視個人整個生命週期。愛力克森將生命週期概略分為八個發展模式，從嬰兒到老年，是每個人都會經歷過的。

愛力克森假定當我們走向每階段，我們都會面臨特定的年齡相關發展任務或危機，必須去克服，以及建立一個我們自己與所處的社會之間的平衡。當我們成功的掌控這些任務或發展里程碑，就會建立出正向的認同，然後準備好走向下一個階段。（Neukrug, 2004, p.41）

當一個人無法克服有待處理的發展任務，會有自我形象低落與自我挫傷的結果，損害個人掌控未來發展階段之能力；依據愛力克森的觀點，所有人都會面臨他生命中緊急轉捩點，如果成功解決這些衝突或危機就會繼續往前，要是失敗未解決這些衝突就會退化。無論是否成功解決這些階段性衝突或危機，生理成熟及社會要求仍就會迫使他們往前進入下一個階段。

本質上，愛力克森模式鼓勵檢驗及解決未解決的問題，然後方能往前發展。其團體治療通常針對未解決且阻礙案主進入下一發展階段的問題，透過適當的座談會討論。G. Corey（2009）相信愛力克森的架構對於瞭解治療時呈現的發展問題相當有幫助，「為重要需求與發展任務，以及每個生命階段固有的挑戰，提供一個模式以瞭解案主治療期間揭露的核心衝突」（p.68）。

危機理論（Crisis Theory）

危機介入是協助案主尋找適合解決生命危機事件的一個過程，從歷史來看，就像許多我們曾討論過的理論，危機理論根植於心理分析理論。當代臨床醫師深受佛洛伊德對人的觀點所影響，意即將人視為有能力自我發現與改變的複合生命體；他強調對助人者而言相當重要，應傾聽案主並且鼓勵淨化（創傷事件的情感表達），尤其是有效的

危機介入。

Eric Lindemann（1944）與 Gerald Caplan（1964）是危機諮商最著名的兩位先鋒（Gladding, 2004; James, 2008），Lindemann 於 1942 年 Coconut Grove 大火之後喪親研究，顯示有助於界定親屬猝死之家屬走過悲傷過程；他指出悲傷工作包括哀悼失落的過程，經歷失落的痛苦，最後終於接受及調適沒有親人的生活（Lindemann, 1944; Slaikeu, 1990）。Lindemann 發現人們允許自己走過正常的悲傷過程可預防負面的失落危機（Hoff, 1989, p.11）。Lindemann 之悲傷研究對於當代危機理論貢獻卓著。

在 1964 年，Caplan 發展出一個概念性架構以瞭解危機，意即強調案主需要負責且相信他們可以克服他們的失落持續成長。他建議當創傷後四至六週脆弱期間，危機得以被解決時，案主可能較少產生精神障礙（Slaikeu, 1990, p.7）。Caplan 對於社區危機預防相當有貢獻，他相信對社區志願人員及神職人員提供危機介入的短暫性訓練，有助於幫助案主回復危機前的功能。

危機理論逐年發展，隨著自殺防治中心，以及戒酒協會（AA）、越南退伍軍人、1970 年代女性運動等草根運動之崛起，更有助於「把危機介入塑造成一門新興專業」（James, 2008, p.7）。

自從 1980 年代，健康管理盛行遍及心理衛生系統，健康管理引領轉變為短期治療，強調與危機理論連結之認知行為觀點，其特點是關注個人的危機，如持續性不適應行為、負面思想、有害的防衛機轉等。危機理論堅持當不適應行為改變為更加適應的行為，危機將會消失（Alle-Corliss & Alle-Corliss, 1999）。

基本概念

在現今步調緊湊及壓力的生活裡，危機已是司空見慣的事；因

此，案主需要引導支持以度過危機，且更傾向尋求短期危機介入治療而非長期治療。

簡述危機是「對於一個難以承受的事件或情境的察覺或經驗，這個事件情境已遠超過個人目前資源及適應機轉所能負荷」（James, 2008, p.3）。Caplan（1961, p.18）定義危機類似於「一個障礙不能使用習慣性問題解決方法予以克服的，一時混亂既而苦惱，無論如何努力解決都是徒勞無功」。

按照中文字面意思來解說，危機意味著「危險之中的機會」（Agulera & Messick, 1982; James, 2008; Gilliland & James, 1993）；基本上「危機可以被視為人生的轉捩點，一個成長的機會，它可能需要決策以改變生命。危機解決有時限的，不論正向（機會）或負向（危險）。若尋求專業服務及危機介入技巧協助，將會提高正向結果的機會」（Alle-Corliss & Alle-Corliss, 1999, p.108）。Hoff（1989）指出成功的危機介入包含幫助人們利用機會並且避開危機內的危險（p.8）；Brammer（1985）附註說明當個人利用機會，「介入就如同幫助種下自我成長及自我實現的種子」（p.95）。

危機呈現方式及程度不同，常見四種類型：

1. 發展的（與生命週期緊密聯繫的，例如孩子出生，結婚，退休等）
2. 情境的（未預期的以及不幸事件，例如意外、失業、或所愛的人突然死亡）
3. 存在的（包含內部衝突及權力、責任、自立、自由、承諾等議題有關的焦慮，例如五十歲與絕望感）
4. 環境的（自然的或人為的災難：颶風、地震或恐怖攻擊、搶劫等）（lading, 2004; James & Gilliland, 2001）。

簡言之，James（2008）以及 Gilliland 與 James（1993）將危機特質界定如下：

同時存在危險與機會。如果自殺念頭更突出，危機可能是一個危險時刻；然而它也可能是一個面對深層情感與發展適應技巧的機會（Aguilera & Messick, 1982; Brammer, 1985; James, 2008）。

成長與改變的種子。有時候危機狀態帶來的不舒服及焦慮會促進改變（Janosik, 1984）。

複雜症狀學。危機通常存在複雜的症狀學，對於案主及重要他人而言危機可能是複雜且難以瞭解；當危機存在於個人、人際的、與社會階層時，面對非危機情境時更加複雜（Bass & Yep, 2002; Braammer, 1985）。

沒有萬能藥或快速解決之策。事實是沒有萬能藥或快速解決之策，就長期來看危機介入是無效的。Gilliland 與 James（1993）指出有時候因為未能在危機發生時尋求適當的協助，案主的情況更壞，有趣的是，危機期間防衛降低且案主更有動機審視自己與經歷深層情感，因此產生了改變。

選擇的必要。這是危機情境非常基本的，案主的選擇：求助並獲得改變生活的機會或是選擇不要尋求幫助（Carkhuff & Berenson, 1977）。

普遍的與獨特。失調不平衡或解體伴隨危機：「普遍性，因為沒有人能免疫；獨特，因為我們每個人都可能以不同方式經歷及面對危機」（Alle-Corliss & Alle-Corliss, 1999, p.109; Janosik, 1984）。

危機介入背後的核心假設是，提供一個案主所需的即時又有技巧的介入，理論家相信即時介入可以協助案主恢復先前的平衡狀態，避免發展成為一個長期的問題；更樂觀來看，可能出現新的適應模式，

得以提升個人功能比危機前更平衡。

　　與案主接觸的第一時刻就是治療開始，由於案主感到混亂，他們需要一個清楚直接及溫和的方式，只有幾項目標需要執行。文獻記載危機介入的主要目標有六項，強調安定及強化案主或其家庭系統（Alle-Corliss & Alle-Corliss, 1999; Rapport, 1996; Roberts, 2000）。

1. 緩和急性壓力症狀。
2. 恢復案主危機前最佳功能。
3. 確認及瞭解相關突發事件。
4. 確認家庭可以採用的改善方法，或者所能提供改善危機狀態的社區資源。
5. 對於現在壓力情境與過去經驗之間建立連結。
6. 案主開始發展新的知覺、思考與感受方式，以及未來可用的適合的因應資源。

常見策略

　　Kanel（1999）提出一個多功能且簡潔的 ABC 模式，包含三個步驟：　155

A. 發展與維持接觸。
B. 確認問題及治療性互動。
C. 發展因應技巧。

　　接下來有九項廣泛的危機介入觀點，包括文獻中記載各種不同危機模式（Alle-Corliss & Alle-Corliss, 1999; Belkin, 1984; Gilliland & James, 1993; James, 2008; James & Gilliland, 2003; Kanel, 1999; Roberts, 2000）。

1. **迅速建立一個建設性的關係**。透過積極傾聽以建立關係，促進和諧與信任，對於案主的感受與狀況保持敏銳。

2. **誘導並鼓勵表達痛苦情感與情緒**。憤怒、挫折與當下危機相關感受。

3. **討論突如其來的事件**。檢視關於如何、何時、以及為何發生危機之細節，之後與過去經驗連結。

4. **評估力量與需求**。治療開始之評估著重於案主的力量，提出討論可以改善其自尊並增強動機。

5. **提出強而有力的說明**。探討危機的意義與覺察。

6. **恢復認知功能**。協助案主確認解決危機的可行之道，注重他們感覺有動機執行的合理解決辦法。

7. **計畫與執行治療**。協助案主策劃目標、目的及適當的行動步驟與優先順序，為了案主利益主動積極參與特別重要。

8. **結束**。理想上當案主達到他們的目標，應可以解除危機；治療者回顧突發事件、反應，以及可能為將來所用之新習得的因應技巧。

9. **追蹤**。持續接觸，如有必要或者進一步轉介。

團體運用

156　　團體治療可用於各種不同危機情況之治療，已成為治療的選擇；因為處於危機狀態的案主經常需要支持與知識，讓他們感覺不孤單，團體是非常適合的；Gray（1988）指出，失去摯愛的青少年發現同儕支持團體「最有幫助」，而且他們不想被孤立或個別治療。James（2008, p.449）補述雖然青少年缺乏悲傷經驗，且因像高中這樣的環境，「社會影響既強有力且普遍，運用青少年團體悲傷工作是一項理想的策略，可以控制扭曲及傳聞，以協助青少年釋放悲傷能力及開始處理他們的

失落感」。

　　運用團體處理失落也相當有效，年長者的喪親經驗很普遍，也常出現各種失落。任何年齡，關於至愛死亡或分離的失落、地位的失落，誠如退休等悲傷，都能以團體方式成功處理面對。

　　團體對於成癮治療也非常有效；Lawson、Ellis 與 Rivers（1984 UKATT Research Team, 2005）發現因為這些為化學物質依賴所苦者，大部分從正向社會互動獲益，他們可以選擇取代孤立自己的誘惑。Dinkemeyer 與 Muro（1979）主張歸屬、接納、感情、社會互動、平等與一項新自我概念的發展等人際關係需求皆可藉由團體治療滿足。

　　團體治療也是性侵害兒童的治療抉擇，對於兒童及兒童期遭受性侵害的成年人都有效；團體治療讓他們瞭解自己並不孤單，得到支持與被瞭解。

　　總言之，對於遭受危機而處於痛苦者，團體治療的確有其效益。James（2008）分享他對於團體正向的看法：

　　團體的樣式提供同儕勇敢成功面對，而個別治療很少如此；團體可以讓成員學習更多有效的社會技巧，自我揭露威脅性的問題，並且在安全的環境嘗試新的行為，聚焦於此時此刻活動而非過去事件，對他人情感投入如同自己，期待改變灌輸希望，重拾幽默感。（p.339）

　　團體範例：許多實際提供危機團體的機構特別針對生活危機，包括創傷、失落、離婚、重大傷病、家庭及劇變；目的在提供必要的支持，並且教導適當的因應方法，幫助成員感受希望回復先前或更好的功能。

157

綜合性觀點的運用

當今照護體系經常侷限於危機與短期治療等服務，對助人工作而言，綜合性觀點是很必要的。G. Corey（2009）表示：

自從1980年代早期心理分析已發展出清楚的輪廓，現今正朝向各不同學派綜合，以建立更完整連貫的理論模式，及更有效的治療發展。（p.448）

許多學者對此發展趨勢有充分記載，並提倡將做適合的學派合併為一個綜融的觀點，成為未來最佳運用的一些理論模式。「綜合性觀點包括選擇概念與方法以形成一個模型，既適合特定案主群也符合機構短期治療需求」（Alle-Corliss & Alle- Corliss, 1999, p.106）。

G. Corey（2009, p.2）在 *The Art of Integrative Counselling* 提及綜合性觀點是「為案主獨特需求量身訂做，根源於某理論並借用其他學派的技術」；Arkowitz（1997）指出自從1970年代晚期，實務工作者檢視認為「跨越學院界線，從兩個或更多的學派綜合理論及技術，或建議不同治療派別的共同要素」（p.262）。

趨勢

促成心理治療整合的因素很多（Alle-Corliss & Alle-Corliss, 1999; Dattilio & Norcross, 2006; Norcross & Beutler, 2008; Norcross, Karpiak, & Lister, 2005），Norcross 與 Newman（1992）提出八項特別的動機：

1. 只不過是擴展理論。
2. 事實是沒有任何一個獨特的理論模型，可以符合所有案主與所

有問題的需求。

3. 受限於保險公司與健康照護公司，給付限於短期治療。

4. 短期治療、問題焦點治療日漸普及。

5. 此風氣提供實務者試驗各種治療的機會。

6. 既有的治療效果不一致。

7. 提升認知，即治療的共通性扮演一個主要的角色，決定治療的成果。

8. 專業團體發展促進此綜合性運動。

　　整體而言，心理治療走向整合趨勢的主要原因之一，「確認了沒有任何單一理論足以包羅萬象足以應付所有人類行為的複雜度，特別是針對所有案主類型以及他們獨特的問題皆能完全顧及」（G. Corey, 2009, p.450）。而 Okun（1990）表示目前理論連結整合前提為「沒有一個理論的觀點可以提供今日所見案主所有答案」（p.xvi）。更甚者，據估計大約60% 到70% 專業人員認為他們自己使用折衷的理論與技術（Gladding, 2004; Lazarus & Beutler, 1993）；Cheston（2000）表示，臨床醫師傾向使用各種理論與技術去滿足案主的需求，「平均每個案主治療工作採用了4.4 個理論」（p.254）。

　　實務工作發現綜合性觀點更適合實務者多元的風格，不只允許實務工作者採用各種不同理論與治療方式，他們發現對特殊案主群更有效，而且提供助人者更多機會得以將治療客製化，滿足特定案主的需求，也會更加舒適與自信（Alle-Corliss & Alle-Corliss, 1999, p.107）。

　　雖然使用綜合性觀點有其益處，也有某些缺點；主要是提供臨床醫師選擇的要素（Alle-Corliss & Alle-Corliss, 1999, p.107）；Neukrug（1994）表示臨床醫師應該「小心深思他們對人性本質的看法及技術，必須符合他們看待世界的觀點……（不幸的是，他）看見許多人把折衷搞得像技術的大雜燴，最終讓案主困惑」（p.71）。其他學者（G. Corey,

2009; Lambert, 1992）主張因為此過程相當錯綜複雜，必須非常謹慎選擇理論；實務者應該「確保學習各種技術並且選擇哪一種觀點概念最適合案主的人格……助人者在選擇治療技術時，必須總是以案主最佳利益為優先」（Alle-Corliss & Alle-Corliss, 1999, p.107）。

結論

本章重點為實務者介紹各種不同理論觀點及學派，以便提供有效的個人及團體治療。除了簡要說明系統理論及生理心理社會觀點之概念，同時也詳述心理動力的阿德勒學派、個人中心、認知行為、發展與危機理論；並且討論各學派理論如何運用於團體，及實際範例。第五章將介紹「機構技巧發展」。

第三部分
機構技巧發展

第 5 章 認識機構系統與多元個案

第 6 章 機構中團體工作的倫理與法律議題

第 7 章 如何在機構成功地帶領團體

5 CHAPTER
認識機構系統與多元個案

認識工作者所處機構及其最常服務的個案屬性是團體發展與團體工 163
作的成功要素。Alle-Corliss 與 Alle-Corliss（2006）說明了認識機
構系統與機構政策的重要性：

> 對機構的認識可以讓助人工作者（及團體領導者）的技巧更為提
> 升。此外，認識所工作的機構也會是與他人合作或是完成機構使命
> 與目標的關鍵要素。（p.40）

助人工作者也要試著瞭解機構系統中微細且複雜的部分。多認識機構政
策、實務、優勢及限制等可以創造出最佳的學習環境；也讓助人者在執
行團體工作時能夠事先確認機構可以給予支持與協助。

　　在認識機構的過程中，可以幫助助人工作者發展更多的因應策略以
面對不同層面的機構生活，像是各種規則、規範、人事議題等。這些知
識同時也能幫助自己更有能力面對不同層級的專業，包括管理階層，以
強化自己在機構中的專業角色。

　　同樣的，多認識機構所服務的個案也會助於設計方案及處遇計畫，
以符合個案特殊需求。Toseland 與 Rivas（2009）表示「服務輸送建立
在許多因素上，像是種族、族群、文化、國籍背景、宗教、社會階層、 164

性別、性取向及身心障礙狀況等」（p.128）。我們希望能對多元因素有更多的敏感度，以提供各個層面的服務。

人群服務機構（Human Service Agencies）：
一般功能

字面上，**人群服務機構**（human service agency）與**人群服務組織**（human service organization）可相互替換，因其字意相符，即「機構若其主要功能在達到個人、家庭及團體之情緒、社會、家庭、教育、心理及基本福利等需求稱之」（Kanel, 2008, p.330）。Meenaghan 與 Gibbons（2000）的解釋如下：

> 在社會服務的領域，機構在不同的社區中創建，並以不同的方式幫助不同群體的人，像是提供兒童保護、提供家庭所需支持、發展適合老人的服務等。不同的專業者去思考不同的群體與團體需要哪些服務與幫助，並依此設計出多種方案，也開始持續且規律地提供服務。（p.25）

Bragger 與 Halloway（1978）定義了人群服務組織為「有許多面向的正式組織，其宗旨在促進某特殊群體的社會、情緒、生理、及／或福祉」（p.2）。Lauffer（1984）視組織為「有目的的社會單位；也就是它們刻意創立以達到某種目標或完成某任務及方案。這些目標、任務、方案可能無法經由某人或非正式團體有功能或有效率地完成」（p.14）。Kanel（2008）定義機構為「一種組織，其存在是為了達成許多目標，通常是提供社區直接或間接的服務。機構的功能是提供一些職位，讓一些人可以被組織起來以共同工作並提供服務」（p.330）。Alle-Corliss 與 Alle-Corliss（2006）做出了以下的摘述：

整體而言，組織集結了許多個人，每個人有特定角色去提供某群體需要的服務。一些特定職位，如管理者、一線工作人員及支援工作者共同組織起機構的功能。這些員工共同努力、整合服務以給予人群需要的支持。(p.43) 165

Woodside 與 McClam（2009）提出說明：「許多人群服務是在社區或區域中的機構或組織結構裡提供服務。此人群服務輸送脈絡或環境對那些在其結構與界線下工作的服務者而言是重要的」(p.223)。

我們一致同意瞭解這樣的脈絡很重要，為了能夠「協助個案、提供有效服務、及發展所需的政策與服務……機構與組織則為其員工訂定規範或界線」（Woodside & McClam, 2009, p.223）。

系統理論（Systems Theory）

系統理論也能助於瞭解機構及組織內的相互關係。許多文獻都已將機構視為系統（Alle-Corliss & Alle Corliss, 2006; Brill & Levine, 2002; Neukrug, 2004; Sweitzer & King, 2009; Woodside & McClam, 2009）。Sweitzer 與 King（2009）將系統定義如下：

系統由許多彼此相關的小部分組成，這些小部分達到了平衡的狀態。當有一個部分有所改變，其他部分也會隨之改變。就這樣在系統所處的環境中持續進行能量與資訊的交換，系統也會因此更為完善。……一個系統不只有彼此相關的部分組成，系統本身也是大系統的一個相關部分。(p.74)

上述文字說明了每一個系統或機構是較大系統的一部分；許多機構也可被分為數個較小的次系統。Sweitzer 與 King（2009）以家庭服務中

心為例進行說明：「家庭服務中心有數個不同的方案；家庭服務中心也是城市或鄉鎮中服務提供者的一員。可以由外部去檢視某一系統與其他相關系統間的關聯」（p.133）。

機構使命、宗旨、目標及價值

166　　學習認識機構的使命、宗旨及目標很重要，因為這些會影響及決定機構的功能。Kiser（2008）認為，「機構對其使命、目標、宗旨及策略要有清楚的說明，因為這是有效發揮其功能的核心」（p.46）。Sweitzer與 King（2009）提到，「機構透過其使命、宗旨及價值，正式向大眾傳達這個機構是什麼，以及其特別之處」（p.133）。

　　Woodside 與 McClam（2009）認為機構使命就是「藉由簡述其主要原則來傳達機構目標」（p.224）。在「使命宣言」（mission statement）中，通常會清楚提到服務對象、機構長程目標、經費來源、影響決策的機構價值、機構結構、機構優先重視事項等（Kiser, 2008; Lewis, Lewis, Packard, & Souflee, 2006）。某方面而言，機構使命反應了機構認同，也「直接或間接傳達了重要資訊，包括機構的助人哲學，及支持機構努力的價值」（Kiser, 2008, p.46）。

　　許多機構有正式的機構政策書，使命宣言便可以在其中找到。通常員工及服務使用者都很熟悉機構的使命宣言。然而，有時使命宣言模糊不清，且未正式記載；僅由掌權者決定機構使命與方向。Sweitzer與 King（2009）提到，「若機構使命是由多數人共同商議決定，則會引起較多關注及覺察；若機構使命僅由一、二個人決定並由上而下傳達，則會造成相反的結果」（p.135）。有趣的是，瞭解機構使命如何產生更有助於認識機構正式及非正式層面的運作。

　　認識機構的宗旨及目標亦同樣重要。這二者比使命更特定，並具體

說明「是什麼」及「如何做」。宗旨是機構最終希望達成的結果；目標則是更具體說明其任務。「目標是以更精確及具體的方式描述，並更聚焦且直接的提及機構立即努力的行動」（Kiser, 2008, p.47）。

　　若將機構宗旨及目標的呈現方式視為連續光譜，其中一端可以是正式的將宗旨目標以文字記載；另一端則以非正式、非文字方式表現。

167

　　一般而言，當機構對其目標及方向清楚，則越有可能成功完成任務。此時，可套用特殊的策略來協助達成目標，像是規劃、設計及執行特殊方案、服務及活動來達成機構宗旨及目標（Weiner, 1990）。「這些策略包括了直接提供給案主的服務及方案，及第二線的行政努力，如督導、募款、員工訓練及繼續教育」（Kiser, 2008, p.47）。

　　各機構會採用的策略皆不同，即便其宗旨及目標相似。舉例來說，假設兩家機構有著降低個案缺席率的相同目標。第一家機構可能採取同時段預約兩名個案；另一家機構則採取更仔細的過濾程序，如規定服務使用者要先參加導向團體（orientation group）後才能預約後續的會談。之所以會採取不同策略，主要是機構對如何達成目標有著不同的想法與理念。

　　一、二線員工及主管的價值信念會影響決策。Morales 與 Sheafor（1995）提到了人群服務的運用都受到價值信念的影響。Alle-Corliss 與 Alle-Corliss（2006）也同意：

　　價值非常重要：許多助人專業的決策都立基於價值……包括對如何、何時及何種服務輸送等決策通常與主管、資助者及實務工作者的價值信念有關。（p.15）

因此，覺察到規劃及輸送的相關人員之價值信念便顯重要，以瞭解機構與其宗旨、目標及所採取的特定策略。若主管與實務工作者的價值

信念有所衝突，也需要留意，因為這會直接或間接影響服務輸送。
Meenaghan 與 Gibbons（2000）提到：「實務工作可以被形塑成二個
方向。其一，實務工作者可以完全遵守既有的機構規範及守則……其
二，機構朝著某些目標前進，並鼓勵實務工作者擴展既有服務內容」
（p.23）。

機構結構：正式與非正式結構

168　　認識機構正式與非正式結構對是否能成功進行處遇計畫與執行有重
要的影響。基本上，機構結構決定了機構是否能達成目標（Bolman &
Deal, 2003）。在發展團體時，若越瞭解機構結構，則越容易尋求合適的
支持與規範。

正式的機構結構

人群服務的範圍很廣，所以單一機構或組織不可能提供所有服務給
需要的人。有鑑於此，不同類型的機構成立以針對不同群體提供不同的
服務。多數機構「有正式結構與政策，以確保服務輸送的一致性與延續
性……此外，政策與流程也會以正式的方式呈現」（Alle-Corliss & Alle-
Corliss, 2006, p.53）。通常，機構會在手冊中正式寫出機構政策與流程，
並摘要其規定、規範與步驟。因此，若要瞭解某一機構的實務標準，就
需要留意該機構手冊。同樣的，也需要由機構手冊中瞭解哪些事不可以
做。多數時候，機構手冊中的政策與流程代表了實務工作的準則。

多數機構會有正式結構，明確列出機構要求，也希望齊力且有效
地達成。Woodside 與 McClam（2009）提到，瞭解機構如何被組織起
來也是另一種方式去認識機構及其宗旨：「機構結構代表了員工之間及
其所屬部門之間的關係」（p.225）。Hansenfeld（1983）相信，多數機構

有內部結構，定義了每位員工的權力及員工之間的合作機制。韋伯理論（Weberian）將機構如何被結構視為權力階層的分配；依據不同的責任及決策方式來委派給不同機構成員（Alle-Corliss & Alle-Corliss, 2006; Weber, 1946）。例如，在心理衛生機構中，打字交給秘書；兒虐通報交給社福社工；自殺危機電話交給值班醫師；預算則交給行政人員處理。亦即，「將角色與職務特定化；機構活動正式化與標準化」（Alle-Corliss & Alle-Corliss, 2006, p.54）。

169

　　上述的權力鏈（the chain of command）「代表了機構權力的分層」；在權力鏈最上層的人通常「控制著資源與行動」（Woodside and McClam, 2009, p.226）。雖然不一定適用每個機構，但在多數機構，權力鏈通常開始於高層。下段文字對於機構環境下的結構解釋得非常清楚。

　　　　對一些機構，權力鏈及代表階層，定義了由上到下的責任與責信。每個人都要對其上層負責。在另一些機構則有較扁平的權力鏈，亦即機構由上到下的階層較少，決策過程也會有較多人共同參與。（Woodside and McClam, 2009, p.226）

　　Sweitzer 與 King（2009）認為機構結構有兩個基本元素：責任分工（division of responsibilities）與任務合作（coordination of work）。舉一個最簡單的例子，在許多非營利機構、外展組織及心理健康組織中，最常見的權力分層模式為：

董事會（Board of directors）
行政執行長（Administrative director）
機構主任（Clinical director）
督導（Supervisors）
實務工作人員（Clinical staff）

支援人員（Support staff）

　　許多機構政策及流程會以組織結構圖（organizational chart）示意。這些結構圖是認識機構系統非常好的文字工具。最常見的組織結構圖「說明機構中不同職位的職稱，及在系統中誰該向誰報告。組織結構圖表現了該機構如何被組織以完成任務等資訊」（Kiser, 2008, p.49）。Sweitzer 與 King（2009）也指出，「機構的權力結構定義了其權力鏈，且權力鏈可由組織結構圖中看出⋯⋯組織結構圖也讓人對該機構權力鏈的長度與複雜度一目了然」（p.141）。理論上，越大且越傳統的機構系統會有越多階層、越垂直且如金字塔般的組織結構圖。相反的，越小的機構及「較不屬於傳統階層化管理模式的機構」，其組織結構較為扁平。這類型的機構採取較多同儕督導及合作模式來組織及完成任務（Kiser, 2008, p.49）。

　　Alle-Corliss 與 Alle-Corliss（2006）鼓勵大家使用組織結構圖來認識：

- 機構的管理階層規模
- 機構正式職務間的關係
- 機構自主等議題
- 可能存在的衝突
- 溝通與工作流程
- 機構體制

非正式機構結構

　　我們並非活在理想的世界中，所以也必須認識存在於許多機構中的非正式結構。有時真實世界並無法符合正式的機構結構。Kiser（2008）提到，「在機構結構下，每天發生的溝通、關係及影響力等模式都與非

正式機構結構有關」（p.50）。Alle-Corliss 與 Alle-Corliss（2006）也提到，「非正式機構結構包括所有未明文寫出或明說的政策、流程及規範，但卻確實影響著工作者的行為」（p.54）。的確，若正式與非正式的結構越相近，機構越能有效地運作（Ethers, Austin & Prothero, 1976; Halley, Kopp & Austin, 1998; Kiser, 2008; Scott & Lynton, 1952）。

　　為了要能成功地在機構中工作，就必須認識機構生活中正式與非正式的面向。認識正式的政策可以幫助指引工作者各種流程；認識非正式的結構則可幫助員工與機構中重要人士建立關係。藉由員工之間每天的互動、蒐集資料及多觀察都是得到這類重要資訊的最佳來源。當要對團體方案的提案尋求現有團體的支持，或申請經費時，對機構非正式與正式結構的瞭解便同樣的重要。

　　除了非正式結構，認識機構中非正式團體也是重要的。在機構中非正式團體一定會存在且大多具有影響力，應進一步瞭解它們的功能及特質。應該多花時間認識實際的溝通模式、正式與非正式的角色與規範、現存派系、管理風格、及瞭解對員工發展的努力，以認識真正的機構結構（Alle-Corliss & Alle-Corliss, 2006; Baird, 2002; Faiver, Eisengart & Collona, 2004; Kiser, 2008; Royse, Dhooper & Rompf, 1999; Sweitzer & King, 2009）。掌握這些元素有助於適應機構體制。Kiser（2008）認為，「你是否有能力融入一個機構，取決於你是否能辨識並遵守機構中主流及非主流、正式及不正式的操作模式」（p.50）。同樣的，Alle-Corliss 與 Alle-Corliss（2006）鼓勵提問，因為可以更加瞭解機構正式與非正式層面：「尋求答案的過程會讓你經歷（正式與非正式）的結構，並幫助你早些認識哪些人可以相信、學習及經營支持性的關係」（p.56）。整體而言，這些資訊可以幫助你在機構中「生存」（surviving），並決定要採取什麼策略來規劃及執行服務，包含團體服務。

　　在瞭解機構非正式層面時，很重要的部分是要考慮同事間的差異

171

性。無庸置疑，機構中必然有很多不同特質的人，有著不同風格並採取不同理論背景。花一些時間去發掘、接受並尊重這些差異，才會有更正向的工作環境。理想上，學著在這些歧異所產生的衝突下工作將會讓你更不被任何一個小團體捲入。

　　Meenaghan 與 Gibbons（2000）討論了機構文化的角色：「簡單來說，就是分享或推銷價值及規範，來影響成員或團體的行為，並讓其抱負與期待有脈絡可循。因此，文化，也就是想法，可以被應用在非
172　常小的系統中──家庭、團體及機構」（p.32）。Schein（1985）提到，文化分析（cultural analysis）讓大家逐漸瞭解人群服務機構。McGregor 於1960年分析了機構內涵及氛圍，發現所有機構，尤其是人群服務機構，會有兩個特別的考量：任務及員工人際支持。在1989年，其他研究者將 McGregor 的研究加以擴展，提出機構表現及反映文化屬性可以是12類文化類型中的一種或多種（見表5.1）。

資源：經費

　　認識機構的經費來源有助於更瞭解機構，且對其服務規劃與輸送相
173　當重要，因此要瞭解機構年度預算及如何分配到各項細目。「經費必然是工作的基礎，並建立決定性的參數……。瞭解預算如何產生、經由誰認可、如何經過協調並調整等亦同樣重要」（Sweitzer & King, 2009, p.133, 137）。機構會因不同的經費來源分為三類：（1）公共或政府機構；（2）私人非營利機構；（3）私人營利機構（Alle-Corliss & Alle-Corliss, 2006; Kanel, 2008; Kiser, 2008; Sweitzer & King, 2009; Woodside & McClam, 2009）。

表 5.1　機構文化類型

1　**人性化且有幫助的文化**（humanistic helpful culture）。鼓勵在機構中主動參與。期待員工能互相幫助、成長並花時間及精力在彼此身上。

2.　**關係緊密的文化**（affiliative culture）。強調人與人間正向的網絡關係。在這類文化下的正向行為代表友善、可表達感受及看得到團體的需求。

3.　**認可的文化**（approval culture）。強調避免衝突甚至嚴重不和諧的狀況。人們主動尋求他人的認可並希望可以被他人喜歡。

4.　**保守的文化**（conventional culture）。強調傳統及遵循由來已久的模式。強烈希望順從並嚴守規定。

5.　**依賴性的文化**（dependent culture）。強調在垂直的結構下有幾位核心高層。不希望全體參與；在做決策前都要先與主管討論。

6.　**避免犯錯的文化**（avoidant culture）。強調不可失敗或犯錯。當有人犯錯，他們會因為怕受到懲罰而怪罪他人。

7.　**對立文化**（oppositional culture）。強調否定想法及創意。員工的狀態經常因意見被批判而受到影響。

8.　**權力文化**（power culture）。強調不允許多數人參與，僅有少數高階主管是核心。因此，人們會控制在其手下的員工；同時，非常關注在他之上的幾位高階主管。

9.　**競爭性文化**（competitive culture）。強調員工間的表現。表現佳的會有獎勵，因此員工會視他人為競爭對手。

10.　**能力文化**（competence culture）。強調員工應做每一件事，並且要做得好又準時。期待員工做額外的工作，展現意志力及堅守這樣的結構。

11. **成就文化**（achievement culture）。強調把事情做到完美；希望員工
所設定的目標是與組織目標息息相關。能量集中在組織內及其員工
上。

12. **自我實現文化**（self-actualization culture）。著重創造力與特殊性，
並將常規工作完成到極致。期待員工個人可以成長，享受工作，並
提出新計畫或迎接新挑戰。

資料來源：摘自 McGregor (1960); Meenaghan & Gibbons (2000)。

公共或政府機構

　　公共機構特別的地方在於以政府為主體（聯邦、州、區域、郡、直
轄市及縣市等政府），主要的目的在特定區域中提供服務。舉例而言，
公共機構有：社會福利或社會服務部門、心理衛生機構、矯治單位、健
康中心、老人機構、學校及其他教育單位等。公共機構的財源來自聯
邦、州、及／或地方政府的稅收；也會來自政府的其他財源，如基金會
支持或補助經費。在多數情況下，公共機構須對特定審核預算的立法機
關負責。Kanel（2008）提到，因為多數公共或政府機構都很龐大，必
須以高度結構化的方式組織其諸多服務輸送。由於這樣的需求，

> 多數公部門人群服務機構是以傳統科層模式（bureaucratic model）
> 運作……以有效達成機構目標。這種模式強調任務特殊化，並讓每
> 位員工擔任適當職務。管理方式必須確定員工瞭解其角色，並維持
> 員工擁有對組織有益的操守。（p.334）

　　如上所述，公共機構多屬大型機構，且管理方式是由上到下的權力
結構模式。這樣的方式多是複雜且規範導向；會有許多程序需要遵守，
及許多額外的文書作業（Alle-Corliss & Alle-Corliss, 2006; Birkenmaier &

Berg-Weger, 2007; Sweitzer & King, 2009）。

　　在科層體系中工作會有一些負向層面的元素，包括「遵守慣例、無彈性的規定、繁文縟節、工作延遲、及不想承擔責任或試驗」（Alle-Corliss & Alle-Corliss, 2006, p.40）。「義務性的文書作業、責信、階層及不願修正現況」是其他受到批評之處（Kanel, 2008, p.334）。儘管有這些缺點，公共或政府機構一般而言是穩定、薪水較好、福利較好的工作環境，像是有健康保險、長期病假措施及旅遊補助。此外，階層制度完整，且常是唯一提供服務給標的族群的機構。若沒有公辦機構，許多個案將無法獲得協助。

174

私立非營利機構

　　私立非營利機構亦提供人們所需服務。如同公部門，這些私人機構也可能有階層化結構。它們通常會選出董事會來掌管機構，並聘任專業工作者與志工一起為社區個案提供服務（Alle-Corliss & Alle-Corliss, 2006; Kramer, 1981）。此外，「部分非營利機構會提供直接（面對面）的個案服務；其他機構則舉行募款活動，及社區外展服務與教育」，就像聯合勸募協會（United Way）、美國紅十字會（American Red Cross）、美國心臟協會（American Heart Association）、Easter Seals 等機構（Kanel, 2008, p.337）。這些機構提供社區所需的教育，並分配所募得款項給其他提供直接服務的機構。

　　許多非營利組織採用關係管理模式（human relations model）。此模式與階層模式有極大差異，因為更具有彈性且案主中心取向。在 1960 到 1970 年間，關係管理模式為那些抵制政府政策與理念的機構提供了另一種選擇。這個模式中心思想是「提供更多個案所需服務及方案發展，而非注重數字與責信」（Kanel, 2008, p.338）。在 1960 到 1980 年間，捐款及募款活動非常興盛；同時許多專業服務是由志工提供，因此在

那些年私人非營利機構快速成長。到了1990到2000年間，它們在經費來源部分有些改變，依賴政府的特別補助或方案補助增加。因此，這些機構僱用更多給薪的專業人員自然也變得更複雜也更為政策導向（Brueggermann, 1996; Kanel, 2008; McAdam, 1986; Weinstein, 1994）。

　　這些私人非營利組織的財源主要來自「私人資源，如宗教組織、基金會、個人捐款、補助與募款程序」（Kiser, 2008, p.51）。此外，聯邦政府、州政府與地方政府也可能會補助特定方案。Ortiz（1995）提到，有些情況下，政府會以契約方式向私人機構購買服務。Woodside McClam（2009）補充，「公部門與非營利機構的差別並非總是這麼清楚，因為越來越多的非營利機構以契約方式提供公部門服務」（p.227）。在此，需要進一步討論機構的收入（revenues）議題，**收入**指的是經費來源，主要有四個部分：（1）來自聯邦政府、州政府或地方政府；（2）補助或契約收入；（3）服務費；（4）捐款。在許多狀況下，非營利機構可以有多種收入來源。

　　私人非營利機構或多或少會有經濟壓力，因為多重收入來源讓機構必須向多方補助單位負責。其他機構也同樣會考慮多重補助以增加收入，因為機構並非僅依賴單一收入來源（Alle-Corliss & Alle-Corliss, 2006; Birkenmaier & Berg-Weger, 2007; Sweitzer & King, 2009）。

　　相較於私人非營利機構，公部門有其優勢也有劣勢。我們知道，多數私人非營利機構最大的劣勢是收入不穩定及較低的薪資。但正向而言，私人非營利機構有一些優勢，包括：

- 有更多的彈性去僱用社區專科或大學學歷的人群服務工作者。
- 較不正式的工作環境，以方案發展及個案需求為主。
- 對工時有較多的自主性與彈性。
- 有更多的機會去幫助社區。
- 有更高的工作滿意度，因為能參與利他的助人專業。

* 能與其他同樣想助人的專業人員一同工作。

當今社會有許多私人非營利機構存在，包括：

* 家庭服務機構，提供緊急介入、親職教育、諮商、老人喘息照顧、青少年方案、憤怒控制團體等。
* 美國紅十字會及聯合勸募協會。
* 社會及兒童福利相關機構、心理健康相關機構、教育機構及矯治相關機構。這些機構由專業人員、半專業人員、非專業人員及志工共同組成，目標是提供社區所需服務。

176

私人營利機構

在 1990 到 2000 年間，公部門面臨預算縮減；私人非營利組織面臨資源減少，同時歷處經濟與政治改變的時代，造成私人營利組織的增加。Kiser（2008）提到這類型的組織是「私人的社會機構（proprietary social agencies），由一人或多人集資，投入個人資源來創立組織」（p.52）。私人營利機構有兩個功能：

1. 提供服務：醫療、心理健康、教育、復健等服務。
2. 在提供服務時能夠獲利（Alle-Corliss & Alle-Corliss, 2006; Kanel, 2008; Kiser, 2008）。

私人營利機構的收入來源通常是顧客自費或委辦補助。在 1990 年間，私人化（privatization）與管理式照顧（managed care）開始出現（Goodman, Brown, & Dietz, 1992）。**私人化**是指「將政府的責任及服務輸送的成效轉移到私人單位上」（Alle-Corliss & Alle-Corliss, 2006, p.47）。以人群服務領域而言，私人化是將下列服務的責任轉移到私人單位上，包括：需求評估、募款、政策決策、方案發展、服務輸送、

監督及成效評估。**管理式照顧**是「健康照顧保險系統的傘狀結構，與醫院、診所或願意接受定額服務費用補助的私人單位等相關網絡進行簽約。管理式照顧的病患照顧並非完全由服務提供者所決定」（Burger, 2008, p.48）。據估計，在美國，由管理式照顧相關組織所辦理的團體健康保險在比例上有顯著的成長，有部分原因是因為其健康照顧的費用較低。其他好處包括強調初級預防的作為增加，以及早期發現問題（Neukrug, 2008, p.307）。

很明顯的，如同非營利機構般，營利機構會接受來自州政府、聯邦政府及／或地方政府的服務補助。另外還有符合醫療保險公司支付的第三方補償，以及案主自行支付的服務費用（Garner, 1995; Kiser, 2008; Sweitzer & King, 2009; Woodside & McClam, 2009）。由私人機構提供的服務費用通常會高過公部門或非營利機構的費用。

私人營利機構的例子包括：私人心理健康住院治療、藥物濫用戒毒院所、教育機構、療養院、智能障礙者團體之家、康復之家等（Barker, 1996）。私人心理健康實務工作者也歸類於此領域。Sweitzer 與 King（2009）強調，在私人機構裡，「收入來源有很大的力量與影響力，因為保險公司要求在治療前要先有正式的診斷」（p.139）。在此，我們要介紹最後一種、可能也最廣為使用的私人機構：健康維持組織（health maintenance organizations; HMOs）（Kanel, 2008, p.10）。在1900年代早期，HMOs 的首創是為了維持家庭健康、提供早期介入及預防照顧。1973年通過的健康維持法案（Health Maintenance Act）造成 HMOs 的大量成長，也開始將其視為健康維持的工具，而非僅作為治療疾病一途（DeLeon, Uyeda & Welch, 1985）。要加入 HMOs，要先付一筆預付款項作為特定健康照護與精神科服務之用。對 HMOs 的批判通常在於，它們的目標是盡量讓會員維持健康，以減少會員使用其他已付費也有權使用的各項健康服務，藉此獲取利潤。此外，為 HMOs 工作的內科醫師

及心理健康專業工作者有下述感受：

> 對於誰需要服務、要多久服務等，HMO 都會仔細管理。HMO 採
> 取的政策是要降低使用者的自主權，自主權卻是許多心理健康工作
> 者所強調的。此外，HMO 在心理健康服務上收取較少的費用，因
> 此許多私人執業者會覺得 HMO 是強勁的競爭對手。（Kanel, 2008,
> p.223）

HMOs 有下列優勢：

- 心理健康工作者能成功治療有多重需求的個案。
- 可以治療藥物濫用患者。
- 提供教育服務。
- 採用多重專業團隊模式。
- 轉介流程較為簡便。
- 採用更有效、更短期且具成本效益的治療模式。
- 中心思想是提供廣泛性的服務。
- 短期、具成本效益的治療。

　　HMOs 的收入通常有幾個來源：案主自費；由雇主投保之保險公司 178
支付及醫療照顧計畫（Medicare）或醫療補助計畫（Medicaid）等第三
方補助。

其他資源

　　除了一些常見的收入來源，機構還可能有其他形式的資源，如「房
地產；土地；員工；短期貨品，如設備與補給品；員工技術或潛力，
如藝術天份、體能優勢、創意、募款能力、倡議能力等」（Woodside &

McClam, 2009, p.228）。人力資源或許是在人際層面上最有助益也最重要的資產。

特殊議題

法律與政治議題

　　認知到機構內法律與政治議題，足以影響到是否能成功與同事及主管互動。Kerson（1994）強調，機構法律、社會與政治脈絡會強烈影響機構整體運作。在宏觀的層面，瞭解當前特定的社會政策議題相當重要。**社會政策**（social policy）是指「一系列小心選定的方針，作為當下與未來決策的準則」，並影響了特定環境下個人的福祉（Halley et al., 1998, p.97）。Kiser（2008）也強調，「由於『社會政策』會影響方案及服務發展，當下的社會政策將會影響人群服務專業人員如何介入個案並發掘人們的問題」（p.62）。由於許多議題與社會政策緊密相關，且看似超出實務工作者個人可以考慮的範圍，因此容易被忽略。對此，我們有不同的期待：我們希望實務工作者可以多認識社會政策；可以花時間學習組織內的實務與政策如何與地方、州及聯邦層級的法律、社會及政治力量連結。

　　此外，態度、價值及機構中廣為流通的觀點等雖然不如上述議題正式，但卻同樣重要。有時這些因素會影響方案執行與否甚深；也會在機構中產生加強或減弱良知的基調。能夠覺察到組織政治將會是實務成功及方案發展的關鍵。藉由政治框架來檢視機構，將會更容易看到機構在不同的議題上有不同的聯盟（Bolman & Deal, 2003）。由這個層面也可以看到機構內的經費決策、實際權力及影響力等現實面。Alle-Corliss與 Alle-Corliss（2006）建議，透過觀察與發問可以學到許多機構中正

式與非正式的結構與政治：「觀察員工彼此之間、以及員工與管理者及高層等的相處方式可以讓你對組織功能瞭然於心」（p.55）。

社區需求

除了學習機構環境，去瞭解機構所處的社區與盤點資源亦同樣重要。「由於機構與社區是互有動力的，需要不斷篩選如何回應社會、政治與經濟上的轉變」，因此覺察到這些層面亦相當重要（Woodside & McClam, 2009, p.223）。我們已經提到社會政策的重要性，及其與社區的連結。去學習社區如何影響直接與間接實務工作也是關鍵。例如，學習機構所處的環境會讓工作者更瞭解機構如何運作、如何提供服務、如何服務案主、及機構所僱用的專業者。

與社區中其他的專業人員互動也有助於瞭解社區資源（以及社區提供哪些服務）、建立連結、及發展支持系統以建立網絡。當實務工作者更瞭解機構內與機構外的資源，轉介流程將會更為順利。當人群服務工作者能與其他專業人員有正向的關係，則轉介會最為成功。人群服務機構被認為是「互相依賴的網絡，能彼此支持與合作」（Kiser, 2008, p.53）。但也同樣要瞭解機構之間也會存在衝突，因為會為了同樣的資源或個案來源而有競爭關係。不過這樣的關係是自然、可預期且希望能有正向的解決方式。Brueggemann（2006）相信，機構間若長期共同合作，較能看到資源間的衝突，並正向有效的解決。

另外，機構也要決定員工與社區連結的程度。研究發現，當機構員工能成為所處社區的一部分，將會更具有優勢。「這表示，其提供的服務是依據案主需求；能預期且看到不同種族、族群、意見、及不同人群服務專業者角色等差異並做出適合的反應；以及規劃案主與助人者之間的互動」（Woodside & McClam, 2009, p.228）。

180

「去看到你的機構所處的社區之資訊是一項多重層面且複雜的任務」（Kiser, 2008, p.58）。因此我們鼓勵使用多重方式來獲得資訊，包括：社區需求評估；美國普查報告；適當的網站（州及地方政府、特殊利益團體等）；與社區領袖接觸；與其他機構的專業人員互動；及與社區居民直接互動等方式。

Homan（2004）針對有興趣與社區一同工作的人士提供了絕佳的建議，建議應該從以下的方式認識社區：

瞭解社區居民最基本的特徵。去理解社區如何運作以符合其需求。去看到哪些需求尚未完成；看到當你希望為社區做些改變時，會需要先改善些什麼。最重要的是，盤點社區已有的資源，以及有待開發的資源。這些資訊都有助於你去判斷改變所需要的能力。（p.177）

潛在問題

每個機構都有其特色、優勢與限制。許多人群服務機構中常見到的問題包括：惰性、資訊有限、依專業分部化及員工疏離。Meenaghan 與 Kilty（1993）發現了普遍存在於人群服務機構中的其他問題：

- **進入服務**（access）。案主可能根本無法進入照顧系統，或難以即時獲得幫助。
- **服務利用**（utilization）。部分人可能對接受服務感到冷淡甚至打消念頭，因此較無法使用適宜服務。
- **協調／複製**（coordination/duplication）。一些機構可能會提供同類型的服務，甚至複製相同的服務。Meeneghan 與 Kilty（1993）提到，「當機構過度注重複製服務，它們就無法偵測到環境中未被滿足的需求、及需求的改變等」（p.30）。

181

- **決策依據與決策結構**（decision base and decision structure）。有些機構會因為不足或不適當的資料而減低其做出合理決策的能力。在其他狀況，資訊的蒐集可能不夠有效，以致無法做出持續性的組織決策，或是面臨不完整的決策結構。
- **方案的延續性或持續性計畫過程**（program contingencies and ongoing planning process）。部分機構沒有有效的組織管理；所以當危機發生時，只能以被動方式處理。
- **機構以外的員工關係**（intraorganizational staff relations）。在人群服務機構中，人際間的緊張與衝突關係常被解讀為個人問題。Meeneghan 與 Kilty（1993）補充說明，有時機構內員工或不同部門會有嚴重衝突，大部分是因為角色不清，或對自己的權利與責任不確定所致。

為了確保人群服務組織能發揮最大的功能，組織必須花時間檢視是否有上述問題。要提升機構的運作與功能，首先必須發現問題；再者是提出預防性與復原性的解決方案。

多元的服務對象

人群服務通常會在機構內先設定好服務對象。「由於在人類領域中有其專精的部分，多數機構會設定特定群體作為服務對象」（Kiser, 2008, p.23）。為了要提供最有效的服務，發展與執行團體工作，工作者要對任職機構最常的服務對象群有完整的瞭解與認識。對任何一位人群服務者，學習與多元對象一起工作是不可或缺的要素。

為不同對象及許多不同議題提供服務的實務工作者，必須敏感且尊重多元議題，並要有相關知識與技術。除非助人者能夠考慮到人們多元面向的生活，否則工作效果將打折扣。（Alle-Corliss & Alle-

Corliss, 1999, p.246）

182　　Toseland 與 Rivas（2009）強調，「領導者必須發展如何與工作者不同背景的人們工作」（p.128）。

　　為了瞭解到與許多不同個案進行團體工作的價值，我們可以從多元（diversity）概念中的各個層面開始。**多元**一詞有許多解釋方式。根據「公司機會平等與多元管理法」（Office for Equal Opportunity and Diversity Management, 2003），**多元**代表人口統計學上的許多變項，包括年齡、膚色、障礙、性別、國籍、種族、宗教、性取向等。Kaiser Permanente（2004）提到：

> 多元是人類身上存在的不同之處，像是多種背景、風格、觀點、價值及信仰等，這些都是群體互動的重要資產。多元也可延伸到種族與性別等有明顯界定之外。人們可由許多層面展現彼此的相似性或差異性。當檢視「價值多元」（valuing diversity）概念時，則是與你我都有關，涵蓋了每個人。（p.2）

Pedersen（2000）依據下列方式分類多元群體：

- 人種上的變項（國籍、種族、語言及宗教）。
- 人口統計學上的變項（年齡、性別、居住地〔地理位置〕）。
- 身分地位變項（教育及社經背景）。
- 正式與非正式工作單位。

　　這些觀點都符合我們的探討範圍，因為多元不僅強調文化、種族、族群等重要性；也包含了社經地位、年齡、性別、性取向、身心障礙程度、宗教、靈性層面及地理位置（Alle-Corliss & Alle-Corliss, 1999, 2006; Arredondo, 2002; Capuzzi & Gross, 2007; Lum, 2004）。

接下來我們將個別檢視這些多元面向的顯著議題。雖然在本章沒有要一一討論各個群體的細項，但我們將介紹其獨特性。本章第四部分則會討論與各群體工作時應特別考慮之處。

美國的多元性

Neukrug（2008）認為，美國是全世界最多元的國家──「這個國 183家的確聚集了許多種族、族群、文化及宗教」（p.190）。許多近期統計資料發現，有超過三成的美國人屬於少數種族或少數民族；且據估計這個世紀將攀升到五成之多（Alle-Corliss & Alle-Corliss, 2006; Capuzzi & Gross, 2007; Hull & Kirst-Ashman, 2004; Lum, 2004; Neukrug, 2008; U.S Census Bureau, 2004）。此外，美國 2000 年普查報告顯示，有 13% 的人口群年齡在 65 歲以上；20% 有身心障礙（Capuzzi & Gross, 2007; U.S. Census Bureau, 2004）。其他推估包括有多達 15% 的人口群是同性戀或雙性戀，這還不包括許多未表明者。Capuzzi 與 Gross（2007）提到，「考慮到這些數據，以及美國社會中女性較低的地位與權力，都顯示瞭解多元性及致力於社會正義是這個社會所面臨的主要議題」（p.49）。Neukrug（2004）發現，美國對特殊群體已較具敏感度，「包括生理障礙、老人、街友、貧困者、愛滋病帶原者及精神疾患者」（p.136）。整體而言，人口統計上以及人們觀點上的改變都讓美國漸漸地瞭解對多元議題應更敏銳的重要性。

文化、種族與族群（Culture, Race and Ethnicity）

文化、種族及族群是最廣為熟知的多元領域。瞭解這三個名詞的差異很重要。**文化**是指「人們或團體學習而來的世界觀或典範，並流傳下來影響著價值、信念、風俗及行為，也反應在群體的語言、服飾、食物、工具及社會制度上」（Burchum, 2002, p.7）。Neukrug（2004）提出

了較簡單的觀點：文化包含了「常見的價值、規範、行為、符號、語言及一般生活模式；人們將會學習這些並彼此分享」（p.194）。

　　種族是指一群人擁有相同的生理特徵，以此被認定有相同的族群團體。Kanel（2008）與 Schaefer（1998）提到，**種族團體**通常指人們以外觀來分類，包括膚色、眼睛形狀與顏色、頭髮形式、臉部特徵及身體型態。在當代，不同種族間的通婚非常常見，因此越來越難認定個人屬於哪個種族。同時，也較少人單以種族來辨識個人。

184　　**族群**的定義是「依據宗教、種族、民族或文化群體等特性來區別個人」（Brill & Levine, 2002, p.249）。本質上，族群團體有著相同的根源，如宗教信仰與宗教活動、語言、歷史持續性、相同祖先或起源地（Devore & Schlesinger, 1995）。Kanel（2008）補充，族群也一同分享著「育兒、婚姻、飲食、烹飪方式、家庭價值、家的概念等傳統觀念」（p.143）。每一個種族由許多族群組成；亦即族群數量遠比種族多。例如，拉丁美洲人包含了墨西哥人、古巴人、波多黎各人等；亞洲人包含了中國人、日本人、夏威夷人、越南人等等。相似的，基督教徒、天主教徒、回教徒等也算不同的族群，且教徒各來自不同的種族。

培養多元敏感度

　　為了增加多元敏感度，人群服務工作者必須瞭解並尊重任何與自己不同的部分。Capuzzi 與 Gross（2007）強調，實務工作者必須看到文化差異對案主生命經驗、案主－助人者關係及助人歷程的影響。

　　可惜的是，諮商及其他形式的助人專業「並未好好的幫助我們的案主」（Neukrug, 2002, p.136）。許多學者（Alle-Corliss & Alle-Corliss, 1999; Lum, 2004; Neukrug, 2004; Sue & Sue, 2008）提出了這個現象的可能解釋：

- 人們以為迷思可以消失，不斷希望文化多元性可以彼此交融。
- 對助人關係有不一致的期待；東西方的哲學不同，所以對個人的看法及情感的表達皆有不同。
- 助人者對社會力量、影響因子及對案主造成的影響皆缺乏瞭解。
- 民族優越感的世界觀讓助人者視自己基準與價值是唯一標準，而去評斷或打量其他的文化。
- 忽略個人種族歧視的態度與偏見。
- 未能瞭解文化差異下對病情的描述，導致錯誤診斷、錯誤治療及過早結案。
- 檢視或研究方法不符合現實狀況，僅針對主流文化。
- 體制的種族歧視滲透了各個系統，包括機構系統。
- 諮商或助人過程沒有針對多元背景的個案而設計。

185

多元文化主義（multiculturalism）主要著重在族群、種族及文化等議題；在過去數十年間已越來越受到尊重。根據 Lee 與 Ramsey（2006）的看法，當今多元文化諮商「已考慮文化背景及不同個案的個人經驗。另外，個案的心理社會需求可以被覺察，並在諮商過程中被滿足」（p.5）。Sue 與 Sue（2008）對多元文化諮商能力的描述中，也提到了整合覺察、知識與技巧的重要性。Alle-Corliss 與 Alle-Corliss（1999）強調，人群服務工作者需要做到下列事項：

- 覺察到自己的偏見、歧視及抗拒去提升自己的多元文化敏感度。
- 願意學習案主的特定文化與族群等知識。
- 與特殊文化或族群的案主工作時，願意加強所需的技巧。（p.246）

在與不同族群或種族的個案工作時，Neukrug（2002）列舉了 10 項基本且清楚的建議讓助人過程可以最為有效：

1. 鼓勵案主用自己的語言。

2. 學習案主所屬的文化遺產。

3. 詳細評估案主的文化認同狀況。

4. 檢視案主非口語表達的正確性。

5. 使用另外的溝通模式。

6. 鼓勵案主帶來具文化意義的物品及個人相關物品。

7. 讓助人環境更多樣化。

8. 不要直接對案主下結論。

186

9. 認識自己。

10.學習相關技術。

當讀者和與自己有著不同背景的個人或團體工作時，我們鼓勵您應考慮上述的每一點建議。接下來，我們將針對特殊族群做進一步討論。

非裔美國人（African Americans）

在美國，非裔美國人是當今最大的少數族群。歷史上，他們整體承受了非常大的歧視，因為約四百年前，他們以奴隸身分來到美國，且是唯一到美國後做奴隸的族群（Hull & Kirst-Ashman, 2004; Lum, 2004, p.80）。Morales 與 Sheafor（1995）對非裔美國人的描述為：「在美國被最殘酷對待的少數群體」（p.276）。Taylor（1994）為他們長期以來的困境做了有力的說明：「他們被奴役的歷史，加上其後法律上的歧視、強迫性種族隔離及排外，都極度地影響公共事務的運作、他們的整體性及家庭的功能性，且繼續影響著他們在美國的集體命運」（p.12）。

雖然非裔美國人說著流利的英文，他們卻比其他少數族群更易被認出，因為他們有著與高加索人明顯不同的外表。即便許多非裔美國人自美國建國以來就已經在美國生活，也更融入主流價值；但在現今社會中，他們仍持續受到種族歧視（Alle-Corliss & Alle-Corliss, 1999; Hull

& Kirst-Ashman, 2004; Kanel, 2008; Sue & Sue, 2008）。非裔美國人的家庭在經濟方面仍有困難，比白人家庭賺的更少；「即使少了歧視這個因素，他們的經濟收入也比應得的少」（McLemore, 1994, p.145）。

巴拉克歐巴馬（Barack Obama）是位非裔美國人，其父親來自肯亞，母親則是堪薩斯州的白人。歐巴馬在2008年11月4日（星期二）獲選為美國第四十四任總統，是「打破一直以來的種族藩籬，成為美國第一位非裔美國人總統」（*LA Times*, 2008）。雖然一直以來都存在著種族衝突，歐巴馬「以他多種族與多族群背景的身分贏得了壓倒性的勝利，他的勝利帶著美國走向平等。當歐巴馬出生時，與他同樣膚色的人在美國部分地方是不能投票的；許多人為此努力卻喪失性命」（*LA Times*, 2008）。雖然歐巴馬獲勝，但種族歧視仍存在，因為許多美國人仍對非裔美國人持有負面態度，「非裔美國人常感覺被警察、法官及其他公家單位具針對性的對待。不幸的，他們的感覺是對的，因為機構種族歧視仍存在著」（Kanel, 2008, p.149）。

當與非裔美國人工作時，來自不同族群背景的實務工作者必須考量多元文化議題，因為這會影響助人關係。我們鼓勵助人工作者採取同儕合作角色，即雙向尊重與雙向分享，取代上－下權力取向。溝通模式、家庭經驗、不同助人模式及宏觀的介入取向也必須加以思考。此外，助人者必須考慮個案被轉介的原因，以及瞭解非裔美國人整體所面臨的多重問題。要加強對個案的培力，個案才能得到幫助進而掌控他們的人生。最後，對他們的宗教、靈性層面、音樂及非洲文化遺產所扮演的角色也必須要所認識，以發展適合的處遇計畫（Alle-Corliss & Alle-Corliss, 1999）。

助人者要針對個別案主擬定個人化處遇計畫以符合案主需求。助人者在沒有花時間去瞭解更深入的議題前不可妄下評斷。重要的是，要對同一群體內的多元性能敏銳覺察，而不是很快的將所有非裔美國人貼上

標籤，認為他們都一樣。Kanel（2008）強調，「每個案主都是獨立的個體；所以要對案主的文化背景具敏感度，才能看到案主的需求。必須時時覺察種族歧視存在的事實，但不可預設立場」（p.149）。

阿拉伯裔美國人（Arab Americans）

在美國，阿拉伯裔美國人這個族群已經越來越多，且有不同的語言與宗教信仰。但是他們通常有著來自中東的相同文化傳統（Kanel, 2008）。在2001年911恐怖攻擊事件後，來自中東的人通常會被這負面事件連結而遭到不公平的評斷與歧視。另一個常見的迷思是「所有阿拉伯裔都是穆斯林（Muslim）」；事實上，近期統計顯示，42%是天主教徒（Catholic）；23%是基督東正教（Orthodox Christian）；23%是穆斯林；12%是新教（Protestant）（Zogby, 2001）。應重視這份統計數據以避免做出錯誤的結論。在助人過程中必須考慮到案主的宗教信仰。有些案主有非常虔誠的宗教信仰；若能得到他們宗教領袖的支持，助人過程會更具成效（Nassar-McMillan & Hakim Larson, 2003）。此外，尋求社區領導者的支持也同樣重要；因為中東文化重視社區認同。若由一位非阿拉伯社區的美國人提供人群服務可能無法獲得信任；因此在提供服務時必須考慮到這一點（Nassar-McMillan, 1999）。

188

與不同文化背景的人工作時，針對許多層面進行溝通很重要。個人空間（人際距離學，proxemics）、身體動作（動作學，kinesics）、與語調及聲量（副語言，paralanguage）等都會因文化的不同而有極大的差異，必須考慮在內。例如，阿拉伯裔美國人的文化中，與人交談的距離比歐裔美國人感覺自在的距離還要近得多（Jensen, 1985; Nydell, 1996）。說話的音量與強度也很不同。根據 Sue 與 Sue（2008）的說明，「許多阿拉伯人喜歡被聲音圍繞」，因而認為美國境內的人說話過於輕柔（p.166）。此外，注意到訊息傳遞的脈絡亦很重要。「美裔美國人以正常

語調所說的『No』常會被阿拉伯裔人解讀為『Yes』。在阿拉伯文化中真正的否定句會以非常強烈的語調表示」（Sue & Sue, 2008, p.167）。

在家庭與心理健康服務中，發現阿拉伯社群通常尊敬且相信醫生、神職人員、算命者或民俗療法者（Al-Krenawi & Grahma, 2000; Loza, 2001）。Al-Abdul-Jabbar Al-Issa（2000）認為，若實務工作者花時間去建立良好關係，會比發覺個人問題及詮釋問題更能得到阿拉伯裔美國人的回應。最後，與阿拉伯裔美國人工作時，一定要瞭解他們具傳統色彩的家庭系統，及尊重男性家庭成員有著非常崇高的地位（Abudabeeh & Aseel, 1999; Nydell, 1987）。根據 Kanel（2008, p.148）的研究，「與這個群體工作時，多重系統取向的工作團體是最有效的，包括了宗教領袖、醫療專業、家庭成員及社會服務。需要修正傳統工作模式，加入更彈性的時間範圍、服務地點及面質的方法。」

亞裔美國人（Asian Americans）

亞裔美國人指的是中國人、韓國人、日本人、越南人、泰國人及太平洋群島人（夏威夷、關島、菲律賓及薩摩亞）（Alle-Corliss & Alle-Corliss, 1999, p.206）。但不把所有亞裔美國人一併而論非常重要；每個族群有其特定語言、歷史、文化、宗教及外表。雖然他們有所差異，他們與其他少數族群一樣承受著壓力；在這個國家生活時也有相似的經驗。例子包括他們在移民及同化上的掙扎；他們被勞力剝削、種族歧視、不公平對待以及壓迫（Murase, 1977）。下述兩個歷史上的例子讓華裔美國人及日裔美國人陷入劣境。

華裔美國人是在建造橫貫鐵路時來到，是第一批移居美國的亞裔少數族群。他們被剝削，且有許多不合理的限制及負面刻板印象（Dower, 1986; Miller, 1969; Saxton, 1971; Taylor, 1994）。他們也被視為「黃禍」（yellow peril），因為中國人接受較低薪資及較長工時，進而影響到白人

189

勞工的生計（Taylor, 1994, p.115）。

　　日裔美國人在近20世紀之時移居美國；當時他們受到許多法律上的限制，像是控管移民人數及僅能從事某些工作與務農。「照片新娘」（picture brides）及「模範少數族群」（model minority）都顯示日本女性被剝削及對這個族群的刻板印象。此外，在相較日裔美國人與白種美國人時，前者也明顯受到經濟上的歧視（Kitano, 1981）。

　　回到人群服務，Kanel（2008）建議，「當第一次和來自不同文化的人一同工作時，閱讀一些關於多元文化的最新研究有助於避免刻板印象」（p.147）。Uba（1994）在一項溝通模式的報告中提到，許多亞洲美國人傾向較少的口語表達；非口語的肢體行為也較為抑制。另外由 Kim、Atkinson 與 Umemoto（2001）以及 Hsu、Tseng、Ashton、McDermott 與 Char（1985）所做的研究發現，亞裔美國人很重視情緒自我控制能力，且被視為優勢之一。這些行為都與西方重視開誠布公與直接表達的方式大為不同；因此實務工作者對這些狀況更需要保有敏感度，且不能因為亞洲個案不同的溝通方式而產生批判。

歐裔美國人文化（European American Culture）

　　美國受到許多其他文化的影響，最著名的是英國人有計畫的建設美國。另外的移民者，如德國人、荷蘭人、法國人、義大利人及北歐人也都對早期美國文化有所影響。他們彼此有著相似的價值觀及宗教信仰，因此也較少有不和諧的狀況。在早期美國境內，新教較為普遍，直到愛爾蘭天主教徒在1880年代來到後，衝突開始產生。當越來越多來自歐洲其他地方的移民者抵達美國，因族群及種族差異造成的歧視也日益增加。

　　最後，來自世界各地的移民者在19世紀早期紛紛到美國「融合」（melted）在一起而成為著名的**大融爐**（melting pot）。多數美國人也

跟著美國開國之勳（Founding Fathers）所建立的基準被同化了（Kanel, 2008, p.143）。

美國文化基本信念是「追求快樂」（the pursuit happiness）以及自在地活著。言論、宗教、及追求平等的自由都應被賦予；此外也鼓勵競爭。在20世紀，世界各地的移民者急遽增加。早期，僅三分之一的美國人是少數種族或族群；但到了2050年預計會增加到50%（Neukrug, 2002）。在過去數十年間，我們看到傳統融爐逐漸被同化。現在美國則是越來越屬於「多元文化的社會，由不同族群組成；每一族群保留其傳統與文化，但也讓自己融合且展現忠誠」（Brill & Levine, 2002, p.126）。根據Lum（2004）的觀點，「以實際的角度檢視文化上的多元性，看到了多元文化族群可以共存，被大社會認可其真實存在；亦即能兼容並蓄且鼓勵多元文化」（p.99）。在美國的人群服務工作者必須對其他文化保有敏感度，並瞭解他們的規範、價值與傳統都不同。當個案對改變與處遇有不同的想法時，應接受並予以尊重。評估案主個人在文化適應上的程度是關鍵，也要瞭解案主家庭及其文化適應與同化程度。

拉丁裔（Latinos）、西班牙裔（Hispanics）與墨西哥裔（Chicanos）

在美國，拉丁裔是目前人口成長最快的少數族群之一，僅次於非裔美國人（Taylor, 1994）。拉丁裔人非常多元，由不同族群組成，包括墨西哥裔美國人、波多黎各人、古巴人及其他來自中美洲及南美洲人。雖然他們都流通西班牙文，但各地方言不同，且在文化、政治觀點及移民地位皆不同。波多黎各人擁有波國及美國公民雙重身分；古巴移民者是為了逃離卡斯楚的共產制度；許多墨西哥人、薩爾瓦多人及瓜地馬拉人進入美國則是為了尋求工作機會及更好的生活。

191

歷史上，部分拉丁裔人，如墨西哥美國人，是由其祖國併入美國。

其他拉丁裔人移民美國原因各不同：有些是自願前往；有些為了逃離戰爭與飢荒；有些則是尋求政治庇護。非正式的移民者非法進入美國，而遭到更嚴重的歧視與剝削。Morales 與 Sheafor（1995）認為，當經濟狀況嚴峻時，這些非法移民者常是最直接的代罪羔羊。

不管這些拉丁裔者的移民原因為何，他們在歷史上都承受著種族歧視及剝削等不當對待。許多資料顯示，拉丁裔人比其他少數族群更常面臨低所得、失業、低階工作、低教育水者、偏見、不佳居住品質、文化語言隔閡等問題（Alle-Corliss & Alle-Corliss, 1999, p.268）。在這些困境下，酗酒、藥物濫用、青少年犯罪、幫派等問題不斷提升，成年人入監服刑的比例也較高。遺憾的是，如同 Morales 與 Sheafor（1995, p.277）所討論，這些困境讓種族歧視行為更為存在。

雖然拉丁裔的次族群間一定存在著差異，他們也有相似之處，例如，許多拉丁裔人在家仍繼續說西班牙語而少說英語。也很重視**家庭主義**（familism），鼓勵家和萬事興而不鼓勵離婚。拉丁裔婦女被鼓勵要以他人的需求為優先而犧牲自己，即重視**傳統女性美德**（marianisma）。此外，*atague de nervios*，英譯為神經質發作（a nervous attack），在許多文獻中（Kanel, 2008; Koss-Chioino, 1999; Liebowitz et al., 1994）都註明這是拉丁裔女性常見的精神疾病。臨床症狀結合了憂鬱症、恐婚症及一般焦慮症；此外，也與家庭衝突有關。Kanel（2008）提出假設：「美國文化多鼓勵直接挑戰家庭衝突；但拉丁裔民族的這個症狀卻被視為因應家庭衝突的方式，以不去直接面質家庭衝突來捍衛家庭和諧」（p.146）。其他可能的原因包括女性藉由生病來引起注意；或因內疚導致生病等。

192　　與拉丁裔家庭工作時，主動聆聽很重要。要去瞭解文化如何影響案主的需求，並花時間找出不會與其價值衝突的治療選項，這些都需要文化敏感度。當主流價值與傳統價值背道而馳時，可能就需要教育拉丁裔個案這些文化衝突。尤其是主流文化認為其他文化中的某些行為是違反

道德甚至違法。例如，拉丁裔家庭仍會體罰，但美國人認為體罰是兒童虐待。與其用嚴厲苛責的態度與他們工作，不如以更具敏感度的方式來處理這些衝突，才能建立更長久的信任關係，並與家庭和族群開誠布公的溝通。此外，當與拉丁裔個案工作時，也要注意家庭中心、父母角色、溝通模式及雙語使用等狀態。最後，實務工作者能針對特定族群與家庭動力發展出最合適的介入模式，這樣的治療效果將會最成功。

　　與拉丁裔個案工作時，為了能發展出最適合其文化及具敏感度的介入處遇方式，服務提供者必須考慮不同的族群特點，包括祖國為何、語言、家庭姓氏、宗教、種族歸屬、移民或公民狀態等。關鍵是要隨時記得拉丁裔族群的多元性；不可以因為他們歸屬於同一類族群就假定他們有相同的文化特性。Castex（1994）鼓勵實務工作者不僅要重視也要尊重一個族群中的多元性：「當強調個案需求時，這個方式能讓工作者看到例外的狀況，也能發展出不具刻板印象的工作策略」（p.290）。

　　當要揭露移民狀態時，助人者要能敏感地看到個案真正的恐懼，這需要很好的信任關係。當與移民者工作時，要能熟悉當前的移民法規及與個案國家相關的社會政治議題。同樣的，對他們的經濟、社會及情緒掙扎具敏感度亦很重要。貧窮、低收入、單親家庭、社會問題極度年輕化等都是許多拉丁裔族群會遇到的狀況。花時間檢視每個個案受影響的程度，這對評估與處遇上的努力都會有幫助。

美國原住民（Native Americans）

　　美國原住民並非移民者；但當他們的土地被美國人占有後，他們就陷入困境。歷史上可以看到，身為美國原住民，他們一直以來被公然或私下歧視。以人口數來看，18 世紀時，加州的原住民約有 250,000 人；但到了 1900 年，人數遞減至 10,000 人。人數下降的原因與歐洲殖民者帶來的傳染疾病有關，以及白人帶來的非人道與屠殺狀況、戰爭、奴

193

隸對待及種族滅絕（genocide）（Daniels & Kitano, 1970; Taylor, 1994）。Morales 與 Sheafor（1995）補充：「對印地安人的種族歧視，可以從許久以來缺少廣泛的、進步的聯邦政策看出端倪。這樣政策上的缺乏嚴重限制印地安人在美國向前的能力」（p.272）。

有五個針對美國原住民的主要政策：（1）滅絕（extermination）；（2）驅逐（expulsion）；（3）隔離（exclusion）（保留區）；（4）同化（assimilation）；（5）自決權（self-determination）（Berry, 1965）。前三個政策反映了主流的觀點與歧視現況；後兩個政策則帶來一些希望，雖然有些人質疑同化是否是好事。

Taylor（1994）強調了多年來對美國原住民不當對待所帶來的負面影響：

> 對美國原住民幾代以來的剝削及忽略，嚴重傷害了他們的文化、生活方式及福祉。占領了他們原本的領土，讓他們移居到有如監獄般的保留區。在保留區，他們禁止進行原本的宗教及文化相關活動，以致他們在維護及保留印地安族群認同上經歷極大的困境。（p.14）

雖然美國原住民當今的現況有些進步，但他們仍面臨了貧窮、缺乏教育、失業、及難以獲得醫療、牙齒保健、藥物治療及復健等服務（Kanel, 2008; O'Brien, 1992; Seekins 1997）。美國原住民研究與訓練中心（Native American Research and Training Center）（1995）依其統計數據提出警告，每1,000 名美國原住民嬰兒中，就有四位患有嬰兒酒精戒斷症狀（fetal alcohol syndrome; FAS）；相較一般嬰兒僅千分之一有此問題。另外，聽損與視力問題也較一般嬰兒高，且85% 都是可事先預防的。

一般而言，美國原住民家庭在養育兒童、改變、介入、醫療及復健等概念與一般人不同；不過他們彼此間也有許多差異。「有些原住民將

美國主流的方式融入了自己的信念信箇；另一些原住民——通常是同一個家庭裡的成員——較喜歡用傳統方式」（Kanel, 2008, p.150; Defort & Reed, 1995）。

對多數美國原住民家庭而言，延伸家庭非常重要。當家庭成員由保留區移居到城市地區，可能會面臨被同化而缺乏傳統文化信念，包括精神信念、社會及語言等。其中，原住民部落文化與美國主流文化有很明顯的衝突：前者鼓勵獨立；後者鼓勵競爭與相互依賴。

若美國原住民住在部落中，他們可能難以得到部落以外的服務。因此，若保留區內沒有所需的服務將是個問題。另外，多數人群服務工作者不會說印地安傳統語言，也不瞭解他們的文化，處遇將無法達到效果。

Williams 與 Ellison（1996）強調，與原住民工作的實務工作者必須要「融入個案的環境並瞭解他們因美國文化而改變的程度」（p.147）。讓個案參與處遇計畫與執行將會幫助他們更能掌控且較少感到壓迫。若計畫階段與處遇階段能納入家庭成員及部落代表，則更能確定處遇的成功。由於介入策略會受到文化信念、習俗、所屬部落價值觀等影響，因此要瞭解這些因素，並看到哪些是對未來照顧計畫具重要影響力。工作者要小心地去看到每個部落的獨特性，以避免過度概化。此外，小心遵守保密程序也很重要；即使部落具有影響力，也要非常注意分享資訊時的界線。換句話說，基於保密相關法律，在個案處遇計畫等相關資訊被分享前，也要讓個案簽屬書面同意書給部落長老。

工作者必須對美國原住民每天面對的問題具敏感度並有所覺察，因為這會影響後續處遇。這些困境包括經濟困難及缺乏交通工具。對各種精神信念、傳統醫療等要有敏感度並予以尊重，因為這些對個案很重要。對融合祭典及宗教儀式作為介入方式、諮詢民俗療法等都要保持開放態度，才會對個案有所助益。許多時候還必須與民俗療法者及巫醫共

194

195 同合作。工作者至少要瞭解並尊重這些傳統活動對個案的重要性。同樣的，讓個案擁有他們的信念以恢復靈性上的平衡。介入的目標鎖定在回復生理健康與心靈上的和諧將會是最有效的。這些當然需要花時間去瞭解個案對生病的定義，並讓處遇與他們的定義相符。

工作者要瞭解美國原住民多是注重當下，而非過去或未來。因此發展出能解決當下問題的處遇計畫將會最為受用。有些案例顯示，「悲傷團體對印地安人而言具治療性；他們在團體中得到支持，並釋放累積已久的痛苦與哀傷。這些都深深影響了他們情緒與生理狀況」（Morales & Sheafor, 1995, p.509）。然而這並不能視為理所當然；照顧計畫的時程不可太快，而不去著重解決過去的傷害。

社經地位

另一個培養多元議題敏感度的重要元素是瞭解個案的社經地位（socioeconomic status; SES），以及對其整體功能的影響。社經地位指個人在社會上依據一些因子所占的位置，包括收入、教育、職業身分及居住地區的聲望（Sigelman & Shaffer, 1995, p.104）。雖然美國是世界上最富裕的國家之一，但仍有許多人處於貧窮（Alle-Corliss & Alle-Corliss, 1999; Burger, 2008; Neukrug, 2008）。個人與家庭若缺少金錢、資源及財產，會面臨許多困境：「他們較被剝奪，而影響了生活方式與品質。除了收入的分配外，包括教育、健康照顧、警察保護、就業機會、司法正義及其他方面等都會面臨不平等的對待」（Burger, 2008, p.59）。社經地位扮演了重要的角色，決定了個人可以獲得何種機會與資源，以及這些資源是否讓人有能力度過危機。依據 Hull 與 Kirst-Ashman（2004）的說明：

社會地位與家庭所處的社區環境相關，對個人具有深遠的影響，像是自尊發展及具正常功能的能力。它還影響了對未來夢想的完成度、基本機會及哪位家庭成員可以在未來真正達成目標。(p.313)

協助貧窮與無家可歸者是人群服務中特別重要的一塊。這群人常受到歧視；在接受服務的過程中也遭到不平等對待。Kanel（2008）寫到：「美國文化崇尚教育及富裕。所以當未受教育者與貧窮者被視為敗類或懶惰並不令人驚訝」（p.154）。顯然地，造成貧窮及貧窮相關問題有許多原因。有些人一生都貧困且無法擺脫這個循環。在貧窮群裡，有一類次群體被稱作「注定貧窮」（deserving poor），這群人無法自我支持，像是「老人貧窮、生在貧窮家庭、離院的精神病患及永久身心障礙者」（p.59）。另一類次群體包括因暫時性失敗、非預期困境或大環境不佳而遭遇經濟困難的個人或家庭；隨著現今經濟的倒退，造成大量的失業及房市泡沫化。移民者也會因為第一次到這個國家時的資源有限而落入這類次群體。

無家可歸者也是貧窮中的其中一個次群體。他們特別會被貼標籤，像是遊民、流浪漢或酒鬼。然而無家可歸者卻是非常多樣的群體，包括：

- 逃家兒童
- 未受協助的單親家庭
- 未受協助且無處可去的家庭
- 貧窮單身男女
- 低薪工作者且無法負擔房租
- 藥酒癮濫用者
- 未住院療養的精神病患（Neukrug, 1994）

現今社會，無家可歸者有年輕化且越來越難就業的趨勢。他們也多

屬少數族群。Burger（2008）提到：「非裔及拉丁裔美國人的貧窮比例比白人高得多。婦女及兒童也較常處於貧窮狀態。事實上，貧窮人口中有大部分是婦女與兒童」（p.60）。

由於貧窮有許多不同的次群體，也難以發展出單一模式去幫助所有貧窮者。幫助這一群體的模式可能不適合另一群體（Brieland, Costin & Atherton, 1980）。

我們鼓勵助人者能對個人特殊的社經地位有所瞭解，因為這可以讓助人者對個人可能面臨的壓力有所警覺，因而找出適當的介入模式。Alle-Corliss 與 Alle-Corliss（1999）提到：

> 來自不同社經地位的人，其價值觀、社會化目標、及對助人過程的看法等都會有所不同。助人者需要覺察到這些差異，並針對他們的層次採取不同的助人方式。（p.297）

針對那些低社經地位的個案，要覺察並時時檢視自己的偏見。在機構中，覺察到自己對貧窮者產生「機構淡漠」（clinical cooling out）的狀況相當重要，即不鼓勵他們尋求進一步協助，或認為尋求進一步協助會遭遇困難或拒絕。對貧窮者的需求與狀況要予以尊重並具敏感度。在未考慮到各種潛在議題的可能性前，不要急著妄下斷語。瞭解貧窮者及無家可歸者所面臨的許多壓力可以幫助我們更具敏感度及確認問題。有太多時候，助人者在與貧窮者工作時會高高在上、概化他們、帶有刻板印象、及採取「責怪受害者哲學」（blame-the-victim philosophy）的態度，這些都與人群服務專業倫理及道德守則背道而馳。

地理位置

　　與社經地位有關的多元化議題、且其重要性也逐漸提高，便是在鄉下地區與小鎮中提供人群服務。Woodside 與 McClam（2009）提到，在過去數十年間，鄉下與小鎮的人口數銳減，因此在那居住的居民有越來越多以下的狀況：

　　　　他們居於劣勢，生活品質也逐漸變差。人口組成中有較多的老人及
　　　　弱勢的少數族群；他們缺少像都會區一樣的機會，且需要人群服務
　　　　機構與專業人員的協助。（p.63）

　　直到最近，在鄉下與小鎮的人群服務仍因地理位置不便及缺少專業人員而受限。人群服務機構在鄉下地區無法提供易得且合宜的服務，可能受到下列限制： 198

- 無法招募或留住專業助人者
- 個案與助人者間的地理位置相距太遠
- 服務費用過高
- 難以達到保密
- 孤立
- 照顧服務間協調不易
- 對那些接受精神照顧或其他服務的人汙名化

　　現在，這樣的狀況正在改變。「一些人發現，小鎮與鄉下地區的治安較好，具有發展專業的潛力，以及有較低預期薪資的廣大勞動市場」（Woodside & McClam, 2009, p.65）。在這樣的改變下，為了要達成住在這些地區居民的需求，需要著重下列事項：

更具創意的解決方法以增加解決性；更有彈性的方式來達成需求；
與許多其他的專業及非正式資源共同合作；發展基礎建設以提供鄉
下居民及社區所需支持。（Woodside & McClam, 2009, p.64）

性別（Gender）

如同其他多元議題般，性別議題在助人關係中也扮演重要角色，需
要在助人過程中考慮在內。雖然要將每位個案視為獨立個體，有他們獨
特的個人特質，但仍需要注意到他們的性別以及性別對其人生處境的影
響。**性別**定義為「心理、社會、文化上的特點與獨特性，然後與生理上
的女性與男性有強烈連結」（Gilbert & Schere, 1999, p.3）。男性與女性有
相似處，亦有不同處；因此辨識到這兩部分很重要。

生理上而言，男性與女性不同。許多文獻提到男女心理上的不同，
像是情緒發展、表達方式，以及形成性別為主的認同等。社會發展上也
存在性別差異，如溝通方式、職業選擇、人口統計學上的模式、及社會
化本身等都有差異。這些差異通常也造成了性別角色刻板印象。此外，
許多當下的刻板印象是源自於兒童時期的經驗，即男孩與女孩被教導與
性別相關的差異。Kanel（2008）寫著：「雖然性別角色在很多方面都有
所不同，許多人仍保有過時的性別刻板印象」（p.137）。

無庸置疑，雖然性別角色認同逐漸改變與進步中，對男性與女性的
傳統看法仍存在。我們預期有一天男性女性新的人格特質會顯現出來。
「事實上，一些研究顯示，個人若有多重角色，包含非傳統的性別角
色，會比其他人更能滿意他們的生活」（Neukrug, 1994, p.196）。

性別歧視（sexism）──從其中一個性別去歧視另一個性別的行為
──在歷史上通常女性有此經歷，但男性也有可能是受害者（Ashford,
Lecroy & Lortie, 1997）。性別歧視的定義為「因深信性別差異，產生了

199

信念與行為去壓迫、控制及剝削另一性別群體」；性別歧視對兩種性別的人都有深刻的影響（Anderson & Collins, 1995, p.67）。身為人群服務提供者，我們必須留意自身的偏見以避免這個問題不斷存在。

助人者必須瞭解與接受性別角色及信念對個案的影響及其發展。實務工作者要朝以下目標努力：

- 對男性、女性差異有更多認識。
- 要對傳統上性別差異能夠接受與瞭解。
- 對隨時改變的人口統計資訊能保持開放態度並願意瞭解。
- 瞭解這個改變對每個性別甚至對社會的影響。（Alle-Corliss & Alle-Corliss, 1999, p.284）

女性

社會對女性及女性在家中、工作上及一般社會上所扮演的角色已有很大的改變。例如，女性人口已超過總人口數的一半；女性勞動人口及接受高等教育人口數增加許多。過去由男性主導的專業，如商業界、醫學、法律界等，女性人數也不斷增加（Morale & Sheafor, 1995, p.267）。女性也更能兼顧工作與家庭。不過還是有許多女性留在家中照顧孩子。雖然這些改變中的角色帶來好處，女性仍因為兼具多重角色而壓力倍增。

200

> 成為職業婦女的壓力很大。職業婦女常因不能陪伴小孩而感到內疚。要處理工作壓力、照顧孩子的問題、金錢問題等而感到挫折。而且要平衡工作與家庭這兩個非常複雜且昂貴的角色讓女性筋疲力盡……這些壓力對單親媽媽、在工作上遇到瓶頸、有婚姻衝突、分居或離婚、或受到身體及性虐待的女性而言更是明顯。（Alle-Corliss & Alle-Corliss, 1999, p.290）

　　女性傳統以來遭遇到經濟剝削、不平等、歧視及壓迫。她們通常較居弱勢，會伴隨著經濟壓迫，如較低的薪資；會受到身體虐待，如家庭暴力、性別歧視、性騷擾及強暴。女性比男性更常因心理疾病而尋求幫助，如憂鬱症、焦慮症、及飲食障礙等，也會經歷更多慢性生理狀況，如骨質疏鬆、泌尿系統疾病、難產死亡、墮胎、乳癌及愛滋病。年長女性面臨的困擾更甚，因為他們有可能喪偶及陷入貧窮。當今女性面臨到個人問題或社會問題，都與性別不平等及體制性的性別歧視有直接相關。

　　若要有效地與女性個案工作，人群服務提供者必須瞭解文化與社會脈絡下女性所面對的問題；並發展出幫助她們獲得更好生活的方法，也要繼續減低充斥在實務工作中的性別歧視（Morales & Sheafor, 1995）。

　　當與女性個案工作時，要將對女性議題的特殊知識及對其文化背景的瞭解具體實現在處遇計畫與改變過程中。Collier（1982）說明，女性常會在治療過程中提到下列五項問題，且實務工作者必須注意並能夠處理：

1. 無力感
2. 行為多所受限；教育選擇也較少
3. 常會隱忍憤怒情緒而導致憂鬱
4. 不適當的溝通技巧
5. 未能好好照顧自己（pp.57-68）

201　　評估女性各方面的功能相當重要，包括在家中、工作上及社區中的功能，如此才能瞭解既有性別角色基準及歧視狀況。相同的，也要密切注意影響女性個案的經濟、法律及社會因素。不論男性或女性實務工作者都務必檢視自己的偏見，才能以不具性別歧視及偏見的方式幫助女性個案。在過程中，要強調充權（empowerment）來幫助女性在傳統依賴

角色中釋放自己。「以充權方式保持正向、希望及適當的自我揭露，並強調女性案主的優勢及潛力，以幫助她們成長與改變」（Alle-Corliss & Alle-Corliss, 1999, p.291）。

與女性案主工作時，一定要幫助她們建立自信與自尊、學習照顧自己、學習有自己的主張、學會如何適當處理自己憤怒情緒及隱藏的動力、並學習各種不同的做決定與解決問題技巧。

女性專業工作者通常是其他女性很好的模範，所以必須覺察到她們是如何展現自己；也要練習案主如何被教導，並將此帶入處遇中。男性專業工作者若能一直注意到性別上的差異，也會是協助女性案主很好的利器。男性工作者必須不斷努力去避免將傳統男女權力關係帶入處遇工作中。

男性

男性與女性相同，也經歷了角色上的改變而造成壓力與衝突。由 Sam Keen（1991）所著 *Fire in the Belly: On Being a Man* 一書中，即鼓勵男性應打破文化上的限制，以重新獲得男子氣概（masculinity）與男性角色（male role）。理論家假設：

> 在童年時期，男孩在未成熟時便離開母親，進入了具攻擊與競爭的世界。男孩想與父親親近，但卻發現父親在情感上較為疏離且常沒空。這些導致男孩發展出他自己定義上的男性氣概，即遠離所有女性化的事物。（Ashford et al., 1997, p.438）

在當今社會，男性與女性在性別刻板印象上的改變都面臨挑戰，並雜亂地成為他／她們每日所扮演的角色中。衝突是一定的，因為許多男性女性對傳統上男性角色感到習慣而抗拒任何改變。無庸置疑，男

202

性與女性一樣，當他們要適應新的男性概念與角色前，必須處理那些負面與不同的意見。「身為助人者，我們必須支持男性個案，也要對他們努力改變時所面臨的掙扎具敏感度」（Alle-Corliss & Alle-Corliss, 1999, p.293）。

男性在現今所面對的議題都與性別刻板印象直接相關，即「男性行為守則」（male code of conduct）。Fanning 與 McKay（1993）提到了這個常見的男性刻板印象：

> 傳統上，男性氣概的刻板印象描述男性是堅強且孤獨；努力工作但苦往肚裡吞。這個刻板印象的負面部分，也是女性最常抱怨的，是男性會暴力相向、虐待傾向、好色及不被信任。傳統男性像殭屍般，不溝通、內心已死且無法有內心生活。男性不友善；無法與孩子親近；也與自己的父親疏離。男性完全不觸碰自己的感受；除了憤怒，無法表達任何其他情緒。男性酒喝太多，也花太多時間在工作上。（p.3）

可悲的是，這些描述有很多是對男人（及女人）的刻板印象，必須去除。Levant（1992）檢視相關文獻，證實了上述傳統男性角色規範的存在：

- 避免女性化行為
- 禁止情緒表現
- 尋求成就及／或地位
- 獨立
- 具攻擊性
- 畏懼家庭
- 對性可以是有性無愛的態度

　　顯然地，許多上述的角色與規範仍維持至今，表示男孩們自小就接收到這些訊息。男性通常是家中經濟來源，也是權力象徵。在許多家庭中，若女性也進入職場且分擔更多親職與教養角色時，則上述狀況會有所改變。有些男性歡迎這樣的改變；有些則因此感到壓力、抗拒且憤怒。

　　男性通常會被給予雙重訊息——「要堅強不能哭」，卻又要「更敏 203
感且更會表達情緒」。這樣的雙重訊息讓他們困惑且溝通困難。有些時候，男人可能以具攻擊性的方式溝通心中的傷害，卻因此受到批評。
Alle-Corliss 與 Alle-Corliss（1999）描述了這樣的矛盾：

> 很少被鼓勵要表達感受，除了憤怒。因此，有些男性不知如何承認
> 且表達出自己經歷的感受程度，這並不令人意外。男性通常不被鼓
> 勵尋找精神方面的協助，也不像女性接受度高，這都進一步讓男性
> 的困惑更為惡化。當他們尋求協助時，通常會被不合理的批評或羞
> 辱。（p.294）

　　助人者要看到男性也正處於過渡時期，需要進一步瞭解及更具敏感度的對待。培養正向的男性特質才可幫助他們自我尊重，並去除具攻擊性、掌控性及疏離的男子氣概。Levant 等人（1992）建議：「我們必須走一條對的路，一方面看到男性特質有價值的那一面……以學習去感恩有這些特質；同時去找出不好及缺乏功能的另一面」（p.385）。

　　與男性個案工作的助人者應具備男性議題相關知識。種族、文化、族群等因素也要考慮在內，由於對男性的刻板印象會直接影響到他們尋求社會服務的狀況，實務工作者必須檢視自己的接受度與偏見。很重要的是，工作者要敏感地瞭解男性尋求專業協助既不容易也非常態。此外，許多實務工作者不應全然挑戰男性個案並要求他們著眼在情緒功課

上，如此才能幫助他們學習去釐清感受。

女性工作者需要覺察到自己對男性的偏見，像是男性就是不應該表現情緒；或執著的認為男性開誠布公的表達感受是依賴或軟弱的表現。女性工作者必須小心，不要給男性個案雙重訊息：口頭上鼓勵個案表現出他們的情緒；但當男性個案表現出受傷或憤怒時，肢體語言卻表現出不認同或不舒服。男性工作者也必須清楚他們對男性案主的刻板印象；顯然地，男性通常會被做出比原本症狀更嚴重的診斷。

性取向

204　　具多元敏感度的實務工作者能夠有效的與男／女同性戀個案及他們的家庭一同工作，也可以為男／女同性戀個案進行團體工作。為了要能有效、不具偏見、不具批判的工作，人群服務工作者必須瞭解與性取向及同性戀相關議題，可以從「歷史觀點」開始：

> 歷史上，絕大多數人定義自己是異性戀者……直到近幾年……認知到自己是同性戀才稍稍容易些。美國開始接受或適應同性戀的確是我們社會上另一種性取向的這項事實。（Alle-Corliss & Alle-Corliss, 1999, p.300）

一直到近期，即使在精神醫療或心理健康領域，同性戀或雙性戀仍被視為精神疾患，需要接受精神科「性認同疾患」（Gender Identity Disorder）的診斷。到了更近期，《精神疾病診斷與統計手冊》（*Diagnostic Statistical Manual*）是第一個使用這個診斷，但僅限於對於自己性取向感到困惑或不滿者；對於那些能自在地接受自己是同性戀者則不需要診斷。到了近幾年，美國精神醫學會（American Psychiatric

Association）與美國心理學會（American Psychologist Association）認為同性戀是一種性取向，而非疾病。

Moses 與 Hawkins（1982）提到，**性取向**指的是個人希望自己的情感關係與性需求的伴侶是相同性別、不同性別或二者皆可（pp.43-44）。在決定性取向時，會想分享情感或成為生活伴侶等渴望，與性吸引力同樣重要。同樣的，認識性偏好（sexual preference）與性取向的差異有助於進一步瞭解當代如何看待同性戀。Alle-Corliss 與 Alle-Corliss（1999）提到，在歷史上「一般相信個人自己去選擇同性戀的生活模式」，因此以**性偏好**一詞來解釋同性戀。然而在當代，越來越多的研究認為，「同性戀的感受是個人心理層面最基本的部分，而非經由意識的選擇。因此，應以性取向一詞來解釋同性戀」（p.301）。Neukrug（1994）補充說明：「雖然我們的性取向從何而來仍不清楚，但很顯然地，性取向在很早的時候就決定了，甚至與生理及基因有關」（p.197）。雖然不同理論觀點間仍具有爭議，當代對性取向的解釋則偏向綜合生理與社會心理因素（Crooks & Baur, 1993; Gooren, Fliers & Courtney, 1990）。

雖然目前性取向有許多理論，但在我們的社會中，同性戀者仍持續地引起爭議。異性戀主義（heterosexism），仍相當普遍，即相信異性戀是唯一被接受的性取向。因此，對同性戀者的歧視、騷擾、暴力相向、恐懼及憎恨仍存在（Blumenfeld, 1992）。Kanel（2008）認同這樣的說法： 205

> 相較於過去，現代社會開始減少以負面方式對待同性戀者。但同性戀者、雙性戀者（在性、情感及愛情上受到兩種性別吸引）及變性者（經由手術成為與出生時不同的性別）仍然經歷到成見與歧視。（p.139）

Kanel 也發現，男同性戀、女同性戀、雙性戀及變性者形成 GLBT 社群（gay, lesbian, bisexual, and transgender; GLBT）。

現代社會裡，同性戀者通常需要面對恐同症（homophobia）、歧視與壓迫等問題。**恐同症**的解釋為「對同性戀者感到恐懼與憎恨」（Alle-Corliss & Alle-Corliss, 1999, p.301）；或是「對靠近、觸摸或喜歡同性戀者感到無由來的恐懼」（Kanel, 2008, p.140）。

因為對同性戀者有許多負面的刻板印象、偏見、歧視、甚至排斥，因此「出櫃」（coming out）或自我表明同性戀身分便更顯困難，並產生許多壓力與焦慮。且對同性戀者的壓迫與剝削案例時有所聞，造成當今仍有許多同性戀者繼續以異性戀模式活著。「由於這樣的汙名與羞恥讓他們害怕表明自己的性取向。許多同性戀者仍結婚並維持異性戀生活模式，以逃避出櫃帶來的內在或外在的壓力」（Alle-Corliss & Alle-Corliss, 1999, p.301）。「這樣的生活模式就像『被關在衣櫃裡』，常造成憂鬱、羞恥、罪惡與恐懼感。他們一定要非常小心翼翼地隱藏自己真實的性偏好／性取向以免被發現」（Kanel, 2008, p.140）。

Ashford 等人（1997）也提出說明：

206 性偏好的權力與特權結構了我們的社會，且我們的體制以異性戀的認同為標準。事實上，異性戀的性別認同被視為規範，並以此標準去孤立及壓迫同性戀者及雙性戀者。（p.130）

顯然地，恐同症的觀點非常負面，且讓我們的社會仍難以接受同性戀。不幸的是，恐同症的負面觀點也因此讓同性戀者內化，進一步造成同性戀者的低自尊、低自我形象等問題。與恐同症有關的因素包括：

• 獨裁主義（authoritarianism）。
• 高度宗教觀點。

- 身旁有人對同性戀者抱有負面觀點。
- 很少或不曾與同性戀者接觸。
- 近幾年，由於愛滋病的傳染方式，讓人錯誤的歸因於男同性戀者的性行為。（Herek & Berrill, 1990）

　　人群服務工作者一定要瞭解 GLBT 社群會面臨的特殊議題。那些冒著風險出櫃的人更容易面臨到家人的否定與朋友同儕的敵意；且會受到來自那些無法接受不同性取向與生活方式的人之語言及肢體暴力。面對這些狀況可能讓人感到困惑、憤怒與恐懼，進一步加深自我懷疑及存在已久的低自尊問題。

　　去覺察到同性戀者面對的壓迫相當重要；他們因同性戀的身分而在工作上或教育上遭到否定，有時甚至會遭到生理或心理上的虐待。正在建立認同的青少年則面臨更大的危機。他們通常活在祕密與恐懼的世界中；可能遭到同儕的疏遠及否定；也覺察到文化上對同性親密關係的不認可而備感壓力。

　　在同性戀群體中，最具憂鬱症與自殺危機的就屬青少年。其他危機包括「毀滅性的酒癮與藥物濫用、犯罪、輟學及性相關疾病，包括愛滋病。若這些青少年是少數族群，則會面臨多重危機」（Ashford et al., 1997, p.349）。McManus（1991）提到，男、女同性戀這少數群體通常與三種社群一起生活：他們自己的族群社區、同性戀社群、及一般大眾社區。因此要平衡這三群人更顯困難。

　　與其他少數族群類似，GBLT 社群在面對壓迫與汙名化時易受傷害。每一個人的因應方式皆不同。其中一極端的人隱藏自己以避免受到不當對待；另一極端的人則激進爭取同性戀者的權益；多數人處於這二極端之間。雖然出櫃本身有其困難度，但這群少數群體中，越來越多人不願再沉默躲藏了。「同性戀這少數群體的能見度與影響力將會持續增加」（Morales & Sheafor, 1995, p.339）。

Alle-Corliss 與 Alle-Corliss（1999）鼓勵助人者「一定要尊重這個群體，並看到每個個體的不同處與偏好。如果他們的問題行為及面臨困境的危機持續增加，我們必須幫助他們找到適當的出口，而非強調他們的性取向是問題的來源」（p.302）。Kanel（2008）補充，人群服務機構通常會提供 GBLT 社群諮商，以幫助他們能面對情緒與心理問題。法律諮詢則可幫助他們調查歧視事件。支持團體則提供成員一個安全的環境來處理出櫃後遭到否定及疏遠的狀況。

實務工作者必須覺察到自己的價值與偏見，以檢視自己是否有恐同傾向。Alle-Corliss 與 Alle-Corliss（1999）建議，「不論自己的歧視有多細微，誠實的自我覺察才會做出正確的行動，並將自己歧視的可能性最小化」（p.302）。相反的，若助人者視同性戀是一種罪，並試著說服案主改變他們的性取向，「他們應該將正在苦惱於這些議題的案主轉介給別人」（Kanel, 2008, p.141）。

身心障礙者

對人群服務者而言，瞭解如何有效地與身心障礙者工作是已知的事實。M. S. Corey 與 G. Corey（2007）提到：「要瞭解多元文化，其中一部分是去瞭解能力及身心障礙如何成為人群服務輸送的相關因子」（p.200）。超過四千萬的美國人有某種程度的身心障礙（Mackelprang & Salsgiver, 1999; Stoddard, Jane, Ripple & Kraus, 1998）。身心障礙包括了神經傷害、視覺或聽覺受損、心理疾患、認知障礙及許多其他障礙（Hull& Kirst-Ashman, 2004, p.68）。其他的統計發現：「美國約有五分之一的民眾患有身心障礙；女性具有身心障礙的比例（21.3%）較男性的比例（19.8）稍高」；這些女性最後可能也貧窮度日（Corsini & Wedding, 2008, p.532）。

美國身心障礙法案（The American with Disabilities Act; ADA）定義**身心障礙**為：「因生理或心理上的缺陷，明顯限制了個人一項或多項的生活活動，像是自我照顧、手部活動、走路、視力、聽力、語言、呼吸、學習與工作」（EEOC, 1991, p.2）。Burger（2008）提出**身心障礙**（disability）與**殘疾**（handicap）的差別：「身心障礙指的是醫學上的診斷，如失明、失聰等；殘疾則指因身心障礙帶來的結果」（p.84）。人群服務專業者在「辨別過濾身心障礙者時會面臨挑戰；或當身心障礙者尋求合適協助時使其遭遇不必要的困難」（Corsini & Wedding, 2008, p.532）。

實務工作者若能花時間檢視自己的偏見，將更具助人效果。「助人者的觀點可能因為對身心障礙者的迷思、誤解、偏見及刻板印象而有所影響」（M. S. Corey & G. Corey, 2007, p.200）。在與身心障礙者工作時，必須看到個人潛能，檢視他們的優勢與限制，及在既有可用的資源中決定服務範圍。

保持正向態度也同樣重要。「成功介入身心障礙者生活的關鍵因素是助人者的態度。去除迷思及誤解並幫助身心障礙者達成他們的目標將會很有意義」（M. S. Corey & G. Corey, 2007, p.200）。Kanel（2008）在其文章中提到：「一直以來，身心障礙者是個受害者；他們被汙名化、受到偏見、不當對待、歧視與社會孤立；他們的社會地位低落，得到的服務也不足」（p.154）。M. S. Corey 與 G. Corey（2007）也提出類似的觀察：「身心障礙者常因自己的生理狀況、心理狀況或智能障礙而遭受偏見、敵意、不被瞭解與歧視」（p.200）。身為助人者，我們必須挑戰對身心障礙者既有的負面刻板印象，努力找到給予他們所需服務的方式。

Mackelprang 與 Salsgiver（1999）及 Neukrug（2002）都提出了對身心障礙者工作的守則：

209
- 認識許多不同的障礙狀況。
- 視身心障礙者是有能力的或有潛力的。
- 幫助個案認識自己的障礙；若有需要，幫助他們處理失去時的悲傷過程。
- 覺察身心障礙者所面臨的歧視與壓迫。
- 瞭解可轉介的資源。
- 熟悉與身心障礙者相關的法律。
- 準備好成為許多不同層面的倡議者。
- 在適當的時機加入其他家庭成員一同工作。

身心障礙者可分為許多類別：發展性的、身體性的、精神性的及藥物相關。接下來將一一簡介。

發展性障礙

發展性障礙包括智力缺陷，過去稱智障。智力的範圍很廣，在某一分數以下則被視為發展遲緩。發展遲緩分為四級：輕度、中度、重度及極重度（Burger, 2008, p.108）。依據 Larsen（2008）的看法，那些重度與極重度智能障礙者常會被視為有發展性障礙。因此，這些群體通常「需要持續性、密集性、超過一項以上生活活動的支持，以讓他們能融入社區生活，並享受一般人或輕度障礙者的生活品質」（Larsen, 2008, p.1）。雖然發展性障礙群體的範圍很廣，但重度障礙者通常有以下特徵：

- 有限的語言或溝通。
- 基本生理活動有困難。
- 常會忘記沒有使用的技巧。
- 難以將一情境中的技巧應用到另一情境。
- 生活活動需要大力協助。（Larsen, 2008）

介入方式要依據個人受限的程度。「通常會著重在自我照顧、社交行為、基本學科學習與職業訓練等方面」，最終希望可以自立（Burger, 2008; Devor, 1990）。Larsen（2008）建議，教育方案要納入不同元素，包括家庭、休閒娛樂、社區及職訓等，以符合重度及／或多重身心障礙者的需求。此外，納入多重專業共同合作亦很重要。「語言治療師、物理與職能治療師、精神科醫師、其他專科醫師都需要共同合作努力，來為重度與／或多重身心障礙者提供廣泛的服務」（Larsen, 2008, p.2）。

210

某些類型的學習障礙者也屬於上述範疇。通常，學校系統中施測的心理／教育測驗能夠做出特定診斷以確認問題。許多被認為有某種學習障礙的學生適用1973年復健法案中第504條特別照顧計畫（1973 Rehabilitation Act, 504 Accommodation Plan）（Lerner, Lowenthal & Lerner, 1995）。早期介入療育才最能預防未來學業、社會與心理問題的產生。

身體障礙

身體障礙包括一種或多種主要生活活動的問題，如視力、聽力、語言或動作。身障者通常有視障、聽障或身體障礙等明顯問題；但也有其他較不外顯的問題，如「關節炎、糖尿病、心臟病、背部問題及癌症」等，這些有通常被視為身體障礙（Burger, 2008, p.84）。有些精神疾患者也有身體障礙。

精神疾患　不像身體障礙那麼明顯，精神疾患通常難以被看出。一般而言，精神疾患者會有情緒與心理問題，而尋求精神科與心理健康相關單位的協助。聯邦法律界定「嚴重精神疾患」為「對成人而言，會影響其工作、家庭或其他社會功能的任何經診斷的精神疾病」。對18歲以下的患者則是「會嚴重影響社會功能、課業及情緒功能的任何經診斷的精神疾病」。這樣的定義其實是含糊且主觀的。一項文獻發現，精神疾

患的盛行率，在成人約是30%，在兒童青少年則是17%，包括了以下疾病：焦慮症、嚴重憂鬱症、人格疾患造成適應不良而引起痛苦或功能降低、精神分裂症、阿茲海默症的腦部病變（Burger, 2008; Comer, 1995; Regier et al., 1993）。

精神問題的增加代表越來越多人因許多不同的心理與行為問題尋求門診服務。較輕微的狀況包括親子及婚姻關係或適應不良。治療焦慮症與憂鬱症已非常常見；治療的方式通常結合了個人及／或團體治療，及可能的藥物治療。對較嚴重的精神疾患，如精神分裂，則需要額外協助，如居家治療、外展服務、再次住院及生活技能訓練（Johnaon, 1990）。

物質濫用　物質濫用指的是錯誤使用某些藥物，其目的為了改變自己的心情或心理狀態（Burger, 2008, p.95）。被濫用的物質範圍由酒精到部分重度藥物，如海洛因、安非他命、古柯鹼及巴比妥鹽。大麻及處方用止痛藥，如 Oxycontin 及 Vicodin 也被廣泛使用。

對酒癮及藥物成癮的治療會以醫療模式為主。「對成癮的概念是，成癮者生病了，應被治療而非處罰……成癮患者是強迫行為及自我毀滅慾望的受害者，需要醫療及心理治療」（Burger, 2008, p.102）。Kanel（2008）提到了對成癮者介入治療的幾點元素：

1. 教育個案他們因長期使用藥物造成的身體危機。
2. 強調自己有責任選擇要喝什麼。
3. 鼓勵減少物質使用或飲酒。
4. 提供可以減少或拒絕物質使用的方法。
5. 具同理心。
6. 鼓勵個案要具能量及正向看待自己有改變的能力。

以下12步驟療程（Twelve-Step facilitation; TSF）是常被成癮者使

用的方法。Nowinski（2000, p.2）提到：

> 12 步驟療程包括了簡易、有建設性及照著步驟進行的方式來達到
> 早日康復的目標，可以應用在酒精濫用／酒癮及其他物質濫用／成
> 癮治療。這個方式是個人為主的療程，總共 12-15 次。以行為、靈　212
> 性與認知原則結構出 12 步驟，就像匿名戒酒團體（AA）和匿名戒
> 毒團體（Narcotics Anonymous; NA）一樣。TSF 適用於病態飲酒、
> 藥物使用者及藥物酒精依賴者。

基本上，12 步驟療程是一系列的指引原則，以達到從成癮者行為、
強迫行為及其他問題行為復原。美國心理學會（2000）將此療程摘要如
下：

- 承認個人無法控制成癮或強迫行為。
- 看到有更強大的力量可以為個人帶來能量。
- 經由支持者（有經驗的成員）的協助來檢視過去的錯誤。
- 改正這些錯誤。
- 學習新行為的準則以開始學習過新生活。
- 幫助其他有相關成癮或強迫行為的人。

雖然自助團體如 AA 或 NA 被證明能有效地幫助許多物質濫用者，
但並非適用於每個人。加入一些傳統方法，如個人、家庭及團體諮商、
心理治療等也許是必要的。

宗教／靈性議題

Neukrug（2008）強調，「個案的宗教背景及目前宗教信仰，會深刻
影響個案價值觀及驅使他們的力量」（p.211）。基於這個理由，去瞭解

個案的宗教背景及此宗教背景對個案生活的影響程度相當重要，也要去評估他們信仰發展的狀況。同時要能對該宗教信仰相關知識、傳統禮俗及儀式有所認識。

新教、天主教、猶太教、穆斯林／伊斯蘭教、佛教及印度教是美國常見的宗教。無神論者也是個理念，即不相信任何既存的神佛或偶像。人群服務提供者若想更瞭解個案的宗教觀點，必須對這些宗教及其理念熟悉。

213　　除了宗教信仰，也要瞭解個案的靈性。部分人相信，「在治療過程中必須強調靈性部分，就因為人類本身是具有靈性。若治療中沒有處理靈性的需求，我們就遠離了人性，也無法全然服務到個案的整體需求」（Zylstra, 2006, p.4）。有些個案可能不屬於某個宗教團體或宗教儀式，但仍非常具靈性。因此去看到、瞭解到並接受個案的宗教觀點及靈性的部分同樣重要。

結論

本章主要在瞭解心理健康相關機構系統，以及其通常服務的人口群。花點時間學習這二個重要的元素是發展團體工作方案的方法。對機構的認識可以幫助團體領導者規劃出讓成員可以接受，並同時符合機構需求與要求的方案。相同的，對多元個案的認識——他們的文化、種族、族群、社經地位、地理位置、性別、性取向、身心障礙、物質濫用、宗教與靈性——是必須的，才可以規劃出符合團體需求的方案。第六章將討論團體工作中倫理與法律議題，因為當在機構中開始團體工作時，這二部分亦同樣重要。

6 CHAPTER
機構中團體工作的倫理與法律議題

團體工作中基礎倫理議題

倫理考量

　　每位實務工作者都必須非常瞭解並遵守倫理議題。倫理議題及法律 215
議題都與團體工作相關，其內涵與個人諮商相似。當個案超過一人時，
所需考量的事項就會擴大。團體工作者一定要對其專業領域的倫理規範
全然熟悉，並做出適當的倫理決策。在面對不同的倫理兩難議題時，也
能夠應用既有的倫理守則做出判斷。在各個專業領域都有團體工作倫
理守則，包括美國諮商學會（American Counseling Association; ACA）、
美國心理學會（American Psychological Association; APA）、全國社工專
業人員協會（National Association for Social Workers; NASW）、全國人
群服務組織（National Organization for Human Services; NOHS）等。在
專業組織中也訂有倫理守則，包括美國團體心理治療學會（American
Group Psychotherapy Association; AGPA）及美國團體工作專家學會
（Association for Specialists in Group Work; ASGW）。本章將探討團體工
作者會面臨的許多倫理與法律議題。

　　倫理議題時時會被觸及。無庸置疑，專業工作者常會受到倫理議題

的挑戰，因此必須持續接受這方面的專業教育。專業工作者若失去這方面的見解，常會因未能遵守倫理守則而被吊銷或暫停執照。

實務價值與倫理

216　　瞭解實務價值的角色與倫理守則的關係是做出適當倫理決策的先決條件。換句話說，為了要能內化團體工作的守則與標準，首先，要能瞭解這些標準所依據的核心價值。「簡言之，核心價值、倫理守則、實務標準及倫理決策模式等共同組成具倫理內涵的團體工作」（Page & Jencius, 2009, p.5）。

核心與主要價值

　　依據 Kitchener（1984）；Meara、Schmidt 與 Day（1996）；Page 與 Jencius（2009）等人的說明，團體工作者需要瞭解及內化幾項主要的核心價值，包括：

- **利他**（beneficence）：實務工作者必須要能嘉惠團體成員及整個團體。團體領導者所做的規劃、帶領及執行都必須對所有團體成員及整個團體有所助益。
- **避免傷害**（nonmaleficence）：避免對團體成員或整個團體任何形式有意或無意的傷害。
- **正義**（justice）：要公平公正的對待每位團體成員，即使每位成員都不同。
- **自主**（autonomy）：要尊重每位團體成員的獨立性、選擇與自決的自由。
- **誠實**（veracity）：要誠實並說實話。誠實地自我揭露並提供回饋給成員；也要能開放地接受其他成員的真實揭露及回饋。

- **忠誠**（fidelity）：要能負責、正直並值得信任。領導者藉由表現出忠誠，可作為成員的模範，並在團體間建立信任、忠誠及相似行為。當領導者表現出對團體的投入，成員也會表現出相同程度的投入。

Toseland 與 Rivas（2009）補充其他重要的價值：

- **尊重與尊嚴**（respect and dignity）：重視每位成員在團體中的價值與貢獻。
- **團結與互相幫助**（solidarity and mutual aid）：能看到團體的權力與對關係的承諾，並以此幫助成員成長與發展；幫助他們療癒；滿足他們在人性接觸與關係上的需求；讓他們和諧相處並有歸屬感。
- **充權**（empowerment）：鼓勵成員行使團體中的權力以提升自尊及自助能力，並在自己的生活上開始做出改變。
- **瞭解、尊重及友愛**（understanding, respect and camaraderie）：成員來自各種背景，代表團體有能力讓成員因認識其他人的背景而豐厚自己。藉由團體經驗，成員通常更能尊重並感恩他人。

217

實務工作者必須記住，我們並不完美，不過仍要努力遵循這些核心價值。

團體工作價值

Toseland 與 Rivas（2009, p.7）也提到了團體工作價值：

- **多元性**（diversity）：團體由來自不同族群、國籍背景、宗教及社會階層的成員組成。
- **團體民主性**（participatory democracy）：成員共同合作，並共同做出決策。

- **自由與自主**（freedom and autonomy）：在做團體決策時，成員可以參與並行使其權利。
- **高度個別性**（high individualization）：在團體中，允許每個成員提出他們的特殊考量。

當然，所有上述價值對各層面的助人專業都很重要；對團體工作格外重要。團體工作者在團體進行時，要能內化並執行這些核心價值，並成為成員的榜樣，「如此才能鼓勵成員去吸收這些價值並具體表現在行為上」（Page & Jencius, 2009, p.7）。當團體領導者在團體進行時能納入這些核心價值，他們便能在團體中建立個人自我成長的經驗，以及我們所說的團體諮商。

個人價值

領導者的個人價值對團體如何進行扮演關鍵性的角色，因為個人價值造就了這個人，並無可避免的影響帶領團體的方式。Brill（1990）提到，「價值與標準被內化並賦予情感，深深影響個人的態度、感受、想法與行為；個人甚至不會覺察到」（pp.24-25）。M. S. Corey 與 G. Corey（2006）建議：「個人若能覺察到自己所抱持的價值觀，以及價值觀直接或間接影響團體成員的方式，將能成為一位更有效能的領導者」（p.77）。美國諮商學會倫理標準第 A.5.b 條鄭重說明了覺察個人價值觀的重要性：「諮商師（團體領導者）要能覺察他們的價值觀、態度、信念與行為，以及這些在不同社會環境下的應用。同時要避免將自己的價值觀強加在個案身上」。助人者可能會試著去影響、強迫或教化團體成員接受自己的價值觀；有時我們會在與個案互動時這麼做。團體成員會尋求幫助通常是因為他們面臨價值上的衝突，因此這些人也最容易受到團體領導者的左右。團體成員常容易因權威者的影響而受到傷害。團體領導者的部分角色是幫助個案看到自己的價值，以及這些價值如何

影響自己的目標與決定。但這不表示團體領導者可以依自身的價值來告訴個案怎麼做。「允許個人價值觀不適當地侵入到助人領域中是違反倫理規範且不專業的」（Alle-Corliss & Alle-Corliss, 2006, p.22）。理想上，助人者與團體領導者「可以幫助個案尋找其他的價值系統；當自己的偏見會對個案造成負面影響時，能夠坦然地與個案說明」（Nugent, 1990, p.263）。

我們贊成 G. Corey（2004）的信念：

> 身為一位團體領導者，若你將自己的價值觀強加於團體中，你就是不尊重團體成員的完整性。期待成員接受你的價值系統即傳達了一些訊息，讓成員認為自己沒有能力去發現有意義的一套價值觀，且自己不能依此價值觀行事。相反的，若團體領導者僅表現出自己的價值觀而非強加，成員不必測試自己的思維是否符合你的價值觀背後的脈絡。成員仍可為自己做決定，不必擔心沒有符合你的期望並感到罪惡。（p.66）

顯然地，對任何助人者，包括團體領導者，都要覺察到自己的價值觀；當與持有不同價值觀的個案工作時，要保持客觀。助人專業者常見的價值衝突包括家庭關係議題、性別角色、宗教、墮胎、性行為、性取向、愛滋病及文化與族群認同。雖然在治療關係中價值衝突無法避免，助人者一定要試著覺察並克服。很多時候，團體工作者的價值觀與個案、協同工作者或機構的價值觀有很大的差異，但仍然可以進行有效的團體工作。這有賴工作者的開放與覺察。若彼此價值觀差異甚鉅，則可考慮轉介。然而，若要轉介，要小心檢視轉介的理由，以確保符合倫理。Alle-Corliss 與 Alle-Corliss（2006）建議：

219

助人者要小心檢視他們轉介的理由，並問自己這個轉介是否適當。
這次的轉介是為了個案還是為了助人者？若單純不喜歡這位個案或
對這位個案感到不舒服，都不是轉介個案的充分理由。有些個案會
認為轉介是因為自己的因素，而感到憤怒與受傷。在告知個案要轉
介時，都必須小心敏感的處理。（p.22）

團體成員

個案權益

團體領導者要知曉並尊重團體成員的權益。知情同意（informed
consent）、非自願參與（involuntary membership）、退出團體的自由
（freedom to withdraw from a group）、免於受迫與過當壓力（freedom
from coercion and undue pressure）、及保密（confidentiality）等是常見的
個案權益。

知情同意

知情同意是「團體治療的基石。參與者與治療師之間，及與其他成
員間的約定是團體中讓成員有建設性過程的基礎」（Brabender, Fallon &
Smolar, 2004, p.188）。知情同意需要助人者告知個案其參加的處遇與相
關訊息。「知情同意係指個案有權利知道與助人者工作，以及這段助人
220 關係等全面性的目的與性質」（Neukrug, 2002, p.162）。這些訊息的揭露
可以幫助個案在全盤瞭解後做出決定，包括是否進入及留下在處遇中，
及確保他們自決與自主的權益，以增加對個案個人及個案想法的尊重。

雖然知情同意被視為單獨的專有名詞，二個詞彙仍需分開考量。**告**

知（informed）意指要告訴個案所有與處遇、尤其是團體處遇，相關且具決定性的權益。**同意**（consent）則是成員同意進入處遇而參加團體。

接下來將討論知情同意的各個層面及與團體工作的關聯性，並會分為兩個部分做探討：團體前的資訊公開及團體中的個案權益。

團體前的公開

告知個案助人者角色、專業資格及資歷：
- 提供載明團體領導者教育背景、訓練與專業資格的書面說明。

告知個案所付費的服務內容：
- 對團體性質與目的提出清楚說明。
- 對團體型態、流程與基本規則提出說明。
- 說明團體領導者所使用的理論取向。
- 為個案提供初步會談，個案決定由特定領導者帶領的特定團體是否符合個案當下所需。
- 給予成員機會多瞭解團體、提問及提出任何擔心的事。
- 討論團體進行的方式是否與團體成員的文化信仰與價值相符。
- 討論團體成員的權益與責任。

提供個案下列資訊，包括團體目標、團體限制、及處遇可能存在的危機：
- 提供團體長度、頻率、每次時間、團體目標及團體使用技巧等資訊。
- 提供參與團體時可能發生的心理上的危機。
- 釐清在團體中會提供與不會提供的服務。

221

- 協助個案發展個人的目標。
- 清楚說明領導者與參與者責任上的區分。
- 告知成員團體如何影響他們，包括團體進行間的影響及對每天生活的影響。

確定個案瞭解費用與帳單的安排：

- 提供資訊說明費用與支出，包括後續追蹤時的療程。

告知個案他們取得個案檔案的權益：

- 提供個案關於他們取得個人檔案的權益等正確資訊。

允許個案參與，共同形成處遇計畫：

- 提供個案機會去參與他們的處遇計畫，如此將可鼓勵合作氛圍，增進助人者－案主關係，並有助於評估所使用的處遇方法。

告知個案有拒絕任何關於服務建議的權利：

- 告知個案他們可以自己選擇是否繼續接受處遇。

針對保密權益，要提供個案清楚及具體的資訊：

- 教育個案關於保密事宜，並討論個案有被保密的權益；離開團體也必須對團體內容保密。

討論保密的例外：

- 告訴個案在一些情況下保密會被打破，如法律、倫理或專業理由。

告知個案提供個案檔案或資訊時，要先得到個案的書面同意：

- 基於個案隱私權益，在提供個案檔案或資訊前要先得到個案的簽署同意。 222

團體期間個案的權利

- 告知個案可以有哪些期待。
- 在團體期間，若有進行任何研究、錄音或錄影，都要事先告知。
- 若錄音錄影會影響個案的參與，他們有權利停止。
- 協助個案將團體所學應用到每日生活中。
- 給予回顧與評論個案的機會。做好結束的準備，並討論是否有任何未完成事項。
- 提供危機介入或轉介，若這個危機的產生和參加團體有直接相關。
- 練習使用合理的保護措施，以將可能的團體危機降至最低。
- 尊重個案隱私，及他們想要揭露的程度。
- 以團體領導者及團體成員的身分觀察保密的狀況。
- 成員應免於受到領導者或其他成員價值觀的強制推銷。
- 強調尊嚴與尊重的價值。

知情同意的好處 如我們所知，知情同意是重要的案主權利，也是倫理與法律上的要求。此外，不管專業角色或理論架構為何，知情同意被認為是處遇過程中不可或缺的一部分。若助人者能夠讓個案進行知情同意，信任關係也更容易建立。告知個案他們為了什麼服務付費有助於信任關係的發展。「這代表尊重案主有能力去做告知後的決定，並鼓勵他們更有信心去把自己託付給你」（Alle-Corliss & Alle-Corliss, 2006, p.163）。教育案主關於他們權利義務也能讓個案更為充權，並提升他們在治療中主動合作的意願。

在告知個案權利的過程中，助人者會發現可能存在的問題。例如，當討論保密及法律上的例外，曾受到虐待的個案可能因此感到焦慮，或以不成熟的態度離開處遇。因此，要能觀察或警覺可能的衝突或困難之處非常重要。另外，也建議要及早發覺這些部分並對可能的處遇給予相關教育。

機構對知情同意的回應　依據機構提供的服務類型，「會需要不同程度的公開資訊。機構會公開哪些資訊都不同；有些機構會嚴格遵守知情同意的政策；有些則不一定，甚至未注意到公開資訊的規定」（Alle-Corliss & Alle-Corliss, 2006, p.163）。許多機構有訂定正式的政策與流程，提供載有相關資訊的手冊或宣傳單，及讓個案簽名的正式表單。部分機構則以非正式的方式進行知情同意。要知道某機構如何進行知情同意，可直接尋問內部專業人員他們如何進行相關議題。

非自願性成員

任何形式的處遇，包括團體工作，若個案是主動尋求協助成效將最好。強制性或非自願性的處遇則最複雜，需要特別小心。G. Corey（2004, p.58）提到，個案若是被強制要求參與處遇，知情同意的議題便格外重要。團體領導者要一起努力，為非自願性成員進行全面性的告知，包括團體性質、目標、可能的流程、個案的權利義務、保密的限制、及參與團體後對他們帶來團體之外決策上的影響。

非自願性團體個案是因各種因素而受到壓力或被要求來參加。有些進入處遇的原因是「取代一些更不好的懲罰，如坐牢、吊銷執照、或作為緩刑條件」；另一些則是「學校系統、治療性社群或其他單位認為參加團體會對個案有益而強迫參加」（Toseland & Tivas, 2009, p.211）。

Alle-Corliss 與 Alle-Corliss（2006）對非自願性案主的描述如下：「個案並非自願的尋求助人專業的服務，而是受制於法院命令；父母或配偶的強迫；配偶以離婚作為威脅；父母的要求等手段」（p.232）。

在團體中也會處理較輕微的壓力，因為團體工作已成為許多心理健康組織、健康促進機構等的選擇治療模式之一，原因是成本較低；他們會鼓勵個案參加團體處遇取代個人處遇。

224

明顯地，抗拒進入處遇的個案會為團體領導者帶來困難，甚至是棘手的處境。在與非自願性案主工作時，先判斷個案是否有改變的準備很重要。應用下列改變五步驟來幫忙決定個案的狀況：（1）深思前期（precontemplation）；（2）深思期（contemplation）；（3）準備期（preparation）；（4）行動期（action）；（5）維持期（maintenance）（Prochasks, DiClimente & Norcross, 1992）。Toseland 與 Rivas（2009）建議助人者最好檢視每位團體成員是否處於改變狀態，藉由詢問成員對參與團體一開始的感覺，及他們對團體結束後的期望。運用反思及傾聽技巧來更瞭解團體成員的感受，並始終如一地給予照顧，而不判斷、批判或責難（Miller & Rollnick, 2002）。

許多時候非自願性團體成員會在團體最初，以對團體領導者及／或團體成員的敵意來表達他們的抗拒（Rooney & Chovanec, 2004）。Brill（1990）補充，除了敵意行為外，個案也可能表現出不感興趣、漠不關心或假裝接受來表達抗拒。任何上述情況都會對團體領導者帶來挑戰。重要的是，不應讓各種形式的抗拒造成團體進度的延後；相反的，團體領導者一定要盡力去瞭解成員的抗拒。團體領導者要向成員傳達，領導者能瞭解成員是被施壓或強迫要求而參與團體的感覺，以及他們對投入團體的猶豫。團體領導者應該接受並尊重他們的抗拒，因為這可能幫助他們朝向有意義的目的。關鍵當然是要探討抗拒的意義，及隨之而生的動力；努力發展信任關係；直接且同理的點出抗拒；保持彈性與創造

力；及願意與抗拒並存。

　　有太多時候，團體領導者錯誤的假設強制性團體會由缺乏動機與帶著抗拒的案主所組成，而難以改變。帶有這些假設的團體領導者就不容易成功。M. S. Corey 與 G. Corey（2006）建議：「這樣的信念會對團體成員帶來負面的影響……一開始任何的不信任都應予以尊重，因為這會是探索抗拒以發展信任很好的方式。有時候，被強制參加團體的人到後來會在他們的人生中做出明顯的改變」（p.68）。

退出團體的自由

225　　團體領導者必須告知團體成員「相關規定，包括參加團體；能出席事先規劃好的團體次數；及若不喜歡在團體發生的事能離開特定一次的團體」（M. S. Corey & G. Corey, 2006, p.68）。我們一致同意，團體領導者的態度，以及成員有退出團體的權利等都應該在說明會中清楚提出（G. Corey, Schneider-Corey, Callanan and Russell, 2004）。強迫團體成員待在團體中並不符合倫理規範，也不具治療效果。不過，讓成員有隨時離開的自由對團體過程的進展也不是件好事，因為不成熟的退出不但對退出成員有影響，也會損害其餘成員間的信任感及凝聚力。因此，要在處遇一開始就與成員討論提早退出團體的議題。即使做了這些努力，有時仍會有成員不成熟的決定結束治療。理想上，應鼓勵成員說出他們對參加團體的疑慮或擔心，而不是把這些反應留在心中。團體成員需要知道什麼是解決人際衝突或處理對團體不滿意最好的方式，如此才能持續積極地參與。「能真誠的討論退出團體的因素，每個人才有機會表達自己的擔心，並探討未竟事宜」（M. S. Corey & G. Corey, 2006, p.69）。若發生團體成員在事先未知會即退出團體的狀況，團體領導者應在下次團體中鼓勵其餘成員開誠佈公的說出自己的感受。

團體成員心理上的危機

　　由於團體可以是強而有力促成改變的推手，當然也就有可能造成成員一些心理上的危機（Brabender et al., 2004; G. Corey, 2004; G. Corey et al., 2007; M. S. Corey & G. Corey, 2006; Toseland & Rivas, 2009）。參加團體本身就可能是個危機，因為成員正經歷一些改變，會隨之影響自己及其他人的生活。G. Corey（2004, p.62）提到：「生命的改變會造成瓦解、敵意、不信任的對質、代罪羔羊、及傷害成員間的社交。」這些都是可能的危機。其他例子包括不正確使用自我揭露；過度覺察自己不愉快的過去；或做出產生壓力後果的決定，如離婚。Brabender 等人（2004）詳述這些可能產生的危機：

- 在團體中不愉快的經驗延伸到團體外的生活：「隨著團體的目的及過程，成員可能會因為在團體中接受到建設性的回饋、認知到自己一些心理因素，或面臨困難的行為任務時，而有負面的反應」（p.189）。
- 無法從團體中得到助益：「不是每個成員都會由團體中得到好處。所以應該幫助成員瞭解參加團體不一定保證會有進步」（p.189）。
- 其他成員在團體之外分享了團體中發生的事，而破壞了對成員的保密：「成員通常沒有仔細思考所有可能的後果，並認知到可能對他人會有非常嚴重的影響」（p.189）。
- 因為某些特殊狀況不在保密之列，而破壞了保密。例如，當有需要因受虐（兒童、無法自主的受照顧成人、或老人）而進行強制通報；當有自傷或傷人的危機；當案主有重度殘障；或當一些例外性的狀況必須處理時。

　　上述僅提到團體處遇中少部分可能發生的心理危機，實際上的危機一定更多。倫理上，團體領導者有責任事先向預定成員說明潛在危機，

226

最好是在篩選成員的會談中及介紹階段的初次團體中就先說明。許多倫理守則都提到需要向團體成員告知潛在的危機。美國諮商協會倫理守則（1995）第 A.9.b 條提到：「在團體中，諮商師有責任事先防範以保護個案免於受到生理與心理的創傷」。事先防範包括了討論可能的生命改變，及參加團體的好處與壞處。

不論參加什麼樣的團體都一定會有一些危機。團體領導者一定要負起倫理上的責任來確保預定成員能瞭解團體工作中潛在的危機，並做好各種防範。然而，具意義的生命學習最終仍需要一些危機的存在。

保密

在團體諮商中，保密被視為基礎條件或主要的倫理議題；也被認為是有效團體工作的重要條件。保密議題在團體工作中格外重要。「不僅是領導者要對成員保密，也要鼓勵成員要對彼此保密。當保密遭到破壞，不信任與背叛的力量就會返衝回來」（Alle-Corliss & Alle-Corliss, 1999, p.193）。Jacobs、Masson 與 Harvill（2006）提到，「任何團體領導者都要瞭解關於保密的兩個議題：領導者有倫理責任要對訊息保密；領導者沒有辦法完全掌控成員對所發生的事保密」（p.437）。由於這兩項事實，團體領導者要建立一些條件，讓成員間能維持保密。美國諮商學會倫理守則與實務準則（The Code of Ethics and Standards of Practice）（ACA, 1995）證實了團體工作中保密的重要性：

在團體工作中，諮商師（團體領導者）要對其帶領的團體清楚定義保密的意義與界限；解釋保密的重要性；並討論團體工作中保密的困難之處。也要清楚地向團體成員溝通一項事實，即無法完全保證會做到保密。（B.2.a）

　　Brabender 等人（2004）主張保密一定要受到維護，「才可以保障每位成員的隱私權，及傳遞有效的治療經驗」。他們也鼓勵要以「非常具體的方式來說明保密的要求是什麼含意」（p.184），來建立對保密的期待及它的後果。除了強調成員不可將團體內容帶出團體之外，也要告知他們不可揭露其他成員的身分（Luepker, 2003）。

　　在團體一開始也必須說明破壞保密會帶來各種後果。M. S. Corey 與 G. Corey（2006）發現，「一般而言，當成員說到他們在團體中學到什麼時，他們並不會違反保密。但當成員說到在團體中他們如何頓悟，或實際上如何互動時，就較有可能破壞保密」（pp.72-73）。防止上述保密遭到破壞，最好的方法就是在團體中不斷地提醒保密的重要性，並在任何適當的時機討論這個議題。此外，不斷強化保密也有助於在團體環境中建立信任。

　　一定要在團體最初就明確說明保密的限制。這些法律明訂強制揭露通常被視為保密的例外，且各州不同，甚至各個國家也不同。常見的例外讓團體領導者能夠破壞保密，包括：　228

- 對兒童、老人或身心障礙成人進行身體虐待或性虐待（強制通報法）。
- 有自傷的潛在危機，可能需要 72 小時強制住院（5150）。
- 有傷人的潛在危機，需要引用 Tarasoff 司法案例要求助人者警告可能的受害者。
- 重度身心障礙者需要 72 小時強制住院者（5150）。
- 法院命令及傳喚要求案主資訊。
- 案主放棄保密。
- 接受督導及諮詢。
- 法律規定須通報受到精神虐待及配偶虐待情事。
- 在認定必要時通報愛滋病案例。

美國諮商學會倫理守則（1995）討論了保密的例外：

> 一般要求諮商師須對資訊保密，但在一些狀況則不適用，像是需要
> 揭露以預防對案主或他人明顯且立即的危險；或當法律要求揭露保
> 密的資訊。諮商師遇到疑惑而向其他專業者諮詢時也被視為保密的
> 例外。（B.1.c）

團體領導者必須知曉法律的權利及哪些情況屬於保密例外。每
一個情況都是特殊的，必須依個人情況做判斷。Woodside 與 McClam
（1994）寫道：「實務工作者在提供服務時必須考量機構方針、專業倫理
守則及各州法律」（p.260）。

適當的篩選

在前一章強調了完整篩選的重要性。在此，我們要以倫理角度討論
篩選。適當的篩選是必須的，以避免對團體中每個人造成可能的生理或
心理危機。如果領導者有考慮接受某一特定成員，卻未先做進一步的評
229　估就讓他加入團體，這就是不符合倫理。適當的篩選需要領導者事先仔
細的準備及很好的評估技巧。在有些情況，特定的篩選問題是為了篩選
出那些尚未準備好或不適合該團體的人。

團體準備

正如我們所知，幫團體成員做好準備參加團體是知情同意的一部
分。團體領導者花時間提供成員關於團體的資訊，就是一種符合倫理的
舉動。相反的，若團體領導者忽略去深入討論關於團體目的及流程等資
訊，團體成員極有可能對團體不清楚。至少，團體成員會覺得無法融入
團體流程，這會對團體方向造成負面影響。在許多嚴重的案例中，團體

成員因為對團體強度未做好全然準備，或未被告知團體期待，而感到憤怒。他們可能覺得被誤導，或尚未準備好自我揭露或聽他人揭露自己的感受。然而，團體領導者無法預測團體中發生的每一件事，但花時間讓團體做足準備，才可能讓團體有正向氛圍，並幫助成員間及成員與領導者間能有開放的對話。

在倫理規範下使用練習及技巧

　　具治療性的練習常被應用在團體工作中，且非常有效。然而，在使用這些練習時，沒有足夠的準備或專業度，會造成傷害性的結果。Jacobs 等人（2006）建議：「在團體中要使用具架構性的活動或練習時，團體領導者需要考慮到倫理議題。許多倫理問題的產生是因為缺少專業度的練習或領導者缺少敏感度」（p.438）。例如，一位沒有經驗的人在團體中使用了會引發過度情緒反應的某些練習便是不倫理的行為。這是個明顯的例子，即領導者只要進行任何超過他技術能力的活動便是不倫理的行為。

　　Jacobs 等人（2006）列出了幾個例子，說明未以適當的技巧進行團體是違反倫理規範：

- 未讓團體成員對他們將會經歷到的事預先做準備，包括他們將參與團體練習而面臨潛在危機。
- 領導者對成員施加了過大的壓力，要成員去參與尚未敞開心懷的練習。230
- 鼓勵成員練習死亡議題，像是寫自己的墓誌銘，但卻未能處理因練習產生的痛苦與其他情緒。
- 進行會與罪惡及羞愧有關的練習，卻未能妥善處理隨之浮現的記憶，包括亂倫、兒虐、外遇及類似事件。
- 進行回饋練習，領導者卻允許團體成員對其他成員進行心理上的

攻擊。

- 當團體成員無法接受時卻持續要求繼續參與。

- 透過一些操作，讓個案揭露一些他們尚未準備好在團體中分享的個人隱私。

- 使用的練習造成龐大的情緒反應，卻未在事後規劃給予平復的步驟；即「未縫合成員的傷口，讓他們懸在那兒」。（p.438）

團體領導者一定要練習謹慎進行團體中各項練習與技巧。當具治療性的方法可能會造成強烈的反應時，在使用時一定要小心。團體領導者必須讓自己做好準備，去控制有些角色扮演活動引發的強烈反應。基本原則是當考慮使用可能會引發強烈情緒反應的技巧時，一定要在團體成員已經建立好信任關係時；已協助成員做好準備時；及成員開放且願意參與時。另外，當隨機使用練習與技巧時，要小心的修正練習內容，以處理特定成員在團體中的狀況。經驗與適當的接受督導很重要；也要對如何將理論應用在實務上非常熟悉。G. Corey（2004）提到：「理論建構出許多具治療性的方法與技巧。這些技巧是增加覺察、邁向改變、提升探索與互動的工具。這些技巧可以在倫理規範下且具治療性的情況下被使用；然而，也可能被誤用」（p.68）。

謹慎地確保團體成員不受到過度壓力，當然需要遵循倫理規範。G. Corey 等人（2004），及 Corey、Schneider-Corey 與 Callanan（2007）提到了要對下列五個不當壓力源特別小心：

1. 有不參加的自由。
2. 來自其他成員的壓力。
3. 錯誤使用面質技巧。
4. 強迫觸摸。
5. 不適當的情感宣洩。

有不參加的自由，即要告知成員若他們對練習感到不舒服，可以不需要參加。通常團體成員會感覺他們一定要參加才能被接納。即便他們已被告知沒有參加沒關係，他們仍會感到壓力。當成員討論到參與的感受時，團體領導者要很真誠地表示仍會接納成員。若團體領導者認為成員個人會因為參加而受益，此時就要考驗領導者如何在適當的挑戰、適度的壓力及不符合倫理的強迫中找到平衡。領導者必須瞭解這當中的細微差異，並保持高度注意。

當然，團體特性、目的及與案主治療關係會影響領導者如何看待正向的挑戰。我們同意 G. Corey 等人（2004）的觀點：

> 與團體成員建立越多的信任關係，以及團體的凝聚力越高，領導者就越能挑戰這些成員。倫理的核心在於對已浮現的問題給予最基本的尊重；更重要的是，對於個案自行決定要探索什麼及要進行到多遠給予基本的尊重。（p.32）

關於來自其他成員的壓力，有時團體成員會感受到其他人期望自己能參與練習活動，或期待能揭露到比自己感到舒服的程度還高而感到壓力。這是團體領導者的倫理責任去回應來自團體成員的不適當壓力。領導者要向團體確保沒有人會被強迫進行揭露或參與任何活動，這點相當重要。領導者一定要時時留意關於同儕壓力的外顯及細微線索，並找到合適的介入方式。

第三個過度的壓力來自錯誤地使用面質技巧，即團體領導者濫用權力去使用不適當的技術。有些領導者會錯誤使用他們的權力，針對特定成員使用引導技巧；這樣的行為是沒有正當性且不符合倫理規範的。

強迫接觸絕對是嚴重違反倫理規範。有時成員的觸摸是為了表現身體上的親近；領導者則可能在練習活動中觸摸成員。一定要很謹慎，並

232

清楚解釋為何觸摸。如果有可能，團體領導者可以在團體中常帶入這個主題提供討論，如此成員才能確定他們的隱私不會被侵犯。

同樣的，不適當的情感宣洩顯然也是不符合倫理規範。有時情緒宣洩是合適的；但有時過度的情緒宣洩難以被接受或不具治療效果。重要的是，要釐清宣洩情緒是為了滿足領導者自己的需求或個案的需求。此外，也要在案主心理上能忍受如此的情緒宣洩；團體領導者是符合資格且經驗豐富；及整個團體都對成員的情緒宣洩能夠接受等才能進行。

使用多重處遇方式

許多時候個案會接受一種以上的處遇。例如，個案可能會同時接受個別處遇與團體處遇。當然，「個案可以因為同時接受團體處遇及其他處遇模式而受惠；然而，參與多種處遇需要每個元素能相互協調」（Brabender et al., 2004, p.191）。重要的是，專業工作者間要知道是否、如何及有哪些資訊要分享，以及如何向案主解釋這個部分。另外，一定要向案主提到轉介的考慮及如何進行轉介。當進行轉介時，任何必要的資訊都需要經由案主授權才能隨之釋出。對所有的案主，專業工作者必須開誠佈公地對任何處遇模式討論所有的可能性。

使用身體技巧

在團體中使用身體技巧可能比其他技巧更具潛在的問題。一般不鼓勵使用身體技巧，因為常潛在對身體與心理的傷害。若團體領導者考慮使用身體技巧，一定要經過適當的訓練；有足夠的經驗瞭解團體過程；並覺察到可能的後果。G. Corey 等人（2004）提到：「使用任何技巧，最主要的倫理議題便是領導者的能力」（p.36）。他們進一步強調，團體領導者要對成員夠熟悉，才能進一步決定使用身體技巧是否具有治療效益。表6.1 提到在使用各種技巧時的 11 項倫理守則。

表6.1　使用技巧的倫理守則

1. 若成員自己開始有情緒問題時，工作內容就要具治療性。有時團體領導者覺得鼓勵成員去感受隱藏起來或剛浮現出的情緒是具療效的；但成員一定要願意且坦承才能進行。

2. 不要只是為了激起情緒而運用技巧。重要的是任何技巧都要有依據。

3. 使用技巧去幫助個案進行自我探索或自我瞭解。

4. 技巧的使用是為了幫助團體成員，不是為了隱藏團體領導者不舒服或能力不足。

5. 若使用技巧的原因，如空椅子（empty chair），是為了制止成員對治療師的面質，這是不恰當的。

6. 若使用技巧的原因是為了領導者可以避免面對探索某些主題時的害怕，是無法被接受的。領導者一定要在接受督導時處理任何情感反轉移的問題。

7. 使用任何技巧都要具敏感度。當團體中有一位成員或整體成員在情緒上還沒準備好參加練習時，要重新考慮該技巧的使用。

8. 時機很重要。在一次團體的最後進行練習是很危險的。建議要先討論可能的問題及擔心後，才能進行練習。

9. 不要再繼續使用已經證實無效的技巧。

10. 當團體成員因為還沒準備好或不願意參與練習而感到壓力時，要適時介入。

11. 在考慮使用技巧時要保持對多元議題的敏感度。

資料來源：摘自 Brabender et al. (2004); G. Corey (2004); G. Corey et al. (2004); G. Corey et al. (2007); M. S. and G. Corey (2006); Jacobs et al. (2006); Toseland and Rivas (2009); Zastrow (2009)。

團體領導者

　　團體領導者扮演非常重要的角色，決定了所帶領團體的結果。事實上，「團體領導者的特質、人格素養、生命哲學等比團體中任何其他的技巧運用都來得重要」（G. Corey et al., 2004, p.24）。建議團體領導者要學習「注意自己」（pay attention to themselves），才能在團體中監控自己的經驗，並看到自己的存在所帶來的影響。我們鼓勵團體領導者相信自己的直覺並接受正向的危機去試試新的練習。同樣的，團體領導者在團體中能如此有彈性也是樹立正向的模範。

　　倫理上而言，團體領導者要覺察自己的動機，並清楚自己的理論立場。領導者若未能覺察自己的動機，可能會誤用團體技巧，例如要求個案以某種方式表現而造成壓力；過度想要讓個案印象深刻；企圖不讓個案探索一些感受及議題，因為領導者個人覺得具威脅性；藉由面質技巧挑起情緒等。

　　有足夠技巧與知能的團體領導者可能會像超人。也許團體成員會「誇大團體領導者的權力與智慧，而造成領導者因此而墮落」（G. Corey et al., 2004, p.28）。領導者可以藉由保持自我覺察及定期向個案解釋某技巧的目的，來避免發生上述情況。另外，領導者能熟知某技術的治療理論也能減少誤用的情況。

團體領導者的適當訓練

決定能力範圍

　　有效的團體領導有賴具足夠技巧的專業工作者，因此團體領導者必須時時覺察自己的能力程度。依據 M. S. Corey 與 G. Corey（2006）的說明：「專業能力是團體工作倫理議題中很重要的一環……關鍵是領導

者要能瞭解自己能力的界線，並限制自己只進行依據所受訓練及經驗而準備的團體」（p.85）。不同的團體及個案群會需要不同的領導技巧。對心理教育技能豐富的領導者，對帶領心理動力團體可能會力不從心；相同的，帶領兒童青少年團體與帶領成人憤怒控制團體、藥物濫用團體及老人團體是不一樣的。由於團體涉及許多不同的層面，各種特殊型態的團體都需要領導者先接受特殊的訓練與督導。除了正規的大學、碩士與博士等學位訓練，許多團體領導者也需要接受多樣的特殊團體治療訓練工作坊。

領導者的準備

依據 Jacobs 等人（2006），「帶領團體最基本的倫理準則」記載於　235
美國團體工作專家學會（ASGW, 1998）所訂定的「最佳實務指導方針」（Best Practice Guidelines）：「團體諮商者（領導者）不可以試著使用任何技巧，除非他們在使用時有受過完整訓練，或在熟悉此介入方式的諮商師（領導者）督導之下才可使用」（p.434）。簡單來說，在沒有合適資格及準備下去帶領團體，尤其是治療性團體，是不符合倫理規範的。ASGW（1998）建議下列方式來增進團體領導者的能力：

- 追上當代新知；藉由繼續教育、接受督導及參加個人發展／專業發展等課程來增進自己在知識與技巧上的能力。
- 遇到個人問題或衝突，並影響專業判斷或幫助團體的能力時，要保持開放態度去尋求專業協助。
- 當你因帶領團體需要獲取更多知識與技巧等能力時，運用諮詢與接受督導來確保實務工作的效能。

Page 與 Jencius（2009）提出補充建議：

- 思考你被賦予的專業工作範圍。每位團體領導者都要去檢視每一

種形式與程度的執照所能進行的專業工作範圍。

- 思考你的經驗及專業知能：衡量你對某團體主題的經驗以及你帶領這類團體的經驗。如果你沒有所需技巧，從協同領導者開始做起。
- 確保你有接受督導；該督導應是對帶領團體很有經驗。
- 針對你想要帶領的團體主題多充實自己。教科書、期刊文章、或具專業價值的網站等都能充實你的學習。

針對相關理論、所應用的理論、與團體主題相關事項、及個案類型等獲取知識是有效團體帶領的必要條件。「帶領團體卻沒有對將討論的內容有深入的瞭解，是不符合倫理規範的」；另外，領導者未能熟悉成員因多元背景而產生的特殊議題亦不符合倫理規範（Jacobs et al., 2006, p.434）。我們將在稍後深入討論多元議題。

團體諮商師的專業訓練標準

在美國團體工作專家學會（ASGW, 2000）提出的「團體工作者專業訓練標準」（Professional Standards for the Training of Group Workers）中詳述團體領導者的特定訓練標準，包括三個向度的能力：知識能力（knowledge competencies）、技巧能力（skill competencies）及團體工作核心能力（core group work specialization）。

知識能力包括：領導者的優勢、劣勢與價值；對團體階段、發展、治療性因素、成員角色與行為等知識；對團體工作相關的評估、倫理及法律議題等重要性有所覺察。

技巧能力包括有能力開始與結束團體；表現出適當行為作為團體成員的榜樣；適當的自我揭露；給予及接受建設性的回饋；協助成員為他們在團體中的經驗歸納出意義；協助成員將團體經驗整合並能夠應用；有能力將倫理守則應用到團體工作中。

　　專業團體工作之核心能力包括：任務性與工作性團體；心理教育團體；團體諮商；團體治療等。能夠接受上述四種領域的訓練最理想。許多團體領導者沒有機會或不選擇接受額外的團體工作訓練。我們建議，如果可以的話，不論是新手或經驗豐富的團體領導者都應尋求額外的訓練。最有效的訓練包括接受個人治療；參與團體諮商或個人成長／自我探索團體；及參與試驗性訓練與督導團體。

訓練團體諮商師的倫理議題

　　結合試驗性與教育性的訓練方式是有爭議的，因為訓練與培養團體領導者也會有倫理議題。雖然許多這個領域的學者（G. Corey, 2004; M. S. Corey & G. Corey, 2006; G. Corey et al., 2007; Markus & King, 2003; Stockton, Morran & Krieger, 2004）認為參與具試驗性歷程的團體是必要的，但需要考慮下列四項倫理議題：

1. 團體領導者受訓學員有權被告之課程性質及課程要求。
2. 在團體中，學員必須對自我揭露持開放態度，也要處理人際關係　237　議題。
3. 學員必須做好準備接受及給予其他成員建設性的回饋。
4. 訓練者要掌控好自己的多重角色，他們同時也是團體協調者、評估者及督導。訓練者要正確瞭解界線與權力等相關議題。

在考慮參加訓練課程前，必須要先瞭解到可能發生的倫理陷阱。

團體領導者應有的倫理考量

雙重關係

在團體工作中，當團體領導者與單一或多位團體成員有專業關係及私人關係時，就會產生雙重關係。Jacobs等人（2006）定義團體工作中的雙重關係：「領導者與成員間有治療關係以外的其他關係」（p.436）。Welfel（2002）補充說明：「當（助人者）與個案有治療師－案主關係以外的連結時，雙重或多重關係就會產生」（p.155）。

雖然許多雙重關係對團體領導者而言不具傷害性，或可以完全避免，團體領導者仍然破壞了界線與倫理規範。一般認為，團體領導者應該遵守助人者與案主間專業身分及私人生活的界線（Alle-Corliss & Alle-Corliss, 2006; Corey & Herlihy, 1997; Cormier & Hackney, 2005; Welfel, 2002）。助人專業的倫理守則建議要盡可能避免雙重或多重關係。相關文獻支持我們的觀點，指出雙重關係是有問題且違反倫理的，有三個基本的理由：

1. 雙重關係可能表示實務工作者／治療師容易受到某些利益影響，這卻與提升案主福祉互相矛盾。
2. 若實務工作者／治療師在案主生命中有另一個角色，案主可能會感到混淆。
3. 權力的差異可以說存在於所有的助人關係中，實務工作者／治療師比案主擁有較多的權力。「那些感到缺少權力的個案，可能會覺得自己被強迫進入雙重或多重角色關係中」。（Cormier & Hackney, 2005, p.177-178）

最後，很重要的一點，是檢視私人關係是否介入了治療關係。美國諮商協會倫理守則（ACA, 1995）對雙重關係做出說明：

238

諮商師（團體領導者）要覺察到他們具影響力的身分，因此要對案
主予以尊重，並避免破壞案主的信任與依賴。諮商師（團體領導
者）要盡一切努力避免與案主有雙重關係，因為這會破壞專業判斷
或增加對案主造成傷害的危機。若雙重關係無法避免，諮商師（團
體領導者）要採取專業的預防措施，例如知情同意、尋求諮商、
接受督導、並詳實記錄以確保專業判斷未受影響，也未造成傷害。
（A.6.a）

社工專業及人群服務工作者也有類似的倫理標準及倫理守則。全國
社會工作專業人員協會的倫理守則提到（NASW, 1999）：

社工不應該與案主或前案主有雙重或多重關係，因為具有破壞性且
可能會傷害案主。若雙重或多重關係無法避免，社工應該採取一些
步驟來保護案主，並負責設定清楚、適當且具文化敏感度的界線。
（1.06.c）

全國人群服務教育者組織（National Organization of Human Service
Educators; NOHSE, 2000）之倫理標準強調案主與助人者之間存在著權
力與地位的差異：

人群服務專業人員覺察到與案主的關係中，權力與地位都不平等。
因此他們會發現到雙重或多重關係會增加案主受到傷害與利用的風
險；並損及專業判斷。然而，在有些社區及部分狀況下，無法完全
避免與案主的社交性或其他非專業的接觸。人群服務專業人員應支
持助人關係中存在的信任關係；應避免雙重關係損害專業判斷、增
加對案主傷害或利用的危機。(p.2)

239

這些守則的主要重點是，團體領導者若與案主有雙重關係時會傷害案主，尤其是與案主間有性關係。Lislie（1993）認為，要禁止與案主、案主的配偶或伴侶有任何與性有關的剝削利用。

其他要避免的雙重關係形式，「包括但不侷限於與案主有親屬關係、社會關係、財務關係、生意關係、或緊密的私人交情」（Alle-Corliss & Alle-Corliss, 2006, p.211）。非性關係的雙重或多重關係會對個人或團體處遇造成負面的影響，包括：

- 接受朋友或親屬成為個案／團體成員。
- 為職員提供處遇。
- 僱用案主／團體成員。
- 與現在或過去的案主／團體成員進行生意往來。
- 為學生及／或督導生提供處遇。
- 讓案主／團體成員加入助人者／團體領導者所教授的課。
- 邀請案主／團體成員參加派對，或與案主／團體成員一同參加社交活動。
- 賣東西給案主／團體成員。（Welfel, 2002, p.165）

當然，這些例子不像性關係般那麼嚴重。然而，任何一種形式的上述關係都有潛在的危險，即降低專業的客觀性與判斷，這些都可能是將兩種關係混為一談造成的。Jacobs 等人（2006, p.436）同意：「任何雙重關係都要小心。以任何方法利用雙重關係都是違反倫理規範，應予以避免。」

有另一種形式的雙重關係確實存在，即團體領導者針對個別成員進行個別諮商。針對這類關係是否符合倫理的看法不一。有些人認為團體領導者不應針對所帶領的團體成員進行個人諮商；有些人則認為若此舉符合案主最佳利益則屬恰當。Jacobs 等人（2006, p.436）認為，若個別

治療「有助於案主的進步，則可視為治療過程中有價值的工具」。事實
上，「許多時候，成員原本在領導者那接受個人諮商，領導者認為進行
團體將對案主更為有益，團體因而形成」。

有時界線並不明顯，容易被越過。當進入灰色地帶時，一定要小心
並自我覺察。當團體領導者扮演許多重疊的角色時，形成雙重關係的危
機就增加。將雙重關係危機最小化的守則如下：

- 一開始就建立正向的界線。
- 與案主討論任何有問題的關係。
- 尋求諮詢及／或接受督導。
- 有任何徵兆時進行轉介。
- 對任何潛在的危機全然向案主告知。
- 坦承及澄清領導者考量的部分。
- 若你正處於雙重關係，定期向其他專業者諮詢。
- 記錄下對任何雙重關係的討論及相關步驟。

團體成員間的人際交往

另一個倫理議題是團體成員間的人際交往對團體過程是助力還是阻
力。G. Corey（2004）認為，若成員間開始有小團體，談談其他成員的
八卦或有隱藏的議題出現時，就會有問題。Yalom（1995, 2005）也同
意，團體之外的人際交往若妨礙了團體過程，將會造成不好的結果且不
應被鼓勵。為了避免成員間不適當且具反效果的人際交往，必須在前導
團體及團體最初討論這個議題；團體進行時也要定期討論。在前導團體
中，要討論小團體形成的議題，因為這可能是具破壞性的行為，且會對
團體進行有負面的影響。

進行轉介

241 　　團體領導者對個案進行轉介的角色也是一種倫理責任，必須小心考量。團體處遇可能讓案主的情緒一湧而出，若沒有對案主進行後續處理是不明智的。團體領導者必須能決定何時轉介是必須的，並覺察到後續處遇是否需要。可以是由團體領導者繼續給予案主服務，或轉介給其他治療師。「後續追蹤很重要，因為在治療性團體中，成員可能會需要額外的個人、團體或家庭諮商。但是很多時候，會因為沒有提供後續追蹤處遇而違反了倫理規範」（Jacobs et al., 2006, p.439）。

倫理與科技

　　過去十年間科技突飛猛進。在現代社會，由於答錄機、手機、呼叫器、傳真機及電子郵件等科技，使得保密與隱私更受到挑戰。線上諮商、聊天室、電腦檔案、網路、手提電腦安全、科技的失敗及電腦病毒等都是其他與科技相關的例子，並對保密與治療造成影響。

科技與保密的保護

　　在現今這高科技的世界，一定要保護控管保密與隱私的方式，並「確保所有方式的使用是適當的並維持品質」（Alle-Corliss & Alle-Corliss, 2006, p.168）。不適當地使用科技會造成案主權益的損害。例如，在使用電話、答錄機、語音信箱、呼叫器、傳真、手機及電子郵件時，會顯示號碼，這就有潛在的倫理問題，因為涉及案主的隱私。

　　重要的是，要考慮不同科技方式所產生的狀況，及可能的問題。一些潛在的問題如下：

- 不小心發錯電子郵件並被第三者讀取。
- 家人竊聽電話。
- 家人（或網路管理者）取得了診所的電子信箱。
- 好事者（或鄰居）側聽手機或家用電話的對話。
- 駭客上傳電子郵件，或盜聽視訊會議內容。
- 線上個案的誤傳。
- 以電子郵件溝通，其中包含了大量的診所檔案（NASW, 2004）。

DeAngelis（NASW, 2004, p.3）強調：「每一個科技的使用都會對保密與隱私帶來潛在的危機。若未加以適當地保護，就會被無關的第三者取得違法的保密資料。」因為現代科技有潛在的危機，當使用多種常見科技時，一定要非常謹慎。當使用這些科技時，很容易在無意中破壞了對案主的保密；因此在知情同意這個階段，就必須討論這些科技相關的可能問題與隱私問題。「若沒有謹慎預防，電子檔案的存放及線上諮商二者最容易有誤用的危機。實務工作者一定要特別小心地使用電腦，並一併思考相關倫理與法律守則」（Alle-Corliss & Alle-Corliss, 2006, p.168）。接下來我們將簡短討論最常使用的科技。

電話及答錄機

當回覆電話或去電取消會談，需要表明自己的身分時，就會有保密的考量。團體領導者也會有打電話的需要，以約定篩選面談時間，或邀請案主成為團體成員。Remley 與 Herlihy（2001）建議依據下列守則：

- 避免提到案主正在接受服務；也不要提供任何資訊給不認識的打電話者。
- 當你打或接電話且要討論與需要保密的事情時，要確定你是與預設的對象說話。
- 若你不希望案主聽到，或你不想要重複法律訴訟時，就避免做任

何討論。

- 不要允許未經授權的人聽你辦公室的答錄機留言。

- 除非你已經事先與案主約定好，否則不要在答錄機中留下與案主相關的私人訊息。小心案主家人可能會聽到你留下的訊息。

手機

有廣大的個案與助人者都使用手機。若個案不是在私密性高的地方使用手機，則隱私容易洩漏。此外，也要小心你們的對話可能會被非授權人士擷取。不要在電話中提到一些會識別出個案的資訊，否則將會破壞隱私。

手機中「簡訊」的使用也越來越多。簡訊產生的危險才開始慢慢浮現。Toseland 與 Rivas（2009）警告：「團體領導者可能會過快回覆簡訊，而沒有思考到這通簡訊的脈絡或背景」（p.177）。我們建議實務工作者，包括團體領導者，在回覆簡訊時要小心，因為不確定對方是誰。再者，在送出任何回覆簡訊前，要對個案相關狀況有全盤瞭解。

呼叫器

在讀取呼叫器中的訊息時要小心。傳訊息給個案時，要確定有像使用答錄機及語音留言般，小心保護個案的隱私。

傳真機

自從傳真機被普遍使用來與個案彼此傳遞訊息，一定要再次確認傳真號碼正確；並確定接收者本人就在傳真機前面收信。建議在傳真前先打電話，尤其是接收訊息者的傳真機擺設在公共區域時。

電子郵件

雖然電子郵件的使用非常廣泛，也可能被非本人看到訊息，因此無法完全保證隱私。「由於無法合理期待使用電子郵件能夠維持保密，因此要讓個案思考他們希望以何種方式溝通以保護隱私」（M. S. Corey & G. Corey, 2004, p.235）。為了避免破壞保密，要確保個案同意使用電子郵件，並覺察到傳送電子郵件潛在的安全風險。另外，要考慮到輸入的訊息是否會被辨識出；必要時要刪除會辨識出個案的相關訊息。最後，要對電子郵件接收那端進行安全性評估，並確保通訊錄有加密保護。

244

電子通訊／記錄保存

使用電腦記錄下過程已經成為最普遍的工作記錄模式。因此，助人者針對治療記錄進行開啟新檔、儲存、讀取、轉檔及刪除檔案等動作都必須維持其保密性。所有的助人專業倫理守則都要求助人者在以電子或電腦科技傳送資料時，要確保其保密性及隱私性。一般建議，團體領導者可以在知情同意這個階段中，花一些時間與個案討論科技相關的潛在問題。在這個議題上進行開放式的對話可以讓助人者及個案採取一些預防方式來避免不必要且違法的違反保密原則。

使用聊天室

聊天室的使用越來越普遍。然而，由於聊天室缺乏保密性，一般不建議在網路上討論個案。除非有下述條件，則可考慮使用聊天室：有特別的安排確保保密性；有個案的書面同意；以及任何會辨識出個案身分的資訊都會被排除在聊天室所有對話之外。

筆記型電腦的安全性

越來越多的案主與助人者使用筆記型電腦，因此，要確定在這些可

攜式電腦上，案主資料的存放其安全性沒有被輕忽。由於筆記型電腦較易弄丟、被偷及損壞，我們建議採取以下的預防方式：

- 在外出時，使用不會被認出的袋子或提箱。
- 安裝進入密碼及電腦加密程式。
- 時常將資料備份。
- 在外時要使用可鎖式的電線。

技術故障與病毒

由於技術故障與電腦病毒等風險經常出現，任何存有個案資料的電腦一定要確保其檔案的安全性，包括安裝防毒軟體；將硬碟中的檔案備份到隨身碟或 CD ；若隨身碟或 CD 是主要的檔案儲存方式，也應予以備份。

線上諮商

越來越多人使用線上個別諮商或團體諮商，雖然這可能有潛在的法律與倫理議題。一些文獻提到了線上諮商潛在的倫理考量（Alle-Corliss & Alle-Corliss, 2006; Brabender et al., 2004; Franz & MacCartie, 1999; NASW, 2004），包括：

- 辨認治療師與個案的正確性。
- 提供證明治療師的專業證照。
- 諮商未成年個案的安全性。
- 確保對個案保密。
- 提供緊急諮商服務。
- 核對個案所處地區的保險含括範圍。
- 決定線上諮商個案群的適合性。
- 對治療師的線上科技障礙、司法議題及科技能力發展出協定。

　　由於網路團體治療的舉行在線上，因此難以保證個案隱私與保密。此外，也不能完全依賴線上的辨識功能，因為任何人都可以假冒為個案。

虛擬團體

　　虛擬團體是個案／團體成員間並沒有面對面，而是藉由電話或網路進行。Toseland 與 Rivas（2009）提到為什麼虛擬團體會被視為面對面團體的替代方案之理由。個案有以下原因無法參與面對面團體：

- 因衰弱或生理上的限制。
- 交通、距離及費用產生阻礙。
- 擔心被汙名化、高度社交焦慮，及／或繁忙的行程與時間限制。

　　近期研究建議，虛擬團體在一些狀況下是很具治療性與凝聚力（McKenna, Green & Gleason, 2002; Postmes, Spears & Lea, 1999; Postmes, Spears, Sakhel & deGroot, 2001; Toseland & Rivas, 2009）。個案會因為少了視覺因素而較少分心，且更能專注在核心權益與價值上，這也是最初想參與團體的動機。相較於所分享的議題，成員較不會擔心多元議題，如膚色、社經地位、性別與性取向等。當成員發現所探討的議題能帶著他們融入團體時，團體連結與遵守團體規範的效果也較好。

　　雖然有這些優勢，電話或線上的虛擬團體也會有需嚴肅考量的事項。破壞保密的危機增高；且難以保證成員能持續參加。

電話會議

　　以電話會議方式同時與多位成員溝通越來越普遍。一項針對身心障礙個案使用電話支持團體的研究發現，其效果是好的。Toseland 與 Rivas（2009, p.178）於表6.2清楚說明電話會議的優勢與劣勢。

表6.2 電話團體的優勢與劣勢

電話團體的優勢

- 具方便性與可近性，可以在自己家中進行
- 可節省參與者的時間，因為不需要交通往返
- 具有高度的隱私，減少汙名化的可能性
- 能夠深入到住在郊區或缺少交通工具等人的生活中
- 能夠廣及到受到家庭限制或因為在家照顧他人而無法離家者
- 會有很大的意願分享一些在面對面團體中較為禁忌的主題

電話團體的劣勢

- 花費
- 難以評估成員的需求；也難以評估缺少臉部表情與非語言線索影響下的互動狀況
- 聽障者難以參與
- 技術問題、電話等待、或家中其他人發出的背景吵雜聲等因素造成的失真
- 由於在個人家中進行而缺少隱私，會有保密上的考量
- 因缺少視覺及非語言的線索，團體動力會因此改變
- 無法使用團體活動、活動掛圖及其他視覺媒材
- 當成員沒有面對面，可能更容易表現出敵意或缺少敏感度

團體領導者使用電話會議方式一定要特別注意語調、聲音變化及沉默。Schopler、Galinsky 與 Abell（1977）建議：

- 在每次開始前要求成員再次表明身分。
- 協助個案為一些挫折做準備，如錯過線索、被打斷等；同時也告訴他們這種方式的好處。
- 鼓勵成員釐清他們的表述，並給予他人清楚的回饋。

* 持續評估成員的情緒反應，並向每位成員說清楚。

由於電話會議本身的特性，團體領導者通常需要更具積極性與引導性。理想上，建議團體領導者在電話團體開始前能與成員會面至少一次。由於在提供電話服務時專業水準會受到限制，因此在使用這項科技時一定要謹慎（Glueckauf, Pickett, Ketterson, Loomis & Rozensky, 2003; Maheu, Whitten & Allen, 2001; Nickelson, 2000; Toseland & Rivas, 2009）。　247

電腦科技相關團體：線上服務

Santhiveeran（1998）提出有四種可在網路上發展的電腦科技相關團體：（1）聊天室（chatroom）；（2）留言板（bulletin board）；（3）電子郵件；（4）群組服務（Listservs）。

聊天室是一個虛擬空間，可開啟一段特定時間。團體成員能夠在短時間中互動性地在上面張貼訊息並接收回饋。

留言板通常開啟讓成員能夠張貼訊息，且能隨時回答。

電子郵件讓成員可以寫信給某位人士，並能在任何時間回覆。

群組服務讓成員能夠在上面並接收到資訊與最新消息。團體會議是即時的，大家都可在同一時間參與並互動討論。

採用**線上團體**的團體領導者通常扮演兩個角色：協調者與／或諮詢者。「團體治療師可能會在網頁上分享關於人際問題與團體動力等知識，或回答關於人際關係的問題」（Brabender et al., 2004, p.194）。團體領導者的角色釐清可能不容易，因為團體成員可能不把領導者視為協調者或諮詢者；而將其誤認為自己的心理治療師（Humphreys, Winzelberg & Klaw, 2000）。此外，線上團體的成員數可能隨時變動，專業人員難以知道誰會在什麼時候進入這個系統（Weinberg, 2001）。由於成員來自各地，也會有特殊個案管理的議題。重要的是，若成員所處的地區越多　248

元，「治療師的責任也就越大。若成員所處的地區與治療師不同，治療師就必須知道當地心理健康資源，才可以在緊急狀況時適切且迅速的回應」（Brabender et al., 2004, p.196）。

有三點保護性因子可以降低上述困難：

1. 團體領導者要持續的釐清自己的角色。
2. 團體領導者要避免與成員有個別互動。
3. 團體領導者必須「為線上團體開設另外的電子信箱，才不會將成員訊息錯誤地群發給領導者個人的親友」。（Brabender et al., 2004, p.195）

雖然有許多明顯的疑慮，現在已有許多線上團體，且為不少人帶來有用的功能（Page, 2004）。Brabender（2002）認為，那些以科技方式提供服務者是進入一個「法律上與倫理上未清楚規範的領域」（p.274）；建議團體工作者應該先找出可能的倫理兩難及倫理與法律上的相關議題。由於線上團體的有效性之研究仍然相當缺乏，未來應該投入更多相關研究。Chang 與 Yeh（2003）提到：「線上團體與面對面團體二者仍無法一併而論，因為沒有證據顯示線上團體能有效帶來改變。事實上，對比較線上團體與面對面團體的有效性之相關研究才正要起步」（p.640）。

249　　採用線上團體的領導者應該要事先進行下列預防事項：

- 取得並遵守專業上、倫理上與法律上實務工作標準等相關資訊。
- 若個案居住的地區特殊，要特別考量文化相關議題。
- 提供個案所處地區所有的相關專業人員與立案機構等資訊。
- 對未成年者進行網路諮商，要先取得法定監護人書面同意書。
- 在個案與治療師之間執行辨識系統，例如密語或圖像。
- 若有需要緊急諮商時，推薦個案所處地區之合適的專業人員。

- 對線上個案使用接案與評估工具。
- 能夠辨識出不適合進行線上諮商的狀況（如自殺、精神疾病等）。
- 針對碰到技術上的問題，事先與個案一同發展及討論相關對策。
（Alle-Corliss & Alle-Corliss, 2006, pp.169-170; Franz et al., 1999, p.7）

其他線上服務

　　虛擬團體在資訊與服務的品質都未能達到專業的認可（Bowman & Bowman, 1998）。Toseland 與 Rivas（2009）警告：「網路上的資訊其水準都未及紙本科學期刊」（p.177）。因此若要由網路上取得資訊一定要注意其可信度與適合性。一些團體成員可能會閱讀一些治療或診斷，並很快的套加在自己或他人身上，而未接受適當的督導或專業協助。

　　另一個線上服務相關問題是，線上諮商或支援可能是由未取得專業學歷的人所提供；他們沒有遵守認證機構的專業規範。

技巧的精進：資訊與訓練

　　在助人領域裡也需要越來越多的科技。倫理上，所有的助人者，包括團體領導者，一定要盡力尋求合適的訓練，以發展有效使用新科技的所需技巧。針對電腦，Alle-Corliss 與 Alle-Corliss（2006）寫到：

250

　　每位治療師都有責任，去尋求適當訓練來累積其有效操作電腦的經驗，以確保在電腦的使用上，具備充分的知識──包括相關軟體程式、確保在發生技術問題時，檔案的安全性可獲得支持性的服務、能隨著科技的與日俱進，進行自我提升及訓練，並且能謹守其工作領域上的專業倫理及科技使用守則。（p.170）

　　新技能的學習及掌握科技的進展是相當重要的。對團體工作來說，團體領導者必須熟悉線上諮商或其他網路服務的法律及倫理議題。唯有在團體實務工作者願意尋求持續性的訓練及督導，我們才贊成他們以開放的態度，在團體工作中運用科技。McMinn、Buchanan、Ellen 與 Ryan（1999）進一步提出，在所有助人專業相關的碩士及成人教育課程中，應為實務工作中的科技應用，提供明確的指引。表6.3列舉了使用電腦的實務工作者應有的考量：

表6.3　使用電腦之實務工作者需考量事項

---

* 讓個案對於可能的利益及風險，有全盤的瞭解。
* 使用完整的衡鑑工具，並附帶一份聲明，向個案說明在填答任何問卷、表單或其他文件時，保持坦白的重要性。
* 向個案說明保密性及保護措施開放性的細節。
* 向個案確認緊急聯絡資訊，以及規劃在網路通訊被干擾時的緊急處理作法。
* 瞭解專業倫理守則，以在保密、隱私、同意書、利益衝突、憑證的錯誤列舉等等議題，能確實遵守相關規定。
* 諮詢州政府的發照部門，瞭解適用的法定規範。
* 如有必要，需諮詢處理實務缺失或風險管理之律師，以對於照護標準、實務缺失議題、及其他相關問題有更多的瞭解。
* 檢視相關網路工作者協會及健康照護組織在網路服務方面的倫理規章。

資料來源：摘自 Alle-Corliss and Alle Corliss (2006), p.171。

多元議題

251　　團體工作中保持對多元議題的敏感度是重要的倫理考量。由於團體

常是由來自不同文化的個案組成，因此所使用的技巧應適合他們的多元背景。常見的技巧，如鼓勵自我揭露、分享私人事情、表達深層情緒、練習堅持的技巧及面質等，可能對某些個案而言不適合。小心地評估與規劃可以避免誤用缺乏多元敏感度的技巧。美國團體工作專家學會（ASGW, 1998）之「最佳實務指導方針」（Best Practice Guidelines）中強調，在團體工作中，倫理上需要考慮多元文化的角色：

> 團體工作者對於個案多元性要保持高度敏感度，包括但不侷限於族群、性別、宗教、性、心理成熟度、社經地位、家族史、生理特徵或限制、及地理位置等。團體工作者要對工作對象之文化議題持續尋求相關資訊，包括與參與者互動，及尋求外在資源等。（B.8）

當然，在這個多元的社會中，非常需要多元文化觀點。在團體工作中，保持對他人以及差異性的尊重是建立良好關係及信任的關鍵。學習有效的技巧去多瞭解與欣賞不同層面的多元性，像是文化、族群、種族、性別、階層、宗教、性取向等，因為這些都同樣重要。多元文化諮商／治療的定義如下：

> 助人角色與過程所使用的形式與目標訂定都要與個案的生命經驗與文化價值相符合；要去辨識到個案的認同，包括對個人、團體、及世界等層面的認同；在助人過程中要使用一致認可的技巧與角色，以及特定文化技巧與角色；在對個案個人與個案系統進行評估、診斷、與處遇時，要平衡個別性與整體性。（Sue & Torino, 2005, p.3）

根據上述定義，發展出幾項實務上的應用：

- **助人角色與助人過程**一定要滿足服務對象的特定需求。為了如此，諮商師要增加他們的角色並強化他們的技術。例如：在有些

252

文化中，較為被動與客觀的助人者較受歡迎；在其他文化中，有
效能的助人者也需要扮演老師、諮詢者及倡議者等角色。
- 使用的形式與目標一定要與服務對象的**生命經驗及文化價值**一
致。
- 助人時，要考慮個案各方面的認同狀況，包括**對個人（獨特
性）、團體及世界等層面的認同**。
- 對不同族群／少數團體使用**特定文化技巧**（culture-specific
strategies），因為這最符合他們的需求及觀點；同時也覺察到有
些技巧是一致認可的。
- 在與不同文化個案工作時，尊重他們的**個別性**（individualism）
與整體性（collectivism）。平衡個人與現實上的整體，像是看到
家庭、重要的他人、社區與文化。
- 要同時與**個案個人**（individual client）**及個案系統**（client systems）
工作。通常，個案會因為種族、文化、族群、性別或性取向等的
差異，造成個案在所處環境中經歷困難。因此，關鍵是要著重在
改變個案的系統，而非僅與個案個人工作。

在這些實務應用上，相關文獻列出了要成為具文化能力的實務工作
者所應具有的元素：

1. 覺察到個人的假設、價值與偏見
   - 知道我們的文化遺產與價值，並尊重差異性。
   - 覺察到我們的價值與偏見，及這些如何影響少數族群個案。
   - 對自己與個案在種族及信念系統的差異性感到自在。
   - 對轉介少數族群個案給擁有相同種族／文化的助人者或其他適
     當的助人者之需求能具敏感度。
   - 看到自己種族歧視的態度、信念與感受，當這些狀況浮現時。

253 　ASGW（1998）在「多元能力團體工作者工作原則」中強調自我

覺察的重要性：「多元能力團體工作者要對下述事項有進一步的覺察，包括他們的種族、族群、文化、性別、社經地位、性取向、能力、宗教及精神信念等是如何被其經驗及過往歷史影響著；這些都將會對團體過程與動力造成影響。」（I. A. 3）

2.瞭解世界是怎麼看待具多元文化的個案

- 要擁有將與之工作特定群體的相關知識與常識。
- 瞭解美國社會政治系統如何對待少數族群，並予以尊重。
- 覺察到機構限制可能會阻礙了少數群體尋求協助。

3.發展適合的介入技巧與需求

- 使用多重回應形式。
- 技巧性的溝通；要考慮每個文化有不同的溝通模式。
- 當有需要的時候，代表個案向公共團體進行協調。
- 瞭解自己的助人方式、限制以及對個案可能產生的影響。

身為團體工作者，要瞭解個案的文化價值，才能選擇與世界看法一致的介入方式。許多時候，團體成員整體的文化影響力、價值、決策及行動決定了要將什麼形式的問題帶入團體治療中。每個人與文化團體會帶入自己的經驗與期待。助人者要試著瞭解每個群體的獨特性，以確保提供了最適當的處遇。所有的考量都是為了強調助人者應該具備多元文化的敏感度。

DeLucia-Waack（1996）提出團體工作者在現今多元文化世界裡應有類似的思考。她鼓勵工作者要保有修正團體工作理論與技術的彈性，以因應不同的文化之信念與行為；也要修正團體工作的理論與實務，才可提供多元文化的成員有效運用以幫助他們改變與成長。

為了達到這些要求，G. Corey（2004）建議：「團體諮商者一定要願意並能夠挑戰文化上對團體架構、目標、技巧及實務的觀點；並重新檢視所有主要理論背後那些經由文化背景所形成的假設，在多元文化的 254

脈絡下是否依然適用」（p.14）。Ivey、Pedersen 與 Ivey（2001）對**多元文化的預設前提**（multicultural intentionality）有所討論，基本上鼓勵助人者，在團體工作的情境下，應該依此做出改變。個案的問題，不再只是從內在進行觀察，外在因素的考量也同樣重要。助人者必須拓展，可能對個別團體成員造成影響之因素的相關知識：性別、性取向、生理及情緒的反應能力、宗教信仰，以及社經地位。

對團體諮商而言，一個有助於系統化考量複雜文化影響的框架是 ADDRESSING 模式（Hays, 2001），其中歸納出了 9 個向度，可對單一個案的自我認同有更好的理解：

A：年齡（Age）及性別的影響

D：發展性（Developmental）及習得

D：身心障礙（Disability）

R：宗教（Religion）

E：族群（Ethnicity）／種族

S：社經（Socioeconomic）地位

S：性取向（Sexual Orientation）

I：原住民背景（Indigenous Heritage）

N：原國籍（National Origin）

G：性別（Gender）

在第五章，我們討論了多元個案群的許多面向。在此，我們希望強調在團體工作中可以思考這些面向。當今許多團體都是由多元個案所組成，因此要認可並瞭解團體內所表現的不同與多元性。Brabender 等人（2004）也建議團體治療師應使用這套系統來增加個人世界觀的覺察。要知道哪些文化因素可以套用到每個團體成員，「治療師要能（1）更全面性瞭解自己；（2）瞭解與團體相關下的自己；（3）更全面的瞭解每位成員；（4）瞭解與其他成員相關下的個別成員」（p.207）。

要成為更具技巧的團體工作者，也需要對多元議題具敏感度，並
在許多不同層面工作。團體領導者必須覺察每位成員在他的文化脈絡
下說了些什麼，以及如何影響這些議題；在與助人者和團體成員的連
結下說了些什麼；在與成員的關係下說了些什麼。此外，要注意團體
過程，使用符合文化內涵的團體技巧與策略，以及追蹤目標的達成
度。Hays（2001）提供了 12 項具文化內涵的介入模式；當治療師所
帶領的團體成員具有多元背景時可以使用。想要瞭解更多，請參考
該書：Hays（2001）《實務中文化多元的複雜性——實務工作架構》
（*Addressing Cultural Complexities in Practice: A Framework for Clinicians
and Counselors*）。

與多元個案工作時，要成為具有豐富知能與技巧的專業工作者需要
熟悉多元資源，包括專業倫理守則、原理與工作方針。也要持續尋求諮
詢與訓練，才能對不同的人保有尊重。

潛在的倫理兩難

在與他人工作時，無論是使用什麼處遇形式，都一定會遇到倫理兩
難。在團體工作中倫理兩難問題會更加放大，因為有更多個案牽涉在
內。接下來，我們提出幾個潛在的倫理兩難，需要工作者謹慎思考：

- 幾位團體成員在團體以外彼此互動。在團體進行期間形成小團
  體，並帶到團體之外。如何處理這樣的狀況？
- 團體成員邀請團體領導者參加團體之外的互動。領導者該考慮參
  加嗎？若會去，為什麼？若不去，為什麼？
- 一位團體成員本身是財務顧問；若團體成員與領導者僱用他，他
  可以提供優惠的價格。團體領導者應該如何處理？若團體領導者
  自己未接受這個提議，其他成員是否可以接受？

- 團體領導者使用強度高過成員可接受程度的團體練習；在練習前
  沒有讓成員準備，也未妥善結束。應該如何處理？
- 家庭成員或朋友想要一起加入團體。這會造成一些困難嗎？
- 協同領導者在團體外牽涉了親密關係。這是否適合？會產生什麼
  後果？

與機構有關的倫理議題

團體領導者一定要覺察與團體有關的倫理困境。以下的狀況一定要
先思考：

- 機構是否合適開設某些團體？例如，在兒童照顧機構中是否適合
  舉行物質濫用團體？或團體成員變得過於憤怒（在憤怒控制團
  體），但機構卻沒有能力處理這樣的狀況？
- 個案在團體形式下是否真能被服務？要檢視團體本身的目的。若
  團體的開設僅是為了業務需求、讓工作者獲取經驗、或主要是為
  了個案的利益？這些理由是否具正當性去開設特定團體？
- 團體舉行的時間與地點是否符合個案需求？例如諮商中心辦理的
  兒童團體卻選在上課的日子？或團體時間在晚上，卻是在偏遠不
  方便的地區？
- 機構需要發展憂鬱症的辯證式行為治療（Dialectical Behavior
  Therapy; DBT）密集團體，唯一可全程參與的工作者卻少有相關
  經驗，該怎麼辦？這種密集團體是否適合由初學實務者帶領？
- 機構指派兩位治療師共同帶領一系列團體，但這兩位的風格、方
  向與方法有很大的不同，且也不願意一同工作。讓他們一起帶領
  是否是個好主意？

機構工作的挑戰

　　最後一項倫理議題是人群工作者，包括團體領導者，一定要認知到的，即在人群服務機構的每日工作中會遇到三大挑戰：個人挑戰、機構挑戰與環境挑戰。在其他領域的專業人員也可能會遇到同樣的挑戰。　　257

　　在助人領域中的工作者會遇到許多個人挑戰。個人挑戰包括助人者要能理解他人的痛苦與掙扎；愉快與興奮。同理的能力讓助人者更容易與個案建立信任及良好的關係，並更容易進入個案的世界。有時，我們的工作常會暴露在不公不義及悲慘的世界中；這一點常讓人困惑。會感到恐懼與焦慮是正常的，尤其是當我們有新的經驗或要扮演新的角色，如擔任團體領導者。其他的挑戰包括要瞭解照顧與救援的差異；覺察情感轉移與情感反轉移；能夠與抗拒或高難度的個案工作。機構挑戰包括瞭解組織或機構系統；覺察到組織的限制；並讓自己融入。學習與其他組織及社區一同工作也是一項挑戰。環境挑戰包括瞭解經濟與政治現況，因為這些會影響機構生命。此外，我們也討論過使用新科技的挑戰，以及網際網路對人群服務的影響。要面對這些不同的挑戰，因應的方式包括保持開放的溝通、保有彈性及耐心、並避免悲觀。

團體工作實務倫理守則

　　專業組織會針對團體工作提出倫理議題。以下列出數個極為重要的專業組織。

- 美國團體心理治療學會（American Group Psychotherapy Association; AGPA）：http://www.agpa.org/guidelines/index.html 。本網頁提供了「團體心理治療實務守則」。
- 美國團體心理治療與心理劇協會（American Society of Group

Psychotherapy and Psychodrama; ASGPP）：http://www.asgpp. org/ 。

- 團體社會工作促進協會（Association for the Advancement of Social Work with Groups Inc.; AASWG）：http://www.aaswg.org/ 。這是全球性的專業組織，提出了「團體社會工作標準」（Standards for Social Work Practice with Groups），可見其網頁：http://www. aaswg.org/webfm_send/4。

- 美國團體工作專家學會（Association for Specialists in Group Work; ASGW）：http://www.asgw.org/ 。網頁中提到了三個實用的實務標準：

  258

  1.「最佳實務指導方針」（Best Practice Guidelines）：http://www. asgw.org/PDF/Best_Practices.pdf

  2.「多元能力團體工作者實務原則」（Principles for Diversity-Competent Group Workers）：http://www.asgw.org/PDF/ Principles_for_Diversity.pdf

  3.「團體工作者訓練專業標準」（Professional Standards for the Training of Group Workers）：http://www.asgw.org/PDF/training_standards.pdf

此外，人群服務教育者、諮商師、心理師及社工等的專業守則中都提到與團體工作相關的倫理守則：

- 美國諮商學會（American Counseling Association, 2002）：「實務工作倫理守則與標準」（Code of Ethics and Standards of Practice），見網頁 http://www.coumseling.org/Resources/codeofethics/TP/Home/ CT2/aspx

- 美國心理學會（American Psychological Association, 2002）：「心理師倫理準則與行為守則」（Ethical Principles for Psychologists and Code of Conduct），見網頁 http://www.apa.org/ethics/code2002.html

- 全國社工專業人員協會（National Association of Social Workers, 2004）：「倫理守則」（Code of Ethics），見網頁 http://www.socialworkers.org/pubs/code/code.asp
- 全國人群服務組織（National Organization for Human Services, 2004：「人群服務倫理標準」（Ethical Standards of Human Service），見網頁 http://www.nationalhumanservices.org/ethical-standards-of-human-service-professionals

結論

　　本章探討了許多團體工作中相關的倫理與法律議題。我們討論了實務、個人價值及這些與團體工作的關聯性。與團體成員有關的議題包括個案權益以及知情同意。也討論了進行團體前要將相關訊息透明、個案在團體中的權利、以及個案心理上的危機等，都可幫助團體領導者有更好的準備。本章檢視了保密這重要的議題，包括詳細探討要妥善使用科技；團體領導者的角色以及雙重關係。由於我們處在高科技時代，本章也延伸討論保密的維護及科技的使用。最後，針對多元性及相關的倫理議題進行討論，期待幫助團體領導者可以具備重要的多元能力。第七章將著重討論在機構中發展特定團體。

7 CHAPTER
如何在機構成功地帶領團體

對實務工作者來說，重要的是學習在機構裡工作並適當地提供團體　259
治療服務。除了發展臨床技巧、參加團體和實務的專業訓練之
外，如果實務工作者能學習在不同機構體系中工作，將更能勝任其工
作。若能瞭解機構的結構、政策、歷史沿革、正式與非正式組織路線、
個案狀況、與現在的需求，成功的可能性更大。有策略並積極地將可獲
取的資源極大化，可達到提供有效且有品質的團體工作之最佳目標。

　　本章將闡述團體計畫與實施模式，包括在機構中成功地帶領團體的
關鍵議題：預先考量事項、團體計畫、團體形成（group formation）、團
體運作、以及團體評估。此模式是透過筆者在不同機構帶領團體的經驗
與文獻探討而建立（M. S. Corey & G. Corey, 2004; Page & Jencius, 2009;
Toseland & Rivas, 1984, 2009）。

思考

預先考量事項

　　實際團體的執行起始於團體領導者的想法。在此階段常會思考的問
題如「為何是團體治療？」、「誰將參與團體？」以及「有哪些激勵因

素？」。讓我們進一步探討這些問題。

260　　　決定負責某特定團體的人員與原因是基本要素。Toseland 與 Rivas（2009）認為「可透過思考成立團體的想法，經常可釐清團體的目的。想法的來源有很多，例如團體工作者、機構員工、潛在案主、或是更大的社區」（p.154）。Page 與 Jencius（2009）亦認為在多數機構，團體形成是回應案主的需求、機構需求以及／或領導者的興趣。

　　　無論團體是由機構、工作人員／臨床工作者、成員（案主）、社區、或是這些的組合所主導，將使得團體服務的發展與提供有所不同。

機構導向的團體

　　　機構基於許多的原因而管理團體。在現今混亂的環境氛圍下，常見到的動機是來自於經費的壓力而必須發展更有效率的服務，並增加服務量。同樣地，比起個別治療，團體可以在一定的時間治療更多的個案，因此在鼓勵團體的發展時，團體受到關注是重要的因素。

　　　當機構員工在管理階層的指示下發展與領導更多的團體時，則產生雙贏的局面。當遭到行政人事單位或第一線員工的拒絕時，可能會有更多的問題。員工拒絕的原因包括：

* 比起一對一的工作情境，員工害怕變得更加弱勢。
* 害怕能力不足，覺得沒有經過適當訓練或準備領導特定的團體。
* 不能適應團體的方式或治療處遇的類型。
* 缺少運作團體的動機或支持。
* 在團體過程或使用適當的方式因應個案的需求上缺乏信心。
* 難以調適團體過程的不同性質與個案關係的改變。
* 對於將團體加諸在員工與／或個案上的制度感到憤怒。

為了讓團體成功，這些問題需要被處理與重視。　　　　　　　　261

案例：兒童治療師不信任兒童團體，對機構提出的兒童團體感到憤怒。

員工／臨床工作者主導的團體

當臨床工作者主導團體治療時，因動機多來自於臨床工作者個人，正向的結果可能較高。決定成立團體經常是因為團體領導者的興趣與／或是個人的經驗。很明顯地當機構員工參與過程，可能成功的機會愈大。

案例：兩位臨床工作者所共同領導一個慢性疼痛管理團體，不僅受到機構所支持，也因兩人具有共同的風格，產生一起工作的動機。

個案主導的團體

有些時候團體最初的發展是基於成員的需求與需要。在此情況下，通常成員即是主體。當個案在團體裡具有影響力已成為事實時，往往動機是很高的。

案例：遭受性虐待女性支持團體的成立是因為案主們的需求受到關注。

社區主導的團體

社區要求成立特定的團體可能成為機構實施團體的原動力。此舉不僅可與其他社區機構營造出善意，也可以回應社區的需求並提供額外的服務。

案例：社區經常辦理青少年與成人憤怒管理方案。

理由的結合

多數團體建立的原動力來自於許多理由的結合：機構、社區、案主、或員工與個案。因為不同的個人參與團體的發展，因此這些團體經常是成功的。

機構團體治療的歷史

262　　在特定機構所支持的團體，其團體治療歷史的評估是很重要的，它提供了有關團體於某個機構執行的可能性與過去經驗的寶貴訊息。可以被證實有利的問題包括：

- 團體是否存在過？如果有，由誰領導？成果如何？
- 為何被認為是有效的？
- 對於機構、個案間、或整個社區，團體與團體領導者的名聲如何？
- 如果機構不曾提供團體治療，大家的想法為何？是害怕、還是刻板印象？有衝突嗎？
- 團體治療如何融入此機構？

在計畫團體時，機構類型、團體類型以及機構的優勢與限制皆是很重要的考量因素。

機構類型

機構的類型——非營利、公立或是營利也會影響團體發展、實施與

治療成功率。

非營利（志願）機構　這些類型的機構，其組織結構基本上是科層制的，由董事會選出的執行長、聘用的專業人員或志工於社區中為案主提供持續性服務。

案例：家庭服務中心（Family Service）、聯合勸募協會（United Way）、基督教救世軍（Salvation Army）。

公立（政府的）機構　政府單位（聯邦的、州政府、地區的、鄉鎮與縣市）的主要目的在於為目標人口群提供服務。這些機構會因為仰賴政府經費的協助而有所變動。

案例：鄉鎮的心理衛生中心與戒毒方案。

營利（商業／私立）機構　由於公部門機構經費的縮減、志願機構的資源有限以及政治與經濟變遷，導致營利組織的數量激增。這些營利機構如同專利代理，具備提供服務與獲取利益的雙重功能。由於與公部門和非營利機構競爭，對於營利機構往往有許多的爭議。有些人認為這些機構只專注於營利動機，而非應該服務的案主。

263

案例：員工協助方案（EAPs）、照顧管理、健康維護組織、私人公司與服務機構。

評估機構的優勢與限制

機構優勢與限制的評估可使團體領導者擁有重要的訊息，並可引導團體的發展。若限制多於優勢是顯而易見的則可提出潛在的問題，並在團體實施之前仔細探究與處理。在此過程的初期發現這些問題，則可強調優勢並多做一些努力以減低現存的限制。

團體的類型

團體的類型非常多元，因不同的理由而產生。決定團體的類型有助於計畫與實施。以下為目前於機構中所進行團體工作的類型：

- 指導型／心理教育
- 諮商／解決人際關係問題
- 心理治療／人格重塑
- 任務／工作團體
- 支持團體
- 信仰團體
- 自助團體
- 培養休閒技巧
- 藥物治療

264

探討團體的可能性

許多時候決定何種團體會在哪些特定機構實施並不容易。在此狀況之下，則有必要去探究何種類型的團體是否適合機構與案主需求、是否有受過訓練的員工且願意帶領團體。當機構、案主與員工皆喜歡某一特定團體，團體成立的可能性最高。相反地，當所提出的團體不被支持，其可行性將被質疑。

現有持續進行的團體

在決定某些團體可以進行時，考量機構現有的團體會有所助益。檢視這些團體的回應與成果，這些訊息可以協助機構評估團體的成效。

團體計畫

團體計畫可為團體有所成效的基礎。G. Corey（2004）指出「如果你想要讓一個團體成功，必須要把時間花在計畫之上」（p.80）。反之，「許多團體的失敗是因為太不重視團體前的計畫」（Jacob, Masson, & Harvill, 2006, p.64）。Schneider-Corey 與 Corey（2007）曾經提到「團體形成之前階段包含了團體形成的所有因素」。小心謹慎地思考計畫以建立堅固的基礎是被鼓勵的：「在形成一個團體之前，領導者將提出團體的計畫、吸引成員參加、篩選並選擇團體成員」（p.338）。Zastrow（2009）認為：

隨著團體的類型和所欲達到的目標，團體建立與帶領的過程是多變的。然而，為了讓團體發揮至最大的潛能，團體建立之前仍需要重視某些統整與共同的要素。（p.10）

團體計畫有許多不同的類型，我們從許多類型中整理出以下的步驟（M. S. Corey & G. Corey, 2006; Toseland & Rivas, 2009; Zastrow, 2009），包括：

- 建立團體的目標。
- 發覺潛在的團體贊助者與成員：評估潛在的贊助者與現有的支持、潛在的團體成員與可能參與的團體成員。這些成員是自願的或非自願？
- 可獲取的資源：是否有可獲取的資源、適當的場地／空間、安全上的議題、時間因素、以及合適的員工？

265

建立團體目標

團體計畫的第一步驟即是領導者思考為何要成立此團體以及最能符合已被確認目的的總目標。Zastorw（2009）強調謹慎地考量團體目標的重要性，以選擇合適的團體成員。他指出「在形成初期，每一個團體的目的或目標的建立是相當重要的，因為對團體選擇的過程以及在其他面向的功能發揮產生重大的影響」（p.11）。

目標的陳述是必要的，其廣度需足以包含不同個人的目的，也需是特定的，能夠定義團體工作的一般性質。陳述必須涵蓋團體形成的理由、團體的過程、團體可能考慮到個人目標的範圍。「清楚的團體目標或許是團體領導概念中最重要學習重點……**清楚的目標**有助於領導者維繫成員參與所建議的相關活動、詢問相關的問題、以及中斷無關的討論」（Jacob et al., 2006, p.51）。一個經深思熟慮的計畫書有助於說服準成員，並可使行政人員肯定特定團體方案的價值。如此的陳述可協助準成員（prospective members）決定團體是否符合其需求，且可使行政人員核准團體的進行。詳盡的團體計畫書有助於團體計畫。「如此的計畫書可視為澄清團體的一種方式、將潛在成員納入考慮、將團體視為整體、考量贊助組織、工作人員的活動以及團體進行的環境」（Reid, 1997, p.168）。

266　　　計畫書有如初始的規劃，一切從此開始。理論上，計畫書愈具體，愈有可能有成果的產出。

目標的相關性（對成員而言）亦是重要的，須讓團體成員能夠接受。反之，當成員對團體不感興趣，就不太可能有結果。對帶領一個非自願性案主的團體領導者，讓團體成員能夠接受將是一個挑戰，例如憤怒管理團體或是酒駕團體。

M. S. Corey 與 G. Corey（2006）指出在發展團體計畫書時需思考的

五項原則：

1. **理由**：目的是否清楚且具正當性？
2. **目標**：在特定時間內，目標是否清楚、特定、可測量且可到達的？
3. **實務上的考量**：是否確定了成員名單？團體聚會時間、次數、團體執行時期是否合理？
4. **過程**：是否確認具體程序且與目標一致？過程是否適合且符合團體？
5. **評估**：評估策略是否合適？這些評估是否可測量目標、執行狀況與其相關性？（pp.107-108）

Page 與 Jencius（2009）提出以下三項團體計畫書的關鍵性建議：

1. 團體訊息，包括目標案主的簡略描述、團體目標的陳述、團體聚會的場地與預算。
2. 宣傳團體的計畫書。
3. 篩選計畫。（pp.21-22）

　　若計畫書草率，問題將會隨著團體的進展而浮現。我們同意 G. Corey、Schneider-Corey、Callanan 以及 Russell（2004）認為「當目標模糊，行政人員與潛在成員將不可能接納團體」的觀點（p.41）。Jacob 等學者（2006）提出當目標未能確定或是領導者無法遵循已確認之目標，團體可能出現「混亂、無趣、或無效」（p.52）。「為了團體領導者，可蒐集團體成員需求的訊息、決定能被團體滿足的需求，之後可概念化這類的團體，以充分滿足需求以澄清目標」（p.54）。

　　備妥書面的計畫書之重要理由如下：計畫書有助於得到機構的贊助，並從不同的資源獲取經費、可告知潛在成員有關團體的具體事項、

267

可協助團體領導者確實地準備每次團體籌備的進行（Toseland & Rivas, 2009, p.181）。

G. Corey et al.（2004）提出準備計畫書的幾項建議：

- 領導者的資格與經歷。
- 團體類型與結構。
- 團體領導者的主要功能。
- 團體的效用、目標與價值。
- 團體的潛在成員。
- 可能的團體成果。
- 團體的地點與期間。
- 多元的敏感度。
- 身障專業的輔具。
- 保密的確認。
- 討論預定的主題。
- 團體參與的潛在危險與風險。
- 過程的評估與評量。
- 追蹤以穩固學習與成長。

辨識潛在團體的贊助者與成員

機構與其案主自然地連結。因此，在團體計畫中，很重要的是需考慮到可供團體聚會的機構以及潛在的成員類型。呈現一份清楚且妥善的團體計畫書給行政人員以及員工，是將想法轉為行動的第一步。

評估潛在的贊助者／現有的支持

268　　考量贊助機構可提供的支持程度是很重要的。Toseland 與 Rivas

（2009）提及「機構的贊助決定團體可獲得的支持與資源的程度」
（p.155）。組織的使命、目標、目的與資源亦是決定潛在贊助者的額
外重要因素。Wilson 與 Ryland（1980）建議「不論機構的目標是如何
地被制定，會直接關係到機構內所組成的團體之決策過程」（p.172）。
Toseland 與 Rivas（2009）又提到：

> 治療團體有賴機構行政人員與員工的支持、經費協助、轉介成員、
> 以及硬體設施。相同地，任務團體在本質上連結所贊助之機構的功
> 能，且必須持續地引用機構的使命、章程與政策以澄清其任務、收
> 費以及要求。（p.155）

考量組織中支持的程度以評估是否足以支持團體發展是很重要的。
理論上有時團體看起來不錯，然而當呈現細節，初期的支持可能衰微，
推動團體的計畫可能會停止。在決定可能的支持為何時，聰明的方法是
思考機構內特定團體的確切成本效益。如果團體的價值與大於可能的花
費，理所當然地，贊助似乎有理。當團體花費過高且耗費人力，機構可
能考慮抽回贊助。

在形成團體之前，決定機構政策與目標以及團體目標是否一致亦是
重要議題。在未考慮的情況之下，機構中可能產生衝突且嚴重地影響
到團體的形成。「既定的團體應該符合組織整體的經營目標。如果團體
呈現出的新服務型態或是所建議的問題範圍或人口群不是潛在贊助者
所關注，工作人員必須評斷成立團體的理由」（Toseland & Rivas, 2009,
p.155）。為了在機構中成功地進行團體，很重要的是要在機構中工作，
並肯花時間教育員工有關特定團體對其案主的益處與可能的限制。必要
時，在考慮形成團體之前，將機構員工聚集在一起是有幫助的。最好是
讓機構員工瞭解團體的計畫、成員篩選的排除條件、以及徵求轉介。

最後，考量政治與權力在贊助該機構所扮演的角色也是重要的議

題。學習這些議題可能需要時間，縝密的觀察機構與現存的政治現實中正式與非正式的規範。同事與行政人員的態度是得知其支持程度的線索。「為了使團體運作，必須小心翼翼與有關的機構工作人員協商。權力與政治現實在所有的機構裡皆有其角色」（M. S. Corey & G. Corey, 2006, p.108）。舉例來說，幾年前在考慮形成一個男性團體時，遭到機構中一位臨床工作人員批評：「你不能組一個男性的團體！」幸運地，其他的工作人員支持此想法，此團體最後付諸實行。事實上，此一開放持續性的團體進行了許多年，有一群非常忠誠的成員投入團體過程。

除了內在力量，考慮到社區的支持是很重要的。Toseland 與 Rivas（2009）建議評估「團體的社區需求程度以及團體內社區利益的程度」（p.155）。Abramson（1983）同意辨別利益的關鍵領域與全體組織認同的需求是很重要的。有時團體的利益在於特定的成員而非社區的價值，因此會顯得較不受歡迎。

總之，來自行政人員、員工、與社區此三領域的支持是很重要的。表7.1回應的問題有助於判定特定的團體是否會成功。

如果有太多負面的回應，團體領導者應該重新考慮團體，更加努力從員工處蒐集訊息，或是以不同的取向探究團體的計畫。持久與自信是很重要的。

評估潛在的團體成員

「評估潛在的團體成員有助於工作人員提前預估團體潛在的可行性」（Toseland & Rivas, 2009, p.154）。在過程中，儘早評估潛在團體成員是一關鍵步驟。雖然在此階段評估比在篩選面試期間評估要來的基本且有限，但仍有提醒領導者團體可行性的價值。當然重要的是要決定特定的團體是否有足夠的成員人數。有時參與者可能基於機構現在的案主提出團體計畫，但卻缺少可加入團體的潛在成員。

270

表7.1　團體發展支持的類型

行政支持

- 行政人員重視團體過程嗎？
- 他們允許團體領導者參與特別訓練嗎？
- 他們有足夠的時間為團體做準備、篩選可能參加的成員嗎？
- 如果需要，有額外的支持嗎？
- 團體有資源可使用嗎？

員工支持

- 員工接受團體發展並提供適當的轉介？
- 員工是否抗拒且態度消極？
- 抗拒的可能理由為何？
- 害怕出差錯、缺乏經驗嗎？
- 對團體的方式感到不適？
- 對團體缺乏動機與信任？
- 是否適應困難？
- 是否對於制度強加在團體方式上感到憤怒？

社區支持／資源

- 社區是否意識到機構且對於團體發展感到興趣？
- 機構與社區關係的歷史為何？
- 現在的關係為何？
- 社區是否接受與支持？
- 社區轉介參與者嗎？會有哪些潛在的問題？

　　最基本的評估新團體潛在成員即是檢驗問題的程度以及新團體服務的需要性。舉例來說，如果團體注重的是一般的問題如親職效能，團體成員是否同意團體此團體目標？考慮團體成員的異質性（文化、地區等

等）與共同性，如同考慮團體潛在的利益與限制，皆為重要的議題。

考量的關鍵問題包括：是否有足夠的成員符合團體的要求？案主是否真正對團體感到興趣？或者他們受到壓力而參加團體或是無從選擇？

團體成員的招募：自願或非自願性

不論成員是否為自願或非自願性，皆會影響到團體。自願性參與團體可減輕領導者留住成員的壓力。Yalom（2005）與許多學者（G. Corey, 2004; Gladding, 2004; Jacob et al., 2006）提出團體持續地保有動機將與正向團體成效有直接的關係。有許多是強制參與團體的案例，例如法院、矯正機構、戒毒中心與學校，通常成員皆為非自願性。領導者需對這些被強制的團體成員可能產生的負面態度做好準備並對其抗拒有所計畫。G. Corey（2004）建議團體領導者需學習接受團體能以非自願性案主運作，「而不是只有自願性案主才能成為有效率的領導者」（pp.83-84）。他提出以下的建議：

透過從有利的角度呈現團體經驗，團體領導者能協助非自願性案主看到經驗的潛在優勢，具有成效的工作改變也將會增加。成功參與的關鍵有賴於對成員的引導與準備以及領導者的信念，相信團體過程可讓這些團體成員有所收穫。（p.84）

可獲取的資源

除了強而有力的團體計畫書、適當的贊助者、足夠的成員以外，決定是否有可獲取的資源是很重要的。團體性質與機構類型決定了資源需求的不同。例如，兒童團體可能需要美術用品、零食與獎品。一些團體可能需要特別的讀物。如焦慮或憂鬱症團體可能重視認知行為治療技

巧，且鼓勵使用文本或書面教材。當機構或團體成員可提供這些資源時則無大礙，但無法提供時，團體可能須重新評估。此時團體領導者忽略了理想與實際資源的差距。必須儘早且仔細考量這些議題，以降低可能產生的副作用。

適當的團體地點／空間

團體聚會的設備或地點對於團體成員行為與團體成效有很深的影響。Gladding（2004）認為設備可以是資產，亦可能為負債。Toseland與 Rivas（1984）認為：

> 為團體準備聚會場所皆須考量包括場地大小、空間、座位安排、家　272
> 具擺設與氣氛。初期聚會出現的問題、成員行為不當與團體發展中
> 未預測到的問題可能起因於不適當的團體聚會環境。（pp.134-135）

Barbender、Fallon 與 Smolar（2004）強調使用房間的重要性，「房間可保障在其中所溝通訊息的保密性，以及保護團體免受外界的侵入」（p.79）。對治療團體而言，討論深度情感議題的隱密安全場所顯得很重要。成員需確認他們的對話不會在隔壁房間被偷聽到。

除了隱私之外，聚會場所應該是有吸引力的，且可以讓成員能有面對面的互動。G. Corey（2004）提出「一個不良的場所會製造出負面氣氛，破壞團體的整合。因此應盡一切努力去確認聚會場所可催化深度的工作」（p.84）。

Brabender 等學者（2004）也相信團體領導者需注意物理環境面向，例如座位的安排、燈光、房間的大小、噪音的狀況以及溫度。舉例來說，圓形的座位安排以及舒適的距離可使每位成員能擁有個人空間，

且可以看到彼此。房間過大或過小會產生問題。照明也很重要，燈光太亮或太暗會妨礙參與者。噪音太多會是種干擾。房間的溫度太冷或太熱皆會影響參與者。

成員可到達性（member access）與房間大小、氣氛亦同等重要。Toseland 與 Rivas（2009）強調潛在的成功在於當團體是在「讓所有可能的成員能夠到達」的空間進行（p.30）。不論是搭乘公共交通工具或是自己駕車，成員應該可以毫無困難地到達聚會場所。也需要有足夠的停車位，且場地應有無障礙設施。

一件簡單但經常被忽略的是時間的可用度（time availability）。團體領導者必須確認已訂好的場所在特定的時間是可使用的。在許多機構，下午與晚間時段的團體是很熱門的，沒有多餘的空間給其他的團體。團體場所必須在團體聚會時間的前後空出以利準備與清掃。

安全議題

273　　安全需求總是很重要的，特別是在團體過程可能會很激烈或是團體成員曾有危險與暴力行為。傷害自己或他人也應納入安全議題，且警衛人員需在場監督。仔細確認安全防範措施可使團體能更自在地進行，領導者也覺得更有安全感。

時間因素

決定多數成員可行的聚會時間是很重要的。當聚會時間是在午餐後或在晚上，成員較有可能缺乏精力且昏昏欲睡。重要的是要考量聚會時間是有利於成員。有時領導者提出的時間是符合他們或機構的需求，但卻忽略潛在成員可出席與否。例如，當成員從事的是朝九晚五的工作，團體時間訂在白天則是不可行的。一些領導者可能以為團體成員只要請假即可來參加團體，但這是不切實際的。

稱職的員工

必須小心地確認是否具有稱職的員工。查明團體領導者受過適當的訓練或是可以帶領團體的資格是很重要的。有時團體可能會要求更具有經驗的領導者或是協同領導者以符合個別團體成員的治療需求。

當在機構內進行團體，確認是否有職員可提供協助也是很重要的。例如需要接待員協助案主報到並帶領他們至團體場所。

團體形成

成員招募與篩選過程

當團體規劃各方面已經完成時，則可開始招募團體潛在成員。Burger（2008）、G. Corey（2004）、M. S. Corey 與 G. Corey（2006）、Page 與 Jencius（2009）以及 Toseland 與 Rivas（2009）皆認為一個團體如何地被公告或宣傳是很重要的。團體被公告的方式會產生兩個面向的影響：潛在團體成員的接收以及吸引何種類型的人們。

274

招募成員／吸引成員

招募的方法極為重要，可確保所提出的團體能夠成為事實。如果潛在成員不足，招募是無意義的。很重要的是從機構或外界發掘團體轉介來源。Toseland 與 Rivas（2009）提及「招募的程序應確認團體潛在成員的適當人數」（p.160）。

在理想中的世界，團體領導者對潛在成員進行個別聯繫。然而，這是不切實際的，必須運用其他的招募方式。使用的許多方式例如簡報、海報、機構公告、電子郵件、報紙專欄、傳單、網頁，以及最有效的由工作人員轉介（Corey, Schneider, Callanan, & Russell, 2004, p.47）。成功

的招募存在於當團體領導者具備可確認潛在成員並轉介至團體的知能。團體成員經常由機構從其他組織、社區轉介而來。一些特別案例的關鍵轉介人員包括同事、門診主任、教師與教授、醫師、牧師、學校輔導人員、心理師與社會工作人員。

美國團體工作專家學會（Association for Specialists in Group; ASGW）（1998）主張提供給參與成員有關團體的訊息包括以下幾項：

- 目標與目的、規則、過程的陳述。
- 期待。
- 權利與責任。
- 保密與團體之外接觸有關的基本規則。
- 可能會使用的技巧與程序。
- 有關領導者的教育、訓練與資格的訊息。
- 收費與時間。
- 團體參與的潛在結果。

275　　任何所提供的訊息應該正確，且須呈現團體的真實面。Page 與 Jencius（2009）強調確認真實性的需求不只是在於領導者的名譽與信用，也攸關於贊助團體的機構。

選擇過程：篩選團體成員

團體成員被選擇的過程的正式名稱是篩選。Page 與 Jencius（2009）發現「在某種意義上來說，具體與謹慎的宣傳用詞正是篩選過程的第一步，因為這會讓次團體的人們對團體感到興趣而不會吸引到其他人」（p.33）。

最佳參與團體的候選人是那些可以得到最多利益的人。Brabender 等學者（2004）相信「治療團體招募成員的典型標準是成員的目標與

團體目標一致」（p.61）。根據美國團體工作專家學會（ASGW, 1991），「諮商師選擇的團體成員，其需求與目標盡可能地與團體目標一致，如此將不會阻礙團體的過程，團體經驗亦不會危害成員的福祉」（p.2）。

　　最基本也最重要的準則是考慮團體成員的適合性。很多時候，當忽略了相容性，團體則會由彼此矛盾的成員所組成，或不適合、情緒還未準備投入團體過程。為了避免此種情況，很重要的是建立納入與排除條件。Brabender 等學者（2004）、Page 與 Jencius（2009）確認了以下納入與排除條件，以及團體篩選的準則：

納入條件
- 與目標相容。
- 符合團體組成。
- 能夠運用團體過程。
- 動機與開放。
- 真正感到興趣。
- 可能從團體參與中獲益。
- 能夠履行團體契約。
- 會履行保密原則。
- 為了團體達到適當的發展程度。

排除條件
276
- 不願意參與或沒有參與的動機。
- 對做出真正的改變不感興趣。
- 無法承諾參與每次的團體聚會。
- 曾有中途退出團體的紀錄。
- 極高的壓力。
- 無法遵守規則，可能會阻礙團體過程。
- 無法聯絡與互動。

- 認知能力有限。
- 對團體目的不關心。
- 無法承諾保密。
- 與其他潛在成員有不同的發展程度。

　　篩選面試是一種理想，可直接觀察潛團體成員。口語與非口語的溝通可被觀察，且較容易注意到適合的團體成員候選人。完全地投入篩選過程是很重要的，而不是因為壓力的屈服而貿然地開始一個團體。「謹慎地篩選將減少團體中出現身心狀況問題的不適當參與者」（G. Corey, 2004, p.81）。團體領導者也需靠其智慧、相信自己的直覺去決定哪些案主是適合的、哪些案主是不適合的。

　　篩選過程中，考慮到多樣性也是很重要的。事實上，建議團體領導者嘗試平衡潛在團體成員的多樣性與個人特質（Delucia-Waack, 1996）。招募的成員應包括享有共同經驗的個人，但在某方面是具有多樣性的。創造一個多樣性的團體，可提供成員對於與自己不同的他人一個消除迷思、刻板印象、錯覺的機會。

　　在此建議篩選可以是一個雙向的過程。我們提出給予潛在團體成員有個別篩選面試的機會，透過詢問問題，可以協助他們去決定團體是否合適。然而，這種機會不太常見。無論如何，當團體適合可能參與的案主時，領導者可以主張這些潛在成員能主動決定加入。此時也是引入保密原則最佳時機。當潛在成員學習保密原則不同面向與其限制時，他們會更自在地分享想法。Corey、Callanan 與 Rusell（2004）提及了「團體參與者不會有意義地去揭露自己，除非他們可信任領導者以及其他成員，並確認能得到大家的尊重」（p.13）。

　　可代替個別面試篩選過程的是有同樣效果的團體篩選。Brabender 等學者（2004）同意團體篩選可提供團體成員從團體治療受益的能力之訊息，因行為可以從小團體中直接地被觀察。沒有篩選機制時，領導者

必須基於成員的診斷或透過轉介來選擇成員。選擇成員備受重視時，團體領導者會覺得更被賦予權力且充滿希望。簡而言之，篩選「不是一個非常客觀與科學的過程，但是是將最好的案主納入在一個團體的方法」（M. S. Corey & G. Corey, 2006, p.116）。

G. Corey 等學者（2004）建議可詢問準成員（prospective members）下列問題，以確認加入團體的意願：

1. 為何要參加團體？
2. 曾經參加過團體或個別治療？經驗如何？
3. 你瞭解團體的目的與性質嗎？
4. 對於參加團體是否感到害怕？
5. 你如何準備認真地面對自己的人生或所遭遇的特殊問題？
6. 最想要探索與你個人有關的特別議題是什麼？
7. 希望從團體中獲得什麼？
8. 你想要瞭解關於我的哪些事情？（p.48）

一旦篩選過程結束，團體領導者須決定哪些準成員是適合此團體，並告知成員結果。此時也需要告知不適合團體的候選人。倫理上告知決定的理由很重要，且提供更適當的轉介。如此的轉介可能是困難的。「確認被轉介到其他協助資源的個人不會有被推開或病態的感覺是一件十分微妙的事情」（Page & Jencius, 2009, p.33）。因此建議「表達關心與希望，仔細傾聽他們想要何種服務」以及提供數種轉介資源與諮詢專線（p.33）。

278

團體組成

通常依據團體建立之前所訂定標準來決定團體成員。Brabender 等學者（2004）建議團體領導者「具備團體全面性組成的藍圖，此藍圖包

含了成員具有與團體功能相關的另一個重要面向的構想」（p.62）。許多團體理論學者建議個別成員分享他們對團體目標，以及對個人特質的看法，然而其因應技巧、生活經驗與專精領域是不同的。Alle-Corliss 與 Alle-Corliss（1999）更進一步提到團體領導者需要在接觸潛在成員時，決定團體組成同質性（homogeneity）與異質性（heterogeneity）的問題。Henry（1992）建議成員的相容性可以是他們的「需求與行為、類似的問題、對偏差行為的容忍程度、文化、與團體目的相關之其他特質與技巧。此目的是要將具有這些潛在特質的人聚集在一起並當成一個實體」（p.5）。

Yalom（1995）相信成員的同質性與內聚力理論（the cohesion theory）息息相關。他認為「團體的吸引力是面試結果重要的變項，且最重要的目標是要建立一個有凝聚力、彼此兼容的團體」（p.662）。Yalom 對異質性的論述是基於社會縮影理論（the social microcosm theory）：

> 假設視團體為一個小型的社會世界，成員在此被要求發展新的方式或人際互動，團體應該是異質性的，以擴大學習機會。社會世界的組成應該包含不同的性別、職業、年齡、社經與教育程度。換句話說，應該是人口統計分配的狀況。（p.277）

組成團體

279　　特定實務上的考量在組成團體時是需要被重視的，包括團體大小、聚會次數與時間長短、團體期間、以及是否為開放或封閉性團體。

團體的大小

在團體初期，很重要的是決定團體的大小。許多因素影響團體大小的決定，包括案主的年齡、團體類型、將要探討的問題以及領導者的經驗（Alle-Corliss & Alle-Corliss, 1999, p.192）。Betcher 與 Maple（1985）也認為團體大小「因團體的目標與成員的付出有關」（p.190）。大團體經常會忽略成員個別需求，因此，六至八人的團體是一個指標。沒有所謂的最佳的人數，但是從一般經驗法則來看，深度治療團體越小越佳，心理教育團體則是更多的成員（十到十二位）效果更佳。G. Corey（2001）認為「團體應該有足夠的人數以提供人際互動，而小團體能給予每位成員有機會參與……不會失去『團體』的感覺」（p.93）。Toseland 與 Rivas（2009）鼓勵團體領導者「去思考不同團體大小的優缺點」（p.167），他們提出了大團體與小團體的優點：

大團體

- 提供成員較多的點子、技巧、與資源。
- 能夠處理更複雜的任務。
- 透過角色演練，提供成員更多學習的機會。
- 提供成員更多潛在的支持、回饋和友誼。
- 允許成員偶爾退縮或反思其參與情形。
- 即使有成員缺席，也不因人數減少而影響互動狀況。

小團體

- 讓每位成員能夠得到足夠的注意。
- 促進面對面緊密的互動。
- 較不易產生對團體有害的次團體。
- 成員不容易在團體中退縮。
- 工作者較易管理團體。
- 較有機會進行非正式互動。

280

- 有較多的機會形成團體凝聚力。
- 較易形成共識。（p.168）

團體的次數與聚會時間

計算每次團體聚會的時間分配看似微不足道，但這種估計有助於確認團體所能發揮的功能。當團體聚會時間太短，成員可能覺得未被重視或是被中斷，進而引起挫折感且對團體漠不關心。反之，當時間太長，可能會失去焦點。

在確認團體聚會時間的長短時，須考慮到團體目標、組成、以及場地的狀況。由經驗發現：聚會頻率太高，成員會覺得無趣；若每次聚會都像第一次聚會，聚會頻率則是太低（Jacob et al., 2006）。

與決定每次聚會時間長短相似的是決定團體多久聚會一次。團體目標和組成，以及場地狀況再一次成為重要的考量因素（Alle-Corliss & Alle-Corliss, 1999）。舉例來說，在醫院住院、藥物依賴方案、團體家屋的團體成員經常是每天聚會，而門診精神科的案主則是每週或隔週聚會。

團體期間

決定團體的期間有幾項因素，例如特定機構的投入、臨床工作人員的喜好、團體目的、技巧熟練所需的時間、以及團體的目標。現今有時間限制、短期的團體比長期治療團體較受青睞。除了成本效益的優勢之外，重於人格特質的短期團體主題較受歡迎，成員喜歡能在短時間做出改變的想法。

開放或封閉式的團體

簡單來說，開放式團體允許新成員在團體開始之後加入，封閉式團體則不然。團體領導者必須決定團體是否開放或封閉。團體的類型、成

281

員特質、期間與時間長短都是決定性的因素。兩者皆有其優缺點。

　　許多長期門診團體屬於開放式團體。開放式團體的優點是成員可與更多人互動，因為成員可以定期地加入與離開。開放式團體亦能較快地補足流失的成員以維持團體的大小。因為開放式團體是動態的，較難達成整合與持續性。開放式團體可能無法經歷不同的階段，因為成員對於團體的感受經常是不同調的。介紹與引導新成員至已經進行中的團體也是困難的。領導者必須非常主動且具有結構性，並瞭解成員的流動率。處遇介入必須是在成員參與團體的時間內進行。在每次聚會結束前，有充分的時間讓成員討論他們對於團體的感受亦是一種治療。

　　封閉式團體越來越受到歡迎的原因是因為有時間期限且目標導向。「封閉式團體大小雖然無彈性，但成員間整合性較高且可以協助成員達成目標」（Gladding, 2004, p.260）。隨著團體的發展，較易建立信任與舒適感。封閉式團體的一項缺點即是無法讓新成員活化平淡的團體。如果成員離開且未達到目標，團體也可能會是失敗的。

領導者的態度

　　領導者設定團體的基調。我們在第二章說明團體領導者所具備的人格特質。「典範意願」（willingness to model）是領導者鼓勵團體成員積極攜手合作的一項重要行為與態度。「相信團體過程」是另一項反映領導者態度且對團體有利的特質。當成員是特別地有困難的、當發生負向情感反轉移（negative countertransference）、當與協同領導者產生衝突、或當領導者被要求帶領團體時，有時領導者對團體的態度是消極的。

成員承諾的程度

　　連結志願性與非志願性團體成員是成員承諾的程度。成員在某方面被迫參與團體，其承諾經常是較低的。「當承諾低，成員往往是失序

地、對團體不太感興趣、出現干擾行為、與領導者爭辯、或攻擊其他人」（Jacob et al., 2006, p.46）。通常當案主選擇成為團體的一份子時，他們可能展現更多的承諾，在團體中較努力且能與他人合作。

信任程度

當團體領導者與團體成員對團體承諾且相信團體目的，則可發展信任感。成員之間若持有不同的觀點或不喜歡彼此，則很難產生信任。當成員違反保密原則或對其他人產生敵意，信任也會受到影響。隨著團體發展，往往信任感的增強或降低與團體的組成與互動有關。很重要的是團體領導者能仔細地留意團體信任的程度與其變化。有時透過適當的處遇與計畫，團體內的信任可以被修復。有時，信任程度是不會改變的。

成員對領導者的態度

另一項影響團體內信任程度的因素是成員對領導者的態度。在邏輯上當領導者是深受喜愛與被尊崇，信任可能會出現。很重要的是須注意對領導者所產生負向的情境並確認其原因。需要努力去瞭解原由，且以積極的態度探討團體動力如何受到影響。

領導者領導團體的經驗

領導者若為帶領團體的新手，經常會感到緊張且出錯。這是正常的。重要的是團體領導者能讓大家瞭解他的經驗，從錯誤中學習，透過督導、諮詢、以及更多的訓練尋求指導與支持。有時與更具經驗的協同領導者合作也能獲得協助。

與協同領導者的和諧關係

當團體為兩人帶領，存在於領導者間的良好工作關係是很重要的。好的溝通方式、柔軟與開放的意願、以及有能力調適分歧皆是很重要的技巧。若協同領導者步調不一、類型不同、無法尊重他人，將很難建立信任感與開放的團體環境。領導者之間的合作可促進良好的工作關係。

283

團體環境設計

關於預備團體環境的三項因素包括：（1）準備物理環境（2）確認經費支持（3）確認特殊的安排。

準備環境佈置　為了確保團體的安全與成長，我們已經討論了物理環境的重要性。與團體物理環境相關的四種因素為隱私性、專注力、舒適感以及親密度，這些皆能直接影響成員之間的互動，也關係到整個團體的組成。

確認經費支持　贊助機構在情緒與經費上的支持是確保任何團體達到成功的要素。當機構提倡團體治療並支持創新的想法時，則不會是個問題。然而有時機構可能懷疑特定的團體或不願提供經費協助。團體計畫書中應提出為何特定的團體是值得投資的理由。

在團體發展中，考量財務層面是很重要的，因為會嚴重影響到目前進行的團體。領導者必須察覺這方面可能發生的問題並積極處理。

特別的安排　發展特定類型的團體時，贊助機構的支持是很必要的。機構行政單位的認同可確保所提議的團體得以實現。同樣地，如果針對某些特定的成員有特別的安排，例如特別的座位安排、文書資料字體放大、或是交通工具，這些安排應該會出現在第一個團體或隨後的團體中。

一旦團體前的準備已充足，即是開始進行團體的時候了。

團體的運作

使成員適應團體

284　　　一旦團體篩選完成且團體已形成，成員需要適度地被引導。可在篩選過程或初次團體聚會時舉辦行前講習。團體的事前準備對於建構有意義的團體經驗基礎是很重要的。

　　Brabender 等學者（2004）認為「事前的準備須滿足兩個目的：（1）給予人們正確的團體藍圖；（2）確保成員行為支持團體的目標」（p.69）。之前有關吸引新成員的討論，我們提到盡可能提供潛在成員足夠訊息的重要性。在此階段，「重要的是解釋團體的目的與決定團體目標，且透過討論包括團體限制的過程與規則使成員熟悉團體」（Alle-Corliss & Alle-Corliss, 1999, p.192）。

　　行前講習是讓潛在團體成員彼此熟識的一個絕佳時機，也可提供必要的訊息以「認定他們是否願意對自己的期待有所承諾，也是一個將重點放在案主的知覺、期待與其所關注之事的理想時機」（M. S. Corey & G. Corey, 2006, p.119）。在此階段，持續的篩選合適的成員也是很重要的。隨著持續的篩選，不適合的特定成員被挑出，可顯示團體前聚會的價值所在。團體目的可能需要些修改，或者團體組成會缺少某些部分。儘早瞭解這些因素可使得領導者在團體進行之前重新定位團體並做出必要的改變。

訂定契約

　　契約可被定義為領導者與成員之間口頭或書面上的協議，經常在第一次團體聚會之前訂定，可以是正式或非正式形式。「契約不只是協助

釐清團體的目標，也協助成員與領導者雙方對團體付出承諾與責任。
契約往往有兩個層次：團體過程的約定與個別成員目標的約定」（Alle-
Corliss & Alle-Corliss, 1999, p.193）。訂定契約可鼓勵成員主動參與，且
協助成員具備融入團體過程的感受。　285

團體評估

　　與團體發展同等重要的是團體結束後的評估。M. S. Corey 與 G.
Corey（2006）認為在大部分的機構中「制定案主從團體經驗受益程度
的評估」是很重要的（p.124）。他們建議在初期的團體計畫書中包括評
估個別成員與整個團體成果的流程。定期評估可給予團體領導者「與團
體帶領相關之有用的回饋，以及最能達到團體目標的經驗」（Jacob 等，
2006, p.440）。近期重視發展實證實務的指導原則，描述了因應特定問
題所需採取之最有效的處遇介入（Howard & Jenson, 2003; Roberts &
Yeager, 2004; Rosen & Proctor, 2003; Toseland & Rivas, 2009）。

　　評估可以是正式或非正式。一種以非正式的方式得知團體成效的訊
息即是直接讓團體成員評估其團體經驗。Toseland 與 Rivas（2009）提
及「要完成正式評估，工作者（團體領導者）在團體聚會前後或期間，
使用準備好的測量工具系統性地蒐集訊息」（p.400）。他們亦詳述了評
估的優點。以下所列為最重要的優點：

- 從評估得知的訊息可鼓勵領導者改善其領導技巧。
- 評估可呈現特定團體的功能，或是對於某個機構、經費來源或社
  群而言所代表的特定團體工作方式。
- 評估允許團體成員或受到影響的其他人表達對團體的滿意與不滿
  意。
- 透過評估所蒐集到的知識，可分享給其他使用團體方法以達到相　286

似目的以及在相似情境的工作者。

- 評估可檢視團體工作服務的成本效益。
- 評估可檢核且鼓勵領導者，特別是當團體成員的問題具挑戰性。

評估測量的兩種類型分別為特定成員測量（member-specific measures）與特定團體測量（group-specific measures）。第一種類型使用於評估個別案主的態度與行為的改變。第二種類型運用在團體所有成員的改變，例如覺察的增加、焦慮降低、人際關係的改善（M. S. Corey & G. Corey, 2006; Fuhriman & Burlingame, 1994）。

三項基本的評估類型：

1. 評估確實發生在成員生活中的改變。
2. 由團體領導者評估。
3. 由團體成員評估。

評估團體成員生活中的改變

有許多方法可評估團體成員行為的改變，包括成員自我陳述以及更多從成員生活中他人給予的客觀回饋（例如：老師、雇主、父母親、配偶、朋友、假釋官、醫療人員、個人治療師）。

Jacob 等學者（2006）提出將測量資料轉換為成果的八項具體步驟：

1. 確認成果目標。
2. 蒐集團體前之資料。
3. 專注在欲達到成果目標的團體聚會。
4. 設計適當的表格，讓成員填寫有關他們達成目標的進度。
5. 確認是否有非成員的其他人影響到評估成果，如果有，獲得成員

的同意後與這些人聯絡。

6. 使用表格定期地蒐集資料。

287

7. 團體結束時，使用表格蒐集資料。

8. 間隔一段時間或是在團體結束之後，利用郵寄方式蒐集追蹤資料。（p.441）

團體領導者的評估

由團體領導者進行的非正式自我評估是很普遍的，因為團體領導者習慣在每次團體聚會結束與最後一次團體結束後記錄團體經驗。透過檢視團體動力與帶領團體的角色，領導者可以學習到哪些是有效、哪些是無效的。持續地評估可使團體領導者調整技巧並增進其領導技巧。

Jacob 等學者（2006）建議團體領導者在每次團體結束後回答以下的問題：

1. 我有按照計畫進行嗎？

2. 我能有效地符合個別成員的需求嗎？

3. 是否發生了未預期到的事件？我如何地處理？

4. 我可以預測到更佳的狀況嗎？

5. 在此聚會中我所學習到的能否運用在下次的聚會？

6. 以一到十分，對此次團體的整體滿意度是幾分？比上次的團體聚會的分數高、還是低、或是一樣？（p.433）

在團體完全結束後，可自問以下問題：

1. 此團體的成效如何？

2. 是否個別成員受益？是否成功地達到目標？

3. 是否可視此團體為一整體且可回應到團體的模式？

G. Corey 等學者（2004）建議團體領導者撰寫記錄以「評估團體的
288　進展和階段之間發展的改變」（p.178）。他們提出記錄的範圍如下：

- 對團體最初的看法？最初的反應？
- 對於個別的團體成員最初的反應？任何的反應或印象是否改變？
- 偏好哪些成員？為什麼？哪些成員是你不喜歡的？
- 帶領團體的感覺？正向或負面？
- 任何讓你陷入困境、未察覺的個人領域？
- 團體的轉捩點？
- 導致團體成功或失敗的因素？
- 能接納建設性的回饋？
- 使用的技巧與成果？
- 每次聚會與團體的關鍵性事件？
- 團體的動力與成員之間的關係？
- 個人的學習？
- 從對特定成員的反應中學習到的課題？

在今日快速與產能取向的工作環境下，詳細撰寫記錄是不太可能，
然而領導者須找到思考團體經驗的方式。

成員的評估

最有用的評估是成員評估團體。團體領導者可非正式地詢問個別
成員：「你的團體經驗為何？值得嗎？是如何呢？如果不是，如何處理
呢？」更多正式的評估使用問卷，在團體進行中讓成員填寫，領導者可
根據成員的回饋做出必要的改變。團體結束後使用更全面性的問卷調查
也很重要。謹慎地設計問卷對於評估團體成果是必要的，以下的問題可
納入考慮：

- 你如何從團體中得到幫助？
- 你覺得團體幫助你達到目標了嗎？
- 有沒有為你而做的活動、討論或主題？
- 關於團體，你最喜歡（與最討厭）的部分是什麼？
- 有沒有任何可以讓團體更有效率的建議？
- 有沒有哪些事件是團體領導者能有不同作為，而使團體更有效率呢？

G. Corey 等學者（2004）對於評估表提出了建議：

能讓成員評估對團體的滿意度以及他們投入團體的程度、讓他們回憶重要或有意義的事件、可指出團體想要讓他們改變的行動、指出最有幫助與最無益的技巧與所建議的改變、以及間隔一段時間後描述團體。（p.177）

表7.2 的團體評估表列出了有關團體結束時重要的問題。

289

表7.2 團體成員評估表

- 你的團體經驗如何影響你的生活？
- 對你來說團體重要的經驗為何？
- 關於你自己、你的生活型態、態度、與他人的關係中，有哪些是你開始注意的事情？
- 你做了哪些改變？
- 團體領導者運用了哪些最能影響你的技巧？哪些技巧的影響最小？
- 你對團體領導者與他們的帶領方式的看法是什麼？
- 當你嘗試在真實的世界中執行在團體中所作的決定，遇到了什麼問題呢？
- 自團體結束後，問了你自己哪些問題？
- 團體經驗對你是否有負面的影響？如果有，是什麼？
- 是否對於一般團體、對於這個團體、或是團體的進行持有批判或負面的觀感？
- 你的團體參與是否影響到你生命中的重要他人？
- 如果你不是團體的成員，你的生活會不一樣嗎？
- 如果請你用一兩句話描述團體對你的意義，你會如何形容呢？

資料來源：摘自 G. Corey 等（2004），p.178。

從評估中可瞭解到許多的事情。M. S. Corey 與 G. Corey（2006）提出「在你的團體方案中建立評估，對於達到責信（accountability）是一項有用的過程，也會幫助你修正領導技巧，使你能看清對於未來的團體所需作出的改變」（pp.125-126）。評估除了讓領導者測量團體的效能，也讓團體成員聚焦在團體期間他們所完成的事情，以及如何從團體中得到幫助。強烈推薦在團體過程中花些時間進行評估測量。事實上，美國團體工作專家學會（ASGW, 1998）「最佳實務指導方針」提供了團體評

估的標準：

- 團體工作者（領導者）視其情況，與自己、團體成員、督導、以及其他同事進行團體工作，包括評估團體的進展及成員的目標、領導者的行為與技巧、團體動力與處遇介入，以及發展有意義的理解與接納。這些可能會發生在團體聚會時、聚會前後、團體結束、以及追蹤階段。（C.1）
- 團體工作者（領導者）留意將理論與實務整合的機會，並將學習成果融入正在進行中的團體。團體工作者也會注意團體動力、領導者價值、認知與情感之間的關係。（C.2）
- 團體工作者（領導者）評估過程與成果。結果會運用至進行中的方案計畫、改善與修正現在的團體，且對專業研究文獻有所貢獻。團體工作者（領導者）遵守所有適用的政策與標準，將團體資料運用在研究與成果分析之上。（C.3）

後續追蹤

　　團體結束之後追蹤並不是強制性的，雖然這是一個可以讓團體目標延續並鼓勵成員運用在其日常情境之中的絕佳方式。後續追蹤聚會可提供團體成員能在正式團體治療方案完全結束之後有再次見面的機會。理想上，後續追蹤聚會能強化團體成員維持其改變的承諾。

　　後續追蹤允許成員與團體其他成員在團體結束後繼續保持聯繫，可確認彼此在個人與團體目標的進展。美國團體工作專家學會（ASGW）「最佳實務指導方針」（1998）明定「團體工作者視情況與團體成員接觸或由團體成員提出要求，進行後續追蹤以評估成果」（C.3, p.4）。

　　後續追蹤可幫助團體成員與領導者雙方評估從團體經驗之所學，並確認是否需要其他的轉介服務。總之，後續追蹤聚會可擴大團體經

291

驗的效果，且鼓勵成員持續推動當初在團體設定的個人與團體目標
（Jacob, Harvill, & Masson, 2006）。研究發現當成員在團體末期得知有後
續追蹤聚會時，他們更有可能持續維繫目標（G. Corey, 2001; Gladding,
2004）。

機構對團體發展的阻礙

　　許多來自於機構的阻礙是存在的，若未處理，在團體進行之前即會
破壞團體形成的想法。機構有舉辦短期團體的需求時，可能會要求團體
領導者帶領他們不感興趣的團體或是沒有能力帶領的團體。高生產量的
壓力有時會超過所需花費時間，以發展一個由適當與有動機成員組成的
團體的重要性。另外，當成本效益為主要的考量時，就不會有協同領導
者，會將極具挑戰性的團體留給某些領導者。除了這些阻礙，在機構中
進行團體會帶來許多的好處：更多的案主被注意到、更豐富的主題式的
團體、給參與者更多的機會獲取經驗。

機構中團體工作的小團體演練

　　此項演練可鼓勵機構裡的團體提出實際運作時相關的議題。以小團
體的方式讓領導者參與，領導者將察覺團體工作的複雜性與多樣性。此
演練可以是機構內團體工作之訓練課程。請與你的協同工作者組成小團
體，並採取以下七個步驟。

292

1. 隨機選擇一個你會在那服務的機構或是有興趣的機構（非營利、
　　公部門或私部門）。
2. 選擇一個你有興趣帶領的團體、或是你現在帶領的團體、或曾要
　　求你帶領的團體。描述團體類型與目的。

3. 確定如何引導團體的發展：機構、員工或是案主引導？可能發生的衝突有哪些？

4. 考慮機構是否可支持此類型的團體。如果有，是如何呢？如果沒有，原因為何？具體說明。例如，在此機構是否曾有進行過這類的團體？行政單位如何看待團體？與第一線工作人員是否有不同的觀點？是否有衝突？你會做什麼來爭取支持？

5. 此團體可獲取的資源為何？缺少什麼？你如何爭取所需的資源？

6. 因應機構的類型，你是否曾想過其他的限制？

7. 身為團體領導者／協同者，你的優點與缺點為何？確認優缺點的問題如下：

   • 這是我第一次的團體帶領經驗嗎？如果不是，其他的經驗是如何？

   • 基於我的訓練與準備，我能帶領這個團體嗎？

   • 我覺得有信心？感到焦慮、害怕、興奮？一種混雜的情緒狀態？

   • 我覺得協同領導如何？我與協同領導者的關係好嗎？是否有任何的問題、衝突、或是友好的關係？

   • 我對於自己很有效率的感覺是如何呢？

發展成功的團體是一項藝術。表7.3呈現了有助於發展團體的六個步驟。

表7.3 發展團體的步驟

步驟一、從一個有興趣的主題或議題開始（例如：憤怒管理、認知行為治療團體、焦慮團體等）。
步驟二、從文獻中研究此主題並蒐集相關統計資料。
步驟三、檢視一般治療的建議。
步驟四、能夠回答「為何進行團體？」這個問題。
步驟五、撰寫目標清楚的團體計畫書。
步驟六、發展團體聚會內容綱要，並列出每次聚會的目標與每週的活動。

結論

293　　本章的重點在於團體計畫與執行的實務面，呈現了團體發展預先考量的事項，也詳述了團體計畫、團體形成、團體執行、團體評估。本章說明在機構裡發展團體的小團體演練運用於實務之中。本章最後呈現了將在下一章節中會使用到的團體發展步驟。

第四部分
應用團體與
機構技巧

第 8 章 技巧的應用：生命週期取向

8 CHAPTER
技巧的應用：生命週期取向

在團體工作中，應用生命週期取向，來為不同年齡層個案設計團　297
體，已被證實非常有效。對該年齡層相關議題及狀況的認識與熟
稔，皆很重要。在本書末章，將介紹對兒童、青少年、成人、老人及特
定疾病患者的團體工作。對每個年齡層的特殊議題，例如兒童 ADHD，
也將會特別說明：包括相關議題討論、團體工作中要考慮的事項、團體
設計方向、及每次團體的大綱與活動介紹。本章也將列出每個年齡層特
定主題及相對應之團體。

兒童團體工作

　　由於兒童的依賴性及缺少自我防禦能力，他們通常是最高危險群。
Burger（2008）提到了許多兒童的困境：「兒童不僅會因貧困而身處困
境，也會遭受疾病、被拒絕、不被瞭解、不適任的父母無法正確地教導
兒童社會化，以及許多其他因素的影響」（p.67）。由於兒童是生理及心
理發展受創的高危險群，心理健康工作者要能為兒童服務，並覺察到他
們可能面臨到的各種特殊狀況。

　　從兒童期到青少年期並不長，但在這短短的期間卻會經歷重大改

變與成長，包括生理、認知及心理上都會日趨成熟。工作者必須要覺察
298 到每個兒童的發展階段，並評估其發展里程碑，包括哪些發展已成熟、
哪些仍須發展。工作者也要釐清兒童生命中哪些因素對其發展有正向幫
助；如穩定充滿愛的家庭、正向角色模範、良好的教育及身心健康。同
時也要釐清阻礙兒童發展的傷害性因子，如缺乏父母照顧、父母成癮或
有精神疾病、缺少醫療及健康照顧、貧窮、兒童虐待、家庭暴力、移民
狀況、學習障礙、發展遲緩、及生理或心理疾病等。

　　面對兒童工作可能非常有成就感，但也可能非常具挑戰性或感到挫
折，因為兒童是最易受到心理、身體及性虐待與剝削的個案。由於兒童
仍未發展處理生活壓力的技巧與防禦能力，因此他們特別需要我們關
心、輔導與支持。

　　由生物角度而言，父母的照顧影響兒童甚深，且影響其整體發展。
母親的物質濫用、不良營養、及不當環境狀況等都對兒童有不利的影
響。在有些案例中，不當父母照顧帶來的負面影響難以被覺察及證實；
例如，部分學習障礙會等到兒童開始上學才會被發現。

　　環境因子亦與兒童健康及發展有關。身處貧窮的兒童會對其發展有
深遠的影響；生理上，這些兒童容易生病及營養不良，進而影響認知與
心理發展。同樣的，若兒童有生理上、發展上及情緒上障礙，可能會使
其心理面臨困境並直接影響兒童狀況。例如，有發展遲緩的兒童可能會
遭到同儕的嘲笑與羞辱。這些因障礙而降低功能的兒童因此面臨挫折及
低自尊。此外，患有某些心理疾病的兒童，如注意力不足過動症、亞斯
伯格症等，也會因為其日常生活功能受損而遭遇許多壓力。學習障礙、
課業問題、許多行為問題及社會問題等也會伴隨而來。最終，這些有功
能障礙的兒童會有強烈的負面感受及／或低自尊問題。許多有這些狀況
299 的兒童都需要特殊照顧，包括個人、家庭及團體諮商；親職教育；學校
介入及醫療管理等。

　　受虐兒童與受害於犯罪的兒童為了要克服受虐或目睹暴力造成的負面影響，面臨了許多挑戰。每個兒童的反應都不同：有些兒童可以成功地拋下過去，繼續向前；有些則無法抹去因受虐造成的身體與心理傷痕。不安全感、憂鬱、焦慮等感受對他們而言很普遍；虐待事件可能也會在他們其他的人際關係中重複出現；暴力行為也可能成為常態。

　　日益增加的離婚率、單親家庭及再婚率都讓兒童的壓力挑戰更甚。許多兒童受到離婚爭議、長期監護權爭奪與父母再婚的影響。克服這些生命事件的能力需要有特殊機會，及有其他可以給予支持和照顧的重要人士出現。

與兒童工作的一般處遇

　　兒童需要特別的工作者來提供他們安全、溫暖的環境，且工作者要能容易的進入兒童的世界。Alle-Corliss 與 Alle-Corliss（1999）探討最適合與兒童工作的助人者特質包括：

- 願意瞭解自己與兒童。
- 有想像力及接受兒童的角色，即使兒童一開始表現古怪；但這些需要同理心、接納及瞭解。
- 表現出正向樂觀，才能讓你慢慢地為兒童注入希望，並提供他們正向的模範。
- 能覺察到自己的社會狀態，以及你能影響兒童各層面的角色位置。這包括覺察自己的偏見，以及在與他人工作時盡力保持客觀，尤其是那些特殊的個案。
- 小心不要對個案做出不成熟的假設或評斷，因為這會影響處遇過程及結果。當你不是完全瞭解發生什麼事時要提出。
- 要知道並瞭解兒童的父母與手足。試著讓他們成為能夠促進處遇

300

結果的盟友。若無法做到，至少不要將他們排除在外。要看到他們的優勢，避免只看到他們的限制。尊重兒童對父母的愛；保持謹慎，不要低估他們之間的關係。

- 試著去瞭解兒童，看到他們的優勢，並強調優勢。先進行適當的評估，實務工作者才能決定什麼樣的方式與兒童工作才會成功。當與兒童工作時，能夠運用遊戲治療及認知行為取向非常重要。
- 瞭解合適的轉介及過渡期有時是必要的，以利後續照顧。兒童及他們的父母可能需要額外的處遇。要確定他們在處遇過程中得到合適的轉介。

處遇時的具體考量

- 要進行完整、全面性的評估，內容包括懷孕過程及發展階段等資相關資訊。獲取童年與家族史的資訊很重要，才能全面瞭解兒童的世界。
- 瞭解兒童通常活在幻想的世界，並會帶到現實中。試著進入他們的世界，而非預期他們進入成人的世界。
- 看到每個兒童都是獨立的個體，有他們自己的價值、療程與議題。盡可能去設計屬於兒童個人的處遇。
- 與兒童工作可能會牽動許多你與原生家庭的問題，或帶來情感反轉移的反應。所以不斷地自我覺察很重要。
- 檢視你與兒童工作方式是否具有治療效果，需要的話也願意做修正。

兒童團體工作守則

301   1. 提出具體團體工作計畫，其中要清楚說明團體目的、理論、目

標、步驟及成效評估方式。

2. 考慮法律議題，如州政府相關法律、機構政策與流程、法律上與倫理上的通報責任等。部分團體需要取得父母書面同意。

3. 清楚下列實務上的考量：

- 確定環境是舒適的，且適合兒童的年紀。
- 與兒童清楚討論期望；確定他們瞭解基本規則。
- 準備好每一次的團體；確定有規劃一些兒童能參與的活動。
- 對於讓父母瞭解團體流程與目標保持開放態度。適當的時機下鼓勵父母參與一部分課程。

4. 特別小心下列事項：

- 助人者自己要確保自我揭露的合適性。
- 強調維持保密的重要性。
- 適當使用活動練習與技巧學習。
- 應用正確的傾聽技巧。
- 適當的幫助兒童作結案的準備。

注意力不足過動症兒童團體

議題

注意力不足症（Attention Deficit Disorder; ADD）合併過動症（hyperactivity; ADHD）被認為是兒童時期最常見的疾病。保守估計，有3-5%的學齡兒童，或約兩百萬的兒童與青少年有此症狀。男性比女性更易被診斷有注意力不足過動症。注意力不足症是慢性神經生物病變，症狀包括注意力技巧發展不完全、衝動、及部分人會以過動症表現之。根據 Parsons（2007）提出的說明：「注意力不足過動症是一種永久

302　性的症狀，會明顯影響學生課業表現及社會發展。有注意力不足過動症的兒童容易發生嚴重的意外並受傷；學業成就較低；常被同儕排擠；常會有低自尊的問題」（p.3）。一些長期研究也發現，患有注意力不足過動症的人在一生中容易遭遇課業、行為與社會問題（Barkly, 1997a; Goldstein, 1999; Weyandt, 2001）。

　　注意力不足症會全面性的影響兒童，包括在家中、學校裡及同儕間。家有注意力不足過動症的父母會在以下常規及父母期望等方面遭遇困難：抗拒睡覺、不願意吃飯、及／或在遊戲中或與手足相處上具破壞性。患有注意力不足過動症的兒童到公共場合時常是父母的夢魘，因為公共環境對這些兒童的刺激太多，導致難以要求他們坐好或安靜。

　　在學校，老師發現這些兒童精力過剩，容易分心，且常無法完成班級活動。由於他們未發展注意力的能力，許多兒童會錯過課堂上重要訊息，導致他們無法完成作業，測驗與考試的成績也不佳。衝動特質導致他們會大聲說話，且在不適當的時機說話，進而打斷教室秩序。在遊戲區，他們通常較具攻擊性且難以排隊輪流。他們也許學習能力沒有問題，但無法經由測驗或考試反應出能力。

　　在許多例子中，父母花很多時間精力幫助這些孩子做功課，但到頭來卻被弄丟或忘記繳交。

　　在社交上，注意力不足過動症的兒童對交朋友及維持友誼常有困難而面臨社交障礙。同儕會覺得他們要求很多、掌控慾強、且難以控制。同儕們常會躲開他們，有時甚至會有更過分的行為。這些兒童被標籤為麻煩製造者，也常被找碴。在教室中、遊戲區或社區裡，同儕甚至會不公平地指責他們擾亂秩序。

　　注意力不足症常會伴隨以下症狀：學習障礙（learning disabilities）（25%）；行為障礙（behavioral disorders），例如對立反抗性障礙（oppositional defiant disorder）（40-60%）；品行疾患（conduct disorders）

（20-30%）；因長期在家中、學校及社會上的困境而造成情緒問題
（emotional problems）、低自尊及憂鬱症（Fowler, 1992; Frick & Lahey,
1991; Lerner, Lowenthal & Lerner, 1995; McKinney, Montague & Hocutt,
1993）。

處遇

　　對有注意力不足過動症兒童的處遇方式包含了廣泛的內容。家庭諮　303
商與親職教育很重要，可以幫助父母及手足瞭解、幫助及適應家中患有
此疾患的兒童及生活需求與養育方式。為家中有注意力不足過動症兒童
的父母所設計的夫妻諮商與父母教育課程已非常普遍且助益良多。一般
而言，當面對自己的孩子有嚴重問題，如患有注意力不足過動症時，父
母會經歷一連串可預期的悲傷階段。

　　在學校，老師需要接受特殊教室管理技巧課程，及建立行為獎賞系
統。部分學生可能也會需要特殊教育的資源。瞭解注意力不足過動症
的相關法律也很重要，因為這些兒童可能符合資格獲得其他服務。美
國國會於 1990 年通過了「身心障礙者教育法案」（The Individuals with
Disabilities Education Act; IDEA），明文規定「確保三到十二歲患有身
心障礙的兒童與青少年有接受免費且適當的公共教育」（Lerner et al.,
1995, p.39）。依據「身心障礙者教育法案」之 B 部分，「其他健康損傷
類別」（other health impaired; OHI），及其他障礙類別，包括「特殊學習
障礙」（specific learning disabilities; SLD）與「嚴重情緒失調」（serious
emotional disturbance; SED），兒童若經正式診斷後確認患有注意力不足
過動症或其他符合上述類別的疾病，應接受特殊教育服務。此外，依據
1973 年復健法案（Rehabilitation Act）第 504 條，應設特殊教育服務；
即各級學校可結合「個別教育計畫」（Individualized Educational Plan;

IEP）來提供「504 特別照顧計畫」（Section 504, Accommodation Plan）。個別教育計畫是依個別兒童設定學業及行為表現目標，並提出介入計畫以達成這些目標。這些服務當然都鼓勵正向的親師關係。

個別諮商是幫助患有注意力不足過動症兒童的方法，以協助他們面對缺陷、學習因應方式與社交技巧。這個領域的諮商通常有幾種取向：（1）動力取向；（2）行為取向；（3）綜合取向。動力取向包括「輔導兒童更瞭解自己、學習因應壓力更好的方法、及表達內在感受。兒童需要覺察自己的衝突、所使用的防衛機制及不具建設性的因應策略」（Lerner et al., 1995, p.164）。

行為取向包括環境修正並利用增強技巧（reinforcement）來鼓勵適當行為；懲罰（punishment）；行為消退（extinction）及行為塑形（shaping）等。在此常會使用一些行為治療的技巧，包括：一致性管理（consistency management）、代幣制（token economies）、反應代價（response cost）、暫停（time-outs）、及後效契約（contingency contracting）等。認知行為矯正方法也有幫助，包括教導自我監控（self-monitoring）及自我增強（self-reinforcement）等技巧，以及教導有衝動控制困難的兒童問題解決自我指導的技巧（self-instructional problem solving）（Abramowitz & O'Leary, 1991; Barkley, 1990; Dupaul, Guevremont, & Barkley, 1992; Fiore, Becker & Nero, 1993; Haake, 1991; Lerner et al., 1995; Whalen & Henker, 1986）。

對注意力不足過動症的眾多處遇取向中，社交技巧訓練是最重要的方法之一。我們都知道，注意力不足過動症的兒童由於注意力不集中、衝動及過動行為，他們常在公共場合有誇張且持續性的問題。具注意力不足過動症的兒童常具攻擊性；沒有過動的兒童則多會退縮。這二種兒童通常都不受歡迎，且會遭到同儕、老師、手足、有時甚至是父母的拒絕。因為這些社交障礙，這些兒童需要社交技巧訓練，包括直接

指令（direct instruction）、提示（prompting）、示範（modeling）、練習（rehearsal）及增強（Landaw & Moore, 1991）。

一些有幫助的社交技巧訓練包括：

- 經由故事學習判斷行為。
- 經由圖片學習抓到社會環境狀況。
- 學習辨別真實與虛假。
- 學習將一個情況概化到其他情況。
- 學習如何有效溝通。
- 發展友誼。（Lerner et al., 1995, p.144）

藥物控制可以與任一或全部處遇方式共同進行。父母對藥物治療的擔心、學校責任以及與醫師的配合都是要考量在內的重點。到最後會發現，結合了藥物治療、有效的指導、行為管理技巧、家庭與兒童諮商或心理治療、正確教養及家庭管理等多重介入模式是最有效的。在與注意力不足過動症兒童工作時，這樣的多重模式與多重專業介入獲得廣大的支持。這樣的介入模式不但全面，也能提高好的行為表現；此外，對兒童及父母具支持功能（如個人與團體諮商、父母支持團體；Dupaul & Stoner, 1994; Goldstein, 1999）。

305

為什麼要進行團體？

團體諮商被認為是治療注意力不足過動症最有效的方法，因為在團體中可以有這些兒童所需的支持、教育、認知行為治療及社交技巧訓練。若以個別方式治療這些兒童，他們的症狀無法突顯，因此較難治療。然而，在團體中，這些有同樣症狀的兒童就會表現出不專心、衝動、及／或過動，相互刺激及注意力渙散。團體領導者可以看到這些在真實生活上會出現的症狀，進而針對特定行為規劃出更適當的處遇計畫。

提出團體計畫及整體目標

透過一個八週、由7-10歲男女兒童組成的團體，可以幫助他們認識注意力不足過動症，及如何影響他們的學校表現與社交技巧。團體強調，注意力不足過動症本身並不會阻止學員追求個人、學業或職涯目標；因此，團體將建立正向及充滿希望的基調。學員將學習看到他們在學校、家庭與同儕中的問題，並鼓勵學習問題解決技巧與建立自尊。

團體內容：八週團體簡介

第一週

- 介紹團體目的與基本規則。
- 幫助兒童認識注意力不足過動症：覺察這些症狀是關鍵。
- 不鼓勵兒童以診斷作為行為與學習問題的藉口。
- 以充權方式提供希望。

活動：閱讀 Deborah M. Moss 所著《*過動的海龜*》（*Shelley, the Hyperactive Turtle*）一書，討論書中主角與自己相似之處。

第二週

- 討論衝動的概念：三思而後行。
- 討論如何維持好的行為：辨識好的行為與不好的行為。
- 解釋如何藉由數到10或20讓自己掌控自己。

活動：鼓勵學員討論在家中及學校衝動的狀況。藉由角色扮演來示範衝動行為；然後要求學員在相同情境中，演練藉由數「數」技巧來降低衝動反應。

第三週

• 藉由討論下列問題來介紹問題解決技巧。

　• 問題是什麼？

　• 可能的解決方法有哪些？

　• 對我而言，最好的方法是什麼？

　• 我如何堅持完成？

活動：假想一個該年齡會碰到的問題（如同學彼此分享午餐，卻不願意與我分享），然後讓學員使用問題解決技巧。接下來，讓學員自己看到問題，並帶著他們進到問題解決過程。

第四週

• 討論同儕關係議題。

• 討論為何注意力不足過動症兒童容易被同儕拒絕：

　• 太衝動。

　• 太不成熟。

　• 失去控制。

• 找出交朋友的正向方法。

活動：運用「交朋友」練習單，討論如何交朋友。團體討論大部分的人會想要什麼樣的朋友。以角色扮演方式來練習如何與可能的朋友開始對話。

第五週

• 討論學校對注意力不足過動症學生的擔心。發現哪些問題，瞭解　307
　為什麼在學校會有困難。

• 討論上課聽講、專注課堂活動、遵守規則等事項，並找出如何更
　專心在這些事項上的方法。

• 鼓勵尋求協助（師長、助教、父母等）。

• 討論作業：兒童要如何更有條理且有架構？

活動：每位學員在團體中輪流回答下列問題：**說出一件可以幫助你在學校表現的更好的事。**

將答案寫在板子上，並決定哪些答案較為實際並可執行。（團體領導者可找出哪些部分可由家長及老師協助，並將這些想法在團體後或特殊會議中分享給照顧者）。

第六週

• 討論家庭生活議題。
• 找出與父母及手足相處上困難之處。
• 鼓勵在衝突中負起自己那部分的責任。

活動：腦力激盪，共同找出增進與家人關係的方法。討論「好」、「為什麼」或「等一下」等用語。

第七週

• 討論自尊的建立及其重要性。
• 檢視每位成員的自尊。討論他們常會惹麻煩而容易感覺自己是個壞孩子。將注意力不足過動症症狀與兒童個人分開看待非常重要。強調該兒童不是壞孩子，只是行為不適當。
• 著重正向部分。鼓勵兒童能自我感覺更好些。

308

活動：完成「我很特別，因為……」的藝術作品。藉由藝術創作幫助他們發現自己的優勢。

第八週

• 結束前的討論。
• 強化學習：回顧進步歷程。
• 討論要結束的感受；對他們的參與給予正向強化。

• 討論對未來的計畫。

活動：團體成員一起規劃結束派對。藉此可展現這些兒童遵循指令及專注在活動上的能力。

機構考量

注意力不足過動症兒童團體的進行可以在公立學校、非營利組織、私人諮商中心、心理健康中心、小兒科、精神科或行為健康中心等健康促進組織。因此，要與團體辦理的學校人員維持良好關係；與教育管理者共同合作也很重要。同樣的，若經評估，兒童有需要接受藥物治療或藥物管理時，要與兒童的小兒科或精神科醫師形成聯盟關係。

其他主題的兒童團體

在與兒童工作時，還有很多下列的議題需要協助：

• 受虐兒童團體
• 兒童焦慮症支持團體（分離焦慮、社交焦慮、恐慌症）
• 憂鬱症兒童團體
• 離婚適應兒童團體
• 家庭暴力兒童支持團體
• 寄養照顧兒童支持團體
• 生活與社交技巧訓練團體
• 兒童的失落支持團體
• 營養教育（肥胖預防）兒童支持團體
• 邁入青少年的兒童團體
• 以學校為主的學習障礙兒童支持團體

青少年團體工作

青少年

　　青少年這個階段常是混亂且具有壓力的。此階段也可以是正向且令人興奮的成長與發現；常有的困境通常與自我認同發展及同儕認同的需求有關。對許多青少年而言，這個階段充滿危機與壓力，如同 Carlson 與 Lewis（1998）所描述：

> 無庸置疑，青少年正處在極易受傷的發展階段，因為他們處於由兒童期邁向成人期辛苦的過渡階段。任何生命週期的過渡階段都有可能是危險或成長，但青少年時期可能是最重要的過渡階段，因為這個階段結合了生命探險（與童年時期告別並加入成人世界）與一連串的改變（離開原本的學校到另一所學校、進入職場、學習做不同的思考、有新的期待、尋求從父母那獨立、甚至要適應新的身體）。（p.1）

　　在這個階段，青少年顯著成長，生理逐漸成熟及荷爾蒙改變，因此他們可能因此感到不知所措，心理也難以適應。他們對自我身體意象可能感到很不滿意，部分青少年因此產生飲食障礙。此外，有些青少年也會在此時期面臨心理上的狀況，如憂鬱症、焦慮症、躁鬱症及精神分裂症。由於這些疾患不易被診斷出並治療，這對青少年及家庭都是很大的壓力。

　　青少年時期是個混亂的時期。許多青少年會在這個階段開始嘗試一些高危險的事物，如禁藥及酒精；開車不顧後果；受到影響而加入幫派；與犯罪活動有牽連；不安全的性行為造成懷孕或性病。此外，任何

310

家庭中存在的問題（如離婚、家暴、失業）都會增加他們的壓力甚至造成行為偏差。「有些青少年藉由偏差行為，如逃家、休學、輟學等來反應他們生活上的困境……這會導致法律問題，有些青少年因為犯罪行為遭到逮捕，使他們的生活更是雪上加霜」（Alle-Corliss & Alle-Corliss, 1999, p.276）。

一般處遇上的考量

在與青少年工作時，參考下述在處遇時的考量將會有所幫助：

- 瞭解青少年彼此有很大的差異；對部分人而言可能是個混亂的階段，對另一部分人而言卻可能是充滿正向的階段。
- 這個階段的發展任務是認同 vs. 認同混淆。許多青少年會尋找自我認同；一些人可能因此產生偏差。
- 這個階段的青少年也開始會有自己的個性。一些青少年開始有叛逆行為藉以凸顯自己。
- 要注意部分青少年會有生理上的危機：不良的營養習慣導致飲食疾患；女性月經失調；肥胖症；前驅糖尿病及糖尿病等。不良的睡眠習慣會影響精力、認知能力、記憶力、專注力與心情。不良的自我照顧則會導致青春痘與自尊問題。
- 要注意心理上的危機，包括情緒問題。心理上的危機也與成熟度有關。有些青少年傾向將挫折感外顯，進而有負向或偏差行為；有些青少年則是將壓力藏在心裡導致憂鬱（及自殺），或使用藥物與酒精麻痺自己。
- 社交上的危機須注意的事項包括藥物濫用與性濫交。這二者都可能增加許多層面的問題，包括藥物成癮、青少年懷孕、墮胎、性病及 HIV/AIDS。

- 處遇必須要能符合青少年所需。他們的看法及特殊發展階段都須納入考量。

青少年團體工作守則

311　　一些文獻中清楚描述在帶領青少年團體時常會經驗到的議題與挑戰（Alle-Corliss & Alle-Corliss, 1999; M. S. Corey & G. Corey, 2006; Rapp-Paglicci, Dulmus & Wodarski, 2004; Zastrow & Kirst-Ashman, 2004），我們歸納如下。

- 團體領導者必須能夠帶動青少年活躍地參與團體處遇。
- 團體的指引、目的、目標必須以青少年能理解的方式來清楚地說明。
- 團體領導者在面對青少年時應具有創意，而且能夠持續地讓團體進步。
- 團體領導者應致力營造和青少年團體成員互動時的信任氛圍。
- 團體領導者應對自我坦露的適當性保持謹慎。
- 團體領導者對於抗拒，應抱持開放而不是對立的態度來處理；要接受有些青少年剛開始是以非自願個案的狀態出現。要以團體成員現階段的狀態作為啟始點，同時也要尊重他們並展現耐心。
- 領導者必須以正向的態度來呈現自己，才能取得團體內部的信任。展現出愛心、熱心、活力、開放及直率的領導者，會更能夠和青少年個案建立關係。
- 在進行青少年團體工作時，必須要以活躍的方式來保持團體的進程。如果成員覺得過程是緩慢且無趣的，他們很可能變得不專注及不參與。和主題相關的練習活動，通常能有助於團體的動能。
- 行動導向的技巧可以保持團體的趣味性及治療效果。角色扮演及

其他完形活動很有效，但是必須適合於團體成員的數量及進行的
主題。

● 整體而言，鼓勵青少年活躍地參與，對於團體歷程是不可或缺
的。

青少年憂鬱症支持團體

議題

根據美國公共衛生報告精神健康篇（U.S. Surgeon General's Report 　312
on Mental Health, 1999），憂鬱症對兒童與青少年的影響和對成人的影響
不同。憂鬱症兒童青少年較少有精神上的狀況；但相較於成人，憂鬱
症兒童青少年較常抱怨有焦慮症狀，包括分離焦慮、不願見到人群、
及頭痛與胃痛等身體上的症狀（Roe-Sepowitz & Thyer, 2004, p.78）。據
估計，有超過30%的青少年有憂鬱症經驗；五分之一的青少年提到在
18 歲前至少曾有一次的嚴重憂鬱症（McWhirter, McWhirter, McWhirter
& McWhirter, 1998）。此外，每八名青少年中就有一人表示曾有憂鬱
狀況；青少年女性較男性更容易患有憂鬱症（Center for Mental Health,
1998; National Institute of Mental Health, 2000）。無庸置疑，這些數據比
真實狀況還要來的少，因為許多青少年罹患輕度憂鬱症而未接受治療，
或因而被診斷為其他症況，例如焦慮症或品行疾患（McCarter, Sowers
& Dulmus, 2004）。

由於憂鬱症與自殺風險增加有關，臨床醫師對青少年憂鬱症的診
斷相當重視。依據疾病控制與預防中心（The Centers for Disease Control
and Prevention; CDC, 1999）報告，自殺已成為青少年階段第三大死因。
Smolowe（1995）估計，每年約有2,000 名青少年自殺；每有一名自殺

成功案例，就會有 350 名青少年跟進企圖自殺。這樣的數據仍偏低，因為有許多自殺案例會因為「家醜不外揚、宗教因素、學校或社區不願意而未被通報」（McWhirter et al., 1998, p.181）。此外，酒精／藥物使用以及不顧後果的魯莽行為都與自殺有關聯。事實上，部分青少年進行這些不顧後果的事情是在不必承認下尋死（被動自殺，passive suicide）。再者，許多意外死亡、過度用藥等不會被視為或通報為自殺。憂鬱的青少年通常會以使用酒精或禁藥來因應，以這種不顧後果的行為來表現出他們的感覺。

　　一些易受創且難以接受服務的青少年，如少數族群、同性戀青少年等都是憂鬱症與自殺的高危險群。造成青少年憂鬱症的危險因子包括：

313
- 父母一方或近親有情緒疾患。
- 有重度壓力，如失去父母、或父母面臨離婚、分居、失業或工作不滿。
- 有生理疾病，如慢性病。
- 有創傷經驗。
- 低自尊、低自我效能、無助感並覺得沒有希望。
- 女性。
- 處在貧窮。（Institute of Medicine, 1994）

　　青少年自殺的成因與特性相似，可以分為兩大類：（1）人際關係、家庭與社會心理特性；（2）人際關係與心理特性。

人際關係、家庭與社會心理特徵：
- 失落與分離。
- 功能不佳與破碎的家庭。
- 不良的溝通技巧。
- 過低與過高的成就。

人際關係與心理特徵：

- 失去希望與憂鬱。
- 衝動且處在危機中。
- 孤獨。
- 自我形象。
- 負向思考模式。

企圖自殺的動機如下：

1. 將自殺視為自我懲罰的錯誤認知。
2. 想要以自殺來報復那些造成自己生理或心理痛楚的人。
3. 想要藉由拋棄來報復那些拋棄自己的人（例如，剛與男友／女友分手）。
4. 對全能的支配有錯誤的幻想，像是「想要完全的掌控自己與他人；可以控制自己的生與死；可以全然的自主」。（McWhirter et al., 1998, pp.187-188） 314

自殺前的警告徵象包括：行為改變、口語上的訊息、認知上的入神、憂鬱等。防範自殺的第一步是對青少年憂鬱症進行積極處遇。

處遇

對青年憂鬱症進行處遇有幾種形式：個人諮商、家庭諮商、藥物管理及團體諮商。認知行為治療（cognitive-behavioral therapy; CBT）對治療青少年憂鬱症最為有效。Brown 與 Prout（1999）說明：「對憂鬱症的行為治療主要在對適當的社會行為進行增強，並讓增強的效力更為提高。」因此，必須教育家庭與同儕去引發出好的社會行為並給予正增強。憂鬱症的青少年需要被鼓勵著在不同的情況下開始與社會有

適當的接觸，並努力改變扭曲的思考模式。扭曲的思考模式被視為兒童與青少年演變為憂鬱症的中心原因，因此在處遇計畫中要加入認知治療技巧。有效的處遇之一是藉由自我陳述與自我管理技巧來重組認知，以修正內在啟動憂鬱症與負向自我概念的思考模式（Clarizio, 1985; Meichenbaum, 1977）。

為什麼要進行團體？

以團體方式治療青少年憂鬱症已經是越來越普遍的處遇方式。在團體中青少年可以藉由與他人分享而受惠，且知道自己並不孤單。文獻也證實兩種處遇方案可以有效減輕青少年憂鬱症。這兩個方案提供服務的對象是自陳有憂鬱症狀，及經歷婚姻衝突、家庭凝聚力低及品行疾患的青少年。

第一個方案，壓力因應方案（Coping with Stress; CWS），由 Clarke、Lewinsohn 與 Hops（1990）所創立，對象為自陳有憂鬱症狀的青少年。壓力因應方案使用卡通、團體活動、角色扮演等來教導青少年一些技巧，包括學習認知重組技巧（cognitive-restructuring skills）以辨識並重組負向或不合理的想法。壓力因應方案強調發展適合的因應技巧，包含了每次45分鐘、共15次的團體，通常是在放學後進行。團體領導者要經過特殊訓練。

第二個方案，賓州預防方案（Penn Prevention Program; PPP），由賓州州立大學 Martin Seligman 和他的研究團隊所創立（Jaycox, Reivich, Gilham & Seligman, 1994），目的是改變處在憂鬱症危機下的青少年，他們扭曲的思考模式並增進因應技巧。參與者是有憂鬱症狀及面臨高度家庭衝突的青少年。PPP 包含12次各90分鐘的團體課程，使用指令及家庭作業等技巧來教導詮釋技巧與問題解決／因應技巧。結果顯示，參與者在團體結束時及結束後六個月內的憂鬱症狀顯著減少。

提出團體計畫及整體目標

　　這是一個為13至17歲青少年所規劃的教育及 CBT 團體，目的是為了提供他們有關憂鬱症狀及因應策略的同儕支持和教育。目標包括從生心理社會性（biopsychosocial）觀點來察覺憂鬱表現、瞭解憂鬱的類型、提升自尊，並且會教導多種因應技巧，包括 CBT、情緒管理及溝通技巧。自殺的預防也是強調的重點，以及建立健康支持系統的重要性。

團體內容：12 週團體簡介

第一週

- 向成員介紹團體規則及目標。
- 介紹成員及團體領導者。
- 請成員分享決定參與團體的原因。

活動：討論個人對**憂鬱**的定義。

憂鬱是 ＿＿＿＿＿＿＿＿＿＿＿＿＿＿＿＿＿＿＿＿＿。

把不同的定義都寫在板子上，讓成員得以比較同異處。

第二週

- 討論憂鬱。
- 找出相同的特定症狀。
- 討論憂鬱狀態所造成的影響：
  - 生理及身體上的。
  - 心理及情緒上的。
  - 社會性的。
- 探討憂鬱症確診後的負面印象：
  - 脆弱。

316

- 心理。
- 誇大（過於戲劇化的情緒反應）。

活動：發給成員記錄用紙，上面列好三個欄位：生理、心理、社會性。請成員在上面寫下憂鬱在這三方面所帶來的各種影響。

第三週

- 討論憂鬱的類型。
- 以生心理社會觀點，找出導致憂鬱的原因：
  - 生理上的：基因、荷爾蒙。
  - 心理上的：低自尊、認知上的原因（如負向思考）。
  - 社會性的：生活壓力源（例如在自己或別人身上發生損失、生活的改變、失望）。

活動：將成員兩兩分組，請成員互相敘明，認為自己具有的憂鬱類型，然後在團體中分享，觀察有可能歸納浮現的類型。

第四週

- 說明自尊和憂鬱的連結。
- 探討建立自尊的方式。

活動：進行一個討論「優勢」的練習：詢問成員，其他人會如何描述他們。請他們想想希望感覺良好的某一個方面，然後探討如何設定目標來達成這種感覺。

第五週

317

- 介紹認知行為治療。
- 討論想法－感受－行動模式的概念。
- 藉由檢視負向思考提示（negative thinking reminders）探討負向思考：

- 負面態度（negative attitude）。
- 否定正向事件（disqualifying positive events）。
- 誇大負向事件（exaggerating the negative）。
- 絕對的思考（absolute thinking）。
- 謾罵（name calling）。
- 完美主義思考（perfectionistic thinking）。
- 責怪他人（blaming）。

活動：呈現各種負向思考提示的例子，以及負向思考如何帶來憂鬱情緒。邀請成員提出自身的例子。

第六週

- 介紹認知重建及好處。
- 教導認知重建技巧。
- 練習挑戰負向、非理性思考，多點正向、理性思考。
- 建議兩個步驟：（1）思考暫停；（2）正向自我對話。
- 強調洞察力的力量。

活動：示範認知重建的兩個步驟。給予成員使用情境卡，並兩兩一組，彼此練習二步驟。

第七週

- 介紹對憤怒情緒的放手。
- 討論憤怒情緒往心裡去所造成的憂鬱。
- 探討如何以健康方式對憤怒情緒的放手。

活動：詢問多少成員曾經將憤怒感受放在心中的經驗。解釋如何安全地釋放被壓抑的憤怒。

第八週

318
- 介紹溝通技巧的重要性。
- 發現與父母、師長、同儕及其他人的關係中溝通上的問題。
- 介紹不同的溝通模式：
  - 被動的。
  - 堅定的。
  - 侵略性的。
  - 被動－侵略性的。

活動：要求成員對自己主要的溝通模式給予誠實的評價。團體領導者與不同的成員以角色扮演的方式演出每一種溝通模式。

第九週

- 持續探討個人溝通模式。
- 教導成員堅定的溝通方式。
- 討論好的溝通帶來的正向與負向結果。
- 鼓勵練習這些因應技巧。

活動：讓成員看到在真實生活上的困難之處，需要更堅定的例子。兩兩練習上述的例子。在本週課程的最後，讓成員分享保持堅定的正面影響與負面影響。

第十週

- 討論健康的支持系統重要之處。
- 探討當憂鬱時，如何向他人求助。
- 重視與他人建立強而有力的關係。

活動：藉由角色扮演，讓成員練習當他們需要支持時，如何向他人求助。

第十一週

- 討論憂鬱症及自殺念頭。
- 強調要及早尋求協助。
- 鼓勵成員使用所學的因應技巧。　　　　　　　　　　319

活動：讓成員先規劃好個人自殺防治計畫。

第十二週

- 回顧他們的進步並對團體進行評估。
- 預先計畫：「在將來我感到憂鬱時，我可以怎麼做？」
- 結束：處理失落感覺。

活動：辦慶祝派對。為每一位成員寫一張充滿自尊信息的卡片。

機構考量

　　青少年憂鬱症門診病友支持團體通常會在諮商中心、心理健康部門或行為健康部門辦理，像是非營利諮商機構、營利私人諮商中心、郡屬或公共心理健康中心、健康維護組織中的精神科或行為健康部門等。重要的是，要能夠有醫療照顧，讓一般醫師或精神科醫師能評估並開抗憂鬱藥物處方簽。此外，有需要的時候，也要有專業人員協助進行自殺風險評估。

其他主題的青少年團體

　　如同兒童團體，與青少年工作也有許多不同的議題：

- 青少年憤怒管理團體
- 青少年焦慮症支持團體

- 青少年非暴力團體
- 青少年物質濫用團體
- 青少年懷孕支持團體
- 青少年小爸爸支持團體
- 青少年關係支持團體
- 青少年自尊支持團體
- 青少年創傷倖存者及失落支持團體（學校槍擊、意外、幫派暴力）
- 拉丁美洲青少年充權團體
- 年輕男性支持團體（兄弟對兄弟〔Brother to Brother〕）

成人團體工作

成人

　　成人階段的年齡層分布廣，由成人初期、中年期到晚年。本節將討論年輕成人階段與中年期階段。老年階段將會在本章稍後討論。

　　進入成人初期令人興奮同時也具挑戰性。這個階段通常具困難性，要由只著重自己到開始著重他人。在法律上，正式地進入成人期是18歲；然而，在此時，許多年輕成人在經濟上或情緒上都尚未準備好自父母那獨立。對那些需要獨立並為自己生命做決定的人而言，這個階段一定特別辛苦。此外，這個階段的年輕成年人通常需要處理親密關係、工作與職涯抉擇等議題。

　　生理上而言，年輕成年人被認為是發展上的高峰（Ashford, Lecroy & Lortie, 1997）。對部分人而言，這個階段會比青少年階段更注意健康。對年輕成年女性而言，生殖系統已經成熟，因此會需要決定是否要

懷孕生子。此時也可能會經歷荷爾蒙失調，尤其是每月生理期，導致個人內心與人際關係上的困擾。

生物上而言，生殖系統的問題，及男性女性生殖系統相關癌症都有可能會在這個階段產生，像是前列腺癌與乳癌的發生率都日益提高。此外，正式診斷出罹患精神疾病，如精神分裂症、憂鬱症及躁鬱症等都有可能發生在成人初期。

心理上而言，會期待這個階段的年輕成人能夠進入形式運思期，並具有熟練的問題解決技巧。但事實上，許多進入成人階段的人尚未有成熟的認知程度。溝通問題仍常發生，並造成年輕成人在家庭、朋友、親密關係、師生關係及僱傭關係上面臨困難。Erikson（1963）提到，在這個階段會面臨「親密 vs. 孤獨」（intimacy vs. isolation）的議題。因此，年輕成人在發展上的任務通常會尋求親密關係，並追求所愛。若關係上面臨困難，則會讓個人的情緒狀態陷入孤獨感。

做出生命上的重大決定及負起生命上的重大責任是這個階段的成人不可或缺的。因此，許多年輕成人經歷了一些壓力相關的疾病或症狀。當面臨生理疾病、精神狀況、財務困境、工作困境或人際關係困難時，壓力隨之而來且難以控制。

社會上而言，年輕成人會面臨個人的考驗。由於現今經濟普遍不佳，許多成人仍住在家中。有些人可能覺得住在家中讓人不知所措；有些人則尚未準備好獨自面對挑戰。那些被家人要求搬出去的人可能會覺得在財力上與情緒上面臨龐大的壓力。

與年輕成人工作時處遇上的考量

- 如同青少年般，每個年輕成人都不一樣。有些人在18歲時即相當成熟；有些人在25歲時仍表現得像個青少年。

- 能看到年輕成人常面臨的壓力，以及這些壓力對他們生理上、心理上與社會上的影響。
- 許多年輕成人可能會同時面對多重責任（如工作、學業、家庭）且尚未準備好；對這樣的狀況要具敏感度。
- 考慮這個階段可能會有的藥物與酒精問題，因為他們脫離了父母的控制，讓他們更有機會接觸這些物質。
- 協助年輕成人瞭解不安全的性行為所帶來的危機。
- 準備好協助年輕成人處理親密關係與人際關係議題，因為他們的經驗不多。幫助他們思考婚姻、職業與工作。
- 能夠看出在這個階段會浮現出來的精神疾病相關徵兆（例如躁鬱症、精神分裂症、憂鬱症）。

322

　　年輕成人最後會進入中年期，此時情緒、生理、心理與社會層面都會有大幅成長。在過去數十年，因為平均壽命的增加，對中年期年齡上的定義也隨之改變。現在認為的中年期，在過去可能被視為老年。現今，每個人對中年期的定義有很大的不同，主要受到個人經驗與生命選擇的影響。通常，中年期成人會將孩子扶養長大、工作有成、且對自己是誰有新的見解。在這個階段，部分成年人會開始檢視自己的過去，並對自己缺乏成就而感到後悔難過；另外的成年人會放眼未來，而感到焦慮、憂鬱或了無希望。這兩種情況都會造成危機，進而演變為發展上的議題——中年階段的「生產 vs. 停滯」（generativity vs. stagnation）。

　　就生物性而言，許多成人在中年期都會面臨到，來自過往的那些不適應行為的後續影響，包括不良的飲食習慣、過度的自我鞭撻、過多的藥物使用、或是性慾望的表現等等。許多中年人會面對的健康及心理問題，可能也因相關壓力而起，女性可能在停經期間感到掙扎，而兩性都必須處理自身的性反應變化。相當重要的一個事實是，對某部分的中年人來說，致命性或慢性的疾病，在此期間將變得更為令人憂心。女性的

乳癌，以及男性的前列腺癌發生率，此時都較高，而同樣的，在此階段，兩性的心臟病罹患率也較高。

就心理上而言，中年也可能是一段充滿危機感的時期，常稱作中年危機。這的確會是一段艱困的人生階段，因為身體的機能在改變、子女剛離開家、自己的父母日漸年老，且可能變得更為虛弱、大家對於人生目標，以及餘下的生命時間，想法也變得更為實際。「面對這些議題時，人們常需要回顧過去以重新建立及整合他們的自我認同，即便是那些在此時期並不感覺到特別困頓的人，也常會有一段自我反思的期間，在情緒上亦會有壓力」（Alle-Corliss & Alle-Corliss, 1999, p.280）。在這個階段，常看到人們對於他們的社會及道德責任愈為重視，有些人會參與更多具有社會責任性質的活動，例如輔導訓練、在社區組織擔任代表以及支援人力、參加募款及志願性活動，或者為一個特定的理想或慈善機構服務。

然而對有些人來說，酒精或藥物的成癮會達到高峰，造成在健康、工作、人際關係、甚或人身自由上的損失，很多人也是要到了這個時候，才終於接受了成癮的事實，開始尋找藥物依賴的治療手段。那些對於酒精或藥物成癮者有所責怪的周遭關係人，也必須要面對相互依賴的問題。這個人生階段，亦常見人們需要因應心理上發生的狀況，像是重度憂鬱症、廣泛性焦慮症，以及躁鬱症。

就社會性而言，許多中年人掙扎於單親教養、離婚、再婚，以及複合家庭所帶來的壓力。配偶的虐待、過往的性虐待或侵害，以及財務上的困難所帶來的壓力，在這個階段都可能變得更為巨大。再者，在中年父母和他們的青少年子女、成人子女，及年邁的父母之間，都可能存在衝突，有些中年父母會在和青少年及年輕成人的相處方面感到掙扎，其他較晚成家的人，可能才正在經歷許多初為人父人母的壓力。當自己年邁的父母，罹患阿茲海默症或其他嚴重生理或心理疾病時，中年人會有

323

很大的壓力，含飴弄孫本是一件美事，但當中年人需擔任父母照顧者角色時，就會感到沉重。

與中年個案工作時處遇上的考量

- 中年是一段諸多分歧的人生時期──必須認知到此點。
- 對於這個階段常見的危機，要能覺察及提供幫助，因為會出現高風險行為，像是藥物濫用、失業、或婚姻衝突而導致離婚、外遇、再婚。
- 瞭解到對屬於「三明治世代」的中年人，給予支持的必要性，他們可能需要同時照顧他們的青少年子女、成人子女，以及年邁的父母。對於再組家庭的人來說，這些壓力來源將更為放大。

成人團體工作守則

324

- 介紹團體目的、目標、基本規則及期待。
- 討論承諾、參與及準時的重要性。
- 在團體一開始就要在成員間及成員與領導者間建立良好的信任關係。
- 尊重、小心傾聽及避免判斷或批評。
- 準時抵達，並在團體中做出好的行為榜樣。

成人焦慮症支持團體

議題

焦慮症是美國最常見、也最常發生的疾病之一。根據美國焦慮症協會（Anxiety Disorders Association of America, 2008）統計，在美國，約有四千萬18歲以上的成年人受到焦慮症的影響，占了美國總人口數的18.1%。焦慮症讓美國每年因此支出420億，幾乎是全部精神健康花費1480億的三分之一（Anxiety Community, 2008）。其他報告顯示患有焦慮症的人尋求醫療照顧比其他精神疾病者高出三到五倍，因此住院治療也較其他精神疾病者高出六倍。此外，在美國及英國，每年約有七分之一的成人患有焦慮症（Brown, 2003; Roe-Sepowitz, Bedard & Thyer, 2005）。

焦慮症，通常與恐懼及焦躁有關，是一個人所能感受到最痛苦的情緒之一。焦慮症非常普遍；有時會有非常強大的情緒反應，幾乎沒有人可以完全免疫。每個人的焦慮程度不同，且會在不同的情況下發生。對部分人而言，生命上的改變與壓力可能導致焦慮情緒；但對另一部分人而言可能視為正常。例如，當進入新的發展階段，如進入青春期、上大學、結婚、離婚、失業、所愛的人死亡、健康危機或失去家園等，都可能會讓人感到焦慮。事實上，「焦慮症可能是生活壓力、事件、學習、生兒育女、教養、疾病引起的壓力、基因及其他生理狀況引發，以及沒有能力一次因應與管理所有因素」（Roe-Sepowitz et al., 2005, p.13）。

焦慮的影響可以是正向的或負向的；帶來的結果當然會與強度、持續時間及引發原因有極大的影響。焦慮的正向影響在於，當累積足夠的情緒時，可以讓人產生能量與動機去解決問題並繼續向前。相反的，當焦慮的發生並非在理想程度時，會降低效能，並造成輕微混淆、沒有

325

組織或恐慌。換句話說，「輕微焦慮是有助益的，讓個人提高警覺並覺察到環境；然而，過多的焦慮會使人疲倦而降低功能」（Roe-Sepowitz et al., 2005, p.13）。

Dixon（1987）提到，「在恐慌焦慮時，會讓人格與精神系統崩潰，造成對自己或他人產生負向的行為。焦慮症是危機的中心。當焦慮的強度過大讓人無法承受時，這樣的危機就會產生人格上的混亂」（p.43）。若要視為焦慮症時，焦慮狀況一定要非常嚴重，對情緒、行為、生理活動等產生病態的影響（U.S. Surgeon General, 1999）。

焦慮的症狀通常會表現在生理上與心理上。生理上的症狀包括：神經質（jitteriness）、緊張、頭暈目眩（light-headedness）、呼吸困難及臉頰漲紅、心悸（heart palpitations）、臉紅、胸悶、過度流汗、血壓升高與脈搏加快等。有些人在焦慮襲來時，身體的不同部位會顫抖；感到焦躁不安或激動；會踱步或無法坐好。睡眠被打斷、失眠（insomnia）、睡眠過長及紛亂的夢等也都很常見。持續咳嗽、覺得喉嚨有異物、或覺得口乾舌燥等也是常有的經驗。消化道問題如噁心嘔吐、胃灼熱、腹瀉等可能會發生；伴隨著頻尿、頭痛與背痛等症狀。最後，也會有生理週期的混亂及皮膚狀況改變等狀況。

焦慮會降低個人的精神功能。焦慮時很明顯的會影響溝通與說話模式而變得含糊不清、過快或大聲。邏輯思考能力、判斷力、做決策的能力、現實感、專注力、專注持久度及記憶力等都會受到損害。焦慮的人會感到混淆，社會功能也無法表現得很好。Dixon（1987）補充：「其他與焦慮有關的非直接徵兆包括憤怒、敵意、或強迫行為等。其他不同形式的外顯行為也會是焦慮的徵兆，像是性行為混亂、偷竊、逃家、酗酒或用藥等不正常的行為」（p.46）。

焦慮症可以分為以下幾類：

- **恐懼症（phobias）**：對特定事物或情境感到恐懼，例如怕高、電

梯、昆蟲或坐飛機。

- **恐慌症**（panic attacks）：對焦慮有強烈的感受，他們通常覺得自己快死了或快瘋了。
- **創傷後壓力症候群**（posttraumatic stress disorder）：包括反覆回憶起可怕的創傷情境並伴隨著高度的悲痛。
- **強迫症**（obsessive-compulsive disorders）：重複性的思考（obsessions）造成重複性的行為（compulsions）。
- **廣泛性焦慮症**（generalized anxiety disorders）：混合著擔心與焦慮症狀，且在日常生活中多數時間會有這樣的狀況。因此，廣泛性焦慮症被視為慢性疾病。
- **適應障礙症造成焦慮**（adjustment disorders with anxiety）：個人無法適應生活上的壓力造成的焦慮。

　　焦慮症的危險因子範圍很大，基因、腦內化學物質、人格特質、生命事件／生活壓力等都是。對焦慮的治療是臨床上很重要的一環；在美國，焦慮症是大部分心理症狀的原因。根據在 ADAA（2008）的研究：「焦慮症患者比沒有焦慮症的人高出三到五倍會尋求醫師診療，高出六倍會入住精神科病房治療」（p.30）。Thyer 與 Birsinger（1994）也提到：「焦慮症比酒癮或憂鬱症更常發生；兩種疾患同時發生的機率更高」（p.272）。臨床上發現，焦慮症狀出現時可以導致完全失去功能，像是懼曠症（agoraphobia）與強迫症；或導致自殺想法，如恐慌症（Corsini & Wedding, 2008）。

處遇

　　對焦慮的處遇可以從多方面進行。個人心理動力治療、危機介入（crisis intervention）、危機事件壓力小組（critical incident stress debriefing）等

327　都會被運用來治療焦慮症狀。心理教育與認知行為介入也越來越被廣泛使用。心理教育包括教育患者關於焦慮及對生理、心理的影響；教導呼吸與放鬆技巧；鼓勵他們學習挑戰負面與恐懼的思考等。Greenberger與Padesky（1995）認為：「焦慮會伴隨著一些想法，像是我們正處在**危險**中（danger）；我們被**威脅**（threatened）或容易**受害**（vulnerable）……認知方法可以有效降低與管理焦慮」（p.179）。認知重建技巧的使用可以鼓勵及幫助個案評估他們的焦慮想法，他們因此可以很快的判斷危險及後果；也可挑戰非理性、負向與焦慮產生的想法，導向更正向與理性的思考。認知重建技巧可以伴隨著其他技巧一起運用，例如藉由放鬆的音樂進行放鬆訓練、呼吸控制、心像（imagery）、及分散注意力（distraction）等（Bourne, 2005）。完全避免會引發焦慮的情境也很重要；許多受焦慮所苦的人是逃避的專家。雖然避免相關的困境有助於降低焦慮的發生；但越去避免，將來遇到這樣的狀況時焦慮程度就會越嚴重。Greenberger與Padesky（1995）強調：「要克服焦慮，我們必須學著去接觸之前一直避免的情境或人。學著去接觸與因應讓我們感到焦慮的情境是最終極也最有效的去除焦慮之道」（p.187）。

　　藥物控制可以與其他的處遇同時進行，或當其他處遇皆無效時進行。可能會使用抗焦慮藥或抗憂鬱藥。藥物的使用一定要經過精神科醫師的評估與開立處方。

為什麼要進行團體？

　　以團體方式治療憂鬱症與焦慮症已被證明相當有效。特別是門診病人的認知治療被認為最經濟且具臨床成效的方式（Corsini & Wedding, 2008）。「可以將積極、直接與問題導向模式的個人認知治療運用在團體中……團體治療師要盡力形成正向的團體凝聚力與團體互動；鼓勵成員互相幫助；支持個別成員尋求改變的努力」（Greenberger

& Padesky, 1995, pp.180-181）。基本上，要介紹成員團體內容與認知治療，接著由淺到深地教導他們對抗焦慮的技巧。系統減敏法（systematic desensitization）也是另一項治療焦慮症的有效方法（Frew & Spriegler, 2008）。

328

提出團體計畫及整體目標

　　這是一個16週的封閉式團體，包含了心理教育、認知行為並循序漸進的團體。團體設計主要是為了幫助成員發展因應技巧以管理焦慮症狀。

　　團體整體目的是為了降低焦慮發生的頻率，並預防其他焦慮問題的產生。團體成員主要是患有恐慌症、廣泛性焦慮症及已穩定的創傷後壓力症候群的患者。

　　特定的目標包括降低整體焦慮程度、頻率及焦慮發生時的強度，如此生活功能才不致受影響。重點著重在穩定焦慮狀況，同時協助成員增加他們日常生活的功能。成員學習以符合現實、自我肯定的認知取代焦慮影響下的認知。最終目標是要降低成員對接受他人會有的不適當且不安全的感受，並增進成員的自尊（Paleg & Jongsma, 2005, pp.29-31）。

團體內容：16週團體簡介

第一週

- 介紹團體目的。
- 介紹團體基本規則與期待。
- 討論焦慮症狀。

活動：鼓勵成員分享他們是因為哪些症狀讓自己想參加團體，並討

論患有焦慮症狀的患病史。

第二週

- 教育成員會造成焦慮的長期原因：
  - 基因影響。
  - 成長的家庭中父母過度小心的養育、完美主義、不安全感的情緒、依賴或父母不具鼓勵性的言論。

329　　**活動**：鼓勵成員依自己的經驗分享自己焦慮產生的可能原因。

第三週

- 討論當不處理狀況時壓力會如何累積；討論這些如何導致心理生理上的疾病。

活動：邀請成員發覺自己壓力累積的程度，以及最近產生焦慮的壓力源。

第四週

- 討論讓焦慮持續的情緒、認知與行為因素。
- 發覺現實生活的狀況。

活動：鼓勵成員發覺自身焦慮持續的元素，例如焦慮性的對話、錯誤信念、缺少信心、肌肉緊張等。

第五週

- 教導深度（腹部）呼吸法。
- 示範持續性放鬆技巧的效力。

活動：以視覺化方式及每日使用心像方式引導團體循序漸進進行放鬆練習。建立練習活動的行為動機。

第六週

- 討論運動對生理與心理的影響：
  - 可加速新陳代謝，增加血液中及腦中的腎上腺素及甲狀腺素，並增進專注力。
  - 可製造腦內啡，減少失眠，增加幸福感。
  - 降低憂鬱與焦慮。

活動：建立運動計畫，目標是每周至少運動四天、每次20-30分鐘。建議閱讀 Larry M. Leith（1998）*Exercising Your Way to Better Mental Health* 。檢討進度，並積極面對阻力。 330

第七週

- 釐清想法與感受的差異。
- 教導認知扭曲的主要形式：
  - 過度預期（overestimating）。
  - 災難誇大化（catastrophizing）。
  - 以偏概全（overgeneralizing）。
  - 心智過濾（filtering）。
  - 情緒歸因（emotional reasoning）。
  - 「應該」宣言（"should" statements）。
- 檢視下列七項負向思考提示（negative thinking reminders）：
  1. **負面態度（negative attitude）**：你總是看事情的黑暗面。在事情發生前，就覺得會是不好的事，或結果不好。在沒有確認事實前，就覺得別人不喜歡我，或會以負向方式評斷我。
  2. **否定正向事件（disqualifying positive events）**：即使有好事發生，你也不相信，或覺得高興。
  3. **誇大負向事件（exaggerating the negative）**：你會將小問題放

大。若小事情出錯，你會將錯誤放大成比實際來的大。

4. **絕對的思考**（absolute thinking）：你只以一種方式看事情，不是非常好就是非常不好。密切注意你所使用的字眼，像是「從不」、「總是」、「每個人」及「全部」。

5. **謾罵**（name calling）：你會因為一些錯誤罵自己或罵別人。

6. **完美主義思考**（perfectionistic thinking）：你相信事情一定要達到某種你覺得滿意的程度。注意你所使用的字眼，像是「應該」、「必須」及「一定」。

7. **責怪他人**（blaming）：你會因為事情不那麼正確而責怪自己或他人。

活動：鼓勵成員記下想法與感受的不同之處。要求成員完成下列句子：

當我覺得焦慮時，我想著 ＿＿＿＿＿＿＿＿＿＿＿＿＿＿＿ 。

幫助成員看到他們的想法中那些符合負向思考提示。

第八週

- 藉由認知重建教導認知行為技巧。
- 鼓勵成員發展並執行符合現實、有自信的認知，以反擊認知扭曲及會導致焦慮的自我對話。

活動：與成員探索他們潛在的錯誤信念，並練習認知重建以對抗這些信念。首先，先找出每個人的負向思考並對抗它。接下來，成員練習將找到與負向思考配對的正向思考。最後，檢視成員的練習經驗，若已有重建認知則增強成功經驗；若策略失敗則修正方向。

第九週

- 持續討論具治療性地使用正向肯定來取代扭曲、負向的信念。

- 討論能覺察症狀與被壓抑感受的重要性，如飄浮不定的焦慮（free-floating anxiety）、憂鬱、身心症狀（如頭痛、潰瘍、肌肉緊繃）。

活動：發放有關標示感受的講義，並鼓勵成員檢視自己並將這些內容應用在日常生活中。

第十週

- 找到能與自己身體協調的信念，並覺察到感受。
- 探索對表達憤怒的恐懼，包括對失去控制，或與重要的人疏遠時的恐懼。討論這些恐懼如何與焦慮有關。

活動：鼓勵並增強成員誠實、肯定的表達在團體中的感受，以及對其他重要人士的感受。在與他人溝通之前，幫助成員寫下他們憤怒的感受；增強控制、尊重、肯定的表達感受。

第十一週

- 討論堅定的溝通方式，包括表達情感的需求、個人的渴望及有能力說不要。

332

- 釐清被動行為、具攻擊性行為及堅定行為的差異。

活動：兩兩一組，以角色扮演方式練習以堅定方式要求對方的情境。

第十二週

- 藉由教導堅定的問題解決（assertive problem-solving）五步驟，討論問題解決技巧：
  1. 找出問題。
  2. 腦力激盪所有可能的選項。

3. 對每個選項評估贊成與反對。

4. 列出行動步驟並執行。

5. 評估結果。

活動：兩兩一組，以角色扮演方式練習將問題解決技巧應用在每日生活中的衝突中。

第十三週

- 討論能夠每天執行自我滋養行為（self-nurturing behaviors）的重要性。
- 討論自我照顧的例子，並討論如何將這些應清單用在每個人的生活上。

活動：幫助成員列出自我滋養行為清單，包括泡個澡、讀本書或聽聽音樂等。給予家庭練習功課：要求成員至少完成一樣清單所列之項目。

第十四週

- 討論每天都要與社會接觸的重要性。
- 探索對社會關係的正向發展與負向發展。

333 **活動**：指派成員每天參加一項社會活動，並在團體中報告他們的經驗。提醒他們使用認知行為治療的技巧，及以正向且實際的想法參與社會。

第十五週

- 專注在健康、具滋養性的嗜好上，以維持健康、平衡的生活方式，如此更能對抗壓力。
- 教育成員有關食用咖啡因與精緻糖類衍生的相關問題。

• 討論使用藥物的好處與壞處及其原因。

活動：與成員探討咖啡因與糖類中的化學物質如何引起焦慮。鼓勵成員評估自己需要藥物控制焦慮的需求。

第十六週

• 回顧團體歷程。
• 鼓勵成員承諾進行復發－預防計畫（relapse-prevention program），包括每天進行放鬆、運動、好的飲食及認知重建。
• 鼓勵成員預測可能發生焦慮的狀況並進行預先計畫，以思考如何因應。
• 結束：鼓勵成員討論團體要結束的感受。

活動：以放鬆的音樂及健康的點心慶祝團體的結束。

機構考量

成人焦慮支持團體可以由諮商中心或心理健康中心辦理。例如，非營利諮商機構或家庭服務機構、郡立或公立心理健康診所、私人營利心理診所、健康維護組織中的精神科及行為健康部門等單位皆可辦理這類的團體。在有些例子，這類的處遇團體也可在預防性醫學單位、醫院或醫學中心進行。參與團體的成員若焦慮症狀嚴重而需要額外的治療，需要提供他們醫療評估與照顧。

334

其他主題的成人團體

在與成人工作時，仍有許多其他議題需要協助：

• 成人信心訓練團體

- 成人憂鬱症支持團體
- 離婚適應支持團體
- 女性家庭暴力支持團體
- 受家庭暴力母親受害者團體
- 飲食障礙支持團體（厭食症〔Anorexia〕、暴食症〔Nervosa〕）
- 同性戀支持團體
- HIV 與 AIDS 成人支持團體
- 男性支持團體
- 新移民之團體
- 兒童與青少年教養團體
- 性成癮支持團體
- 物質濫用支持團體
- 自殺生還者支持團體
- 女性亂倫倖存者支持團體
- 年輕成年人團體

與長者及患病者之團體工作

與長者工作

在20世紀，老年人口數顯著增加，已占全美人口的13%。事實上，估計到2030年將會有6,500萬65歲以上的老年人口（Burger, 2008）。此外，老年時期的生活也更長；成年人比以前活更久。對於老人的定義有很多。美國退休人員協會（American Association of Retired Persons; AARP）對年長成人的定義是由50歲開始；許多折扣優惠由55歲以上開始；許多人則認為65歲以上符合社會安全福利。除了特定的年齡門檻，個人對年紀的態度與看法會強烈影響其功能。例如，有些人覺得

55 歲就感覺老，看起來老，生活也不容易，及／或持有負向的態度。相反的，有些人到了 70 歲仍覺得健壯、重要，並以正向態度看待這個階段的生活。顯然地，由於這個階段的年齡層分布廣，態度也不一，成人後期的人生也大為不同。

老年人口持續增加，這個現象無疑地會深深影響人群服務。Burger（2008）提到，「人們需要外在協助的需求會隨著年齡增長而顯著增加」（p.7）。年齡越大，會需要個人化的照顧與居家管理。待在醫院的時間變長，醫療照顧變頻繁，得到疾病的機會也增多，如癌症、心臟病、關節炎、糖尿病等；得到憂鬱症與自殺的比例也增加。另外，老年人也會經歷多重失落（losses）。

生理上，老年人會面臨身體機能下降及更多的慢性健康問題；可能會因此花許多費用治療，造成一些人感到孤立與憂鬱。多向藥理學（polypharmacology）也加入以治療老年人的多重健康問題。心理上，邁向老年階段會造成掙扎。在這個「自我整合與絕望」（Ego Integrity versus Despair）階段中，會反映出回顧生命過程的重要性。部分老年人覺得這個階段令人滿足，因為他們的需求較少；較多時間進行休閒活動；可以享受退休生活及樂當祖父母。顯然地，健康的身體、良好的支持系統及穩定的經濟才能對老化有正向的觀點。

但其他老年人覺得老化讓人情緒上與生理上都感困難。有些老年人飽受精神狀況下滑、感官損失的問題、記憶力問題，及其他疾病所苦。失落也是晚年生活常經歷的，包括生理上、情緒上或社會上的失落。生理上，老年人的精力、活動力及生理功能都較過去下降；他們可能害怕死亡失去生命。情緒上，老年人會經歷失去所愛的人、失去朋友、甚至有時會失去孩子。社會上，有些老年人會因缺少工作上的認同而覺得被孤立、孤獨及後悔退休。許多時候他們覺得無用且被人遺忘。

由於年長成人常會經歷各種形式的失落，他們患有憂鬱及焦慮的狀

況也更多。這個年齡層的自殺也更多，而且有許多疑似自殺事件未被記錄。最後，由於生命的延長，患有阿茲海默症的人也因此增加。當然，與患有阿茲海默症的人居住在一起，或照顧有此症狀的親人，都會讓人在生理上、情緒上與社會上面臨極大的壓力。

336

長者們的社會生活有很大的不同。有的長者仍保持活躍，並與社會有連結；有些長者則覺得被孤立，並視自己為失敗者。長者們對退休的預期可以是正向的或負向的。家人或其他人的支持很重要，以幫助長者適應生活上的改變。

對許多老年人們而言，他們的收入固定，因此在健康照顧上的花費可能備感壓力。許多老年人面臨貧窮；也無法獲得醫療照顧或營養支持。僅有那些擁有更多經濟來源的長者才能夠獲得這些資源（Alle-Corliss & Alle-Corliss, 1999; Burger, 2008; Hull & Kirst-Ashman, 2004; Neukrug, 2008）。

當年長者因身體虛弱或生病而無法自我照顧時，對他們的虐待及不當對待則更為普遍。此外，虐待父母的家庭通常也存在著虐待兒童的狀況。長者通常會因為他們的年紀及易受傷害的狀態，成為偏見與歧視的受害者。老年歧視（ageism）也很常見，直接或間接地影響著老年人。

心理社會取向對老化的觀點值得討論。依據心理社會理論，當人變老，他們的行為、社會互動及進行的活動等都會改變。老化定義為「人體在生理成熟的年齡後所進行的改變，造成生存的可能性下降，並伴隨著外觀、行為、經驗及社會角色上的規律變化」（Parrot, 2004, p.2）。**心理社會上的老化**（psychosocial aging）可被描述為一種結果，即不再使用以前所習得的技巧；會隨機的損耗；適應環境變因的能力改變；內部與外部資源的失去；及基因上對壽命的既定影響。社會科學家相信基因（遺傳）是決定人壽命的主要因素，雖然環境也扮演重要的角色，可以修正預期壽命。

Schneider、Corey 與 Corey（2007）鼓勵助人專業者不要忽略了年長者的需求及問題。他們提到：

你希望邁向老化的方式，會極度影響你如何對待長者。除了著重在老年期只是個失落的時期外，你更可以視老年期是個正向及負向的轉變。雖然你是個助人者的角色，但保持開放態度去學習長者教會你的事。（p.203）

337

年長者具有非常多的智慧及生活經驗。強調這些優勢可以增加他們的自我價值，並教導下一代邁向老化時的重要事項有哪些。

一般處遇上的考量

- 對長者及其文化價值表現出深度的關心與真誠的尊重。要瞭解個人的文化背景仍持續地影響所呈現的態度與行為。
- 對老化表現出健康的態度，並有能力及渴望由長者身上學習。提倡整合（integrity）而非絕望（despair）。
- 當與長者會談時，要遵守下列五點會談技巧：
  1. 投入更多比例的精力在會談上，因為長者的精力較為少。
  2. 依據個案精力狀態與生理限制來調整會談。
  3. 能覺察到感官上的降低。若實務工作者能坐得更靠近長者並直接朝向他們，則溝通效果會更好。當個案無法聽到某一程度的對話，要覺察到有失聰的可能性。
  4. 與長者工作時，可以使用觸摸當作溝通的橋樑。但要小心個人與文化上的考量。
  5. 要避免一次給予過多的資訊。說話應該放慢速度；使用短句

子；一次只處理一種想法；當進行到有意義的對話時，可以詢問他們的想法。長者通常會比年輕成人多花15%的時間來反應。

- 對這個年紀的特殊生理、心理、精神與社會需求有深入瞭解。要敏感於長者的負荷及焦慮。

- 持續增強長者的自尊，藉由鼓勵他們盡量參與，以及提醒他們在老化中可扮演主導的角色。

338

- 從長者可以成功處理的問題開始著手，這樣可以幫助他們降低無助感，避免他們想要從處遇中退縮。不要把他們嚇跑了。

- 設定實際的目標，並努力讓他們的功能回復一些。一定要有耐心及保持彈性。

- 給予長者選擇，讓他們選擇優先順序，並尊重他們的選擇。告訴他們你對他們做選擇的能力以及堅持完成的能力有信心。

- 要敏感於老年階段對性的需求，並小心不要判斷或批評。

- 要覺察到老年階段常經歷到的失落議題，並具有處理悲傷與憂鬱的能力。

- 願意為長者發聲，因為他們常沒有能力去處理對官僚體系的困惑。對美國退休人員協會（AARP）、聯邦醫療保險（Medicare）、社會安全及其他相關事項有深入瞭解。

- 願意與長者一起回顧他們的人生。這個方式可以幫助連結過去的事件與當下狀況，也幫助他們更貼近自己的生命。

- 當與長者工作時，一定要熟悉危機處理技巧。要有能力處理極度的失落感受、憂鬱、孤立、失去希望、哀傷、敵意與絕望。

- 做好準備與重要的人士及家人一同工作。

長者團體工作守則

- 提出完整的團體計畫，讓年長個案的抗拒降至最低。例如，團體的名稱很重要；「**憂鬱**」或「**精神健康**」等字眼通常帶有負面意涵。
- 對團體目標非常清楚。
- 要謹慎的篩選，確定每位團體成員的能力與認知功能接近。
- 對一些實務上的細節要有所覺察，例如團體大小、長度、地點及使用的技巧；要確定這些細節能符合年長的團體成員。
- 強調保密的重要性。
- 在還沒有進一步瞭解成員前，要小心不要太快對成員貼標籤或做出診斷。
- 瞭解年長者的多元性；去認識團體成員的社會與文化背景，確定帶著這樣的背景能與其他的成員共處。
- 與長者工作可以使用觸摸，但一定要正確的觸摸，且團體領導者對這樣的方式覺得舒服。

339

與年長個案團體工作時可以做的及不可以做的事

- 若他們並不虛弱，就不要以他們很虛弱的方式對待他們。
- 避免用無意義的活動讓長者過於忙碌。
- 確實維護長者成員的尊嚴、智慧及自尊心。
- 不要假設每位長者都能接受別人直呼他／她的名字，或叫他／她「親愛的」或「寶貝」。
- 適當地使用幽默。避免在成員無法完成任務時取笑，或在，例如，他們做了一首好笑的詩時笑出來。
- 無論他們的功能有多麼損傷，避免以當他們是小孩子的方式與他

們說話。

- 允許成員抱怨，即便你對於他們所抱怨的事項無能為力。不需要覺得你應該為他們的抱怨做些什麼而感到沉重的負擔；有時候給他們一個宣洩的出口就已足夠。

- 避免過於深入探索強烈情緒釋放的原因；因為不論是你或個案都無法在團體中處理得很好。

- 決定你自己可以做多少而不會感到精疲力盡；找到方法保持活力與熱情。

失落支持團體

議題

年紀漸長，無可避免地會需要面對不同形式的失落。在老化的過程中，個人通常會經歷到許多的失落，而缺少足夠的時間復原。此外，當失落是多重且不斷累積，憂鬱傾向就會增加（Zarit, 1980）。早期介入輔導悲傷的過程很重要，可以預防長者產生複雜的悲傷反應。要覺察到各種形式可能會影響長者的失落，如此才可以更瞭解他們。長者常會經歷到的失落有：身體健康、社會連結、家庭角色、經濟保障、住家、獨立性與權力、心智能力、反應時間與敏捷度、以及所愛的人。

悲傷與喪親是常見的失落，尤其是失去摯愛。**悲傷**（grief）是指「在所愛的人去逝後，認知上與情緒上的反應。悲傷的時間與強度因人而異；它可能慢慢淡去，但卻又會在沒有預期的時候再度出現」（Newman & Newman, 2003, p.462）。許多人會經歷悲傷階段。Westberg於 1962 年發展了悲傷模式（The Westberg Model）（Zastrow & Kirst-Ashman, 2004），用來描述突如而來的失落會經歷以下階段：

- 驚嚇與否認（shock and denial）。
- 情緒的爆發（eruption of emotions），包括憤怒情緒。
- 可能會產生壓力導致的疾病（possible development of stress-induced illness）。
- 恐慌（panic）。
- 罪惡（guilt）。
- 憂鬱與孤獨（depression and loneliness）。
- 重新感到困難（reentry difficulties）。
- 逐漸找回希望（hope）。
- 接受這樣的現實（affirming reality）。

Elisabeth Kübler-Ross 於 1969 年發展的悲傷模式可能最廣為所知，可以套用在各種失落的經驗，包含五個悲傷階段：

階段一：否認

階段二：盛怒（rage）與生氣（angry）

階段三：討價還價（bargaining）

階段四：憂鬱

階段五：接受

不同形式的失落會引發各種不同的情緒。看到下列常見的情緒反應有助於對失落的處遇：

- 驚嚇與否認：

  驚嚇。許多人突然被告知悲慟失落的消息；在這樣的階段會因過度驚嚇而感到麻木（numb），幾乎無法有任何感覺。我們相信情緒上的痛苦極度強烈，個人的反應系統負荷不了而暫時關閉，所以此時難以感受到任何事情。因此，個人可能會假裝沒有發生任 341

何事，失落也似乎不真實。驚嚇反應是身體為了保護自己，直到個人能夠去適應失落事件。

否認。這個方式是為了避免失落帶來的影響，因為個人還沒有準備好接受這個事實。在這樣的狀況下，否認可以為失落帶來緩衝的效果。此外，否認通常是聽到痛苦消息的第一個反應，是一種防衛機制，用以隔絕焦慮的想法或意識上的覺察。否認是很好的因應手段，幫助人們走過危機，直到他們準備好以更有建設性的方式因應失落。

- 困惑（confusion）與絕望（despair）：痛苦的感受讓人難以承受，且會導致無助感與絕望感。有時候悲傷的人們會尋找失落發生的原因，但通常這樣的尋找只會導致更多的困惑與絕望。

- 盛怒與生氣：當一個人經驗到失落時，感到生氣是很正常的反應。

  1. 在某個時間點，通常是驚嚇、否認與絕望階段之後，開始進入現實，且通常會問「為什麼？這不公平！」在這個階段就會感覺憤怒。

  2. 會認為上帝造成了失落而感到憤怒；或認為逝去的人「背叛」（desertion）了自己而感到生氣。許多人會質疑為什麼會發生這樣的失落，因而感到憤怒；甚至會氣自己沒有做點什麼來預防最後的失落發生。

  3. 憤怒其實是的二層的情緒；真正的情緒是感到傷害與痛苦。個人通常需要許可才能去感受他們的憤怒。

  4. 同樣的，經歷失落的人要小心不要因為自己的憤怒情緒而感到罪惡；憤怒是悲傷過程中很自然且正常的階段。

  5. 適當的表達憤怒很重要，且是繼續前進的必要過程。然而，不當的因應方式可能會阻礙悲傷的過程，並造成更大的傷害。因

此，要強調學習健康因應技巧的重要性。

6. 另一項重要的事實是，有些人會在悲傷階段一開始，甚至整個 342
   過程都感覺憤怒。要向他們強調，心中的憤怒不是壞事；然
   而，自我毀滅或責怪外在的憤怒可能會帶來傷害。

- 恐慌與罪惡：

  恐慌。當人們發現失落是事實後可能會感到恐慌。他們的生活不
  但改變了；離去的那個人也不再存在。這種恐慌通常會表現在害
  怕自己要瘋掉、惡夢、不想要且無法控制的情緒、生理反應、及
  難以集中注意力。這些狀況都會造成恐慌。

  罪惡。罪惡是一種非常強烈且許多人皆有的情緒，不管人事物的
  離去，是不是和自己有關。當人們認為自身或多或少造成了損失
  性的結果，或者覺得自己做得還不夠多，他們就會感到罪惡。通
  常罪惡感不見得真的有實際基礎，但常會在服喪中的人們心中滋
  生，這方面必須要能體諒他們。

- 憂鬱與孤立：

  憂鬱。當一個人失去至親好友時，可能會產生一段長期深層的悲
  傷。這種悲傷及絕望的感覺，有可能會變成一個具主導性的情緒
  反應。

  孤立。服喪的人們也常有孤立或孤獨感，畢竟他們可能會逃避人
  群，特別是當他們覺得沒有受到支持或理解的時候。

- 希望：當人們開始回到原本的生活、開始有愉悅的心情時，他們
  會感到充滿希望，但是，有些人也可能會對這些感覺產生罪惡
  感，認為自己不應該有這些正向的情緒。

- 接受與／或適應：個人如能學習調適自己，去面對失去至親好友
  的情況，便會開始接受這個現實。這表示了他們瞭解到這樣的失
  去是真實的，亦是每個人終須面對的。當然悲傷還是可能存在，

但是情緒可能不再那麼強烈，甚至消失了。但是，有時的確還是不能接受，只是能夠調適自己，繼續生活而已。

根據 Newman 與 Newman（2003），「喪親（bereavement）是一段調適自己面對失去摯愛的長期歷程，所包含的很多，不只有悲痛的情緒」（p.462）。喪親的狀態，通常伴隨著身體上的症狀、失去自己的角色定位，以及許多種強烈的情緒，包括了憤怒、悲傷、焦慮及憂鬱。喪親也很容易導致存活者患病，或甚至死亡，能認知這種狀態並加以處理，便非常重要。

343

喪親及悲慟的經驗，有五個影響因素：

1. 離世的人或物，喪親者對所擁有的依附關係，或感受到的價值。
2. 離世的發生方式，以及喪親者在發生當時的狀態。
3. 喪親者在過往類似經驗中，所學習到的因應技巧。
4. 喪親者所處的個體發展階段，本身是兒童、青少年、成人、或年長者，對悲慟及哀悼狀態會不一樣。
5. 喪親者可獲得的支持——由家庭成員、朋友、其他人，以及社會機構所提供。（Corr, Nabe, & Corr, 2006; Parkes, 1975; Sanders, 1989）

在協助個人度過悲傷過程時，要評估他們是處在上述哪些階段。

處遇

在與長者工作時，對個案的悲傷反應與喪親狀況進行處遇是常有的。在協助因失去摯愛感到哀慟的長者時，要鼓勵他們：

• 有需要的時候就哭出來：哭可以釋放緊繃情緒，也是哀傷過程中

的一部分。

- 對朋友、家人、神職者、專業諮商者、團體成員及其他有關的人開放地談論他們的失落與計畫：談論自己的悲傷情緒可以減緩孤獨感，並允許適當地討論感受。

- 可以接受質疑自己的信念：如果是失去摯愛，這樣的喪親會讓他們檢驗自己的信念與哲學。

- 不要停留在不快樂中：建議喪親的人可以對周遭生活融入及積極參與，而不是將精力用在自怨自艾。 344

- 認知到與摯愛有關的節日與紀念日可能會有很大的壓力：去找到正向的方式度過這些難受的時候。

- 鼓勵活下來的人能夠繼續向前；即便因失落受到嚴重的打擊，仍去看到生命的目標與價值終究會再次出現。

- 覺察到悲傷可能造成很大的壓力，甚至造成各種疾病：有需要的時候鼓勵尋求醫療協助。

- 對失眠、性障礙、失去胃口或暴飲暴食、時常夢到摯愛、失去精力、及注意力降低等狀況有所準備：協助他們將這些反應正常化；鼓勵喪親者開始照顧自己。

- 不論是真實或想像的罪惡感，能夠瞭解罪惡感是悲傷過程的一部分：協助他們挑戰負向、非理性的想法，並學習如何處理他們的罪惡感。

- 試著與他人討論自己的失落與失落帶來的影響：如果有可能，鼓勵成員告知重要的他人如何更為支持自己。

- 避免在這段時間做出重大的人生決定，如換工作或搬家，直到一段時間過後。

為什麼要進行團體？

失落是一個普遍的議題，尤其是對年長者。參與團體具有療癒效果，也可幫助喪親者瞭解他們並不孤單；其他人也承受了類似的失落並瞭解他們。

提出團體計畫及整體目標

這是一個12週的封閉性支持團體，參與者是近期才承受了一項或多項失落並有悲傷反應。團體的目標為讓成員可以：瞭解失落的意義，不論每個人的失落有多麼不同；瞭解不同形式的失落；覺察並表現失落帶來的感受；瞭解不當因應失落帶來的危險；及學習更好的因應方式。
345 團體也要探討儀式的助益；個人的紀念活動；如何因應特別的議題，例如失落紀念日；支持性團體的重要性；以及正向的療癒方式。

團體內容：十二週團體簡介

第一週

- 團體開始：介紹成員團體的目的與流程。

活動：鼓勵成員分享他們的失落，以及想要來參加團體的理由。

第二週

- 開始探討失落的特殊性與持續性，同時強調悲傷方式沒有對錯，因為這是非常個人的事。
- 探討每個人對失落的見解不一樣，因此每個人對失落的感受與經驗都需要被尊重，不論是多小的失落（例如搬家）或多大的失落（例如死亡）。

活動：要求成員以更具體細膩的方式覺察他們的失落。

第三週

- 覺察並詳細討論不同形式的失落，包括：
  - 重要的他人死亡：

    自殺。

    意外。

    生病。

    暴力。
- 分離
  - 分居／離婚。
  - 所愛的人離去。
  - 搬家或失去一段關係。

活動：要求成員分享他們不同失落的經驗。強調他們過去經歷某種形式的失落時的因應方式。

第四週

- 教育成員失落常有的情緒反應：
  346
  - 驚嚇與否認。
  - 困惑與絕望。
  - 盛怒與生氣。
  - 恐慌與罪惡。
  - 憂鬱與孤立。
  - 希望。
  - 接受與適應。

活動：要求成員覺察他們最掙扎的感受，並允許討論這些感受。

第五週

- 鼓勵成員開始將情緒視為療癒過程的一部分。
- 鼓勵成員描述出他們可以想到的情緒。
- 探索適當表達失落感受的方法。
- 強調公開討論這些情緒的重要性。

活動：使用感受圖（Feeling Chart），寫下他們的感受並記錄成員的類似感受。

第六週

- 討論因應風格的差異。
- 找出不適當的因應方式：
  - 使用藥物與酒精。
  - 不負責任的性關係。
  - 讓自己由人群中孤立。
  - 拒絕為身體或心理問題尋求協助。
  - 否認有任何問題，即便他人知道他／她已經處於困境。
  - 對他人的猛烈攻擊。
  - 讓情緒控制生活。
  - 極度被動或極度具攻擊性。
  - 有暴力或反社會犯罪行為。
  - 拒絕學習更多積極的因應技巧。
  - 交到朋友一起墮落。

347

活動：探討成員過去或最近不適當的因應方式。如果最近使用不適當的因應方式，引導並鼓勵成員討論正向改變的方法。

第七週

- 告訴成員失去摯愛的失落會需要時間療癒，但要選擇較正向的因應方式才會有幫助。
- 腦力激盪可以幫助療癒自己的方式。
- 討論為什麼較正向的因應方式以長期來看是較好的方式，因為自我毀滅行為會帶來更多困境。

活動：列出成員曾經成功使用過的正向因應方式。

第八週

- 討論儀式與個人紀念活動的價值，可以幫助悲傷的個人能更容易處理悲傷的過程。
- 分享喪禮的目的與流程的真實資訊。
- 討論埋葬方式及其象徵意義，並解釋不同文化下的埋葬儀式會有所不同。
- 討論其他形式的失落之真實資訊，例如離婚或搬家。

活動：鼓勵團體成員有創意地規劃紀念摯愛的方法，例如剪貼簿或作詩等。

第九週

- 討論對特別日子的想法，例如節日、紀念日、生日、或第一次感受到失落的日子（死亡或分離）。
- 探討要如何以最好的方式因應這些痛苦的時刻。但仍然要強調每 348
個人要找到最適合他／她的因應方式與作風。

活動：兩兩一組，一起為如何度過情緒低盪的日子做準備。在團體中分享他們討論的結果。

第十週

- 檢視在悲傷階段擁有健康支持系統的好處。
- 找出哪些方式的支持是比真正的支持耗盡更多情緒或帶來更大壓力。（通常，身旁的人會很希望幫忙，但他們的「支持」未必真的有幫助。）
- 討論因失落的不同，能給予的支持可能有限。
- 討論去期待他人也會有悲傷的過程是不切實際的。再次強調悲傷是獨特且個人的過程，每個人不相同。

活動：覺察實際的支持，鼓勵向教堂與社區伸出手。

第十一週

- 強調走過悲傷是困難的；但總有一天事情會逐漸進步。
- 有幫助的一些想法，包括：
  - 不要害怕因為失去某人或某物而感到憤怒。他們要找到人談論憤怒，而不是對自己生氣，或對周遭人生氣。
  - 悲傷雖然很讓人難受，但這是一個正常的階段。找到諮商師做進一步的協助對成員們是有益的。
  - 建議成員不要壓抑自己的情緒；應向家人或其他支持的人分享自己的感受。強調他們不應該將情緒隱藏起來。
  - 成員可寫一封信給離去的人，分享所有來不及也沒機會說的話。
  - 興趣可以增加專業度及樂趣。
  - 成員可以為他人做些事，但是不要損及自己的福祉。
  - 照顧自己很重要；要規律的運動及均衡的飲食。
  - 有時候養隻寵物來說說話、照顧牠並愛牠會有幫助；但成員要能覺察寵物並無法取代失落。

349

活動：協助成員腦力激盪如何正向地開始療癒過程。鼓勵成員選擇至少一樣上述想法並照著進行。

第十二週

- 回顧與評估團體。
- 討論參加團體的收穫與成長經驗。
- 增強他們的優勢及向前的力量。

活動：共同舉行紀念摯愛的儀式。

機構考量

失落支持團體可以在許多機構中進行，包括：醫院、老人中心、護理之家、非營利組織、公立諮商中心、心理健康中心、健康維護組織中的精神科及行為健康部門等單位皆可辦理這類的團體。

其他主題的長者團體

在與長者工作時，仍有許多重要的議題需要協助：

- （阿茲海默症）照顧者支持團體
- 老人憂鬱症支持團體
- 祖父母支持團體
- 健康生活（成功老化）支持團體
- 長期照顧支持團體
- 喪偶支持團體
- 退休計畫支持團體
- 回憶治療（Reminiscing therapy）團體

350

糖尿病支持團體

議題

近年來，糖尿病已經成為美國及其他工業化國家中的一大健康問題。糖尿病是一種慢性疾病，不僅會減短壽命，也會影響生活品質，及增加醫療照護的成本。事實上，糖尿病被視為21世紀對健康最具威脅的疾病之一（Zimmer, Alberti, & Shaw, 2001, p.782）。在美國，它是眾所周知的一項導致死亡及肢體障礙的原因，在2002年的死因排行占據第六（National Diabetes Information Clearinghouse [NDIC], 2008）。比較現在與十年前的統計數據，就不難看出為什麼糖尿病是一個當下的醫療照護危機。在1994年，患有糖尿病的人數估計達2.98%，也就是770萬人；而到了2002年，這個比例成長到了6.3%，也就是1,820萬人，而且，在20歲以上被診斷出來的人數，在此十年間，也從5.1%增加到8.7%。疾病管制局（Centers for Disease Control）從2002年以來的資料（2003）也顯示，每年在20歲以上確診的新糖尿病患者，有130萬人。同時，在2002年，在20歲以下被診斷出糖尿病的有206,000人。如果把未提報的病例也算進來，這些數據可能會更高。更近期的統計數據也顯示，兒童加上成人被確診出糖尿病的人數，在美國已達2,360萬，占了總人口的7.8%（美國糖尿病協會〔American Diabetes Association, 2008〕）。

糖尿病是一種新陳代謝疾病，因身體無法製造或利用胰島素（insulin）。胰島素是一種荷爾蒙，是將糖類、澱粉及其他每日所需的食物轉換為能量的所需物質。根據美國糖尿病協會（2008）的說明：「造成糖尿病的原因仍是個謎；基因與環境因素都有影響，例如肥胖與缺少運動似乎都是重要因子」（p.1）。

　　糖尿病有許多類型，第一型、第二型與妊娠型（gestational）。第一型糖尿病（Type 1 diabetes mellitus; T1DM），及過去所知的胰島素依賴型（insulin-dependent）或少年發病型（juvenile-onset）糖尿病，通常會在30歲以前因缺少胰島素（insulinopenia）而發病。根據Lopez-Sandrin與Skyler（2005）的解釋：「第一型糖尿病是自我免疫系統疾病，造成身體逐漸發炎，胰臟的 β 細胞完全被破壞，導致無法製造胰島素。病人必須依賴注射胰島素才能生存」（p.189）。Bate與Jerums（2003）提出，產生第一型糖尿病的因子有很多，包括遺傳基因、特定環境因子引發、及免疫系統攻擊胰臟的 β 細胞。

351

　　第二型糖尿病（Type 2 diabetes mellitus; T2DM）患者會對胰島素產生抗性，身體因而無法正常使用胰島素同時合併胰島素不足。通常被診斷出有糖尿病者屬於第二型糖尿病。事實上，糖尿病患者逐漸增加，亦即第二型糖尿病患者數目增加。Herold（2004）提到，肥胖人口的增加是影響糖尿病最大的環境因素。不同於第一型糖尿病，第二型糖尿病通常是可以預防的。糖尿病也與其他的健康狀況有關，例如高血壓、高血脂與肥胖（American Diabetes Association, 2003; American Heart Association, 2003）。

　　妊娠糖尿病會造成5%到10%的產後婦女直接發展為第二型糖尿病。最後一種類型——糖尿病前期（prediabetic）也很值得在此一題。這類患者血糖比一般人還高，但尚未高到屬於第二型糖尿病的診斷。不幸的是，全美約有五千七百萬人屬於糖尿病前期（American Diabetes Association, 2008）。一項大型研究發現，糖尿病前期患者可以藉由飲食與運動減重5%到7%，來降低發展為糖尿病的風險（NDIC, 2008）。

　　根據NDIC（2008），全美在糖尿病的相關花費上大約有1320億；其中約400億是非直接相關花費，例如造成身體障礙上的花費、工作時間上的損失及早產等；920億則是糖尿病的醫療花費，包括住院及醫藥

用品等費用。這樣的數據並不令人驚訝，因為糖尿病還會造成長期的併發症；「糖尿病會導致失明、心血管疾病、中風、腎臟衰竭、截肢及神經受損等。若母親患有糖尿病卻未好好控制，會增加懷孕過程的風險，所生之嬰兒也常會有先天性的缺陷」（NDIC, 2008, p.4）。

處遇

初次被診斷出糖尿病時的心理反應包括驚嚇、否認、害怕、焦慮、生氣及憂鬱。隨著病情的進展，任何或所有的症狀都有可能加劇。因此，涵蓋了支持性與教育性，如糖尿病發病過程及預防方式等的心理處遇是最理想的。對剛診斷出糖尿病的患者而言，個人諮商、家庭諮商及團體諮商都相當有幫助。

為什麼要進行團體？

團體形式的處遇可以為有類似狀況與處境的人提供教育與支持。由於糖尿病患者常被他人誤解，接受團體處遇可以讓他們感到被瞭解及得到協助。此外，成員經歷了類似的問題，他們也較能互相激勵。

提出團體計畫及整體目標

這是一個十週的教育支持團體，對象為剛診斷出糖尿病的患者。在團體中會討論不同糖尿病類型，並探討擁有更健康生活模式的治療方式與想法，以降低未來可能的身體惡化問題。成員可以獲得支持與鼓勵，並對未來抱持希望，為自己的健康做主。

團體內容：十週團體簡介

第一週

- 向成員介紹團體與團體目的。
- 說明團體基本規則。
- 討論被診斷出糖尿病的心情。

活動：成員介紹自己，並分享一開始被診斷出糖尿病時的感受。

第二週

- 呈現糖尿病相關統計數字。
- 教育成員關於糖尿病知識。
  - 分享糖尿病類型及盛行率等基本事實。
    1. 第一型糖尿病
    2. 第二型糖尿病
    3. 妊娠糖尿病
    4. 糖尿病前期
- 檢視各種治療方式。

353

活動：討論糖尿病的迷思與事實。

第三週

- 討論被診斷出糖尿病後的情緒層面反應：
  - 被診斷出時的驚嚇、不相信。
  - 否認：「一定弄錯了！」所以繼續不健康的飲食方式。
  - 害怕很多事（去一些地方、只吃某些食物），這會造成更嚴重的問題。
  - 焦慮，這會讓病情更加惡化。

- 憂鬱：孤立、退縮並持續地不善加照顧自己。

活動：成員間探討各種感受、接受診斷的重要性、並開始面對。

第四週

- 強調危險因子：
  - 基因／家族病史
  - 肥胖
  - 不健康的飲食習慣／減肥
  - 藥物濫用
- 考慮其他的因子：
  - 高壓的生活模式
  - 缺乏運動
  - 不充分的休息，或沒有良好的睡眠

活動：成員評估自己的危險因子，並將其由一到三排序（第一項為最危險因子）。成員要承諾由第一項危險因子開始改變，接著第二項，最後改變第三項。

第五週

354
- 討論治療的選項：飲食、藥物、或兩者一起。
- 面對治療的恐懼與抗拒。
- 強調併發症：
  - 失明
  - 心臟病
  - 中風
  - 腎臟衰竭
  - 傷口感染與截肢

- 神經受損

活動：成員們分享自己的掙扎，並彼此給予回饋。

第六週

- 探討飲食上的改變。
- 呈現健康飲食與不健康飲食的比較。
- 討論健康飲食的困難：
  - 改變飲食習慣的動機
  - 經濟上的限制
  - 家人的支持

活動：兩兩一組，成員仔細討論他們在飲食方面所需進行的改變。

第七週

- 討論運動的價值。
- 討論定期、規律的運動困難之處。
- 探討如何進行小小的改變。

活動：為成員設計漸進式的運動計畫。

第八週

- 具體討論降低壓力的方法。
- 討論壓力來源及對健康／病情的影響。
- 討論新的因應技巧：
  - 深呼吸
  - 漸進式的放鬆
  - 問題解決

355

活動：示範漸進式放鬆練習。應用問題解決技巧來解決成員面對的

問題。

第九週

- 鼓勵積極參與健康照顧。
- 討論以下的醫療建議（藥物治療並遵守健康飲食）。
- 著重能控制自己的健康照顧。

活動：兩兩一組，列出一些問題詢問健康照顧服務提供者。回家作業是準備健康的點心，於下週團體中分享。

第十週

- 團體檢討與評估。
- 增強學習。
- 強化所學內容。
- 準備結束。
- 討論建立新的支持。

活動：藉由成員設計的菜單分享健康的食物慶祝團體結束。

機構考量

糖尿病支持團體最好能在醫療單位進行。這樣的醫療單位可以是非營利或公共健康照顧機構；營利性的健康維護組織中的預防性醫療單位亦可辦理。

其他主題的團體

除了糖尿病，也有許多不同疾病患者需要團體處遇。以下疾病相關

團體包括：

- 乳癌支持團體　　　　　　　　　　　　　　　　　　356
- 心臟病復健支持團體
- 慢性疼痛支持團體
- 身心障礙支持團體
- 安養院住院者支持團體（臨終病患）
- 脊髓損傷復健支持團體
- 員工團體（預防工作倦怠）

參考書目

Abbey, S., & Farrow, S. (1998). Group therapy and organ transplantation. *International Journal of Group Psychotherapy, 48*(2), 1634–1685.

Abdudabeeh, N., & Aseel, H. A. (1999). Transcultural counseling and Arab Americans. In J. McFadden (Ed.), *Transcultural counseling* (2nd ed., pp. 283–296). Alexandria, VA: American Counseling Association.

Abramowitz, A. J., & O'Leary, S. G. (1991). Behavior interventions for the classroom: Implications for children with ADHD. *School Psychology Review, 20,* 221–235.

Abramson, J. (1983). *A non-client centered approach to program development in a medical setting.* Philadelphia: Temple University Press.

Adler, A. (1927). *Understanding human behavior.* New York: Greenberg.

Adler, A. (1964). *Social interest: A challenge to mankind.* New York: Capricorn.

Agars, W. S. (1987). *Eating disorders: Management of obesity, bulimia, and anorexia.* New York: Pergamon Press.

Agazarian, Y. M., & Janoff, S. (1993). Systems theory and small groups. In H. I. Kaplan and B. J. Sadock (Eds.), *Comprehensive group psychotherapy* (3rd ed., pp. 32–44). Baltimore: Williams & Wilkins.

Aguilera, D. C., & Messick, J. M. (1982). *Crisis intervention: Theory and methodology* (4th ed.). St. Louis, MO: C. V. Mosby.

Al-Abdul-Jabbar, J., & Al-Issa, I. (2000). Psychotherapy in Islamic society. In I. Al-Issa (Ed.), *Al-Junun: Mental illness in the Islamic world* (pp. 277–293). Madison, CT: International Universities Press.

Alberti, R., & Emmons, M. L. (1995). *Your perfect right: A guide to assertive living* (7th ed.). San Luis Obispo, CA: Impact.

Alberti, R., & Emmons, M. L. (2001). *Your perfect right: A guide to assertive living* (8th ed.). Atascadero, CA: Impact.

Al-Krenawai, A., & and Grahma, J. R. (2000). Culutrally sensitive social work practice with Arab clients in mental health settings. *Health & Social Work, 25*(1), 9–22.

Allan, R., & Scheidt, S. (1998). Group psychotherapy for patients with coronary heart disease. *International Journal of Group Psychotherapy, 48*(2), 187–214.

Alle-Corliss, L. & Alle-Corliss, R. (1998). *Human service agencies: An orientation to fieldwork.* Belmont, CA: Thomson-Brooks/Cole.

Alle-Corliss, L. & Alle-Corliss, R. (1999). *Advanced practice in human service agencies: Issues, trends, and treatment perspectives* (2nd ed.). Belmont, CA: Thomson-Brooks/Cole.

Alle-Corliss, L. & Alle-Corliss, R. (2006). *Human service agencies: An orientation to fieldwork.* (2nd ed.). Belmont, CA: Thomson- Brooks/Cole.

Alle-Corliss, R. (2006). Men's group (1994–2006). MMH. Montclair, CA.

Allen-Meares, P. (1995). *Social work with children and adolescents.* White Plains, NY: Longman.

Alzheimer's Association. (1998). *Caregiving and Alzheimer's?* Chicago: Author.

American Academy of Pediatrics. (2005). *Childhood obesity.* Retrieved July 2008, from http://aap.org/

American Cancer Society. (2003). *Breast cancer facts and figures: 2003–2004.* Atlanta, GA: Author.

American Counseling Association. (1995). *Code of ethics and standards of practice.* Alexandria, CA: Author.

American Diabetes Association. (2002/3). Economic costs of diabetes in the U.S. in 2002. *Diabetes Care, 26,* 917–932.

American Diabetes Association. (2008). *All about diabetes*. Retrieved July 2008, from http://www.diabetes.org/about-diabetes.jsp

American Foundation for Suicide Prevention (2005). Facts and Figures: National Statistics. New York: Author.

American Group Psychotherapy Association. (2001). *Principles of group psychotherapy: Faculty core course manual.* New York: Author.

American Heart Association. (2003). *Heart disease and stoke statistics: 2004 update.* Dallas, TX: Author.

American Medical Association. (2000). Washington, DC: Author.

American Psychiatric Association. (2000). *Diagnostic and statistical manual of mental disorders: DSM IV-TR* (4th ed., text revision). Washington, DC: Author.

American Psychiatric Association (Producer). (2004). *Film Tx: Myths and realities of growing old: Aging & long-term care in California* [Motion picture]. Monrovia, Ca.

American Psychological Association. (2000) Washington, DC: Author.

American Spinal Cord Injury Association. (2008). *Spinal cord injury.* Retrieved July 2008 from http://en.wikipedia.org/wiki/Spinal_cord_injury

Anderson, M. L., & Collins, P. H. (Eds.). (1995). *Race, class, and gender: An anthology* (2nd ed.). Belmont, CA: Wadsworth.

Anderson, R. N. (2001). Deaths: Leading causes for 1999. *National Vital Statistics Reports, 49* (11).

Ando, M. (2005). A case study of usefulness of cognitive therapy based on reminiscence method for cancer patient. *Japanese Journal of Health Psychology, 18*(2), 53–64.

Ansbacher, H. L. (1977). Individual psychology. In R. J. Corsini (Ed.), *Current personality theories* (pp. 45–85). Itasca, IL: F. E. Peacock.

Ansbacher, H. L., & Ansbacher, R. (Eds.). (1956). *The individual psychology of Alfred Adler.* New York: Basic Books.

Ansbacher, H. L., & Ansbacher, R. R. (Eds.). (1964). *The individual psychology of Alfred Adler.* New York: Harper & Row/Torchbooks. (Original work published 1956)

Anthony, J. (1972). The history of group psychotherapy. In H. I. Kaplan & B. J. Sadock (Eds.), *The evolution of group therapy* (pp. 1–26). New York: Dutton.

Anxiety Community. (2008). Retrieved Decemember 2008, from www.healthyplace.com/Communities/Anxiety/

Anxiety Disorders Association of America. (2008). Retrieved December 2008, from www.adaa.org

Arendell, T. (1995). *Fathers and divorce.* Thousand Oaks, CA: Sage.

Arkowitz, H. (1997). Integrative theories of therapy. In P. L. Wachtel & S. B. Messer (Eds.), *Theories of psychotherapy: Origins and evolution* (pp. 227–288). Washington, DC: American Psychiatric Association.

Armistead, L., Kotchich, B. A., & Forehand, R. (2004). Teenage pregnancy, sexually transmitted diseases, and HIV/AIDS. In L. A. Rapp-Paglicci, C. N. Dulmus, & S. Wodarski (Eds.), *Handbook of preventive interventions for children and adolescents* (pp. 227–274.) Hoboken, NJ: John Wiley & Sons.

Arredondo, P. (2002). Counseling individuals from marginalized and underserved groups. In P. E. Pedersen, J. G. Draguns, W. J. Lonner, & J. E. Trimble (Eds.), *Counseling across cultures* (pp. 233–250). Thousand Oaks, CA: Sage.

Arredondo, P., Toperek, T., Brown, S. P., Jones, J., Locke, D. C., Sanchez, J., & Stadler, H. (1996). Operationalization of the multicultural counseling competencies. *Journal of Multicultural Counseling and Development, 24*(1), 42–78.

Arzin, N. H., Donahue, B., & Besalel, V. A. (1994). Youth drug abuse treatment: a controlled outcome study. *Journal of Child and Adolescent Substance Abuse, 3*, 1–16, 1995.

Ashford, J. B., Lecroy, C. W., & Lortie, K. L. (1996/1997). *Human behavior in the social environment: A multidimensional perspective.* Pacific Grove, CA: Brooks/Cole.

Association for Specialists in Group Work. (1992). Professional standards for the training of group workers. *Journal for Specialists in Group Work, 17,* 12–19.

Association for Specialists in Group Work. (1998). Best practice guidelines. *Journal for the Specialists in Group Work, 23*(3), 237–244.

Association for Specialists in Group Work. (1998/1999). Principles for diversity-competent group workers. *Journal for Specialists in Group Work, 24*(1), 7–14.

Association for Specialists in Group Work. (2000). Professional standards for the training of group workers. *The Group Worker, 29* (3), 1–10.

Atkisson M. (2008). Cognitive-Behavioral Depression and Anxiety Adult Group. OMH. Ontario, CA.

Attig, T. (1991). The importance of conceiving of grief as an active process. *Death Studies, 15,* 385–393.

Baars, B. J. (1986). *The cognitive revolution in psychology.* New York: Guilford Press.

Backhaus, K. (1984). Life books: Tools for working with children in placement. *Social Work, 29,* 551–554.

Bagley, C. (1992). Development of an adolescent stress scale for use by school counselors. *School Psychology International, 13,* 31–49.

Baird, B. N. (2002). The internship practicum and field placement handbook: A guide for the helping professions (3rd ed.). Upper Saddle River, NJ: Prentice Hall.

Bandura, A. (1977). *Social learning theory.* Englewood Cliffs, NJ: Prentice Hall.

Barker, R. (1996). *The social work dictionary.* Washington, DC: NASW Press.

Barkley, R. A. (1990). *Attention deficit hyperactivity disorder: A handbook for diagnosis and treatment.* New York: Guilford Press.

Barkley, R. A. (1997). *ADHD and the nature of self-control.* New York: Guilford Press.

Barrett, T. W., & Scott, T. B. (1990). Suicide bereavement and recovery patterns compared with nonsuicide bereavement patterns. *Suicide and Life-Threatening Behavior, 29,* 1–15.

Bass, D. D., & Yep, R. (Eds.). (2002). *Terrorism, trauma, and tragedies: A counselor's guide to preparing and responding.* Alexandria, VA: American Counseling Association.

Bass, D. M., & Bowman, K. (1990). The transition from caregiving to bereavement. The relationship of care-related strain and adjustment to death. *Gerontologist, 30,* 35–42.

Bate, K. L., & Jerums, G. (2003). Preventing complications of diabetes. *Medical Journal of Australia, 179*(9), 498–503.

Beck, A. T. (1963). Thinking and depression. *Archives of General Psychiatry, 9,* 324–333.

Beck, A. T. (1976). *Cognitive therapy and the emotional disorders.* New York: International Universities Press.

Beck, A. T., Rush, A. J., Shaw, B. P., & Emergy, G. (1979). *Cognitive therapy of depression.* New York: Guilford Press.

Beck, A. T., & Weishaar, M. (1989). Cognitive therapy. In A. Freeman, K. M. Simon, L. E. Beutler, & H. Arkowitz (Eds.), *Comprehensive handbook of cognitive therapy* (pp. 21–36). New York: Plenum.

Beisser, A. (1970). The paradoxical theory of change. In J. Fagan & I. L. Shepherd (Eds.), *Gestalt therapy now* (pp. 77–80). New York: Harper & Row.

Belkin, G. S. (1984). *Introduction to counseling* (2nd ed.). Dubuque, IA: William C. Brown.

Bell, N. J., & Bell, R. W. (Eds.). (1993). *Adolescent risk taking.* Newbury Park, CA: Sage.

Bengston, V. L. (2001). Beyond the nuclear family. The increasing importance of multigenerational bonds. *Journal of Marriage and Family, 63,* 1–16.

Berliner, L. (1995). Child sexual abuse: Direct practice. *In Encyclopedia of social work* (19th ed, Vol. *1,* pp. 408–417). Washington, DC: NASW Press.

Berliner, L., & Elliott, D. M. (1996). Sexual abuse of children. In J. Briere, L. Berliner, J. Bulkley, C. Jenny, & T. Reid (Eds.), *The APSAC handbook on child maltreatment* (pp. 51–71). Thousand Oaks, CA: Sage.

Berliner, L., & Elliott, D. M. (2002). Sexual abuse of children. In J. E. B. Myers, L. Berliner, J. Briere, C. T. Hendrix, C. Jenny, & T. A. Reid (Eds.), *The APSAC handbook on child maltreatment* (pp. 55–78). Thousand Oaks, CA: Sage.

Bernard, M. E., & DiGiuseppe, R. A. (1989). Rational-emotive therapy today. In M. E. Bernard & R. A. DiGiuseppe (Eds.), *Inside* rational-emotive therapy: A critical appraisal of the theory and therapy of Albert Ellis (pp. 1–7). San Diego: Academic Press.

Berne, E. (1964). Games people play. New York: Grove Press.

Berrier, S. (2001). The effects of grief and loss on children in foster care. Fostering Perspectives, 6(1).

Berry, B. (1965). Race and ethnic relations (3rd ed.). Boston: Houghton Mifflin.

Betcher, H., & Maple, F. (1985). Elements and issues in group composition. In M. Sundel, P. Glasser, R. Sarri, & R. Vinter (Eds.), Individual change through small groups (2nd ed., pp. 180–203). New York: Free Press.

Beutler, & H. Arkowitz (Eds.). Comprehensive handbook of cognitive therapy (pp. 21–36). New York: Plenum.

Birkenemaier, J., & Berk-Weger, M. (2007). The practical companion for social work. Integrating class and fieldwork (2nd ed.). Boston: Allyn & Bacon.

Birmaher, B., Brent, D. A., & Benson, R. S. (1998). Summary of the practice parameters for the assessment and treatment of children and adolescents with depressive disorders. Journal of the American Academy of Child and Adolescent Psychiatry, 37(11), 1234–1238.

Blanter, A. (2000). Foundations of psychodrama: History, theory and practice (4th ed.). New York: Springer.

Blanter, A. (2003). Not mere players: Psychodrama applications in everyday life. In J. Gershoni (Ed.), Psychodrama in the 21st century: Clinical and educational applications (pp. 103–115). New York: Springer.

Bludworth, J. (2006). A Successful Aging Group. In M. S. Corey & G. Corey (Eds.), Groups: Process and practice (7th ed., pp. 417–423). Belmont, CA: Thomson Brooks/Cole.

Blumenfeld, W, J. (1992). How we all pay the price. Boston: Beacon Press.

Bograda, M. (2005). Strengthening domestic violence theories: Intersections of race, class, sexual orientation, and gender. In N. Sololoff & C. Pratt (Eds), Domestic violence at the margins: Readings on race, class, gender, and culture (pp. 25–38). New Brunswick, NJ: Rutgers University Press.

Bolman, L. G., & Deal, T. E. (2003). Reframing organizations: Artistry, choice and leadership (3rd ed.). San Francisco: Jossey-Bass.

Botvin, C. J., Schinke, S., & Orlandi, (1995). Drug abuse prevention with multiethnic youth. Thousand Oaks, CA: Sage.

Bound, J., Duncan, G. J., Laren, D. S., & Oleinick, L. (1991). Poverty dynamics in widowhood. Journal on Gerontology, 46, 5115–5124.

Bourne, E. J. (2005). The anxiety and phobia workbook (4th ed.). Oakland, CA: New Harbinger Publications.

Bowman, R., & Bowman, V. (1998). Life on the electronic frontier: The application of technology to group work. Journal for Specialists in Group Work, 23(4), 438–445.

Boy, A. V., & Pine, G. J. (1999). A person-centered foundation for counseling and psychotherapy (2nd ed.). Springfield, IL: Charles C. Thomas.

Boyd, N. (1935). Group work experiments in state institutions in Illinois. In Proceedings of the National Conference of Social Work (p. 344). Chicago: University of Chicago Press.

Bozarth, J. D., & Brodley, B. T. (1986). Client-centered psychotherapy: A statement. Person-Centered Review, 1(3), 262–271.

Brabender, V. (2002). Introduction to group therapy. Hoboken, NJ: John Wiley & Sons.

Brabender, V. A., Fallon, A. E., & Smolar, A. I. (2004). Essentials of group therapy. Hoboken, NJ: John Wiley & Sons.

Brackett, J. (1895). The charity organization movement: Its tendency and its duty. In Proceedings of the 22nd national conference of charities and corrections. Boston: G. H. Ellis.

Bragg, H. L. (2003). Child protection in families experiencing domestic violence. Washington, DC: U.S. Department of Health and Human Services.

Bragger, G., & and Halloway, S. (1978). Changing human service organizations. New York: Free Press.

Brammer, L. M. (1985). The helping relationship: Process and skills (3rd ed.). Englewood Cliffs, NJ: Prentice Hall.

Brammer, L. M. (1998). *The helping relationship: Process and skills* (4th ed.). Englewood Cliffs, NJ: Prentice Hall.

Brannigan, G. G., & Young, R. C. (1978). Social skills training with the MBD adolescent: A case study. *Academic Therapy, 13,* 214–222.

Bremmer, J. D., Krystal, J. H., Southwick, S. M., & Charney, D. S. (1995). Functional neuroanatomical correlates of the effects of stress on memory. *Journal of Traumatic Stress, 8,* 527–550.

Brieland, D., Costin, L. M., & Atherton, C. R. (1980). *Contemporary social work* (2nd ed.). New York: McGraw-Hill.

Brill, N. (1990). *Working with people* (4th ed.). White Plains, NY: Longman.

Brill, N., & Levine, J. (2000). *Working with people: The helping process* (6th ed.). Boston: Allyn & Bacon.

Brill, N., & Levine, J. (2002). *Working with people: The helping process* (7th ed.). Boston: Allyn & Bacon.

Britton, P. J. (2001). Guidelines for counseling clients with HIV spectrum disorders. In E. R. Welfel & R. E. Ingersoll (Eds.), *The mental health desk reference* (pp. 60–66). New York: John Wiley & Sons.

Brooks-Harris, J. E. (2008). *Integrative multitheoretical psychotherapy.* Boston: Lahaska Press.

Brown, D. T., & Prout, H. T. (1999). Behavioral approaches. In H. T. Prout & D. T. Brown (Eds.), *Counseling and psychotherapy with children and adolescents: Theory and practice for school and clinical settings* (pp. 203–346). New York: John Wiley & Sons.

Brown, L. K., & Brown, M. (1988). Dinosaurs divorce: A guide for changing families. New York: Little Brown Books for Young Readers.

Brown, P. (2003, September 6). In the shadow of fear. *New Scientist,* 30.

Brown, S. S., & Einsenberg, L. (Eds.) (1995). *The best intentions: Unfinished pregnancy and the well-being of children and families.* Washington, DC: National Academy Press.

Brownlee, S. (1991, August 12). Alzheimer's: Is there hope? *U.S. News & World Report,* 40–49.

Brueggermann, W. G. (1996). *The practice of macro social work.* Chicago: Nelson-Hall.

Brueggermann, W. G. (2006). *The practice of macro social work* (3rd ed.). Belmont, CA: Thomson Brooks/Cole.

Buckingham, S. L., & Van Gorp, W. G. (1988). Essential knowledge about AIDS dementia. *Social Work, 33*(2), 112–115.

Burchum, J. L. R. (2002). Cultural competence: An evolutionary perspective. *Nursing Forum, 37*(4), 5–15.

Burgdorf, R. L. Jr. (Ed). (1980). *The legal rights of handicapped persons.* Baltimore, MD: Paul Brookes.

Burger, W. R. (2008). *Human services in contemporary American* (7th ed.). Belmont, CA: Thomson Brooks/Cole.

Burgess, A., & Roberts, A. R. (2002). Crisis intervention for persons diagnosed with clinical disorders based on the stress-crisis continuum. In A. R. Roberts (Ed.), *Crisis intervention handbook: Assessment, treatment and research* (2nd ed., pp. 56–77). New York: Oxford University Press.

Burns, D. D. (1999). *Feeling good: The new mood therapy* (Rev. ed.). New York: Wholecare.

Burns, D. D., & Nolen-Hoeksema, S. (1992). Therapeutic empathy and recovery from depression in cognitive-behavioral therapy: A structural equation model. *Journal of Consulting and Clinical Psychology, 60,* 441–449.

Butler, R. (1963). The life review: An interpretation of reminiscence in the aged. *Psychiatry, 26*(1).

Butler, S. (1996). *Conspiracy of silence.* San Francisco: Volcano Press.

Cancer Network. (2008). In *Psychological and social aspects of breast cancer.* Retrieved July 2008 from, http://www.cancernetwork.com/breast cancer/article/10165/1160706page_Number =2

Canning, M. (2006, February). Exploring sexual compulsivity and its healing path. In *Pioneers in Recovery.* Symposium conducted at the annual meeting of the Medows, La Jolla, CA.

Canto, J. G., & Iskandrian, A. E. (2003). Major risk factors for cardiovascular disease. Debunking the "only 50%" myth. *Journal of the American Medical Association, 290,* 947–949.

Caplan, G. (1961). *An approach to community mental health.* New York: Grune & Stratton.

Caplan, G. (1964). *Principles of preventive psychiatry.* New York: Basic Books.

Capuzzi, D., & Gross, D. R. (2003). *Counseling and psychotherapy: Theory and interventions* (3rd ed). Upper Saddle River, NJ: Merrill Prentice Hall.

Capuzzi, D., & Gross, D. R. (2007). *Counseling and psychotherapy: Theory and interventions* (4th ed). Upper Saddle River, NJ: Merrill Prentice Hall.

Cardemil, E. V., & Battle, C. L. (2003). Guess who's coming to therapy? Getting comfortable with conversations about race and ethnicity in psychotherapy. *Professional Psychology: Research and Practice, 34*(3), 278–286.

Carkhuff, R. R., & Berenson, B. G. (1977). *Beyond counseling and therapy* (2nd ed.). New York: Holt, Rinehart & Winston.

Carnes, P. (1991). *Don't call it love: Recovery from sexual addiction.* New York: Bantam Books.

Carnes, P. (2006). *Facing the shadow: Starting sexual and relationship recovery: A gentle path to beginning recovery from sex addiction.* Carefree, AZ: Gentle Path Press.

Carnes, Delmonico, and Griffin. (2001). *Sexual addiction.* Retrieved July 31, 2008, from http://en.wikipedia.org/wiki/Sexual-addiction

Caroll, J. L., & Wolpe, P. R. (1996). *Sexuality and gender in society.* New York: HarperCollins.

Carr, D., House, J. S., Wortman, C., Neese, R., & Kessler, R. C. (2002). Psychological adjustment to sudden and anticipated spousal loss among older widowed persons. *Journal of Gerontology, 56B,* 5237–5248.

Carter, E. A., & McGoldrick, M. (Eds.). (1988/1989). *The changing life cycle. A framework from for family therapy* (2nd ed.). New York: Gardner Press.

Cartwright, D. (1968). The nature of group cohesiveness. In D. Cartwright & A. Zonder (Eds.), *Group dynamics: Research and theory* (3rd ed.). New York: Harper & Row.

Castex, G. M. (1994). Providing services to Hispanic/Latino populations: Profiles on diversity. *Social Work, 39*(3), 288–296.

Center for Cognitive Therapy. (2000). *About us.* Retrieved in 2000, from http://www.padesky.com/about_us.htm

Center for Mental Health. (1998). *Children's and adolescents' mental health.* Retrieved 2007 from http://www.mentalhealth.org/publications/allpub/CA-0004/default.asp

Centers for Disease Control and Prevention. (1999). *Suicide deaths and rates per 1,000,000.* Retrieved 2007 from http://www.cdc.gov/ncipc/data/us9794/;suic.htm

Centers for Disease Control and Prevention. (2003). *National diabetes fact sheet.* Rockville, MD: U. S. Department of Health and Human Services.

Chang, T., & Yeh, C. J. (2003). Using online groups to provide support to Asian American men: Racial, cultural, gender, and treatment issues. *Professional Psychology: Research and Practice, 34*(6), 634–643.

Chermack, S. T., Fuller, B. E., & Blow, F. C. (2000). Predictors of expressed partner and nonpartner violence among patients in substance abuse treatment. *Drug and Alcohol Dependency, 58,* 43–54.

Cheston, S. E. (2000). A new paradigm for teaching counseling theory and practice. *Counselor Education and Supervision, 39,* 254–269.

Chiaferi, R., & Griffin, M. (1997). Developing fieldwork skills: A guide for human services, counseling, and social work students. Pacific Grove, CA: Brooks/Cole.

Child Trauma Academy (2002). *Trauma and children: An introduction for foster parents.* Vol 10, Issue 1. Retrieved November 2005, from http://www.fosteringperspectives.org/fp_v10n1/v10n1 .htm

Chiles, J., Miller, M., & Cox, G. (1980). Depression in adolescent delinquent population. *Archives of General Psychiatry 37,* 1179–1184.

Christensen, T. (2006). A group for children who have been abused. In M. S. Corey & G. Corey (Eds.), *Groups: Process and practice* (7th ed.). Belmont, CA: Thomson Brooks/Cole.

Clarizio, H. (1985). Cognitive-behavioral treatment of childhood depression. *Psychology in the Schools, 22*(3), 308–322.

Clarke, G. N., Lewinsohn, P. M., & Hops, H. (1990). *Instructor's manual for the adolescent coping with depression course*. Portland, OR: Kaiser Permanente Center for Health Research.

Cobb, H. C., & Warner, P. J. (1999). Counseling and psychotherapy with children and adolescents with disabilities. In H. T. Prout & D. T. Brown (Eds.), *Counseling and psychotherapy with children and adolescents: Theory and practice for school and clinical settings* (pp. 401–425). New York: John Wiley & Sons.

Collier, H. V. (1982). *Counseling women: A guide for therapists*. New York: Free Press.

Comer, R. J. (1995). *Abnormal psychology* (2nd ed.). New York: Freeman.

Conte, J. (Ed.). (2002). *Critical issues in child abuse*. Thousand Oaks, CA: Sage.

Copeland, M. E. (2001). The depression workbook: A guide for living with depression and manic depression. Oakland, CA: New Harbinger Publications.

Copeland, N. J. (2000). Brain mechanisms and neurotransmitters. In D. Nutt, J. Davidson, & J. Zohar (Eds.), *Post-traumatic stress disorder* (pp. 69–100). London: Martin Dunitz.

Corey, G. (1995). *Theory and practice of counseling and psychotherapy* (5th ed.). Pacific Grove, CA: Brooks/Cole.

Corey, G. (2001). *Theory and practice of group counseling* (5th ed.). Pacific Grove, CA: Brooks/Cole.

Corey, G. (2004). *Theory and practice of group psychotherapy* (6th ed.). Belmont, CA: Thomson Brooks/Cole.

Corey, G. (2005). *Theory and practice of counseling and psychotherapy* (7th ed.). Belmont, CA: Thomson Brooks/Cole.

Corey, G. (2008). *Theory and practice of counseling and psychotherapy* (8th ed.). Belmont, CA: Thomson Brooks/Cole.

Corey, G. (2009). *The art of integrative counseling*. Belmont, CA: Thomson Brooks/Cole.

Corey, G., & Corey, M. (2002). *I never knew I had a choice: Explorations in personal growth* (7th ed.). Pacific Grove, CA: Brooks/Cole.

Corey, G., & Herlihy, B. (1997). *Dual/multiple relationships: Toward a consensus of thinking*. New York, NY: Hatherleigh Press.

Corey, G., Schneider-Corey, M., & Callanan, P. (2007). *Issues and ethics in the helping professions* (7th ed.). Belmont, CA: Thomson Brooks-Cole.

Corey, G., Schneider-Corey, M., Callanan, P., & Russell, M. (2004) *Group techniques* (3rd ed.). Pacific Grove, CA: Brooks/Cole.

Corey, M. S., & Corey, G. (2003). *Becoming a helper* (4th ed.). Pacific Grove, CA: Brooks/Cole.

Corey, M. S., & Corey, G. (2004). Reframing resistance. The Group Worker: Association for Specialists in Group Work, *32*(2), 5–8.

Corey, M. S., & Corey, G. (2006). *Groups: Process and practice* (7th ed.). Belmont, CA: Thomson Brooks/Cole.

Corey, M. S., & Corey, G. (2007). *Becoming a helper.* (5th ed.). Belmont, CA: Thomson Brooks/Cole.

Cormier, S. & Cormier, B. (1998). *Interviewing strategies for helpers: Fundamental skills and cognitive behavioral interventions* (4th ed.). Pacific Grove, CA: Brooks/Cole.

Cormier, S., & Hackney, H. (2005). *Counseling strategies and interventions* (6th ed.). Boston, MA: Allyn & Bacon.

Cormier, S., & Nurius, P. (2003). Interviewing and change strategies for helpers: Fundamental skills and cognitive-behavioral interventions. Pacific Grove, CA: Brooks/Cole.

Corr, C. A., Nabe, C. M., & Corr, D. M. (2006). *Death and dying, life and living* (6th ed.) Belmont, CA: Wadsworth/Cengage Learning.

Corsini, R. J., & Wedding, D. (2008). *Current psychotherapies* (8th ed.). Belmont, CA: Thomson Brroks/Cole.

Coryell, W., Noyes, R., & House, J. D. (1986). Mortality among outpatients with anxiety disorders. *American Journal of Psychiatry, 143*, 508–510.

Cosby and Sabin (1995). *Use of therapy groups*. Paper presented at meeting of Kaiser Permanente, Portland, OR.

Costello, E. G., Angold, A., Burns, B. J., Stangel, D. K., Tweed, D. L., & Erkanli, A. (1996). The Great Smoky Mountains study of youth: Goals, design, methods, and the prevalence of DSM III-R disorders. *Archives of General Psychiatry, 53*, 1129–1136.

Covin, A. B. (1977). Using Gestalt psychodrama experiments in rehabilitation counseling. *Personnel and Guidance Journal, 56,* 143–147.

Coyle, G. L. (1930). *Social process in organized groups.* New York: Richard R. Smith.

Crary, E, (1992). *I'm frustrated: Dealing with feelings series.* Seattle, WA: Parenting Press, Inc.

Craske, M. G., Barlow, D. H., & O'Leary, Y. (1992). *Mastery of your anxiety and worry.* Albany, NY: Graywind.

Crooks, R., & Baur, K. (1993). *Our sexuality* (5th ed.). Redwood City, CA: Benjamin/Cummings.

Crosson-Tower, C. (2008). *Understanding child abuse and neglect* (7th ed.). Boston: Pearson Allyn & Bacon.

Culbertson, S., & Mansergh, G. (Producer). (2004). Long term care choices. In American Psychiatric Association (Producer), *Film Tx: Myths and realities of growing old: Aging and long-term care in California* [Motion picture]. CA: The Toy Box Press and Gil Mansergh.

Cummings, E., & Henry, W. E. (1961). *Growing old: The process of disengagement.* New York: Basic Books.

Curb, J. D., Belleau, G. C., Wilcox, B. J., & Abbot, R. D. (2005). Heart disease. In C. N. Dulmus & L. A. Rapp-Paglicci (Eds.), *Handbook of preventive interventions for adults.* Hoboken, NJ: John Wiley & Sons.

Damschen, S. (2007, Fall). *Developing an Alzheimer's support group for caregivers.* Paper presented at Fullerton, CA.

D'Andrea, M., Daniels, J., & Heck, R. (2004). *The Multicultural awareness, knowledge, and skills survey* (MAKSS). Department of Counselor Education, University of Hawaii, HI.

Daniels, R., & Kitano, H. H. L. (1970). *American racism: Exploitation of the nature of prejudice.* Englewood Cliffs, NJ: Prentice Hall.

Danish, J., D'Aguielli, A., & Hauer, A. (1980). *Helping skills: A basic training program.* New York: Human Services Press.

Dattilio, F. M., & Norcross, J. C. (2006). Psychotherapy integration and the emergence of instinctual territoriality. *Archives of Psychiatry and Psychotherapy, 8*(1), 5–6.

Davis, C. (2005). Breast cancer. In C. Dulmus & L. A. Rapp-Paglicci (Eds.), *Handbook of preventive interventions for adults* (pp. 214–225). Hoboken, NJ: John Wiley & Sons.

Day, S. X. (2004). *Theory and design in counseling and psychotherapy.* Boston: Lahaska Press.

Day, S. X. (2009). *Theory and design in counseling and psychotherapy* (2nd ed.). Boston: Lahaska Press.

DeLeon, P. H., Uyeda, M. K., & Welch, B. L. (1985). Psychology and HMDS: New partnership or new adversary? *American Psychologist, 40*(10), 1122–1124.

DeLucia-Waack, J. L. (1996). Multicultural group counseling: Addressing diversity to facilitate universality and self-understanding. In J. L. DeLucia-Waack (Ed.), *Multicultural counseling competencies: Implications for training and practice* (pp. 157–195). Alexandria, VA: Association for Counselor Education and Supervision.

DeLucia-Waack, J. L. (1999). What makes an effective group leader. *Journal for Specialists in Group Work, 24,* 131–142.

DeLucia-Waack, J. L., & Donigan, J. (2004). The practice of multicultural group work: Visions and perspectives from the field. Belmont, CA: Thomson Brooks/Cole.

DePanfilis, D., & Zuravin, S. (1999). Predicting child maltreatment recurrences during treatment. *Child Abuse and Neglect, 23*(8), 729–743.

deShazer, S. (1991). *Putting difference to work.* New York: Norton.

Devore, W., & Schlesinger, E. G. (1995). *Ethnic social work practice.* St. Louis, MO: C. V. Mosby.

Dinkemeyer, D. C., & Muro, J. (1979). *Group counseling: Theory and practice.* Itasca, IL: F. E. Peacock.

Dinkemeyer, D. Jr., & Sperry, L. (2000). Counseling and psychotherapy. *Psychiatric Quarterly, 24,* 788–799.

Dixon, S. L. (1987). *Working with people in crisis* (2nd ed.) Columbus, OH: Merrill.

Dobson, K. S. (1989). A meta-analysis of the efficacy of cognitive therapy for depression. *Journal of Consulting and Clinical Psychology, 57,* 414–419.

Domestic Violence Intervention Project. (2007). *Wheel of child abuse.* Retrieved 2007, from http://www.theduluthmodel.org/pdf/AbuseChl.pdf

Donigan, J., & Malnati, R. (1997). *Systemic group therapy: A triadic model.* Belmont, CA: Thomson Brooks/Cole.

Donigan, J., & Malnati, R. (2006). *Systemic group therapy: A triadic model.* Belmont, CA: Thomson Brooks/Cole.

Dover, R. B. (1990). Defining mental retardation from an educational perspective. *Mental Retardation, 28,* 147–154.

Dower, J. W. (1986). War without mercy: Race and power in the pacific war. New York: Pantheon.

Driekurs, R. (1950). Techniques and dynamics of multiple psychotherapy. *Psychiatric Quarterly, 24,* 788–799.

Dreikurs, R. (1967a). Psychodynamics, psychotherapy, and counseling: Collected papers of Rudolf Dreikurs, M.D. Chicago: Alfred Adler Institute.

Dreikurs, R. (1967b). The function of emotions. In R. Dreikurs, Psychodynamics, psychoatherapy, and counseling: Collected papers of Rudolf Dreikurs, M.D. (pp. 205–217). Chicago: Alfred Adler Institute.

Dufort, M., & Reed, L. (Eds.). (1995). *Learning the way: A guide for the home visitor working with families on the Navajo reservation.* Watertown, MA: Hilton/Perkins Project of Perkins School for the Blind and Arizona Schools for the Deaf and Blind.

Duke University Health System (2004–2008). *Assertiveness training.* Retrieved December 2008, from www.dukehealth.org

DuPaul, G. J., Guevremont, D., & Barkley, R. (1992). Behavior treatment of attention-deficit hyperactivity disorder in the classroom: The use of the Attention Training System. *Behavior Modification, 16,* 204–225.

DuPaul, G. J., & Stoner, G. (1994). *ADHD in the school.* New York: Guilford Press.

Dykfman, B. (2007). Cognitive behavior treatment of expressed anger in adolescents with conduct disorders. *Education, 121*(2), 298–300.

D'Zurilla, T. J. (1988). *Problem-solving therapies.* In K. S. Dobson (Ed.), *Handbook of cognitive behavioral therapies.* New York: Guilford Press.

Ebersole, P. P. (1976). Reminiscing and group psychotherapy with the aged. In I. M. Mortenson Burnside (Ed.), *Nursing and the aged.* New York: Blakeston Publications.

Echterling, L. G., Cowan, E., Evans, W. F., Staton, A. R., McKee, J. E., Presbury, J., & Stewart A. L. (2008). *Thriving: A manual for students in the helping professions* (2nd ed.). Boston: Lahaska Press.

Edelwish, J., & Broadsky, A. (1982). Training guidelines: Linking the workshop experiences to needs on and off the job. In W. S. Pain (Ed.), *Job stress and burnout* (pp. 133–154). Beverly Hills, CA: Sage.

Egan, H. (2002). *The skilled helper* (7th ed.). Pacific Grove, CA: Brooks/Cole.

Ellis, A. (1996). Overcoming resistance: Rational-emotive therapy with difficult clients. New York: Springer.

Ellis, A., & Bernard, M. E. (1985). What is rational-emotive therapy (RET)? In A. Ellis & R. M. Grieger (Eds.), *Handbook of rational-emotive therapy* (pp. 1–30). New York: Springer.

Ellis, A., & Dryden, W. (1997). *The practice of rational-emotive therapy* (2nd ed.). New York: Springer.

Ely, G., & McGuffey, K. (2005). Partner violence. In C. N. Dulmus & L. A. Rapp-Paglicci (Eds.), *Handbook of preventive interventions for adults* (pp. 360–374). Hoboken, NJ: John Wiley & Sons.

Emmelkamp, P. M. (1994). Behavior therapy with adults. In S. L. Garfield & A. F. Bergin (Eds.), *Handbook of psychotherapy and behavior change* (4th ed., pp. 379–427). New York: John Wiley & Sons.

Engel, G. L. (1977). The need for a new medical model: A challenge for biomedicine. *Science, 196,* 129–136.

Equal Employment Opportunity Commission and the U.S. Department of Justice. (1991). *Americans with Disabilities Act handbook.* Washington, DC: U.S. Government Printing Office.

Erikson, E. H. (1963). *Childhood and society.* New York: Norton.

Erikson, E. H. (1968). *Identity: Youth and crisis.* New York: Norton.

Erikson, E. H. (1998). *The life cycle completed.* New York: Norton.

Ethers, W., Austin, W., & Prothero, J. (1976). *Administration for the human services: An introductory programmed text.* New York: Longman.

Fairburn, C. G. (1984). Bulimia: Its epidemiology and management. In A. J. Stunkard & E. P. Stellar (Eds.), *Eating and its disorders.* New York: Raven Press.

Fairburn, C. G., & Wilson, G. T. (Eds.) (1993). *Binge eating: Nature, assessment, and treatment.* New York: Guilford Press.

Faiver, C., Eisengart, S., & Colonna, R. (2004). *The counselor intern's handbook* (3rd ed.). Belmont, CA: Brooks/Cole.

Fanning, P., & McKay, M. (1993). *Being a man: A guide to the new masculinity.* Oakland, CA: New Harbinger Publications.

Fantuzzo, J., Boruch, R., Beriama, A., Atkins, M., & Marcus, S. (1977). Domestic violence and children: Prevalence and risk in five major U.S. cities. *Journal of the American Academy of Child and Adolescent Psychiatry, 36,* 116–122.

Farber, B. A. (Ed.). (1983). *Stress and burnout in human service professions.* New York: Pergamon Press.

Federal Interagency Forum on Child and Family Statistics. (2002). *America's children: Key national indicators of well-being, 2002.* Washington, DC: U.S. Government Printing Office.

Fender, B. (1994). Safety and danger in the Gestalt group. In B. Feder & R. Ronall (Eds.), *Beyond the hot seat: Gestalt approaches to group* (pp. 41–52). Highland, NY: Gestalt Journal Press.

Fennel, D. L., & Weinhold, B. K. (1989). *Counseling families: An introduction to marriage and family therapy.* Denver, CO: LOVE.

Fentiman, I. S. (2001). Fixed and modifiable risk factors for breast cancer. *International Journal of Clinical Practice, 55*(8), 527–530.

Ferguson, E. D. (1984). *Adlerian theory: An introduction.* Chicago: Adler School of Professional Psychology.

Ferree, M. C. (2001). *Females and sex addiction: Myths and diagnostic implications.* Nashville, TN: Brunner-Routledge.

Film Tx (2005). *Spousal/Partner abuse: Assessment, detection & intervention* [Motion picture]. Website available at: www.filmtx.com

Fiore, T. A., Becker, E. A., & Nero, R. C. (1993). Educational interventions for students with attention deficit disorders. *Exceptional Children, 60*(2), 163–173.

Fisher, R., Ury, W., &, Patton, B. (1997). *Getting to yes: Negotiating agreement without giving in* (2nd ed.). London: Arrow Business Books.

Flegal, K. M., Carroll, M. D., Kuczmarski, R. J., & Johnson, C. L. (1998). Overweight and obesity in the United States: Prevalence and trends, 1960–1994. *International Journal of Obesity, 22,* 39–47.

Flores, P. J. (1998). *Group psychotherapy with addicted populations.* New York: Haworth Press.

Fortune, A., Pearlingi, B., &, Rochelee, C. (1992). Reactions to termination of individual treatment. *Social Work, 37*(2), 171–178.

Fostering Perspectives. (2005) *Trauma and children: An introduction for foster parents.* Vol 10, Issue 1. Retrieved November 2005, from http://www.fosteringperspectives.org/fp_v10n1/v10n1.htm

Fowler, M. (1992). CH.A.D.D. educators manual: An in-depth look at attention deficit disorders from an educational perspective. Plantation, FL: CH.A.D.D.

Franz, M., MacCartie, B., & BCATA Ethics Committee members: C. Gold & B. Skyward. (1999). *Technology guidelines: BCATA recommendations for ethical practice* Vancouver, BC: BCATA Technology Guidelines.

Fraser, M. W., & Williams, S. A. (2004). Aggressive behavior. In L. A. Rapp-Paglicci, C. N. Dulmus, & S. Wodarski (Eds.), *Handbook of preventive interventions for children and adolescents* (pp. 100–129). Hoboken, NJ: John Wiley & Sons

Freidman, A. S., Schwartz, T., & Utada, A. (1989). Outcome of a unique drug abuse program: A follow-up study of clients of Straight, Inc. *Journal of Substance Abuse Treatment, 6,* 259–268.

Frew, J., & Speigler, M. D. (2008). *Contemporary psychotherapies for a diverse world.* Boston: Lahaska Press.

Frick, P., & Lahey, E. (1991). Nature and characteristics of attention deficit hyperactivity disorder. Austin, TX: Pro-Ed.

Fuhriman, A., & Burlingame, G. (1994). Group psychotherapy: Research and practice. In A. Fuhriman & G. M. Burlingame (Eds.), *Handbook of group psychotherapy* (pp. 191–222). New York: John Wiley & Sons.

Fuller-Thomson, E., Minkler, M., & Driver, D. (1977). A profile of grandparents raising grandchildren in the United States. *Gerontologist, 37*, 406–411.

Gambone, J. (2000). *Retirement: A boomer's guide to life after 50.* Minneapolis, MN: House Publishing.

Garner, J. (1995). Long-term care. In R. Edwards & H. J. Hopps (Eds.), *Encyclopedia of social work* (pp. 1625–1634). Washington, DC: NASW Press.

Gary, R. E. (1988). The role of the school counselor with bereaved teenagers: With and without peer support groups. *The School Counselor, 35*, 185–192.

Gattai, F. B., & Musatti, T. (1999). Grandmothers' involvement in grandchildren's care: Attitudes, feelings, and emotions. *Family Relations: Interdisciplinary Journal of Applied Family Studies, 48*, 35–42.

Gazda, G. M., Ginter, E. J., & Horne, A.M. (2001). *Group counseling and group psychotherapy: Theory and application.* Boston: Allyn & Bacon.

Gladdi. D. (2006). Life review: Implementation, theory, research, and therapy. *International Journal of Aging & Human Development, 63*(2), 153–171.

Gladding, S. T. (2003). *Group work: A counseling specialty* (4th ed.). New York: Merrill.

Gladding, S. T. (2004). *Counseling: A comprehensive approach.* Columbus, OH: Pearson Merrill Prentice Hall.

Gladding, S. T. (2005). *Counseling theories: Essential concepts and applications.* Upper Saddle River, NJ: Pearson Merrill Prentice Hall.

Gilbert, L. A., & Schere, M. (1999). *Gender and sex in counseling and psychotherapy.* Boston: Allyn & Bacon.

Gilham, J. E., Reivich, K. J., Jaycox, L. H., & Seligman, M. E. (1995). Prevention of depressive symptoms in schoolchildren: Two-year follow-up. *Psychological Science, 6*, 343–351.

Gilliland, B., & James, R. K. (1993). *Crisis intervention strategies* (2nd ed.). Pacific Grove, CA: Brooks/Cole.

Gilliland, B., & James, R. K. (2003). *Crisis intervention strategies* (5th ed.). Pacific Grove, CA: Brooks/Cole.

Glasser, W. (1965). *Reality therapy: A new approach to psychiatry.* New York: Harper & Row.

Glueckauf, R. L., Pickett, T. C., Ketterson, T. U., Loomis, J. S., & Rozensky, R. H. (2003). Preparation for the delivery of telehealth services: A self-study framework for expansion of practice. *Professional Psychology: Research and Practice, 34*, 159–163.

Goldstein, E. G. (1995). Psychosocial approach. In R. L. Edwards (Ed.), *Encyclopedia of social work* (19th ed., pp. 1948–1954). Washington, DC: NASW Press.

Goldstein, S. (1999). Attention deficit hyperactivity disorder. In S. Goldstein & R. Reynolds (Eds.), *Handbook of neurodevelopmental and genetic disorders in children* (pp. 154–188). New York: Guilford Press.

Goodwill, S. (1987). Dance movement therapy with abused children. *Arts in Psychotherapy, 14*, 59–68.

Goodman, M., Brown, J., & Dietz, F. (1992). *Managing managed care: A mental health practitioner's survival guide.* Washington, DC: American Psychiatric Press.

Gooren, B., Fliers, E., & Courtney, K. (1990). Biological determinants of sexual orientation. *Annual Review of Sex Research, 1*, 175–196.

Gornet, B. (2004). *Myths and facts about hospice care.* Hospice of Marin: www.hospicebythe bay.org

Gravold, D. K. (Ed.). (1996). *Cognitive and behavioral treatment modalities and applications.* Pacific Grove, Ca: Brooks/Cole.

Gray, R. E. (1988). The role of the school counselor with bereaved teenagers: With or without peer support groups. *School Counselor, 35*, 185–192.

Greenblat (2003). Obesity epidemic [Electronic version]. *CQ Researcher, 13*(4). Retrieved June 2007, from http://www.cqpress.com/product/Researcher-Obesity-Epidemic-v13-4.html

Greenberg, D., & Padesky, C. A. (1995). *Mind over mood: A cognitive therapy treatment manual for clients.* New York: Guilford Press.

Greenberg, L. I. (1975, July). Therapeutic grief work in children. *Social Casework,* 396–403.

Greenberg, P. E., Sistisky, T., & Kessler, R. C. (1999). The economic burden of anxiety disorders in the 1990s. *Journal of Clinical Psychiatry, 60,* 427–435.

Greenfield, L., Rand, M., & Craven, D. (1998). *Violence by intimates: Analysis of data on crime by current and former spouses, boyfriends, and girlfriends.* Washington, DC: U.S. Department of Justice.

Guerrero, M. (2007). *Obesity prevention group proposal.* Unpublished paper, California State University, Fullerton.

Guilliland, B., & James, R. K. (1993). *Crisis intervention strategies* (2nd ed.). Pacific Grove, CA: Brooks/Cole.

Haake, C. A. (1991), Behavioral markers and intervention strategies for regular and special education teachers. In P. Accardo, T. Blondis, & B. Whitman (Eds.), *Attention deficit disorders and hyperactivity in children* (pp. 251–285). New York: Marcel Dekker.

Haber, D. (2006). Life review: Implementation, theory, research, and therapy. *International Journal of Aging & Human Development, 63*(2), 153–171.

Hackney, H., & Cormier, S. (2005). *The professional counselor: A process guide to helping* (5th ed.). Boston: Pearson.

Haines, A. A. (1992). Comparison of cognitive-behavioral stress management techniques with adolescent boys. *Journal of Counseling and Development, 70,* 600–605.

Hallahan, D. P., & Kauman, J. M. (2000). *Exceptional learners: Introduction to special education* (8th ed.). Boston: Allyn & Bacon.

Halley, A., Kopp, J., & Austin, M. (1998). *Delivering human services: A learning approach to practice.* New York: Longman.

Halmi, K. A. (2003, October). *Effective treatment strategies for anorexia and bulimia nervosa.* Paper presented at the Behavioral Healthcare Symposium: Mind and Body: An Integrated Approach to Care, Kaiser Permanente, Indian Wells, CA.

Hansfeneld, Y. (1983). *Human service organizations.* Englewood Cliffs, NJ: Prentice Hall.

Hare, A. (1976). *Handbook of small group research* (2nd ed.). New York: Free Press.

Harrigan, M. P., & Farmer, R. L. (2000). The myths and facts of aging. In R. L. Schneider, N. P. Kroft, & A. J. Kisor (Eds.), *Gerontological social work: Knowledge, service settings, and special populations* (2nd ed., pp. 26–65). Pacific Grove, CA: Thomson Brooks/Cole.

Harrow, J., Nelson-Brambir, M., Harrow, G. (1996). *Counseling basics for wiccan clergy.* Retrieved 1996 from, http://www.proteuscoven.org/proteus/counselbook.html

Hatcher, R. A., Trussel, J., Steward, F., Cates, W., Jr., Steward, G. K., Guest, F., & Kowal, D. *Contraceptive technology* (17 ed.). New York: Ardent Media.

Haveman, R., & Wolfe, B. (1994). *Succeeding generations.* New York: Russell Sage.

Hawkins, J. D., Catalano, R. F., & Miller, J. Y. (1992). Risk and protective factors for alcohol and other drug problems in adolescence and early adulthood: Implications for substance abuse problems. *Psychological Bulletin, 112,* 64–105.

Hayes, S. C., Follette, V. M., & Linehan, M. M. (2004). *Mindfulness and acceptance.* New York: Guilford Press.

Hayes, S. C., Luoma, J. B., Bond, F. W., Masuda, A., & Lillis, J. (2006). Acceptance and commitment therapy: Model, processes and outcomes. *Behaviour Research and Therapy, 44,* 1–25.

Hays, P. A. (2001). *Addressing cultural complexities in practice: A framework for clinicians and counselors.* Washington, DC: American Psychological Association.

Henderson, D. A., & Gladding, S. T. (2004). Group counseling with older adults. In J. L. DeLucia-Waack, D. Gerrity, C. R. Kalodner, & M. T. Riva (Eds.), *Handbook of group counseling and psychaotherapy* (pp. 469–478). Thousand Oaks, CA: Sage.

Henry, S. (1992). *Group skills in social work. A. four-dimensional approach* (2nd ed.). Pacific Grove, CA: Brooks/Cole.

Hepworth, D. H., Rooney, R. H., & Larsen, J. A. (2002). *Direct social work practice: Theory and skills* (5th ed.). Pacific Grove, CA: Brooks/Cole.

Herbert, M. & Wookey, J. (2004). *Managing children's disruptive behavior: A guide for practitioners working with parents and foster parents*. Hoboken, NJ: John Wiley & Sons.

Herek, G. M., & Berril, K. (1990). Violence against lesbians and gay men: Issues for research, practice, and policy. *Journal of Interpersonal Violence, 5*(3), 359–364.

Herman, J. L. (1992). *Trauma and recovery*. New York: Basic Books.

Herold, K. C. (2004) Achieving antigen specific immune regulation. *Journal of Clinical Investigation, 113*, 346–349.

Herrmann, D. S., McWhirter, J. J., & Sipsas-Herrmann, A. (1997). The relationship between dimensional self-concept and juvenile gang involvement: Implications for prevention, intervention, and court referred diversion programs. *Behavioral Sciences and the Law, 15*, 181–194.

Hetherington, E. M., Stanley-Hagan, M., & Anderson, E. R. (1989). Marital transitions: A child's perspective. *American Psychologist, 44*, 303–312.

Hetherington, E. M., Cox, M., & Cox, R. (1985). Long-term effects of divorce and remarriage on the adjustment of children. *Journal of the American Academy of Psychiatry, 24*, 518–530.

Higgins, S. T. (1999). Principles of learning in the study and treatment of substance abuse. In M. Galanter & H. D. Kleber (Eds.), *Textbook of Substance Abuse Treatment* (2nd ed.). Washington, DC: American Psychiatric Press, Inc.

Hoff, L. A. (1989). *People in crisis: Understanding and helping* (3rd ed.) Redwood City, CA: Addison-Wesley.

Hollon, S. D., DeRubeis, R. J., Evans, M.D., Wiemer, J. J., Garvey, J. G., Grove, W. M., & Tuason, V. B. (1992). Cognitive-therapy and pharmacotherapy for depression: Singly and in combination. *Archives of General Psychiatry, 49*, 774–781.

Hollon, S. D., & Najaitis, L. (1988). Review of empirical studies of cognitive therapy. In A. J. Frances & R. E. Hales (Eds.), *American Psychiatric Press review of psychiatry* (Vol. 7, pp. 643–666). Washington, DC: American Psychiatric Press.

Hollon, S. D., Shelton, R. C., & Loosen, P. T. (1991). Cognitive therapy and pharmacotherapy for depression. *Journal of Consulting and Clinical Psychology, 59*, 88–99.

Homan, M. S. (2004). Promoting community change: Making it happen in the real world. Pacific Grove, CA: Brooks/Cole.

Hooyman, N. R., & Kiyak, H. A. (1991). *Social gerontology: A multidisciplinary perspective* (2nd ed.). Boston: Allyn & Bacon.

Howard, M., Delva, J., Jenson, J. M., Edmond, T., & Vaughn, M. G. (2005). Substance abuse. In C. N. Dulmus & L. A. Rapp-Pagilicci (Eds.), *Handbook of Preventive Interventions for Adults*, pp. 92–124. Hoboken, NJ: John Wiley & Sons.

Howard, M., & Jenson, J. (2003) Clinical guidelines and evidence-based practice in medicine, psychology and allied professions. In A. Rosen & K. Proctor (Eds.), *Developing practice guidelines for social work intervention: Issues, methods, and research agenda* (pp. 83–107). New York: Columbia University Press.

Hsieh, H., & Wang, J. (2003). Effect of reminiscence therapy on depression in older adults: A systematic review. *International Journal of Nursing Studies, 40*(4), 335–345.

Hsu, J., Tseng, W., Ashton, G., McDermott, J., & Char, W. (1985). Family interaction patterns among Japanese Americans and Caucasian families in Hawaii. *American Journal of Psychiatry, 142*, 577–581.

Hulewat, P. (1996). Resettlement: A cultural and psychological crisis. *Social Work, 41*(2), 129–135.

Hulka, B. S., & Moorman, Z. G. (2001). Breast cancer: Hormones and other risk factors. *Maturitas, 38*(1), 102–113.

Hull, G. H., & Kirst-Ashman, K. K. (2004). *The generalist model of human services practice*. Belmont, CA: Thomson Brooks/Cole.

Hulse-Killacky, D., Killacky, J., & Donigan, J. (2001). *Making task groups work in your world*. Upper Saddle River, NJ: Merrill/Prentice Hall.

Humphreys, K., Winzelberg, A., & Klaw, E. (2000). Psychologists' ethical responsibilities in Internet-based groups: Issues, strategies, and a call for dialogue. *Professional Psychology: Research and Practice, 31*(5), 493–496.

Institute of Medicine. (1994). *Reducing risks for mental disorders: Frontiers for preventative intervention research.* Washington, DC: National Academy Press.

Ivey, A. E. (1991). *Developmental therapy: Theory into practice.* San Francisco: Jossey-Bass.

Ivey, A. E., Pedersen, P. B., & Ivey, M. B. (2001). *Intentional group counseling: A microskills approach.* Pacific Grove, CA: Brooks/Cole.

Jacobs, E. E., Masson, R. L., & Harvill, R. I. (2002). *Group counseling: Strategies and skills* (4th ed.). Belmont, CA: Thomson Brooks/Cole.

Jacobs, E. E., Masson, R. L., & Harvill, R. I. (2006). *Group counseling: Strategies and skills* (5th ed.). Belmont, CA: Thomson Brooks/Cole.

James, R. K. (2008). *Crisis intervention strategies.* Belmont, CA: Thomson Brooks/Cole.

James, R. K., & Gilliland, B. E. (2001). *Crisis intervention strategies* (3rd ed.) Belmont, CA: Thomson Brooks/Cole.

Janosik, E. H. (1984). *Crisis counseling: A contemporary approach.* Belmont, CA: Wadsworth.

Jaycox, L. H., Reivich, K. J., Gilham, J., & Seligman, M. E. P. (1994). Prevention of depression symptoms in school children. *Behaviour Research and Therapy, 32*, 801–816.

Jehn, K. C., & Chartman, J. (2000). The influence of proportional and perceptual conflict composition on team performance. *International Journal of Conflict Management, 11*(1), 56–73.

Jesor, R., & Jesor, S. L. (1977). *Problem behavior and psychosocial development: A longitudinal study of youth.* New York: Academic Press.

Johnson, A. B. (1990). Out of Bedlam: The truth about deinstitutionalization. New York: Basic Books.

Johnson, D. R., Feldman, S. C., & Southwick, S. M. (1994). The concept of the second-generation program in the treatment of PTSD among Vietnam veterans. *Journal of Traumatic Stress, 7*, 217–235.

Johnson, G. (2008). *Sex addiction has devastating effects.* Retrieved December 2008, from http://www.straight.com/article-170662/too-much-sex-brain

Johnston, L. D., O'Malley, P. M., & Bachman, J. G. (2002). *The monitoring the future national survey results on adolescent drug use: Overview of key findings, 2001.* (NIH Publication No. 02–5105). Bethesda, MD: National Institute on Drug Use.

Jones, K., & Robinson, E. H. (2000). Psychoeducational groups: A model for choosing topics and exercises appropriate to group stages. *Journal for Specialists in Group Work, 25*, 356–365.

Kabat-Zinn, J. (1990). Full catastrophe living: The program of the stress reduction clinic at the University of Massachusetts Medical Center. New York: Delta.

Kadden, R, N., Cooley, N. L., & Getter, H. (1989). Matching alcoholics to coping skills or interactional therapies: Posttreatment results. *Journal of Consulting Clinical Psychology, 57*, 698–704.

Kaiser Permanente. (2004). *Diversity Newsletter.* Fontana, CA: Author.

Kalodner, C. R. (1998). Systematic desensitization. In S. Cormier & B. Cormier (Eds.), *Interviewing strategies for helpers* (4th ed., pp. 497–529). Pacific Grove, CA: Brooks/Cole.

Kamerman, S. B., & Khan, A. J. (1976). *Social services in the United States: Policies and programs.* Philadelphia: Temple University Press.

Kaminer, Y. (1994). Adolescent Substance Abuse: A comprehensive guide to theory and practice. New York: Plenum, 1994.

Kanel, K. (1999). *A guide to crisis intervention.* Cleveland, OH: Custom Publishing.

Kanel, K. (2003). *A guide to crisis intervention.* (2nd ed.). Pacific Grove, CA: Brooks/Cole.

Kanel, K. (2005/2007). *A guide to crisis intervention* (3rd ed). Pacific Grove, CA: Brooks/Cole.

Kanel, K. (2008). *An overview of the human services.* Boston, MA: Lahaska Press.

Kann, L., Kinchen, S., A., Williams, B. I., Ross, J. G., Lowry, R., Grunbaum, J. A., & Kolbe, L. J. (2000). Youth at risk behavior surveillance: United States, 1'999, Morbidity and Mortality Weekly Reports, 49, 1–96.

Kannel, W. B. (1990). Contribution of the Framingham Study to preventive cardiology (Bishop lecture). *Journal of the American College of Cardiology, 15*, 206–211.

Kannel, W. B., & Sytkowski, P. A. (1987). Artherosclerosis risk factors. *Pharmacology and Therapeutics, 32*, 207–235.

Kanuha, V. K. (2005). Compounding the triple jeopardy: Battering in lesbian of color relationships. In N. Sololoff & C. Pratt (Eds.), *Domestic violence at the margins: Readings on race, class, gender, and culture* (pp. 25–38). New Brunswick, NJ: Rutgers University Press.

Kaplan, B. (1984). Anxiety states. In F. J. Turner (Ed.), *Adult psychopathology: A social work perspective*, pp. 260–279. New York: Free Press.

Kaufman, J., Cullinan, D., & Epstein, M. (1987). Characteristics of students placed in special programs for the seriously emotionally disturbed. *Behavioral Disorders, 12*, 175–184.

Kazdin, A. E. (1993). Adolescent mental health: Prevention and treatment programs. *American Psychologist, 48*, 121–141.

Keen, S. (1991). *Fire in the belly: On being a man.* New York: Bantam Books.

Kepner, E. (1994). Gestalt group process. In B. Feder & R. Ronall (Eds.), *Beyond the hot seat: Gestalt approaches to group* (pp. 5–24). Highland, NY: Gestalt Journal Press.

Kerson, T. (1994). Field instruction in social work settings: A framework for teaching. New York: Haworth Press.

Khantzian, E. J., Golden, S. J., & McAuliffe, W. E. (1999). Group therapy. In M. Galanter & H. D. Kleber (Eds.), *Textbook of substance abuse treatment* (2nd Ed.). Washington, DC: American Psychiatric Press, Inc.

Kim, B. S. K., Atkinson, D. R., & Umemoto, D. (2001). Asian cultural values and counseling process: Current knowledge and directions for future research. *Counseling Psychologist, 29*, 570–603.

Kirst-Ashman, K. K., & Hull, G. H. Jr. (1993). *Understanding generalist practice.* Chicago: Nelson-Hall.

Kiser, P. M. (2008). *The human services internship* (2nd ed.). Belmont, CA: Thomson Brooks/Cole.

Kish, M. (1991). Counseling adolescents with L.D. *Intervention in School of Mental Retardation Reviews, 5*(5), 22–26.

Kitano, H. H. L. (1981). Asian Americans, the Chinese, Japanese, Koreans, Filipinos, and Southeast Asians. *The Annuals 454*, 125–138.

Kitchener, K. S. (1984). The intuition, critical evaluation and ethical principles: The foundation for ethical decisions in counseling psychology. *Counseling Psychologist, 12*(3), 43–55.

Klerman, G. L. (1978). Affective disorder. In A. M. Nicholi (Ed.), *The Harvard guide to modern psychiatry* (pp. 253–282). Cambridge, MA: Belknap.

Knaus, W. (2006). *The cognitive behavior workbook for depression.* Oakland, CA: New Harbinger Books.

Kock, M. O., Dotson, V., & Troast, T. P. (2001). Interventions with eating disorders. In C. Zastrow (Ed.), *Social work with groups* (5th ed., pp. 433–453). Pacific Grove, CA: Brooks/Cole.

Korb, M. P., Gorrel, J., & Van de Reit, V. (1989). *Gestalt therapy: Practice and theory* (2nd ed.). Boston: Allen and Bacon.

Kornblum, W., & Julian, J. (2001). *Social problems* (10th ed.). NJ: Prentice-Hall

Kornhaber, A. (1996). *Contemporary grandparenting.* Thousand Oaks, CA: Sage.

Koss-Chioino, J. D. (1999). Depression among Puerto Rican women: Culture, etiology and diagnosis. *Hispanic Journal of Behavioral Sciences, 21*(3), 330–350.

Kottler, J. A. (1994). *Advanced group leadership.* Pacific Grove, CA: Brooks/Cole.

Kottler, R. M. (1986). *On being a therapist.* San Francisco: Jossey-Bass.

Kramer, R. M. (1981). *Voluntary agencies in the welfare state.* Berkeley: University of California Press.

Krames (2002). Managing your chronic pain. *Health and Safety Education*, Stamford, CT: StayWell.

Kraus, K., & Hulse-Killacky, D. (1996). Balancing process and content in groups: A metaphor. *Journal for Specialists in Group Work, 21*, 90–93.

Kübler-Ross, E. (1969). *On death and dying.* New York: Collier Books.

Kuybers, J., & Benston, V. (1973). Competence and social breakdown: A social-psychological view on aging. *Human Development, 16*(2), pp. 37–49.

LaFountain, R. M., Garner, N. E., & Eliason, G. T. (1996). Solution-focused counseling groups: A key for school counselors. *School Counselor, 43*, 256–267.

Lambert, M. J. (1992). Implications of outcome research for psychotherapy integration. In J. C. Norcross & M. R. Goldstein (Eds.), *Handbook of psychotherapy integration* (pp. 94–129). New York: Basic Books.

Landeros, L. (2008). *Hermanos a Hermanos* : Presentation on group/fieldwork. Fullerton, CA: Author.

Landlaw, S., & Moore, L. (1991). Social skills deficits in children with attention deficit hyperactivity disorder. *School Psychology Review, 20*(2), 235–251.

Lange, A. J., & Jubkowski, P. (1976). *Responsible assertive behavior. Cognitive behavioral procedures for trainers.* Champaign, IL: Research Press.

Larsen, S. (2008, August). *Serving individuals with severe and or multiple disabilities.* Benson Clinical Review, Vol. 53.

Larsen, S. (2008). Trends in foster care: A review of the statistics. *Hannah's Harold.*

Larsen, S. (2008). The sexual exploitation of children on the Internet. *Hannah's Harold.*

Larsen, S. (2008). A practical understanding of the social work profession in the United States. *Hannah's Harold.*

Larsen, S., Dashtipour, K., & Brown, S. (2008). Depression. *The Benson House Clinical Review,* Vol. 53.

Laudenslager, K. K. (2006). A group for elementary school children of divorce and changing families. In M. S. Corey, & G. Corey (Eds.), *Groups: Process and practice* (7th ed.). Belmont, CA: Thomson Brooks/Cole

Lauffer, A. (1984). *Understanding your social agency.* Beverly Hills, CA: Sage.

Lawson, G. W., Ellis, D. C., & Rivers, P.C. (1984). *Essentials of chemical dependency counseling.* Rockville, MD: Aspen Systems.

Lazarus, A. A. (1986). Multimodal therapy. In J. C. Norcross (Ed.), *Handbook of eclectic psychotherapy* (pp. 65–93). New York: Brunner/Mazel.

Lazarus, A. A. (2006). Multimodal therapy: A seven-point integration. In G. Stricker & J. Gold (Eds.), *A casework of psychotherapy integration* (pp. 17–28). Washington, DC: American Psychiatric Association.

Lazarus, A. A., & Beutler, L. E. (1993). On technical eclecticism. *Journal of Counseling and Development, 71*, 381–385.

Lecroy, C. W., & Mann, J. E. (2004). Substance abuse. In L. A. Rapp-Paglicci, C. N. Dulmus, & S. Wodarski (Eds.), *Handbook of Preventive Interventions for children and adolescents* (pp. 1098–1224). NJ: John Wiley & Sons.

Lee, C. C., & Ramsey, C. J. (2006). Multicultural counseling: A new paradigm for a new century. In C. C., Lee (Ed.), *Multicultural issues in counseling: New approaches to diversity* (3rd ed.) Alexandria, VA: American Counseling Association.

Lefrancois, G. R. (1999). *The lifespan* (5th ed.) Belmont, CA: Wadsworth.

Lehmann, P., & Rabenstein, S. (2002). Children exposed to domestic violence: The role of impact, assessment, and treatment. In A. R. Roberts (Ed.), *Handbook of domestic violence: Intervention strategies* (pp. 343–364). New York: Oxford University Press.

Leith, L. M. (1998). *Exercising your way to better mental health.* Morgantown, WV: Fit Information Technology.

Lerner, J. W., Lowenthal, B., & Lerner, S. (1995). *Attention deficit disorders: Assessment and teaching.* Pacific Grove, CA: Brooks/Cole.

Leslie, R. S. (1993, July/August). Confidentiality. *Californian Therapist,* p. 5.

Lessa, N. R., & Scanlon, W. F. (2006). *Wiley concise guides to mental health substance disorders.* Hoboken, NJ: John Wiley & Sons.

Levant, R. F. (1992). Toward the reconstruction of masculinity. *Journal of Family Psychology, 5* (3/4), 379–402.

Levant, R. H., Hirsch, L., Celentano, E., Cozza, T., Hill, S., MacEachern, M., Marty, M., & Schnedeker, J. (1992). The male role: An investigation of norms and stereotypes. *Journal of Mental Health Counseling, 14,* 325–377.

Levitt, M. J., Weber, R.A., & Guacci, N. (1993). Convoys of social support: An intergenerational analysis. *Psychology and Aging, 8,* 323–3216.

Lewinsohn, P. F., Rohde, P., & Crozier, L.C. (1991). Age and depression: Unique and shared effects. *Psychology and Aging, 6,* 247–260.

Lewis, J. A., Lewis, M. D., Packard, T., & Souflee, F. (2006). *Management of human service service programs* (3rd ed.) Pacific Grove, CA: Brooks/Cole.

Liebowitz, M. R., Salman, E., Jusino, C. M., Garfunkel, R., Street, L., Cardenas, D. L., Siverstre, J., Fyer, A. J., Carrasco, J. L, Davies, S., Guarnaccia, J. P., & Klein, D. (1994). Ataque de nervios and panic disorder. *American Journal of Psychiatry 151*(6), 871–875.

Lindemann, E. (1944). Symptomatology and management of acute grief. *American Journal of Psychiatry, 101,* 141–148.

Linehan, M. M. (1993). Skills training manual for treating borderline personality disorder. New York: Guilford Press.

Litt, M. D., Babor, T. F., & DelBoca, F. K. (1992). Types of alcoholics. II: Application of an emperically derived typology to treatment matching. *Archives of General Psychiatry 49,* 609–614.

Lloyd, G. A. (1995). HIV/AIDS overview. In *Encyclopedia of social work* (19th ed., pp. 1257–1290). Washington, DC: NASW Press.

Long Beach Area Child Trauma Council (1992). *About Us.* Retrieved 1992, from http://www.endabuselb.org/

Long, V. O. (1996). *Facilitating personal growth in self and others.* Pacific Grove, CA: Brooks/Cole.

Lopez-Sandrin, M., & Skyler, J. S. (2005). Diabetes mellitus. In C. M. Dulmus & L. A. Rapp-Paglicci (Eds.), *Handbook of preventive interventions for adults* (pp. 187–213). Hoboken, NJ: John Wiley & Sons.

Los Angeles Times. (2008). *Barack Obama wins presidency, making history* [Article by Mark Z. Barabak]. Retrieved November 5, 2008, from http://www.latimes.com/news/nationworld/washingtondc/la-na-ledeall5-2008nov05,0,2092786.story

Loza, N. (2001, May). *Insanity on the Nile: The history of psychiatry in pharaonic Egypt.* Paper presented at the Second Biennial National Conference on Health Issues, in the Arab American community, Dearborn, MI.

Lubrosky, L. (1984). Principles of psychoanalytic psychotherapy: A manual for supportive-expressive treatment. New York: Basic Books.

Luepker, E. T. (2003). *Record keeping in psychotherapy and counseling. Protecting confidentiality and the professional relationship.* New York: Brunner-Routedge.

Lum, D. (2004). *Social work practice and people of color* (5th ed.). Belmont, CA: Thomson Brooks/Cole.

Lyness, J. M. (2008). *Patient information: Depression in adults.* Retrieved August 2008, from http://www.update.com

Mackelprang, R., & Salsgiver, R. (1999). *Disability.* Pacific Grove, CA: Brooks/Cole.

MacKenzie, K. R. (1990). *Introduction to time-limited group psychotherapy.* Washington, DC: American Psychiatric Press.

MacKenzie, K. R. (1994). Where is here and when is now? The adaptational challenge of mental health reform for group psychotherapy. *International Journal of Group Psychotherapy, 44,* 407–428.

MacKenzie, K. R. (1995). *Effective use of group therapy in managed care.* Washington, DC: American Psychiatric Press.

Mader, S. H. (Producer). (2004). Benefits of grandparenting. In American Psychiatric Association (Producer), Film Tx: *Myths and Realities of Growing Old: Aging and long term care* [Motion Picture]. CA: The Toy Box Press and Gil Mansergh.

Maheu, M., Whitten, P., & Allen, A. (2001). *E-Health, telehealth, and telemedicine: A guide to start-up and success.* San Francisco: Jossey-Bass.

Malley-Morrison, K., & Hines, D. A. (2004). Family violence in a cultural perspective: Defining, understanding, and combating abuse. Thousand Oaks, CA: Sage.

Manson, J. E., Tosteson, H., Ridker, P. M., Satterfield, S., Hebert, P., & O'Conner, G. T. (1992). The primary prevention of myocardial infarction. *New England Journal of Medicine, 326,* 1406–1416.

Marin (Producer). (2004). Myths and facts about hospice care. In American Psychiatric Association (Producer), Film Tx: *Myths and Realities of Growing Old: Aging and long term care* [Motion Picture]. CA: The Toy Box Press and Gil Mansergh.

Markus, H. E., & King, D. A. (2003). A survey of group psychotherapy training during predoctoral psychology internship. *Professional Psychology: Research and Practice, 34*(2), 203–209.

Martikaninen, P., & Valkonen, T. (1996). Mortality after death of a spouse: Rates and causes of death in a large Finnish cohort. *American Journal of Public Health, 86,* 1087–1093.

Martin, B. C. (2008). *Sexual addiction 101.* Retrieved July 2008, from http://www.san diegotherapists.com/sexaddiction.html

Maslack, C. (1982). Understanding burnout: Definitional issues in analyzing a comples phenomenon. In W. S. Paing (Ed.), *Job stress and burnout* (pp. 29–40). Beverly Hills, CA: Sage.

Maslow, A. (1962). *Toward a psychology of being.* New York: Van Nostrand Reinhold.

Mayo Foundation for Medical Education and Research. (2007). *Compulsive sexual behavior.* Retrieved August 2008, from http://www. mayoclinic.com/health/compulsive-sexual-behavior/DS00144

McAdam, T. W. (1986). *Careers in the nonprofit sector: Doing well by doing good.* Farmington Hill, MI: Taft Group

McAnulty, B. D., & Burnetter, M. M. (2001). *Exploring human sexuality: Making healthy decisions.* Boston: Allyn & Bacon.

McClure, B. A. (1994). The shadow side of regressive groups. *Counseling and Values, 38,* 77–89.

McDonald, R., Jouriles, E., Ramisetty-Miker, S., Caetano, R., & Green, C. E. (2006). Estimating the number American children living in partner-violent families. *Journal of Family Psychology 20*(1), 137–142.

McDonald-Wikler, L. (1987). Disabilities: Developmental. In *Encyclopedia of social work* (Vol. 1) Silver Spring, MD: NASW.

McGregor (1960). *Careers in the nonfprofit sector: Doing well by doing good.* Farmington Hill, MI: Taft Group.

McKay, M., & Rogers, P. (2003). *The anger control workbook.* Oakland, CA: New Harbinger Publications.

McKenna, K. Y. A., Green, A. S., & Gleason, M. E. J. (2002). Relationship formation on the Internet: What's the big attraction? *Journal of Social Issues, 58*(1), 9–13.

McKinney, J., Montague, M., & Hocutt, A. (1993). Educational assessment of students with attention deficit disorders. *Exceptional Children, 60,* 125–131.

McKnight, D. L., Nelson-Gray, R. O., & Barnhill, J. (1992). Amethasone suppression test and response to cognitive therapy and antidepressant medication. *Behavior Therapy, 1,* 99–111.

McLemore, S. D. (1994). *Racial and ethnic relations in America* (4th ed.). Boston: Allyn & Bacon.

McMahon, A., & Rhuddick, P. (1964). Reminiscing: Adaptation significance in the aged. *Archives of General Psychiatry,* 292–298.

McMahon, M., Neville-Sorvilles, J., & Schbert, L. (1999). Undoing harm to children: The Duluth Family Visitation Center. In M. L. Shepard & E. L. Pence (Eds.), *Coordinating community responses to domestic violence: Lessons from Duluth and beyond* (pp. 151–167). Thousand Oaks, CA: Sage.

McManus, M. C. (1991). Serving lesbian and gay youth. *Focal Point, 5,* 1–4.

McMinn, M. R., Buchanan, T., Ellens, B. M., & Ryan, M. K. (1999). Technology, professional practice, and ethics: Survey findings and implications. *Professional Psychology: Research and Practice, 20*(2), 165–172.

McWhirter, J., McWhirter, B. T., McWhirter, A. M., & McWhirter, E. H. (1998). *At-risk youth: A comprehensive response.* Pacific Grove, CA: Brooks/Cole.

Meachaum, J. A. (1995). Reminiscing as a process of social construction. In B. K. Haight & J. D. Webster (Eds.), The art and science of reminiscing: Theory, research, methods, and applications (pp. 37–48). Washington, DC: Taylor & Francis.

Meara, N. M., Schmidt, D., & Day, J. (1996). Principles and virtues. A. foundation for ethical decisions, policies, and characters. *Counseling Psychologist, 24*(1), 4–77.

Mears, D. P. (2003). Research and interventions to reduce domestic violence revictimization. *Trauma, Violence, and Abuse, 4*, 127–147.

Meenaghan, T. M., & Gibbons, W. G. (2000). Generalist practice in larger settings: Knowledge and skill concepts. Chicago: Lyceum Books.

Meenaghan, T. M., & Kilty, K. M. (1993). Policy analysis and research technology: Political and ethical considerations. Chicago: Lyceum Books.

Meichenbaum, D. H. (1975). Theoretical and treatment implications of development research on verbal control of behavior. *Canadian Psychological Review, 16*, 22–27.

Meichenbaum, D. H. (1977). *Cognitive-behavior modification: An integrative approach.* New York: Plenum.

Meichenbaum, D. H. (1985). *Stress inoculation training.* Elmsford, NY: Pergamon.

Meier, S. T., & Davis, S. R. (1993). *The elements of counseling* (2nd ed.). Pacific Grove, CA: Brooks/Cole.

Melchert, T., & Burnett, K. F. (1990). Attitudes, knowledge and sexual behavior of high-risk adolescents: Implications for counseling and sexual education. *Journal of Counseling and Development, 68*(3), 293–298.

Mellonie, B. (1983). Lifetimes: *A beautiful way to explain death to children.* Toronto, Canada: Bantam Books.

Meris, D. (2001). Responding to the mental health and grief concerns of homeless HIV infected gay men. *Journal of Gay & Lesbian Social Services: Issues in Practice, Policy, & Research, 13*(4), 103–112.

Merta, R. J. (1995). Group work: Multicultural perspectives. In J. G. Ponterotto, J. M. Casas, L. A. Suzuki, and C. M. Alexander (Eds.). *Handbook of multicultural counseling* (pp. 567–585), Newbury Park, CA: Sage.

Miedel, W. T., & Reynolds, A. J. (2004). Parent involvement in early intervention for disadvantaged children: Does it matter? *Children and Youth Services Review, 26*(1), 39–62.

Miller, J. B., & Stiver, I. P. (1997). The healing connection: How women form relationships in therapy and in life. Boston: Beacon Press.

Miller, M. (1986). *Counseling geriatric clients* (Cassette recording No. 14). Memphis, TN: Memphis State University, Department of Counseling and Personal Services.

Miller, M. J. (1996). Some comparisons between Taoism and person-centered therapy. *Person-Centered Journal, 3*, 12–14.

Miller, S. C. (1969). *The American image of the Chinese, 1785–1882.* Berkeley: University of California Press.

Miller, W., & Rollnick, S. (Eds.). (2002). *Motivational interviewing: Preparing people for change.* New York: Guilford Press.

Milliren, A. P., & Clemmer, F. (2006). Introduction to Adlerian psychology: Basic principles and methodology. In S. Slavik & J. Carlson (Eds.), *Readings in the theory and practice of individual psychology* (pp. 17–43). New York: Routledge (Taylor and Francis).

Milliren, A. P., Evans, T. D., & Newbauer, J. F. (2003). Adlerian theory. In D. Capuzzi, & D. R. Gross (Eds.), *Counseling and psychotherapy: theories and interventions* (3rd ed.) Upper Saddle River, NJ: Merrill Prentice-Hall.

Minuchin, S., & Fishman, C. (1981). *Family therapy techniques.* Cambridge, MA: Harvard University Press.

Morales, A. T., & Sheafor, B. W. (1995). *Social work: A profession of many faces.* (7th ed.). Boston: Allyn and Bacon.

Moreno, J. L. (1972). *Psychodrama* (4th ed.). Beacon, NY: Beacon House. (Original work published 1946).

Mosak, H. (2000). Adlerian psychotherapy. In R. J. Corsini & D. Wedding (Eds.), *Current psychotherapies* (6th ed., pp. 54–98). Itasca, IL: F. E. Peacock.

Mosak, H. H. (2005). Adlerian psychotherapy. In R. J. Corsini & D. Wedding (Eds.), *Current psychotherapies* (7th ed., pp. 52–95). Belmont, CA: Brooks/Cole.

Mosak, H. H., & Maniacci, N. (1999). *A primer on Adlerian psychology.* Philadelphia: Brunner/ Mazel.

Moses, A. E., & Hawkins, R. O. (1982). *Counseling lesbian women and gay men: A lifetime approach.* St. Louis, MO: Mosby.

Murase, K. (1977). *Minorities and Asian Americans.* In J. B. Turner (Ed.), *Encyclopedia of social work* (Vol. 2, p. 953) Washington, DC: National Association of Social Workers.

Myers, J. E., Sweeney, T. J., & Witmer, J. M. (2000). The Wheel of Wellness counseling for wellness: A holistic model for treatment planning. *Journal of Counseling and Development, 78,* 251–266.

Nasser-McMillan, S. C. (1999). *Mental health considerations in the Arab community.* Paper presented at the Second Biennial National Conference on Health Issues in the Arab American Community, Dearborn, MI.

Nasser-McMillan, S. C., & Hakim-Larson, J. (2003). Counseling considerations among Arab Americans. *Journal of Counseling & Development, 81*(2), 150–159.

National Association of Social Workers. (1999). *Code of ethics.* Washington, DC: Author.

National Association of Social Workers. (2004). *Code of ethics.* Washington, DC: Author.

National Breast Cancer Coalition. (2004). *Facts about breast cancer in the United States: Year 2003.* Washington, DC: Author.

National Center on Domestic Violence and Sexual Violence (2008). *Abuse of children violence wheel.* Retrieved July 2008, from http:// www.ncdv.org/images/Childrenviolence wheel

National Center for Health Services. (2001). *Prevalence of overweight among children and adolescents: United States 1999.* Washington, DC: National Center for Health Statistics.

National Commission on Children (1991). *Speaking of kids: A national survey of children and parents* (ASI Publication No. 15528–2). Washington, DC: U.S. Government Printing Office

National Diabetes Information Clearinghouse. (2008). *Diabetes overview.* Retrieved July

2008, from http://diabetes.niddk.nih.gov/ dm/pubs/overview/index.htm

National Institute of Health (2003). *Older adults: Depression and suicide facts.* (NIH Publication No. 03–4593).

National Institute of Mental Health. (2000). *Adolescent depression.* Retrieved 2002 from http:// www.nimh.nih.gov/

National Institute of Mental Health. (2001). *Trauma.* Washington, DC: U.S. Government Printing Office.

National Institute of Mental Health. (2008). The numbers count: Mental illness in America. In *Science on our minds* [Fact sheet]. Bethesda, MD: Author.

National Institute of Mental Health (Producer). (2004). Depression in the elderly. In American Psychiatric Association (Producer), Film Tx: *Myths and realities of growing old: Aging and long term care* [Motion picture]. CA: The Toy Box Press and Gil Mansergh.

National Organization for Human Services (NOHS) (2000).

National Spinal Cord Injury Statistical Center. (2008). *Facts and Figures at a glance 2008.* Birmingham: University of Alabama at Birmingham.

Native American Research and Training Center. (1995). *Some alarming facts.* Tucson: University of Arizona.

Neimeyer, Y., & Feixas, G. (1990). The role of homework and skill acquisition in the outcome of group cognitive therapy for depression. *Behavior Therapy, 21,* 282–292.

Nelligan, A. (1994). Balancing process and content: A collaborative experience. *Together, 23,* 8–9.

Neugarten, B., & Weinstein, R. (1964). The changing American grandparent. *Journal of Marriage and the Family, 26,* 199–204.

Neukrug. E. (1994). *Theory, practice, and trends in human services: An Introduction.* Pacific Grove, CA: Brooks/Cole.

Neukrug, E. (2002). *Skills and techniques for human service professionals: Counseling environment, helping skills, treatment issues.* Pacific Grove, CA: Brooks/Cole.

Neukrug, E. (2004). *Theory, practice, and trends in human services: An introduction* (3rd ed.) Pacific Grove, CA: Brooks/Cole.

Neukrug, E. (2008). *Theory, practice, and trends in human services: An introduction* (4th ed.). Belmont, CA: Thomson Brooks/Cole.

Neumark-Sztainer, D., Butler, T., & Palti, H. (1995). Eating disturbances among adolescent girls: Evaluation of a school-based primary prevention program. *Journal of Nutrition Education, 27,* 24–31.

Newman, B. M., & Newman, P. R. (1999). *Development through life: A psychosocial approach* (7th ed.). Belmont, CA: Thomson Wadsworth.

Newman, B. M., & Newman, P. R. (2003). *Development through life: A psychosocial approach* (8th ed.). Belmont, CA: Thomson Wadsworth.

Ney, P. (1987). The treatment of abused children: The natural sequence of events. *American Journal of Psychotherapy, 41,* 391–401.

Nickelson, D. (2000). Telehealth, health care services, and health care policy: A plan for action in the new millennium. *New Jersey Psychologist, 50*(1), 24–27.

Nixon, R. (2002). Treatment of behavior problems in preschoolers: A review of parent training programs. *Clinical Psychology Review, 22,* 525–546.

Norcross, J. C., & Beutler, L. E. (2008). Integrative psychotherapies. In R. J. Corsini & D. Wedding (Eds.), *Current psychotherapies* (8th ed., pp. 481–511). Belmont, CA: Brooks/Cole.

Norcross, J. C., Beutler, L. E., & Levant, R. F. (2006). *Evidence-based practice in mental health: Debate and dialogue on the fundamental questions.* Washington, DC: American Psychological Association.

Norcross, J. C., Karpiak, C. P., & Lister, K. M. (2005). What's an integrationist? A study of self-identified integrative and (occasionally) eclectic psychologists. *Journal of Clinical Psychology, 61,* 1587–1594.

Norcross, J. C., & Newman, C. F. (1992). Psychotherapy integration: Setting the context. In J. C. Norcross, & M. R. Goldfried (Eds.), *Handbook of psychotherapy integration* (pp. 3–45). New York: Basic Books.

Nowinski, (2000). Twelve-step facilitation. In K. M. Carroll (Ed.), *Approaches to drug abuse counseling* (NIH Publ. no. 00-4151). Bethesda, MA: National Institute on Drug Abuse.

Nugent (1990). *An introduction to the profession of counseling.* Columbus, OH: Merrill.

Nydell, M. (1987). *Understanding Arabs: A guide for westerners.* Yarmouth, ME: Intercultural Press.

O'Brien, E. M. (1992). American Indians in higher education. *Research Briefs, 5*(5). Washington, DC: American Council on Education, Policy Analysis and Research.

Ochberg, F. M. (Ed.). (1988). *Post-traumatic therapy and victims of violence.* New York: Brunner/Mazel.

O'Dea, J. A. (1995). *Everybody's different: A self-esteem program for young adolescents.* Sydney, Australia: University of Sydney Press.

Office for Equal Opportunity and Diversity Management (2003).

Office of Juvenile Justice and Delinquency Prevention (2002). Juvenile arrests. Retrieved 2007 from http://www.ojjdp.ncjrs.org/ojstatbb/asp/html/qa251.html

Office of Juvenile Justice and Delinquency Prevention (2002a). Juvenile arrests. Retrieved 2007 from http://ojjdp.ncjrs.org/ojstatbb/asp/html/qa251.html.

Offord, D. (2000). Selection of levels of prevention. Addictive Behaviors, *25,* 833–842.

Okun, B. K. (1990). *Seeking connections in psychotherapy.* San Francisco: Jossey-Bass.

Olafson, M. (2002). When paradigms collide. In *Critical Issues in Child Abuse.* New Haven, CT: Yale University Press.

Olds, D. L. (2002). Prenatal and infancy home visiting by nurses: From randomized trials to community replication. *Prevention Science, 3* (3), 153–172.

O'Leary, E., & Nieuwstraten, I. M. (2001). The exploration of memories in Gestalt reminiscence therapy. *Counseling Psychology Quarterly, 14*(2), 165–180.

O'Leary, K. D. (2000). Developmental and affective issues in assessing and treating partner aggression. *Clinical Psychology: Science and Practice, 6,* 400–414.

Olmstead, M. (1959). *The small group*. New York: Random House.

Olsen, L. D. (1971). Ethical standards for group leaders. *Personnel and Guidance Journal, 50,* 288.

O'Neil, M. K. (1984). Affective disorders. In F. J. Turner (Ed.), *Adult psychopathology: A social work perspective* (pp. 148–180). New York: Free Press.

Oregon State. (2008). *Suicide Bereavement Support*. Retrieved August 2008, from http://www .oreegon.gov/DHS/ph/ipe/ysp.sbs.shtml

Ormont, L. R. (1988). The leader's role in resolving resistances to intimacy in the group setting. *Interpersonal Journal of Group Psychotherapy, 38*(1), 29–46.

Ortiz, L. (1995). Sectarian agencies. In R. Edwards & J. Hopps (Eds.), *Encyclopedia of social work* (pp. 2109–2116). Washington, DC: NASW Press.

Osborne, W. L. (1982). Group counseling: Direction and intention. *Journal for Specialists in Group Work, 7,* 275–280.

Osgood, N. J. (1985). *Suicide and the elderly: A practitioner's guide to diagnosis and mental health intervention*. Rockville, MD: Aspen.

Osofsky, J. D., & Thompson, M. D. (2000). Adaptive and maladaptive parenting: Perspectives on risk and protective factors. In J. P. Shonkoff & S. J. Meisels (Eds.), *Handbook of early childhood intervention* (2nd ed., pp. 54–76). New York: Cambridge University Press.

Oxford, D. (2000). Selection of levels of prevention. *Addictive Behaviors, 25,* 833–842.

Oxford, J. (1985). *Excessive appetites: A psychological view of addictions*. New York: John Wiley & Sons.

Pack-Brown, S. P., Whittington-Clark, L .E., & Parker, W. M. (1998). *Images of me: A guide to group work with African American women*. Boston: Allyn & Bacon.

Page, B. J. (2004). Online group counseling. In J. L. DeLucia-Waack, D. Gerrity, C. R. Kalodner, & M. T. Riva (Eds.), *Handbook of group counseling and psychotherapy* (pp. 609–620). Thousand Oaks, CA: Sage.

Page, B. J., & Jencius, M. J. (2009). *Groups: Planning and leadership skills*. Boston: Lahaska Press.

Paleg, K., & Jongsma, A. E., Jr. (2005). *The group treatment planner*. Hoboken, NJ: John Wiley & Sons.

Papalia, D. E., Olds, S. W., & Feldman, R. D. (1998). *Human development* (7th ed.). Boston: McGraw-Hill.

Papalia, D. E., Olds, S. W., & Feldman, R. D. (2001). *Human development* (8th ed.). Boston: McGraw-Hill.

Parkes, C. M. (1975). Determinants of outcome following bereavement. *Omega Journal of Death and Dying, 6,* 303–323.

Parrto, V. M. (2004). Theories on aging. *Theories of Aging* [Collected notes]. Retrieved from www.angelfire.com/ns/southeasternnurse

Parsons, R. D. (2007). *Counseling strategies that work! Evidence-based interventions for school counselors*. Boston: Pearson.

Passons, W. R. (1975). *Gestalt approaches in counseling*. New York: Holt, Rinehart, and Winston.

Patterson, G. R., Dishion, T. J., & Yoerger, K. (2000). Adolescent growth in new forms of problem behavior: Macro- and micro-peer dynamics. *Prevention Science, 1*(1), 3–13.

Peck, R. C. (1968). Psychological developments in the second half of life. In B. L. Neugarten (Ed.), *Middle age and aging* (p. 88). Chicago: University of Chicago Press.

Pedersen, P. (2000). *A handbook for developing multicultural awareness* (3rd ed.) Alexandria: VA: American Counseling and Development.

Perls, F. (1969). *Gestalt therapy verbatim*. Lafayette, CA: Real People Press.

Perls, F., Hefferline, R. F., & Goodman, P. (1951). *Gestalt therapy: Excitement and growth in the human personality*. New York: Julian Press.

Piper, W. E., & Ogrodniczuk, J. S. (2004). Brief group therapy. In J. L. DeLucia-Waack, D. Gerrity, C. R. Kalodner, & M. T. Riva (Eds.), *Handbook of group counseling and psychotherapy* (pp. 641–650). Thousand Oaks, CA: Sage.

Polster, E., & Polster, M. (1973). *Gestalt therapy integrated: Contours of theory and practice*. New York: Brunner/Mazel.

Poser, E. G. (1970). Toward a theory of behavior prophylaxis. *Journal of Behavior Therapy and Experimental Psychiatry, 1,* 39–43.

Poser, E., & King, M. (1975). Strategies for the prevention of maladaptive fear responses. *Canadian Journal of Behavioral Science, 7,* 279–294.

Postmes, T., Spears, R., & Lea, M. (1999). Social identity, group norms, and "deindividuation": Lessons from computer-mediated communication for social influence in the group. In N. Ellemers, R. Spears, & B. Doosje (Eds.), *Social identity: Context, commitment, content* (pp. 164–183). Oxford, UK: Blackwell.

Postmes, T., Spears, R., Sakhel, K., & deGroot, D. (2001). Social influence in computer-mediated communication: The effects of anonymity on group behavior. *Personality and Social Psychology Bulletin, 27,* 1245–1254.

Posthuma, B. W. (2002). *Small groups in therapy settings: Process and leadership* (4th ed.). Boston: Allyn & Bacon.

Price, C. A.(Producer). (2004). Crisis of old age: Facts about retirement. In American Psychiatric Association (Priducer), *Film Tx: Myths and Realities of Growing Old: Aging and Long Term Care* [Motion Picture]. CA: The Toy Box Press and Gil Mansergh.

Pritchard, C. (1996). *Suicide: The ultimate rejection? A psycho-social study.* Bristol, PA: Open University Press.

Prochaska, J., DiClimente, C., & Norcross, C. (1992). In search of how people change. *American Psychologist, 41*(4), 1102–1114.

Puig-Antich, J. (1982). Major depression and conduct disorders in prepuberty. *Journal of the American Clinical Psychiatry, 21,* 118–128.

Raja, S. N., McGee, T., & Stanton, W. R. (1992). Perceived attachment to parents and peers and psychological well-being in adolescence. *Journal of Youth and Adolescence, 21,* 471–486.

Rapport, L. (1996). Crisis intervention goals and steps. Retrieved October 2008, from http://childlaw.law.sc.edu/usermanual/crisisseatonz.htm

Rapp-Paglicci, L. A. (2002). Children and adolescents from violent homes. In L. A. Rapp-Paglicci, A. R. Roberts, & J. S. Wodarski (Eds.), *Handbook of violence* (pp. 54–66). Hoboken, NJ: John Wiley & Sons.

Rapp-Paglicci, L. A., Dulmus, C. N., & Wodarski, J. S. (Eds.). (2004). *Handbook of preventive interventions for children and adolescents.* Hoboken, NJ: John Wiley & Sons.

Ray, M. (2008). Be strong: A suicide survivor's group. Presentation on Group/Fieldwork, presented in, Fullerton, CA.

Reamer, F. G. (1998). Ethical standards in social work: A review of NASW code of ethics. Washington, DC: NASW Press.

Regier, D. A., Narrow, D. E., Rae, D. S., Manderscheid, R., W., Locke, B. Z., & Goodwin, F. K. (1993). The defective U.S. mental and addictive service system: Epidemiologic catchment areas prospective 1-year prevalence rates of disorders and services. *Archives of General Psychiatry, 50,* 80–94.

Reid, K. (1981). *From character building to social treatment: The history of the use of groups in social work.* Westport, CT: Greenwood Press.

Reid, K. (1997). Social work practice with groups: A clinical perspective (2nd ed.). Pacific Grove, CA: Brooks/Cole.

Remley, T. P., & Herlihy, B. (2001). *Ethical, legal, and professional issues in counseling.* Upper Saddle River, NJ: Merrill/Prentice Hall.

Reinecke, M. A., Ryan, N. E., & DuBois, D. L. (1998). Cognitive behavioral therapy of depression and depressive symptoms during adolescence: A review and meta-analysis. *Journal of the American Academy of Child and Adolescent Psychiatry, 37*(1), 26–34.

Reiss, A. J., Jr., & Roth, J. A. (Eds). (1993). *Understanding and preventing violence: Social influences* (Vol 3). Washington, DC: National Academy Press.

Reiter, M. D. (2008). *Therapeutic interviewing: Essential skills and contexts of counseling.* Boston: Allyn and Bacon

Riordan, R. J., & Beggs, M. S. (1987). Counselors and self-help groups. *Journal of Counseling and Development, 65,* 427–429.

Roberts, A. (2000). *Crisis intervention handbook: Assessment, treatment, and research.* New York: Oxford Press.

Roberts, A. R., & Yeager, K. R. (Eds.). (2004). *Evidence-based practice manual: Research and outcome measures in health and human services.* New York: Oxford University Press.

Robins, L. N., & Reiger, D.A. (Eds.). (1991). *Psychiatric disorders in America: The epidemiologic catchment areas study.* New York: Free Press.

Robinson, M., & Wilson, G. (2006). Everyone's wired for sexual addiction. Reuniting: *Healing with sexual relationships.* Retrieved December, 2008, from http://www.reuniting. info/science/porn_addiction_wired_for_ sexual_addiction

Robinson, P., Wischman, C., & Del Vento, A. (1996). *A manual for primary care and mental health providers.* Reno, NV: Context Press.

Roe-Sepowitz, D. E., Bedard, L. E., & Thyer, B. A. (2005). Anxiety. In C. N. Dulmus & L. A. Rapp-Paglicci (Eds.), *Handbook of preventive interventions for adults.* Hoboken, NJ: John Wiley & Sons.

Roe-Sepowitz, D. E., & Thyer, B. (2004). Adolescent mental health. In L. A. Rapp-Paglicci, C. N. Dulmus, & J. S. Wodarski (Eds.), *Handbook of preventive interventions for children and adolescents* (pp. 67–99). Hoboken, NJ: John Wiley & Sons.

Rogers, C. R. (1970). *Carl Rogers on encounter groups.* New York: Harper & Row.

Rogers, C. R. (1986). Carl Rogers on the development of the person-centered approach. *Person-Centered Review, 1,* 257–259.

Roller, B., & Nelson, V. (1991). *The art of co-therapy.* New York: Guilford Press.

Rooney, R. H., & Chovanec M. (2004). Involuntary group. In C. D. Garvin, L. M. Gutierrez, & M. J. Galinsky (Eds.), *Handbook of social work with groups* (pp. 212–226). New York: Guilford Press.

Rose, S. D. (1989). *Working with adults in groups.* San Francisco: Jossey-Bass.

Rose, S. D., & Edleson, J. (1987). *Working with children and adolescents: A multimodal approach.* San Francisco: Jossey-Bass.

Rosen, A., & Proctor, E. (Eds.). (2003). *Practice guidelines for social work interventions: issues, methods, and research agenda.* New York: Columbia University Press.

Rosenberg, M., Giberson, R., Rossman, B., & Acker, M. (2000). The child witness of family violence. In R. Ammerman & M. Hersen (Eds.), *Case studies in family violence* (pp. 259–291). New York: Plenum Press.

Rosenberg, S., & Zimet, C. (1995). Brief group treatment and managed mental health care. *International Journal of Group Psychotherapy, 45,* 367–379.

Ross, M. (1989). Relation of implicit theories to the construction of personal histories. *Psychological Review, 96,* 341–357.

Rothschild, B. (2000). *The body remembers: The psychophysiology of trauma treatment.* New York: Norton.

Rowe, J. W., & Khan, R. L. (1998). *Juvenile sexual offending: Causes, consequences, and correction.* San Francisco: Jossey-Bass.

Rowe, J. W., & Kahn, R. L. (1998). *Successful aging.* New York: Pantheon Books.

Royse, D., Dhopper, S. S., & Rompf, E. (1999). *Field instruction: A guide for social work students* (3rd ed.). New York: Longman.

Rutan, J. S. (2003). Sandor Ferenczi's contributions to psychodynamics group therapy. *International Journal of Group Psychotherapy, 53,* 375–384.

Rutan, J. S., & Stone, W. N. (2001). *Psychodynamic group therapy* (3rd ed.). New York: Guilford Press.

Sanders, C. M. (1989). *Grief: The mourning after.* New York: John Wiley & Sons.

Santhiveeran, J. (1998). *Virtual group meetings on the Net: Implications for social work practice.* Paper presented at the meeting of the Association for the Advancement of Social Work with Groups, Miami, FL.

Santoyo, R. (2008). *Chica power.* Presentation on Group/Fieldwork, presented in Fullerton, CA.

Saxton, A. (1971). *The indispensable enemy: Labor and the American-Chinese movement.* Berkeley: University of California Press.

Schaefer, C. E., Johnson, L., & Wherry, J. N. (1982). *Group therapies for children and youth.* San Francisco: Jossey-Bass.

Schaefer, R. T. (1988). *Racial and ethnic groups.* Glenview, IL: Scott Foresman.

Schein, E. H. (1985). *Organizational culture and leadership.* San Francisco: Jossey-Bass.

Schopler, J., Galinsky, M., & Abell, M. (1977). Creating community through telephone and computer groups: Theoretical and practice perspectives. *Social Work with Groups, 20*(4), 19–34.

Scott, J. & Lynton, R. (1952). The community factor in modern technology. Paris: United Nations Educational, Scientific, and Cultural Organization.

Scurfield, R. M. (1985). Post-trauma stress assessment and treatment: Overview and formulations. In C. R. Figley (Ed.), *Trauma and its wake: The study of post-trauma stress disorder* (pp. 219–256). New York: Brunner/Mazel.

Seekins, T. (1997). Native Americans and the ADA. *The Rural Exchange, 10*, 1–17.

Seligman, M. E. P. (1975). *Helplessness*. San Francisco: W. H. Freeman.

Seligman, M. (1995). *The optimistic child: A revolutionary program that safeguards children against depression and builds lifelong resilience*. New York: Houghton Mills.

SeniorNet (Producer). (2004). Depression in the elderly. In American Psychiatric Association (Producer), *Film Tx: Myths and realities of growing old: Aging and long-term care in California* [Motion Picture]. Monrovia, CA: The Toy Box Press and Gil Mansergh.

Shapiro, J. L., Peltz, L. S., & Bernadett-Shapiro, S. (1998). *Brief group treatment: Practical training for therapists and counselors*. Pacific Grove, CA: Brooks/Cole.

Sharf, R. S. (2008). *Theories of psychotherapy and counseling: Concepts and cases*. Belmont, CA: Brooks/Cole.

Sharma, S. (1997). Domestic violence against minority women: Interventions, preventions and health implications. Equal Opportunity International, *16*, 1–14.

Shulman, L. (1984). *The skills of helping: Individuals and groups* (2nd ed.). Itasca, IL: F. E. Peacock.

Shulman, L. (1999). *The skills of helping individuals, families, groups* (4th ed.). Itasca, IL: F. E. Peacock.

Sigelman, C. K., & Shaffer, D. R. (1995). *Life-span human development* (2nd ed.). Pacific Grove, CA: Brooks/Cole.

Skinner, B. F. (1953). *Science and Human Behavior*. New York: Macmillan.

Slaikeu, K. (1990). *Crisis intervention: A handbook for practice and research*. Boston: Allyn & Bacon.

Slater, J. R., & Spetalnick, D. (2001). Compassion fatigue: A personal perspective. In T. McClam & M. Woodside (Eds.), *Human service challenges in the 21st century* (pp. 215–224). Birmingham, AL: Ebsco Media.

Smith, D. C. (1997). *Caregiving: Hospice proven techniques for healing body and soul*. New York: Macmillan.

Smolowe, J. (1995). The downward spiral. Time [On-line Serial]. Available: America Online, Education.

Sonstegard, M. A. (1998). The theory and practice of group counseling. *Journal of Individual Psychology, 54*(2), 217–250.

Sonstegard, M. A., & Bitter, J. R. (2001). *Adlerian group therapy: Step-by-step*. Unpublished manuscript.

Sowa, C. J., May, K., & Niles, S. G. (1994). Occupational stress within the counseling profession: Implications for counselor training. *Counselor Education and Supervision, 34*, 19–29.

Spar, J., & LaRue, A. (2006). *Clinical manual of geriatric psychiatry*. Washington, DC: American Psychiatric Publishing.

Speigler, M. D. (1980, November). Behavioral primary prevention: Introduction and overview. In M. D. Speigler (Chair), *Behavioral primary prevention: A challenge for the 1980s*. Symposium conducted at the annual meeting of the Association for the Advancement of Behavior Therapy, New York.

Speigler, M. D., & Guevremont, D. C. (2003). *Contemporary behavior therapy* (4th ed.). Pacific Grove, CA: Brooks/Cole.

Spence, S. H. (2003). Social skills training with children and young people: Theory, evidence and practice. *Child and Adolescent Mental Health, 8*(2), 84–96.

Spence, S. H., & Dadds, M. R. (1996). Preventing childhood anxiety disorders. *Journals of Behavior Change, 13*, 241–249.

Sperry, L., Carlson, J., & Kjos, D. (2003). *Becoming an effective therapist*. Boston: Allyn & Bacon.

Spira, H. I. (1997). Understanding and developing psychotherapy groups for medically ill patients. In J. L. Spira (Ed.), *Group therapy for medically ill patients* (pp. 3–51). New York: Guilford Press.

Spitz, H. I., & Spitz, S. T. (1999). *A pragmatic approach to group psychotherapy*. Philadelphia: Brunner/Mazel.

Stivers, C. (1990). Promotion of self-esteem in the prevention of suicide. *Death Studies, 14,* 301–327.

Stockton, R., Morran, D. K., & Kreiger, K. M. (2004). Review and perspectives of critical dimensions in therapeutic small group research. In G. M. Gazda (Ed.), *Basic approaches to group psychotherapy and group counseling* (3rd ed., pp. 37–85). Springfield, IL: Charles C. Thomas.

Stoddard, S., Jans, L, Ripple, J., & Kraus, M. (1998). *Chartbook on work and disability in the United States.* Berkeley, CA: InfoUse.

Stolberg, A. L., & Mahler, J. (1994). Enhancing treatment gains in a school-based intervention for children of divorce through skill training, parental involvement and transfer procedures. *Journal of Consulting and Clinical Psychology, 62*(1), 147–156.

Storms, M. D. (1981). A theory of erotic orientation development. *Psychological Review, 88,* 340–353.

Straus, M. A., & Gelles, R. J. (Eds.). (1990). *Physical violence in American families: Risk factors and adaptation to violence in 8,415 families.* New Brunswick, NJ: Transaction.

Stricker, G., & Gold, J. (Eds.). (2006). A casebook of psychotherapy integration. Washington, DC: American Psychological Association.

Strong, B., & DeVault, C. (1983). *The marriage and family experience* (2nd ed.). New York: West.

Strumpfel, U., & Goldman, R. (2002). Contacting: Gestalt therapy. In D. J. Cain & J. Seeman (Eds.), *Humanistic psychotherapies: Handbook of research and practice* (pp. 189–219). Washington, DC: American Psychological Association.

Strupp, H. H., & Binder, J. L. (1994). *Psychotherapy in a new key: A guide to time-limited dynamic psychotherapy.* New York: Basic Books.

Substance Abuse and Mental Health Service Administration, Office of Applied Studies. (2005). *Results from the 2004 national survey on drug use and health: National findings.* Retrieved November 2005, from http://www.oas.samhsa.gov/2k4/NSDUH/nsduh.pdf

Sue, D. W. (2001). Multidimensional facets of cultural competence. *Counseling Psychologist, 29,* 790–821.

Sue, D. W., Arredondo, P., & MacDavis, R. J. (1992). Multicultural counseling competencies and standards: A call to the profession. *Journal of Counseling and Development, 70*(4), 477–486.

Sue, D. W., & Sue, D. (2003). *Counseling the culturally diverse: Theory and practice* (4th ed.). Hoboken, NJ: John Wiley & Sons.

Sue, D. W., & Sue, D. (2008). *Counseling the culturally diverse: Theory and practice* (5th ed.). Hoboken, NJ: John Wiley & Sons.

Summit, R. (1983). The child abuse accommodation syndrome. *Child Abuse and Neglect, 7,* 177–193.

Sweitzer, H. F., & King, M. A. (2004). *The successful internship* (2nd ed.). Belmont, CA: Brooks/Cole.

Sweitzer, H. F., & King, M. A. (2009). *The successful internship* (3rd ed.). Belmont, CA: Brooks/Cole.

Szapocznik, J., and Hernandez, R. (1988). The Cuban American family. In C. H. Mindel, R. Witabenstein, & R. Wright Jr. (Eds.), *Ethnic families in America* (3rd ed., pp. 160–172). New York: Elsevier.

Taylor, R. L. (Ed.). (1994). *Minority families in the United States: A multicultural perspective.* Englewood Cliffs, NJ: Prentice Hall.

Texas Council on Family Violence (Producer). (2005). Film Tx: *Spousal/partner abuse: assessment, detection and intervention* [Motion Picture]. Monrovia, CA: The Toy Box Press and Gil Mansergh.

Teyber, E. (2000). *Interpersonal process in psychotherapy: A relational approach* (4th ed.). Belmont, CA: Wadsworth.

Thomas, A. R., & Cobb, H. C. (1999). Culturally responsive counseling and psychotherapy with children and adolescents. In H.T. Prout & D. T. Brown (Eds.), *Counseling and psychotherapy with children and adolescents: Theory and practice for children and clinical settings* (3rd ed., pp. 49–73). New York: John Wiley & Sons.

Thomlison, B. (2004). Child maltreatment: A risk and protective factor perspective. In M. W. Fraser (Ed.), *Risk and resilience in childhood: An ecological perspective* (2nd ed., pp. 89–131). Washington DC: NASW Press.

Thomlison, B., & Craig, S. (2005). Ineffective parenting. In C. Dulmas & L. Rapp-Paglicci (Eds.), *Handbook of preventive interventions for adults*. Hoboken, NJ: John Wiley & Sons.

Thompson, M. P., Kaslow, N. M. J., & Kingree, J. B. (2002). Risk factors for suicide attempts among African American women experiencing recent intimate partner violence. *Violence and Victims, 17*, 283–295.

Thyer, B. A., & Birsinger, P. (1994). Treatment of clients with anxiety disorders. In D. K. Granvold (Ed.), *Cognitive and behavioral treatment: Methods and Applications*. Pacific Grove, CA: Brooks/Cole.

Tice, C. J., & Perkins, K. (1996). *Mental health issues and aging: Building on the strengths of older persons*. Pacific Grove, CA: Brooks/Cole.

Tolan, P. H. (2001). Emerging themes and challenges in understanding youth violence involvement. *Journal of Clinical Child Psychology, 30*, 233–239.

Tomlin, A. M., & Passman, R. H. (1989). Grandmothers' responsibility in raising 2 year-olds facilitates their grandchildren's adaptive behavior: A preliminary intrafamilial investigation of mothers' and maternal grandmothers' effects. *Psychology and Aging, 3*, 119–121.

Toseland, R. W., & Spielberg, G. (1982). The development of helping skills in undergraduate social work education: Model and evaluation. *Journal of Education for Social Work, 18*(1), 66–73.

Toseland, R. W., & Rivas, R. S. (1984). *An introduction to group work practice*. Boston: Allyn & Bacon.

Toseland, R. W., & Rivas, R. S. (2001). *An introduction to group work practice* (3rd ed.). Boston: Allyn & Bacon.

Toseland, R. W., & Rivas, R. S. (2009). *An introduction to group work practice* (6th ed.). Boston: Allyn & Bacon.

Tower, C. C. (1989). *Understanding child abuse and neglect*. Needham Heights, MA: Allyn & Bacon.

Triffon, B. J. (1977). Grandparents: Parenting again. *Columbus Parent, 9*, 17.

Trotzer, J. (1999). *The counselor and the group* (3rd ed.). Philadelphia: Taylor & Francis.

Truax, P., & Jacobson, N. S. (1992). Marital distress. In P. H. Wilson (Ed.), *Principles and practice of relapse prevention* (pp. 290–321). New York: Guilford Press.

Tsang, H. W. H., & Cheung, L.C.C. (2005). Social skills and training for people with schizophrenia: Theory, practice and evidence. In J. E. Pletson (Ed.), *Progress in schiozophrenia research* (pp. 181–207). Hauppauge, NY: Nova Science Publishers.

Tuckman, B. (1965). Developmental sequence in small groups. *Psychological Bulletin, 63*, 384–399.

Tyson, E. H., Dulmus, C. N., & Wodarski, J. S. (2002). Assessing violent behavior. In L. A. Rapp-Paglicci, A. R. Roberts, & J. S. Wodarski (Eds.), *Handbook of violence* (pp. 148–168). Hoboken, NJ: John Wiley & Sons.

Uba, L. (1994). *Asian Americans: Personality patterns, identity, and mental health*. New York: Guilford Press.

United Kingdom Alcohol Treatment Trial (UKATT) Research Team. (2005). Effectiveness of treatment for alcohol problems: Findings of the randomized UK alcohol treatment trial. *British Medical Journal, 331*, 331–339.

U.S. Census Bureau. (2000). U.S. census of population and housing profiles of general demographic characteristics. Washington DC: Author.

U.S. Census Bureau. (2002). Statistical abstract of the United States. Retrieved July 15, 2002, from http://www.census.gov/prod/www/statistical-abstract-02.html

U.S. Census Bureau. (2003). Disability status 2000: Census 2000 Brief. Retrieved October 30, 2005, from http://www.census.gov/prod/2003 pubs/c2kbr-17.pdf

U.S. Census Bureau. (2004). U.S. Interim projections by age, sex, race, and Hispanic origin. Retrieved September 1, 2004, from http://www.census.gov/ipc/www/usinterimproj/natprojtab01a.xls

U.S. Department of Health and Human Services. (2006). The AFCARS report: Preliminary FY 2005 estimates as of September 2006 (13). Retrieved November 21, 2006, from http://www.acf.hhs.gov/programs/cb/stats research/afcars/tar/report13.htm

U.S. Department of Labor. (2001) The Americans with Disabilities act: Public law 101–366. Retrieved October 30, 2005, from http://www.dol.gov/odep/pubs/fact/ada92fs.htm

U.S. Surgeon General's Report on Mental Health. (1999). *Mental health: A report of the Surgeon General: Executive summary.* Rockville, MD: U. S. Department of Health and Human Services.

Van Puyenbroeck, J., & Maes, B. (2006). Program development of reminiscence group work for ageing people with intellectual disabilities. *Journal of Intellectual & Developmental Disability, 31*(3), 139–147.

Vasterling, J. J., & Brewin, C. R. (2005). *Neuropsychology of PTSD: Biological, cognitive, and clinical perspectives.* New York: Guilford Press.

Vergeer, G. E. (1995). Therapeutic applications of humor. Directions in Mental Health Counseling, *5*(3), 4–11.

Volpe (2008) (Site internet doc on Effects of DV on Children and Adolescent: An Overview: Joseph S. Volpe, Director, Prof Development.)

Wagner, W. G. (1996). Optimal development in adolescence: What is it and how can it be encountered? *Counseling Psychlologist, 24,* 360–399.

Walker, C. E., Hedberg, A. G., Clement, P. W., & Wright, L. (1981). *Clinical procedures for behavior therapy.* Englewood Cliffs, NJ: Prentice Hall.

Walker, L. (1979). *The battered woman.* New York: Harper & Row.

Wall, V. D., & Nolan, L. L. (1987). Small group conflict: A look at equity, satisfaction and styles of conflict management. *Small Group Behavior, 18,* 188–211.

Wallerstein, J. S. (1998). Children of divorce: Stress and developmental tasks. In N. G. Garmezy & M. Rutter (Eds.), *Stress, coping, and development in children.* Baltimore: John Hopkins University Press.

Wallerstein, J. S., & Blakeless, S. (1989). *Second chances.* New York: Ticknor & Fields.

Watson, D. L., & Tharp, R. G. (1997). Self-directed behavior: Self-modification for personal adjustment (7th ed.). Pacific Grove, CA: Brooks/Cole.

Weber, M. (1946). In H. Gerth & C. W. Mills (Eds.), *From Max Weber: Essays in sociology.* New York: Oxford University Press.

Webster-Stratton, C. (Ed.). (2003). Aggression in young children: Services proven to be effective in reducing aggression. In R. Tremblay, R. Barr, & T. L. Peters (Eds.), *Encyclopedia of early childhood development.* Retrieved August 12, 2004, from http://www.child-encyclopedia.com/documents/Webster-StratonANGxp_rev.pdf

Wegscheider-Cruse, S. (1989). *Another chance: Hope and health for the alcoholic family.* Palo Alto, CA: Science and Behavior.

Weinberg, H. (2001). Group process and group phenomena on the Internet. *International Journal of Group Psychotherapy, 41,* 361–378.

Weiner, M. (1990). *Human service management: Analysis and applications.* Belmont, CA: Wadsworth.

Weinstein, B. (1994). *I'll work for free: A short-term strategy with a long-term payoff* [Cassette Recording]. New York: Henry Holt.

Weiss, R. S. (Ed.). (1973). *Loneliness: The experience of emotional and social isolation.* Cambridge, MA: MIT Press.

Weissman, M. M., Markowitz, J. C., & Klerman, G. L. (2000). *Comprehensive guide to interpersonal psychotherapy.* New York: Basic Books.

Welfel, E. R. (2002). *Ethics in counseling and psychotherapy: Standards, research, and emerging issues* (2nd ed.). Pacific Grove: CA: Brooks/Cole.

Weyandt, L. L. (2001). *Attention deficit hyperactivity disorders: An AD/HD primer.* Boston: Allyn & Bacon.

Whalen, C. K., & Henker, B. (1986). Cognitive behavior therapy for hyperactive children: What do we know? *Journal of Children in Contemporary Society, 19*, 123–141.

Williams, C. (2007). *Teen anger management group program*. Ontario, CA: Ontario Mental Health.

Williams, E. E., & Ellison, F. (1996). Culturally informed social work practice with American Indian clients: Guidelines for non-Indian workers. *Social Work, 41*(2), 147–151.

Wilson, G. T. (2004). Acceptance and change in the treatment of eating disorders: The evolution of manual-based cognitive behavioral therapy. In S. C. Hayes, V. M. Follette, & M. Linehan (Eds.), *Acceptance, mindfulness, and behavior change.* New York: Guilford Press.

Wilson, G., & Ryland, G. (1980). The social group work method. In A. Alissi (Ed.), *Perspectives on social group work practice* (pp. 169–182). New York: Free Press.

Wilson, J. (2007). Foster parent training [Handout]. San Bernardino, CA: Foster Family Network

Wilson, J. Q. (1995). Crime and public policy. In J. Q. Wilson & J. Petersilla (Eds.), *Crime* (pp. 489–507). San Francisco: ICS.

Wodarski, L. A., & Wodarski, J. S. (2004). Obesity. In L. A. Rapp-Paglicci, C. N. Dulmus, & J. S. Wodarski (Eds.), *Handbook of preventive interventions for children and adolescents* (pp. 301–323). Hoboken, NJ: John Wiley & Sons.

Wolak, J., & Finkelhor, D. (1998). Children exposed to partner violence. In J. L. Jasinski & L. M. Willimans (Eds.), *Partner violence: A comprehensive review of twenty years of research* (pp. 73–112). Newbury Park, CA: Sage.

Wolf, A. (1975). Psychoanalysis of groups. In G. M. Gazda (Ed.), *Basic approaches to group psychotherapy and group counseling* (2nd ed.). Springfield, IL: Charles C. Thomas.

Wolf, A., & Kutash, I. L. (1986). Psychoanalysis in groups. In I. L. Kutash & A. Wolf (Eds.), *Psychotherapist's casebook* (pp. 332–352). San Francisco: Jossey-Bass.

Wolpe, J. (1958). *Psychotherapy and reciprocal inhibition*. Palo Alto, CA.: Stanford University Press.

Wolpe, J. (1990). *The practice of behavior therapy*. New York: Pergamon Press.

Wong, P. H., & Watt, L. M. (1991). What types of reminiscence are associated with successful aging? *Psychology and Aging, 6*, 272–279.

Woodside, M. R, & McClam, T. (1994). *An introduction to human services* (2nd ed.). Pacific Grove, CA: Brooks/Cole.

Woodside, M. R., & McClam, T. (2009). *An introduction to human services* (6th ed.). Belmont, CA: Thomson Brooks/Cole.

Worden, J. W. (2002). *Grief counseling and grief therapy: A handbook for the mental health practitioner* (3rd ed.). New York; Springer.

World Health Organization. (1990). *Cancer pain relief and palliative care.* (WHO Technical Report Series-804). Geneva, Switzerland: Author.

Wright State University. (2008). *Breast cancer: How your mind can help your body.* Retrieved July 2008, from http://www.wright-counseling .com/Brochures/BreastC.htm

Wulf, R. (1998). The historical roots of gestalt therapy. *The Gestalt Journal, 21*(1), 81–92.

Yalom, I. (1975). *The theory and practice of group psychotherapy*. New York: Basic Books.

Yalom, I. (1995). *The theory and practice of group psychotherapy* (4th ed.). New York: Basic Books.

Yalom, I. (2005). *The theory and practice of group psychotherapy* (5th ed.). New York: Basic Books.

Yontef, G. (1993). *Awareness, dialogue and process: Essays on Gestalt therapy*. Highland, NY: Gestalt Journal Press.

Yontef, G. (1999). Awareness, dialogue and process: Preface to the 1998 Gestalt edition. *Gestalt Journal, 22*(1), 9–20.

Young, M. E. (2001). *Learning the art of helping. Building blocks and techniques* (2nd ed.). Upper Saddle River, NJ: Pearson, Merrill Prentice Hall.

Zarit, S. (1980). *Aging and mental disorders*. New York: Macmillan.

Zastrow, C. H. (1985). *Social work with groups*. Chicago: Nelson-Hall.

Zastrow, C. H. (2009). *Social work with groups: A comprehensive workbook* (7th ed.). Belmont, CA: Brooks/Cole Cengage Learning.

Zastrow, C. H., & Kirst-Ashman, K. (2004). *Understanding human behavior and the social environment* (6th ed.). Belmont, CA: Thomson-Brooks/Cole.

Zick, C. D., & Smith, K. R. (1991). Patterns of economic change surrounding the death of a spouse. *Journal of Gerontology, 46,* 5310–5320.

Zigmound, N., & Brownlee, J. (1980). Social skills training for adolescents with learning disabilities. *Exceptional Education Quarterly, 2,* 77–83.

Zimmer, P., Alberti, K. G. M., & Shaw, J. (2001). Global and societal implications of the diabetes epidemic. *Nature, 414,* 782–787.

Zinker, J. (1978). *Creative process in Gestalt therapy.* New York: Random House Vintage.

Zogby, J. (2001). *What ethnic Americans really think: The Zogby culture polls.* Washington, DC: Zogby International.

Zusman, J. (1966). Some explanations of the changing appearance of psychotic patients: Antecedents of the social breakdown syndrome concept. *Millbank Memorial Fund Quarterly, 64*(1), 20.

Zylestra, S. (2006). United [Letter to the editor]. *Therapist, 18*(1), 6.

名詞索引
（條目後的頁碼係原著頁碼，檢索時請查正文頁邊的數碼）

Chapter 1

Adult substance abuse group　成人物質濫用支援團體　9

AGPA　美國團體心理治療協會　18

Alzheimer's caregiving support group　阿茲海默症照護支持團體　9

American Society for Group Psychotherapy and Psychodrama　美國團體精神治療暨心理戲劇公會　18

ASGW　美國團體工作專家學會　4

brief groups therapy　焦點解決團體療法　13

brief groups　焦點解決團體　13

Children's learning disabilities support group　兒童學習障礙支持團體　9

cognitive therapy　認知治療法　8

diversity-sensitive practice　多元敏感實務　21

dream work　夢程理論　20

ego psychology　自我心理學　18

empty chair technique　空椅技術　20

encounter groups　會心團體　19

Esalen institute　依沙蘭靈修中心　19

existential phenomenological approach　存在現象論　19

facilitation groups　任務促進團體　6

field theory concepts　場地理論概念　18

group dynamics　團體動力學　19

group practice　團體實務　3, 31

group process　團體過程　5

group psychotherapy　團體心理治療　6

group purpose statement　團體目標陳述　9

group treatment/group therapy　團體治療　10, 4

group work　團體工作　3

groupthink　團體思考　27

guidance/psychoeducational groups　指導／心理教育團體　6

here-and-now　此時此地　7

individual therapy　個別治療　3

integrated approach/integrative approach　整合取向治療法　30

interpersonal theory　人際理論　20

managed care system　管理照顧系統　20

metatheory　轉移理論　18

milieu therapy　環境治療　17

multimodal therapy　多重模式治療法　8

Personality Reconstruction Groups　人格重建團體　12

post traumatic stress　創傷後壓力　10

practitioners　實務工作者　3

psychodrama　心理劇　18

psychoeducational group　心理教育團體　6

psychoeducational　心理教育　6

psychopathology　精神病理學　13

psychosocial treatment　社會心理治療　6

recreation groups　休閒團體　17

self-defeating behaviors　自我挫敗行為　11

self-disclosure　自我揭露　27

self-help groups　自助團體　15

sensitivity groups　敏感度團體　19

settlement houses　睦鄰組織　16

social action groups　社會行動團體　7

staff development groups　員工發展小組　7

support group　支持團體　9

task forces　特別工作小組　7

task groups　任務團體　5

T-groups　訓練團體　19

the theory and practice of group psychotherapy　團體心理治療理論與實踐　20

therapeutic factors　療效因子　20

Chapter 2

countertransference　反轉移作用　45

essentials of group therapy　團體治療要素　41

heterogeneous group　異質團體　36

homogenous group　同質團體　36

intentionality　意向　49

internal jogging　內在慢跑　48

introspection　內省　45

self-awareness　自我意識　45

self-knowledge　自知之明　55

self-perceptions　自我認知　45

we-ness　我們性　45

Chapter 3

cohesion　凝聚力　87

counter transference　反轉移　84

group norm　團體規範　69

transference　轉移　84

transition phase　過渡期　76

working phase　運作期　86

Chapter 4

acceptance and commitment therapy（ACT）　接納和承諾治療　131

action　行動學派　103, 128

Adlerian therapies　阿德勒治療　102, 108

analytic approaches　分析學派　102, 103

applied behavior analysis　行為分析理論　128

behavior modification　行為修正理論　130

biopsychosocial approach　生理心理社會觀點　101

cognitive restructuring therapies　認知重建理論　141

cognitive-behavioral therapies　認知行為理論　103, 128

core conflictual relationship theme（CCRT）　核心衝突關係主題　104

crisis intervention　危機介入　103

crisis theory　危機理論　103, 151

developmental/lifespan therapy　發展／生命週期治療　103, 148

dialectical behavior therapy（DBT）　辯證行為治療　131

experiential and relationship oriented　經驗與關係學派　102, 114

family atmosphere　家庭氛圍　110

family constellaiton　家族系統排列　110

gestalt dream work　完形夢工作　122

gestalt therapies　完形治療　102, 107

holism　整體性　109

nondirective therapy　非指導性治療　116

paradoxical theory of change　改變的弔詭理論　122

person-centered　個人中心學派　102, 114

problem-solving therapy　問題解決治療　144

psychodynamic therapeutic approach　心理動力學派　102, 103

purposiveness　目的性　109

rational emotive behavior therapy (REBT)　理情治療　142

self-instruction training　自我教導訓練　144

self-talk　自我對話　142

social interest　社會興趣　109

social learning theory　社會學習理論　130

social-cognitive theory　社會認知理論　128

stress inoculation training　壓力免疫訓練　144

systems theory　系統理論　100, 103, 148

the neobehavioristic mediational stimulus-response model　新行為學派刺激反應中介模式　128

thought stopping　中斷思考　142

Chapter 5

504 Accommodation Plan　504 特別照顧計畫　210

blame-the victim philosophy　責怪受害者哲學　197

bureaucratic model　階層模式　173

chain of command　權力鏈　169

clinical cooling out　機構淡漠　197

cultural analysis　文化分析　172

deserving poor　注定貧窮　196

developmental disabilities　發展性障礙　209

Diagnostic Statistical Manual　精神疾病診斷與統計手冊　204

diversity sensitive　多元敏感度　184

familism　家庭主義　191

fetal alcohol syndrome（FAS）嬰兒酒精戒斷症狀　193

health Maintenance Act　健康維持法案　177

health maintenance organizations（HMOs）健康維持組織　177

heterosexism　異性戀主義　205

homophobia　恐同症　205

human relations model　關係管理模式　174

managed care　管理式照顧　176

marianisma　傳統女性美德　191

masculinity　男子氣概　201

melting pot　大融爐　190

mission statement　使命宣言　166

model minority　模範少數族群　189

multiculturalism　多元文化主義　185

orientation group　導向團體　167

picture brides　照片新娘　189

privatization　私人化　176

sexism　性別歧視　199

sexual orientation　性取向　204

sexual preference　性偏好　204

socioeconomic class　社經地位　195

Twelve-Step facilitation（TSF） 12 步驟療程 211

yellow peril 黃禍 189

Chapter 6

Best Practice Guidelines 最佳實務指導方針 235

client's right 個案權益 219

confidentiality 保密 219, 226-228

culture-specific strategies 特定文化技巧 252

Dialectical Behavior Therapy（DBT） 辯證式行為治療 256

dual relationships 雙重關係 237-240

freedom from coercion and undue pressure 免於受迫與過當壓力 219

freedom to withdraw from a group 退出團體的自由 219, 225

group leadership 團體領導者 233

informed consent 知情同意 219-223

involuntary membership 非自願參與 219, 223-224

multiple treatment 多重處遇 232

physical techniques 身體技巧 232

Professional Standards for the Training of Group Workers 團體工作者專業訓練標準 236

psychological risks 心理上的危機 225

virtual groups 虛擬團體 245

Chapter 7

accountability 責信 289

Association for Specialists in Group（ASGW） 美國團體工作專家學會 274, 290

cohesion theory 內聚力理論 278

for-profit agencies 營利機構 263

group formation 團體形成 273

group-specific measures 特定團體測量 286

heterogeneity 異質性 278

homogeneity 同質性 278

member access 成員可到達性 272

member-specific measures　特定成員測量　286

negative countertransference　負向情感反轉移　281

nonprofit agencies　非營利機構　263

prospective members　準成員　277

social microcosm theory　社會縮影理論　278

time availability　時間的可用度　272

willingness to model　典範意願　281

Chapter 8

adjustment disorders with anxiety　適應障礙症造成焦慮　326

ageism　老年歧視　336

agoraphobia　懼曠症　326

anxiety disorders　焦慮症　324

assertive problem-solving skills　堅定的問題解決技巧　332

Attention Deficit Hyperactivity Disorder (ADHD)　注意力不足過動症　298, 301

behavioral disorders　行為障礙　302

bereavement　喪親　340, 342-344

cognitive-behavioral therapy（CBT）　認知行為治療　314

conduct disorders　品行疾患　302

consistency management　一致性管理　304

contingency contracting　後效契約　304

Coping with Stress（CWS）　壓力因應方案　314

critical incident stress debriefing　危機事件壓力小組　326-7

Diabetes Support Group　糖尿病支持團體　350

direct instruction　直接指令　304

extinction　行為消退　304

generalized anxiety disorder　廣泛性焦慮症　326

grief　悲傷　340-348

Individualized Educational Plan（IEP）　個別教育計畫　303

learning disabilities　學習障礙　298, 302

lifespan approach　生命週期取向　297

losses　失落　335, 336, 338, 339-349

modeling　示範　304

negative thinking reminders　負向思考提示　317, 330

obsessive-compulsive disorders　強迫症　326

Oppositional Defiant Disorder　對立反抗性障礙　302

panic attacks　恐慌症　326

passive suicide　被動自殺　312

Penn Prevention Program（PPP）　賓州預防方案　315

phobias　恐懼症　326

polypharmacology　多向藥理學　335

posttraumatic stress disorder　創傷後壓力症候群　326

prompting　提示　304

psychosocial aging　心理社會上的老化　336

punishment　懲罰　303

rehearsal　練習　304

reinforcement　增強技巧　303

relapse-prevention program　復發－預防計畫　333

response cos　反應代價　304

Section 504, Accommodation Plan　504 特別照顧計畫　303

self-instructional problem solving　問題解決自我指導的技巧　304

self-monitoring　自我監控　304

self-nurturing behaviors　自我滋養行為　332

shaping　行為塑形　304

systematic desensitization　系統減敏法　327

The Individuals with Disabilities Education Act（IDEA）　身心障礙者教育法案　303

The Westberg Model　Westberg 的悲傷模式　340

time-outs　暫停　304

token economies　代幣制　304